帛書《衷》篇新校新釋

A New Collation and Interpretation of the
Chapter *Zhong* in the Silk Version of *Zhouyi*

劉 彬 著

圖書在版編目(CIP)數據

帛書《衷》篇新校新釋/劉彬著.—北京：北京大學出版社，2019.11
ISBN 978-7-301-30906-3

Ⅰ.①帛…　Ⅱ.①劉…　Ⅲ.①《周易》—注釋　Ⅳ.①B221.2

中國版本圖書館CIP數據核字（2019）第236930號

書　　名	帛書《衷》篇新校新釋 BOSHU《ZHONG》PIAN XINJIAO XINSHI
著作責任者	劉　彬　著
責任編輯	魏奕元
標準書號	ISBN 978-7-301-30906-3
出版發行	北京大學出版社
地　　址	北京市海淀區成府路205號　100871
網　　址	http://www.pup.cn　　新浪微博：@北京大學出版社
電子信箱	dianjiwenhua@163.com
電　　話	郵購部010-62752015　發行部010-62750672　編輯部010-62756449
印刷者	天津中印聯印務有限公司
經銷者	新華書店
	730毫米×1020毫米　16開本　20.25印張　358千字 2019年11月第1版　2019年11月第1次印刷
定　　價	76.00元

未經許可，不得以任何方式複製或抄襲本書之部分或全部內容。
版權所有，侵權必究
舉報電話：010-62752024　電子信箱：fd@pup.pku.edu.cn
圖書如有印裝質量問題，請與出版部聯繫，電話：010-62756370

國家社科基金後期資助項目
出版説明

　　後期資助項目是國家社科基金設立的一類重要項目，旨在鼓勵廣大社科研究者潛心治學，支持基礎研究多出優秀成果。它是經過嚴格評審，從接近完成的科研成果中遴選立項的。爲擴大後期資助項目的影響，更好地推動學術發展，促進成果轉化，全國哲學社會科學工作辦公室按照"統一設計、統一標識、統一版式、形成系列"的總體要求，組織出版國家社科基金後期資助項目成果。

全國哲學社會科學工作辦公室

目　錄

劉序 …………………………………………………………… (1)
林序 …………………………………………………………… (3)
前言 …………………………………………………………… (1)
校釋説明 ……………………………………………………… (1)
　一、凡例 …………………………………………………… (1)
　二、本書所引《衷》篇十一種釋文簡稱 ………………… (2)
　三、本書所引《衷》篇校釋研究論著簡稱 ……………… (3)
第一章 ………………………………………………………… (1)
第二章 ………………………………………………………… (67)
第三章 ………………………………………………………… (86)
第四章 ………………………………………………………… (106)
第五章 ………………………………………………………… (120)
第六章 ………………………………………………………… (124)
第七章 ………………………………………………………… (144)
第八章 ………………………………………………………… (176)
第九章 ………………………………………………………… (185)
第十章 ………………………………………………………… (200)
第十一章 ……………………………………………………… (208)
帛書《衷》篇實錄 …………………………………………… (220)
帛書《衷》篇勘校復原 ……………………………………… (225)
附錄 …………………………………………………………… (230)
　一、《衷》篇已發表的十種釋文 ………………………… (230)
　二、帛書《衷》篇研究論著目録 ………………………… (268)

劉　序

　　20世紀以來，随着大批簡帛文獻出土，使簡帛學研究成爲當代中國古代學術研究的熱點，至今仍然勢頭不衰，新材料新研究不斷湧現。这些簡帛文獻的可貴之處在於：它們或者是未經傳世的新材料，或者雖有傳世但又與傳世本大不相同，其中包含了大量新的學術信息。於是，一旦發現新的簡帛文獻，學界往往蜂擁而上，急切地進行文字釋讀、學術定位和意義詮釋，但多數只是淺嘗輒止。風潮過後，留下了很多問題，一時之間難以解決，也産生了一些錯誤認識，需要進一步辨析訂正。馬王堆簡帛文獻研究及上海博物館藏戰國楚竹書研究是如此，清華大學藏戰國竹簡研究也是如此。

　　過去學人治學，要求人們能沉下心來，要耐得住寂寞，"板凳寧坐十年冷，文章不寫半句空"。對一些前人從未見過的新學術資料的研究更應如此。《易》學本是寂寞之學，對《易》的研究更應耐得住寂寞。搶佔先機之研究固然重要，但能沉潛其中，一直深入堅持其研究更爲難得。曲阜師大劉彬教授便是馬王堆帛書《易傳》研究的沉潛深入者。十餘年來，他專心于帛書《易傳》文本校釋研究，對於帛書《易傳》文本研究之難點疑點，在參合諸家之解的基礎上，多能提出自己的見解，已經出版了數部著作，成績斐然。

　　最近，他又完成了《帛書〈衷〉篇新校新釋》一書，按照"釋文""彙校""新校""集釋""新釋""今譯"之體例，對帛書《衷》篇之文本及其内涵進行了全面的研究，對帛書《衷》之篇名、字數、章次、作者及其象數思想進行了專門辨析，材料豐富，考證詳實。

　　我特別注意到，書中對《衷》篇蘊含的象數思想進行了考證，對我本人在此問題上的一些觀點也都重加思索，提出了新的看法，有些看法與我觀點一致，有些則有所不同，絶不盲從師説，因而使我十分高興。

　　關於《衷》篇的作者，學界一般認爲是孔門後學，劉彬教授則由該篇重視"中道"而大膽推論其作者可能是子思。这是非常有價值的觀點。我在拙作《周易概論》中，曾考論今本《易傳》爲思孟學派所整理潤色。如果《衷》篇之作者爲子思能成立的話，那麽也就爲我們研究早期易學的發展演變又提供了一條重要的線索。這也促使我們進一步思考帛書《衷》篇以及整個帛書《易傳》和今本《易傳》之間的關係問題。這不是簡單指明今本、帛本《易傳》孰先孰後的問題，因爲自從我們見到帛書《易傳》六篇後，特別是通過帛書《繫辭》與今本《繫辭》的對比，我們已很清楚今本《易傳》應是漢武帝獨尊儒術後的中央政府官方本，從時間上看，顯然應晚於帛書《易傳》。我們今天下功夫研究帛書《易傳》要詳細地梳理二者之間的意蘊及關聯，從而建構起孔門易學思想發展的理論脈絡。尤有進者，郭店楚簡《五行》《六德》《性自命出》等篇已被普遍認爲是子思學派的作品，那麼，帛書《衷》篇和郭店楚簡諸篇之間有没有意義關聯？我們應當如何認識《衷》篇在子思學派中的意義和價值？如果進一步在這些問題上展開探索，我想可能會对早期易学与儒学產生更多新的认识。

　　劉彬教授讀博期間，隨我讀《易》，從虞氏象數易學入手，不慕虛華，一心向學，對傳統象數易學下功夫苦研，因而學有根基。工作以後，更是矢志不移，勤於著述。今又喜見劉彬帛書《易傳》研究的新成果，我很欣慰。於是略贅數語如上，以應劉彬教授索序之囑。

劉大鈞
2018 年 5 月 1 日
於運乾書齋

林　序

　　文字訓詁，通經明道之門，此乃古今學問之基，清儒戴震曾説過："經之至者道也，所以明道者其詞也，所以成詞者字也。由字以通其詞，由詞以通其道。"①阮元也有同論："聖人之道，譬若宮牆，文字訓詁，其門徑也。"而當今，大量珍貴文獻出土，以文字學訓詁學所提供方法的識字釋義，成爲海内外學界的顯學。遺憾的是，因專業與學識局限，許多學者不通文字學訓詁學，只能望而生畏，退避三舍。劉彬教授，性静而篤，學而好思，雖出身理科而志在人文。幸拜劉大鈞先生門下，得易學之真傳，承乾嘉樸學之風，如沐春風；又受教于清華大學廖名春教授，點化開悟，如魚得水。故在以後十幾年，不爲名利是非所累，專心治帛書《易傳》，反覆研磨，則有所謂"不易乎世，不成乎名；遯世而無悶，不見是而無悶⋯⋯確乎其不可拔"之境界，正因如此，有新成果不斷問世。繼《帛書〈要〉篇校釋》之後，又一力作《帛書〈衷〉篇新校新釋》付梓。

　　衆所周知，出土帛書《易傳》六篇保留了大量逸失的孔子論《易》言論，爲孔子與易學關係研究和先秦易學史研究提供了珍貴資料，其中《衷》篇即是一篇與今本《易傳》不盡相同的孔子釋《易》文獻。雖然學界已有釋文和訓讀方面成果，但是由於年代久遠、文字複雜性及其話語差異，仍然有許多問題見仁見智，懸而未決，至今未達成共識。有感于此，作者重做《衷》篇訓讀。

　　觀其作，其"前言"，先運用樸學方法，就《衷》篇篇名、字數、分章、成書等爭議問題進行了詳備考辯。以切實證據證明，該篇名不是《易之義》，而是《衷》；其字數不是"二千"，而是"四千"。指出《衷》分爲十二章，包括佚失孔子易説和"抄自於今本《説卦》和《繫辭》的祖本"兩大類。認爲《衷》篇是孔子後學從今本《易傳》和流傳孔子易説抄録編輯而成。作者還探討了《衷》篇象數思想，提出其"得中"説與篇名相關。這些見解很有價值。

　　其著作主體部分，是《衷》篇"釋文""彙校""新校""集釋""新釋"等。作

---

① 〔清〕戴震：《戴震文集》卷九《與是仲明論學書》。

者盡收學界之研究成果爬梳整理之，貫通之。記之曰"彙校""集釋"。"全面搜集校勘成果，彙集列出是爲彙校。""全面搜集訓釋成果，彙集列出，是爲集釋。"作者不以羅列前賢研究成果爲能，而是能按照自己的理解提出新見。故又記曰"新校""新釋"。顧名思義，"新校"與"新釋"是以自己理解而形成的觀點與見解。"以圖版爲依據，並觀摩原件，在吸收校勘成果基礎上，對十種釋文進行校勘，對異文作出校正，是爲新校。""在吸收借鑒訓釋成果基礎上，取長補短，對釋文作出新的訓解和考釋，是爲新釋。"

最能反映作者樸實學風和扎實專業功夫是該書的"新校"與"新釋"。"新校"如"《觀》之卦，盈而平"之"平"當爲"求"。"《句》之屬"當補"適"，作《句》之（適）屬"。"興也，故於中古乎"前補"《易》之"二字，當作"（《易》之）興也，故於中古乎"。"新釋"如"見龍在天也者德也"之"德"，訓爲"升"。"君子先迷後得主，學人之胃也"之"學"，訓爲"覺"。"非吉石也"之"吉"，訓爲"告"。"本生仁義"之"義"訓爲"儀"。"《易》之爲書也難前"之"前"，訓爲"剪"。又以象數解之，如"天地相率，氣味相取，陰陽流形，剛柔成禮"是言八卦與六十四卦形成。"僅陽者亡，故火不吉也；重陰者沈，故水不吉也"言乾陽亡而離火不吉，坤陰凶則坎水不吉。"聖人屯于文武"是言爻變與卦變，坤六二爲柔文，動變爲剛武。舉此數則，以示其"新"。

總之，雖然有的訓釋未必皆準確，或不被學界認可，但作者按照自己的理解，能做到旁徵博引，細心辨析，言之成理，持之有故，文意通達，故可視爲一家之言。應該説，極大推進了帛書《易傳》的研究。

林忠軍
於山東大學

前　言

（一）《衷》篇原件與圖版

一九七三年十二月，湖南長沙馬王堆三號墓出土帛書，其中包括《周易》和《易傳》。帛書《周易》由六十四卦以及卦爻辭組成，帛書《易傳》由《二三子問》《繫辭》《衷》《要》《繆和》《昭力》等六篇組成。帛書《周易》和《易傳》抄寫在兩幅絲帛上，《衷》與《繫辭》《要》《繆和》《昭力》同抄在一幅寬四十八釐米的黄色絲帛上。它緊接《繫辭》，以頂端墨丁爲標誌，以"子曰易之義"開始。這篇帛書開頭部分帛片與後文斷開，其接續關係不明，全篇行數亦因此而難定。其釋文整理研究者或作全篇四十八行，或作四十五行。《長沙馬王堆漢墓簡帛集成》（叁）《衷》篇的整理者進行新的綴合後，定爲五十一行。① 第五十二行頂端有墨丁，標誌下一篇《要》篇開始。

《衷》篇出土後，其圖版照片發表過三次，分别見於廖名春《帛書〈易傳〉初探》"附錄二"，② 張政烺《馬王堆帛書〈周易〉經傳校讀》，③ 以及裘錫圭主編《長沙馬王堆漢墓簡帛集成》（壹）。④《長沙馬王堆漢墓簡帛集成》（壹）的《衷》篇照片，有正面四幅，最爲清楚完備。本書在對《衷》篇釋文文字進行校勘時，即依據廖名春和裘錫圭《集成》照片。其圖見下。

---

① 裘錫圭主編：《長沙馬王堆漢墓簡帛集成》（叁），北京：中華書局，2014年，第87頁。
② 廖名春：《帛書〈易傳〉初探》"附錄二"，臺北：文史哲出版社，1998年，第311－315頁。
③ 張政烺：《馬王堆帛書〈周易〉經傳校讀》，北京：中華書局，2008年，第23－26頁。
④ 裘錫圭主編：《長沙馬王堆漢墓簡帛集成》（壹），北京：中華書局，2014年，第34－37頁。

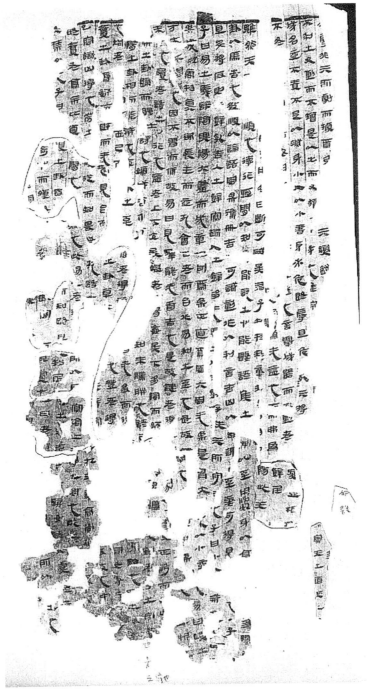

圖一　廖氏帛書《衷》圖版一上

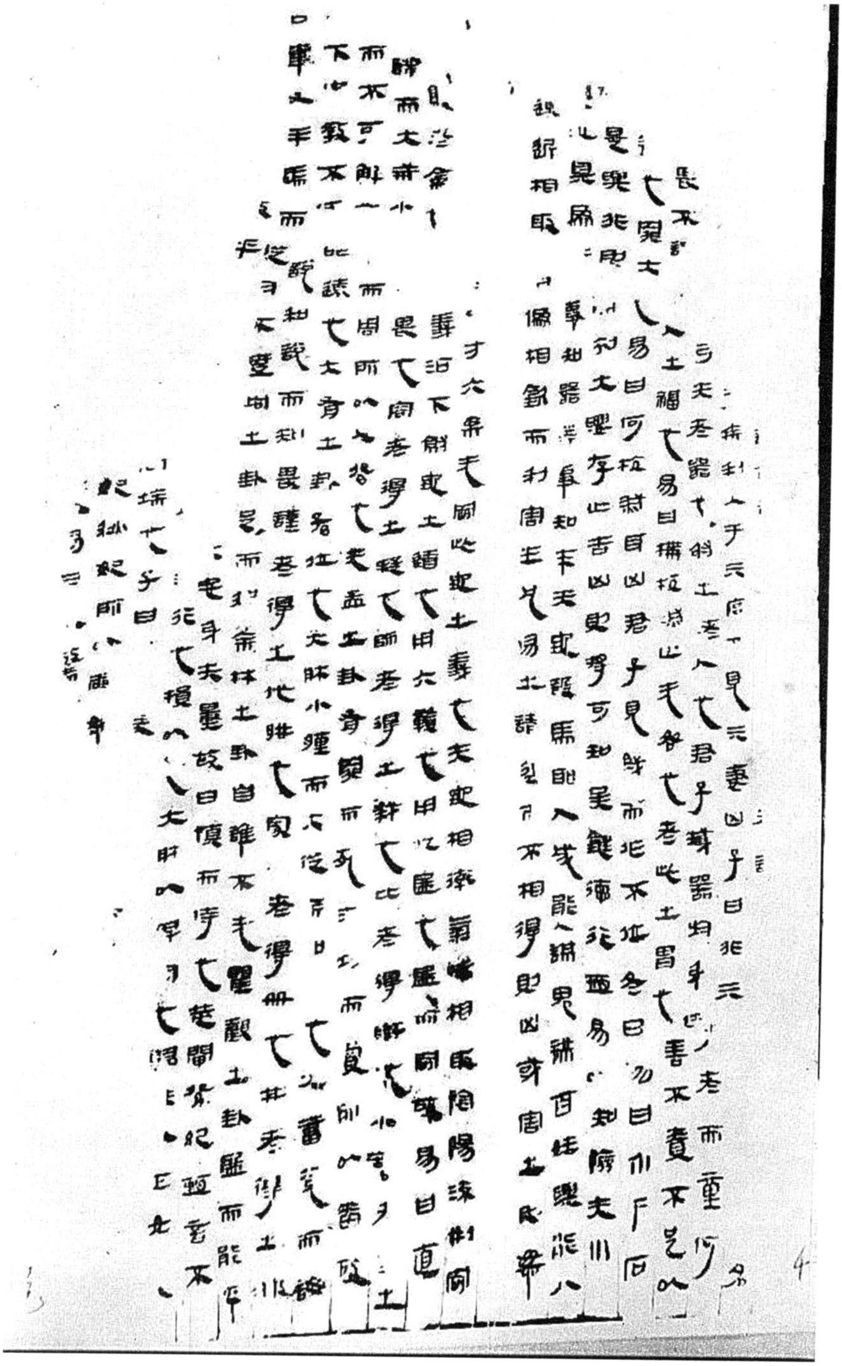

圖二　廖氏帛書《衷》圖版一下

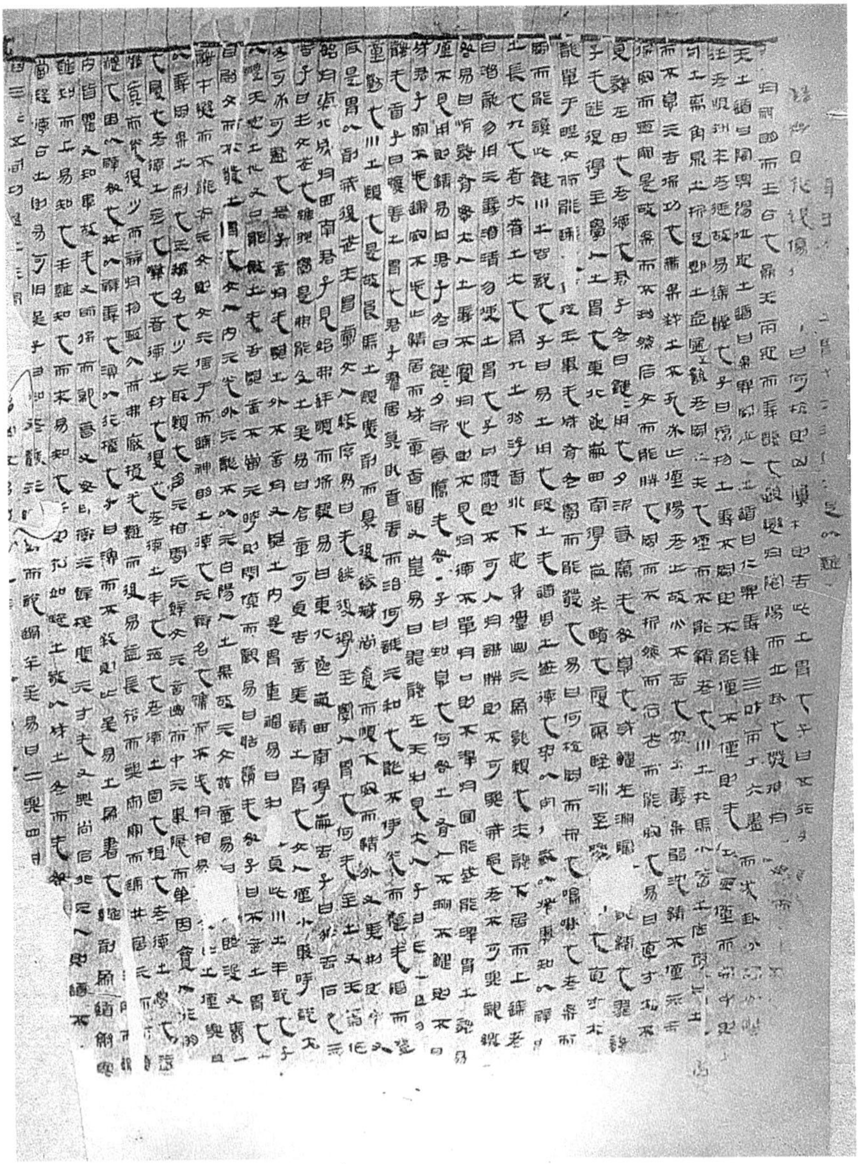

圖三　廖氏帛書《衷》圖版二上

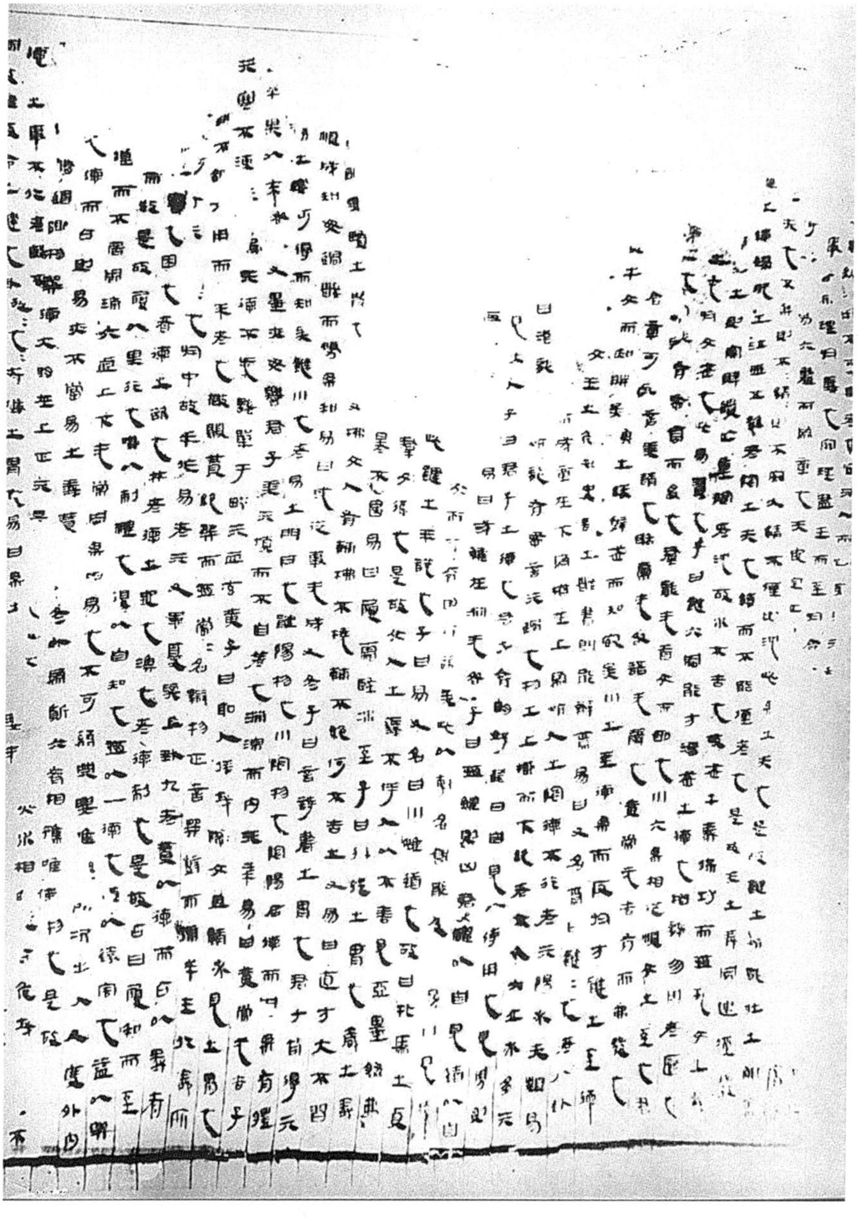

圖四　廖氏帛書《衷》圖版二下

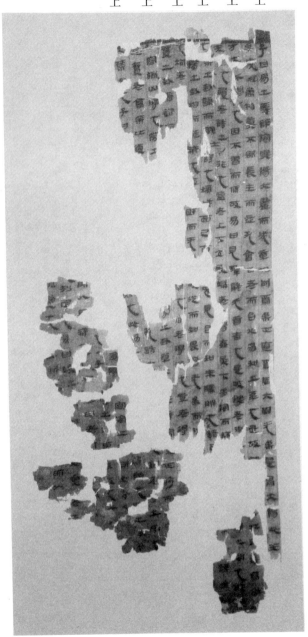

圖五　《集成》帛書《衷》圖版一上

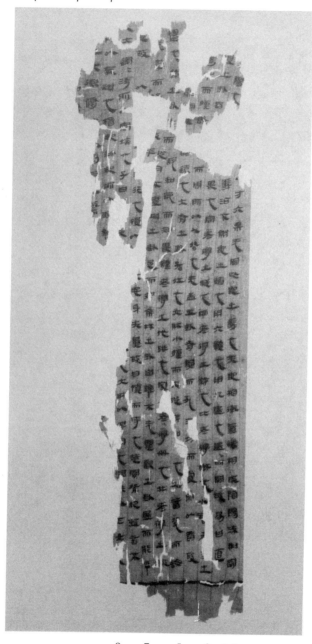

圖六　《集成》帛書《衷》圖版一下

圖七　《集成》帛書《衷》圖版二上

3 1 51 49 47 45 43 41 39 37 35 33 31 29 27 25 23 21 19 17
下 下 下 下 下 下 下 下 下 下 下 下 下 下 下 下 下 下 下 下

圖八 《集成》帛書《衷》圖版二下

(二)《衷》篇篇名與字數

　　《衷》篇篇名的定名經歷頗爲複雜。1974年8月,在《文物》編輯部舉辦的"長沙馬王堆漢墓帛書座談會"上,張政烺和周世榮認爲帛書《繫辭》分上、下兩篇,《衷》篇是其下篇。① 1976年于豪亮寫作《帛書〈周易〉》,②亦持同樣觀點,該文於1984年發表於《文物》第3期。③ 比于豪亮寫作《帛書〈周易〉》稍晚一些,張政烺在寫作帛書《周易》經傳釋文和校讀時,自"子曰易之義"以下單獨列出,注明:"自此以下另是一篇,與前篇不相連接。"稱其爲"易之義"篇。④ 但張氏《易之義》釋文和校注,一直晚到2008年方出版。⑤ 1988年,韓仲民發表《帛書〈繫辭〉淺説——兼論〈易傳〉的編纂》,認爲《衷》應爲獨立一篇。⑥ 同年,張立文據該篇首句"子曰易之義",將其定名爲"易之義"。⑦ 1992年,傅舉有、陳松長編著:《馬王堆漢墓文物綜述》,將其篇名定爲"子曰"。⑧ 1993年,陳松長與廖名春合作首次於《道家文化研究》第三輯發表該篇釋文時,採用張立文的定名,稱爲"易之義"。⑨ 在交稿後,廖名春又從帛書照片中找出一殘片。此殘片有兩行文字,一行有"四多瞿"三字,可接在第四十四行"[二]多譽"之後;一行有三字,可接在第四十五行最後。據其位置,第一字當爲篇題之殘,第二、三字當爲所記字數之殘。⑩ 但具體爲何字,直至1995年初都沒能釋出。故1995年1月廖名春在《國際易學研究》第一

---

① 張政烺:《在長沙馬王堆漢墓帛書座談會上的發言》,《文物》1974年第9期,第48—49頁。周世榮:《略論馬王堆出土的帛書竹簡》,《文物》1974年第9期,第49頁。
② 李零:"于先生的遺稿《帛書〈周易〉》,據《文物》雜誌的編者説明,是寫於1976年。"見張政烺著,李零等整理:《張政烺論易叢稿》"寫在前面的話",北京:中華書局,2011年,第8頁。
③ 于豪亮:《帛書〈周易〉》,《文物》1984年第3期,第15—24頁。
④ 張政烺:《馬王堆帛書〈周易〉經傳校讀》,北京:中華書局,2008年,第138、145頁。
⑤ 張政烺:《馬王堆帛書〈周易〉經傳校讀》,北京:中華書局,2008年,第137—158頁。
⑥ 韓仲民:《帛書〈繫辭〉淺説——兼論〈易傳〉的編纂》,《孔子研究》1988年第4期。
⑦ 張立文:《周易帛書淺説》,《中國文化與中國哲學》1988年號,北京:生活·讀書·新知三聯書店,1990年。
⑧ 傅舉有、陳松長編著:《馬王堆漢墓文物綜述》,長沙:湖南出版社,1992年,第11頁。
⑨ 陳松長、廖名春:《〈易之義〉釋文》,陳鼓應主編:《道家文化研究》第三輯,上海:上海古籍出版社,1993年,第429頁。
⑩ 廖名春:《帛書〈易之義〉簡説》,陳鼓應主編:《道家文化研究》第三輯,上海:上海古籍出版社,1993年,第201頁。

輯發表其修訂的釋文時,仍採用"《易之義》"的篇名。① 但很快,廖名春釋出殘片上的三字,其第一字篇題爲"衷",第二、三字字數爲"二千"。② 故 1995 年同年稍後,廖名春於《續修四庫全書》第一册,發表《馬王堆帛書〈周易〉經傳釋文》,將原"《易之義》"篇,改稱爲"《衷》"篇。③ 其後廖名春進一步修訂的釋文,丁四新發表的釋文,以及《長沙馬王堆漢墓簡帛集成》(叁)的釋文,皆採用"《衷》"的篇名。學者發表的有關論文,絕大多數也採用此名。因此,該篇的篇名爲"《衷》"已在學界得到認可。

該篇"二千"的字數是一個謎。按帛書《衷》篇共五十一行,實際字數約三千六百餘字,而此書"二千",頗使人疑惑。廖名春認爲:"二千"很可能是"三千"之訛,"三"即"四",《衷》篇原可能有四千字,所缺少的九百字,可以用脱文來解釋。一般來說,書手抄書,多抄的可能少,而少抄的可能大。將别的書的内容大量地抄進《衷》篇,對於書手來說,是不願意的,太累人了。而少抄一點,偷工減料,是人之常情。在帛書易傳諸篇中,大段的衍文,從未發現。而脱文,則非常多。因此,《衷》篇原有四千字,是很有可能的。④ 廖先生的推測,是以《衷》篇爲四十五行,共約三千一百字爲前提的。在這個前提下,言抄手漏抄九百字,顯然過多。在裘錫圭《集成》版三千六百餘字條件下,原文爲四千字,漏抄三百多字,就比較合理了。因此"二千"當爲"三千"之誤。《衷》篇祖本所記字數,當爲"三千",而非書手誤書的"二千"。

(三)《衷》篇章次與編定成書

《衷》篇的文本結構,也是一個需要研究的問題。對此學者多有討論,如李學勤認爲當分八段,⑤鄧球柏分十三章,⑥趙建偉分十七章,⑦廖伯娥分十

---

① 廖名春:《帛書〈易之義〉釋文》,朱伯崑主編:《國際易學研究》第一輯,北京:華夏出版社,1995年,第20頁。
② 廖名春:《試論帛書〈衷〉的篇名和字數》,《周易研究》2002年第5期。
③ 廖名春:《試論帛書〈衷〉的篇名和字數》,《周易研究》2002年第5期。
④ 廖名春:《試論帛書〈衷〉的篇名和字數》,《周易研究》2002年第5期。
⑤ 李學勤:《帛書〈易傳〉〈易之義〉研究》"中國國際漢學研討會"論文,海南海口,1995年1月5—9日;李學勤:《周易溯源》,成都:巴蜀書社,2006年,第363—364頁。
⑥ 鄧球柏:《白話帛書周易》,長沙:嶽麓書社,1995年,第279—335頁。
⑦ 趙建偉:《出土簡帛〈周易〉疏證》,臺北:萬卷樓圖書有限公司,2000年,第233—264頁。

一部分,①王化平分爲四大段,②連劭名分爲十段。③《集成》分爲四十段。④

我們認爲,《衷》篇可分爲十一章:

第一章,從第一行篇首"子曰'《易》之義誶陰與陽'",至第十九行"聖[人]之[作《易》也"之前。此章可分爲兩部分,前部分爲"子"散論各卦,語言簡練,與今本《雜卦》性質相類;後部分爲"子"論卦爻辭,與今本《繫辭》"子"論卦爻辭類似。

第二章,從第十九行"聖[人]之[作《易》也",至第二十二行"故《易》達數也",爲今本《說卦》前三章,但文字有所不同:今本《說卦》"雷風相薄,水火不相射",帛書作"火水相射,雷風相榑",今本"《易》逆數也",帛書作"《易》達數也",估計帛書當抄自今本《說卦》的祖本。

第三章,從第二十二行"子曰'萬物之義'",至第二十五行"此《〈易〉贊》也",依篇中所言"此《〈易〉贊》也",可稱爲"《〈易〉贊》"章。丁四新認爲,此部分本爲獨立一篇,篇名即爲《易贊》,《衷》篇直接將此編入,⑤很有可能。實際上,"贊"本是古代的一種文體,⑥"《易》贊"相當於如今"《易》之概論",是對《易》之要旨的精練概要說明,以幫助人們更好地理解《易》,故稱爲"《易》贊"。鄭玄曾撰有《〈易〉贊》,專論《易》的三種基本涵義,即簡易、變易和不易。⑦ 可見,以"《易》贊"爲章名,不會是一般的泛泛之論,在一篇中也不會是一般的地位,而應該是重要的論述而居於核心的位置,故《衷》篇的《〈易〉贊》章實處於核心的地位。此章以古代易學"得中"說的象數思想爲背景,論述剛柔、文武、動靜保持均衡、適中、無過的義理思想,而此"中"的思想成爲此篇命名的象數學根據。

第四章,從第二十五行"子曰'《乾》六剛能方'",至第二十九行"此《乾》《坤》之㐫說也",可稱爲"《〈乾〉〈坤〉三說》"章。此章爲"子"從三個方面論述《乾》《坤》卦爻辭義理思想,其論說風格與今本《文言》性質相類。

---

① 廖伯娥:《馬王堆帛書〈易之義〉校釋與思想研究》,碩士學位論文,臺灣師範大學國文研究所,2001年6月。
② 王化平:《帛書〈易傳〉研究》,成都:巴蜀書社,2007年,第108—109頁。
③ 連劭名:《帛書〈周易〉疏證》,北京:中華書局,2012年,第322—396頁。
④ 裘錫圭主編:《長沙馬王堆漢墓簡帛集成》(叁),第87—110頁。
⑤ 丁四新:《馬王堆漢墓帛書〈周易〉》,《儒藏》精華編281册,北京:北京大學出版社,2007年,第270頁。
⑥ 劉勰《文心雕龍·頌贊論》述文體"贊"說:"贊者,明也,助也。昔虞舜之祀,樂正重贊,蓋唱發之辭也。及益贊于禹,伊陟贊于巫咸,並揚言以明事,嗟歎以助辭也。"見周振甫:《文心雕龍今譯》,北京:中華書局,1986年,第88頁。
⑦〔清〕阮元校刻:《周易正義·卷首》,《十三經注疏》(上),上海:上海古籍出版社,1997年,第7頁。

第五章,爲第二十九行的一段:"子曰:'《易》之用也,段〈殷〉之无道,周之盛德也。恐以守位,敬以承事,知以辟患。□□□□□□□文王之危知,史説之數書,孰能辯焉?'"闡述文王創作《周易》的背景,文王所深懷的憂患意識,及其所體現的人生智慧,與今本《繫辭下》第十一章思想略同,但文句多有出入,估計當抄自今本《繫辭》的祖本。

第六章,從第二十九行"《易》〈子〉曰:〔《易》〕又名焉曰《乾》",至第三十五行"此《乾》之詳説也",可稱爲"《〈乾〉之詳説》"章。此章詳細論説《乾》卦爻辭,其言説風格與今本《文言》類似。

第七章,從第三十五行"子曰:《易》又名曰《坤》",至第四十行"此《坤》之詳説也",可題爲"《〈坤〉之詳説》"章。此章"子"詳細論説《坤》卦爻辭,其言説風格與今本《文言》相似。

第八章,從第四十行"子[曰]:夫《易》之要,可得而知矣",至第四十四行"明[失得]之[報]",與今本《繫辭下》第六章略同,其文字多有與今本《繫辭》不同者,估計當抄録自今本《繫辭》的祖本。

第九章,從第四十四行"[《易》之]興也",至第四十七行"則比矣",與今本《繫辭下》第七章略同,其文字有與今本《繫辭》相異者,亦有不見於今本《繫辭》者,估計當抄録自今本《繫辭》的祖本。

第十章,從第四十七行"《易》之爲書也難前",至第四十八行"則《易》亦不當",與今本《繫辭下》第八章略同,其文字有與今本《繫辭》相異者,亦有不見於今本《繫辭》者,估計當抄録自今本《繫辭》的祖本。

第十一章,從第四十八行"《易》之義",至第五十一行末尾。此章分兩部分,前部分與今本《繫辭下》第九章前部分略同,估計當抄録自今本《繫辭》的祖本。後部分則以"子曰"或"《易》曰"的方式,引用今本《繫辭下》第九章後部分,其文字亦有與今本《繫辭》不同者,估計亦當源自今本《繫辭》的祖本。

以上十一章,多以"子曰"開頭,文中亦多有"子曰",將此"子曰"内容與今本《説卦》《繫辭》對應部分比較,將其"子曰"言説風格與今本《文言》比較,可得出結論:此"子"當爲孔子無疑。

由以上所論,可見《衷》篇實爲彙編性質。由此我們可以推測《衷》篇的成書,當爲孔子後學從今本《易傳》的祖本,即早期《易傳》文獻,以及古代流傳的孔子"《易》説",選擇抄録,編輯而成。其第二、五、八、九、十、十一、十二章抄自於今本《説卦》和《繫辭》的祖本,其餘篇章皆抄自孔子"《易》説",其第三章《〈易〉贊》本爲流傳的獨立篇章,編者將其全文抄録。

帛書《衷》篇很可能從竹簡《衷》篇轉抄而來,①而帛書《衷》篇抄寫時間的下限,不晚于西漢文帝十二年,即公元前一六八年,②竹簡《衷》篇肯定編定於此前。考慮到儒家文獻流傳到楚地可能需要較長的時間,以及秦朝儒學不興的歷史狀況,估計竹簡《衷》篇的彙編成書時間,當不晚於戰國晚期,其抄錄的早期《易傳》文獻和孔子"《易》說"資料,當有更早的來源。

從《衷》篇抄錄早期《易傳》以及孔子"《易》說"來看,其成書可追溯到戰國早期。這需要考證《易傳》的成書時代。先秦儒家公孫尼子,其著作有《樂記》。③ 高亨、張岱年、李學勤皆認爲,《樂記》襲用今本《繫辭》,說明《繫辭》當成書于《樂記》之前,④是正確的。公孫尼子,《漢書·藝文志》注:"七十子弟子。"《隋書·經籍志》注:"似孔子弟子。"郭沫若認爲:"我疑心七十子裏面的'公孫龍字子石,少孔子五十三歲'的怕就是公孫尼。龍是字誤。尼者泥之省,名泥字石,義正相應。公孫尼子可能是孔子直傳弟子,當比子思稍早。"⑤李學勤認爲:"我們看《樂記》中有魏文侯,又有文侯樂人竇公,作爲孔子再傳弟子是合宜的。"⑥李說更爲穩妥。公孫尼子當爲戰國早期人,《繫辭》爲公孫尼子所熟知而化用,故其成書當不晚於戰國早期。劉大鈞以《繫辭》引用《文言》,推斷《文言》早于《繫辭》;以《文言》參考《彖傳》而作,推定《彖傳》早于《文言》;以《彖傳》引述《大象》而發揮,推斷《大象》早于《彖傳》;以《説卦》總述八經卦,而《大象》《文言》《彖傳》分論六十四卦,推斷《説卦》年代最早。⑦ 其論證有理,是成立的。實際上,《説卦》分兩部分,第一、二章泛講義理,與《繫辭》性質相同,其成書時間應與《繫辭》相當。其他部分總講八經卦之象,是學習《周易》的前提性知識,應是來源久遠的易學常識,被孔子

---

① 韓仲民先生認爲:"帛書……都與出土的漢代竹簡形制基本一致。帛書抄寫如有脫漏錯亂之處,所缺或錯的字數往往正是一枚竹簡的字數,說明帛書是從竹簡轉抄而來。"很有道理。見氏著《帛易說略》,北京:北京師範大學出版社,1992年,第4頁。
② 湖南省博物館、中國科學院考古研究所:《長沙馬王堆二、三號漢墓發掘報告》,《文物》1974年第7期。
③ 見《隋書·音樂志》載沈約奏答和唐張守節《史記正義》,李學勤對此有詳考,見李學勤:《周易溯源》,成都:巴蜀書社,2006年,第109—112頁。
④ 高亨、張岱年、李學勤都有詳論,見高亨:《周易大傳今注》,濟南:齊魯書社,1998年,第7頁;張岱年:《論易大傳的著作年代與哲學思想》,《周易研究論文集》(第一輯),北京:北京師範大學出版社,1987年,第414頁;李學勤:《周易溯源》,成都:巴蜀書社:2006年,第106—109頁。
⑤ 郭沫若:《公孫尼子與其音樂理論》,見《郭沫若全集》歷史編1,北京:人民出版社,1982年,第491—492頁。
⑥ 李學勤:《周易溯源》,成都:巴蜀書社:2006年,第112頁。
⑦ 劉大鈞:《易大傳著作年代再考》,見黄壽祺、張善文編:《周易研究論文集》(第一輯),北京:北京師範大學出版社,1987年,第476—478頁。

所傳述、記錄下來,故其成書當早于《大象》《象傳》《文言》《繫辭》。《小象》解釋爻辭,《象傳》解釋卦辭,《小象》成書時間應與《象傳》相當。《雜卦》按照《周易》古經"二二相偶,非覆即變"的卦序原則撰寫,語言古樸簡練,成書時間應與《説卦》第二章後部分相當。因此《易傳》除《序卦》外的大部分篇章,其成書都當不晚於戰國早期。推想《易傳》當成于孔子第一代弟子之手。據《史記·孔子世家》記載,孔子公元前479年去世,"葬魯城北泗上,弟子皆服三年。三年心喪畢,相訣而去"。推想孔子衆弟子在魯國三年守喪期間,爲銘記孔子教導,保全孔子思想,防止孔子學説散失,傳承孔門之學,將個人所記孔子生前所講進行結集,編訂大量篇章文集。其中包括孔子所傳述的易學知識(如《説卦》《雜卦》之類)、對《周易》古經的解釋(如《彖傳》《象傳》《文言》之類)、以及所闡發的易學思想(如《繫辭》)等等,這些所編成的文集就是《易傳》(不包括《序卦》)①,此《易傳》應是初步的形態。三年後衆弟子訣別而去,各奔其國,其中某一位弟子或數位弟子與其門人,對初步形態的《易傳》進行加工,或整齊、潤色章句,或據孔子之意而稍闡發之,從而形成完善的定本,由此流傳開來。因此,《易傳》的成書有一個時間段,當在春秋末期至戰國早期,不會晚於戰國早期。

可見,《繫辭》和《説卦》的成書都不晚於戰國早期。而除《易傳》之外的孔子"《易》説",當自孔子後就在儒門流傳。因此,選録這些文獻而編訂《衷》篇,當可追溯至戰國早期。

(四)《衷》篇作者

討論《衷》篇的成書時代後,可進一步研究其作者。對此問題,由於實證的直接綫索幾乎没有,學界還很少有人關注研究。從《衷》篇文本的主旨思想分析,筆者認爲《衷》篇的作者可能爲子思。試論如下。

《衷》篇名"衷",實通"中"。《左傳·閔公二年》"用其衷則佩之度",杜預注:"衷,中也。"《國語·周語上》"其君齊明衷正",韋昭注:"衷,中也。"《鶡冠子·泰録》"入論泰鴻之内,出觀神明之外,定制泰一之衷",陸佃注:"衷之言中也。"吴世拱注:"衷,中也。"俞樾《群經平議·春秋左傳一》"夫能固位者,

---

① 李學勤認爲《荀子·大略》篇化用《序卦》,廖名春認爲《序卦》當在戰國時就有了,皆言之成理。《序卦》當在荀子之前的戰國中期成書。見李學勤:《周易溯源》,成都:巴蜀書社:2006年,第134—135頁。

必度于本末而後立衷焉"按:"衷與中古通用。然則此《傳》'衷'字亦當訓中,猶言執其兩端用其中也。"因此,"衷""中"古互通用,"《衷》"篇實即"《中》"篇。

在《衷》篇十一章中,七章都與"中"有關。第一章開篇即引子曰:"《易》之義萃陰與陽,六畫而成章,朳句焉柔,正直焉剛。六剛無柔,是胃大陽,此天[之義也]。□□□□方。六柔無剛,此地之義也。天地相率,氣味相取。陰陽流形,剛柔成體。"點出天地、陰陽、剛柔。下言:"萬物莫不欲長生而惡死。會三者而始作《易》,和之至也。""三者"即天地、陰陽、剛柔,"會三者"即會聚天地、陰陽、剛柔三者,具體而言,即會聚天與地,會聚陰與陽,會聚剛與柔,皆言對立之"兩"。"和之至",《國語·鄭語》史伯言之,其曰:"夫和實生物,同則不繼。以他平他謂之和,故能豐長而物歸之。若以同裨同,盡乃弃矣。……夫如是,和之至也。……聲一無聽,物一無文,味一無果,物一不講。""和"爲"以他平他",即調和不同的兩個或兩個以上方面,在《衷》篇此處應謂調和兩個對立的方面,即調和天與地,調和陰與陽,調和剛與柔。《周禮·地官·大司徒》"一曰六德:知、仁、聖、義、中、和",鄭玄注:"和,不剛不柔。"《周禮·春官·大司樂》"中、和、祗、庸、孝、友",鄭玄注:"和,剛柔適也。"《賈子新書·道術篇》云:"剛柔得適謂之和。"皆其證。故《衷》篇此處所言應爲"調兩取中"之義,即調和天與地之兩而取其中,調和陰與陽之兩而取其中,調和剛與柔之兩而取其中,實爲"中和"思想,即作者認爲《周易》所表達的是"中和"思想。

第三章爲《衷》篇核心章節"《易》贊",其引孔子曰:"萬物之義,不剛則不能動,不動則无功,恆動而弗中則亡,[此]剛之失也。不柔則不靜,不靜則不安,久靜不僅則沈,此柔之失也。武之義保功而恆死,文之義保安而恆窮。是故柔而不㓸,然後文而能勝也。剛而不折,然後武而能安也。"這裹孔子從宇宙論高度,在肯定萬物不剛則不能動的前提下,强調永恆運動而不靜止,則不能保持適中,而導致滅亡的道理;在肯定萬物不柔則不能靜的前提下,强調永久靜止而不運動,則不能保持適中,而導致凶險的道理;在肯定武剛能保功業前提下,强調武剛達到極端則消亡的道理;在肯定文柔能保持安定前提下,强調文柔達到極端則窮盡的道理。認爲易學的核心思想,是剛與柔、文與武、動與靜的均衡適中,顯然是"中道"思想。

值得注意的是,《〈易〉贊》章更有系統闡述"得中"説的易學象數思想。《〈易〉贊》章以五卦的剛爻(《乾》上九、《大壯》九三、《姤》上九、《鼎》九四和《豐》初九)之辭和《坤》卦辭以及《姤》之初六、《小畜》六四、《漸》九三爻變爲柔爻,《屯》上六之辭,闡述某些爻的"剛之失"和"柔之失",認爲初九、九三、

九四、上九之爻有過剛或剛不足之失,初六、六三、六四、上六之爻有過柔或柔不足之失,從而彰顯除二、五中爻外,不得中之爻都有過失的思想。又特舉《坤》卦六二爻辭,強調"弗中則亡",即不得中則有過失而亡的觀點。此即古代易學"得中"說,即二、五爻得中的象數思想。而"得中"象數思想彰顯的正是"中道"義理。

第四章引子曰:"'君子終日健健',用也。'夕沂若,厲,无咎',息也。"對《乾》卦九三爻辭,傳統的理解都認爲是講終日勤奮不懈,此孔子既言白日之"用",同時言晚上之"息",強調"用"與"息"的統一,即"中道"。孔子又言:"《乾》六剛能方。《坤》六柔相從順,文之至也。《坤》之至德,柔而反于方。《乾》之至德,剛而能讓。"認爲《坤》爲至柔,但能變化而返回方直之剛;《乾》爲至剛,但能變化文柔而謙讓,亦強調"剛"與"柔"之中,即"中道"。

第六章引子曰:"人之陰德不行者,其陽必失類。《易》曰'潛龍勿用''亢龍有悔',言其過也。物之上擶而下絶者,不久大位,必多其咎。能威能澤,謂之龍。見用則僮,不見用則靜。君子窮不忘達,安不忘亡。"孔子此申言陰陽之德匹配親比,過則有咎,恩威兼施,動靜兼用,窮不忘達,安不忘亡,亦"中道"。

第七章引子曰:"武夫倡慮,文人緣序。[武]人有拂,文人有輔。性文武也,雖強學,是弗能及之矣。"言理想的政治組織要有文柔與武剛兩類人物,武剛之人開創,文柔之人守成,君主同時需要文人與武人的輔佐,而一個理想的聖明君主應該天生具有文柔與武剛的圓滿德性,實言政治"執兩用中"之"中道"。

第八章引子曰:"夫《易》之要,可得而知矣。乾、坤也者,《易》之門户也。乾,陽物也;坤,陰物也。陰陽合德而剛柔有體,以體天地之化。"言《周易》之要旨,在于陰與陽相合,剛與柔之相合,從而體現天地的生化,此即"中和"思想。

第十二章引《繫辭》曰:"二與四同[功異位,其善不同。二]多譽,四多懼。柔之爲道也,不利遠[者]。其要无咎,用柔若[中]也。三與五同功異位,其過[不同,三]多凶,五多功。"言《周易》卦爻辭中,二爻多榮譽,五爻多功績,而四爻多畏懼,三爻多凶險,因爲二爻與五爻處于中位,強調易學"得中""用中"思想。

從以上《衷》篇大部分章節皆言"中""中和""中道"來看,《衷》篇主旨應該是講"中道"的,篇名"衷(中)"正點明"中道"的主旨。如此重視"中道",以一篇易學文章來講"中道",其作者會是誰呢?考察"中道"思想在先秦儒家的流傳狀況，可看出此人最可能是子思（約前 490－前 405①）。

先秦儒家"中道"思想源遠流長。清華簡《保訓》篇記文王臨終前向武王講述舜"求中""得中"，以及上甲微"假中""歸中"，雖然學界對上甲微之"中"的意涵爭議較大，②但對舜之"中"一般認爲是"中道"，如李學勤先生所言："舜'厥有施于上下遠邇，乃易位邇稽，測陰陽之物，咸順不擾'，這段話應參看《中庸》：'子曰：舜其大知也與！舜好問而好察邇言，隱惡而揚善，執其兩端，用其中于民，其斯以爲舜乎！'簡文講舜施政于上下遠邇，總要設身處地，就近考察，這是'察邇言'；測度陰陽之事，這是'執其兩端'，從而達到中正之道，所以簡文説舜做到'得中'了。"③又認爲："（舜之）'中'，就是後來説的中道。"其説有理，説明孔子之前就有"中道"思想。孔子對此很重視。《論語·堯曰》載堯命舜曰："諮，爾舜！天之曆數在爾躬，允執其中，四海困窮，天禄永終。"並云："舜亦以此命禹。"其"允執其中"，即言"中道"。《論語·雍也》載孔子曰："中庸之爲德也，其至矣乎！民鮮久矣！"一方面説明"中庸"是一種至高的德行，另一方面説明關于這種德行的思想來源久遠，當時的人已經很少能瞭解，能實行了。孔子之後至戰國末期，衆多的歷代弟子對孔子思想傳承，其中子思最能體會"中道"在孔子思想中的重要地位，專門作《中庸》一篇，從體、用兩方面對"中道"進行本體論的闡發，其曰："中也者，天下之大本也。和也者，天下之達道也。"對"中道"可謂推崇備至，對其弘揚可謂不遺餘力。

值得我們注意的是，孔子在其《易傳》中，對"中道"也有明確的闡發。如在《象傳》，於三十二卦三十六處言"中"，其曰"得中""正中""中正""剛中""剛得中""柔得中""往得中""時中""大中"等。在《小象傳》中，於三十九卦

---

① 關于子思的生卒年，學界有不同看法，筆者認爲李啓謙約前 490－前 405 年的看法較爲合理，見李啓謙：《子思及〈中庸〉研究》，《孔子研究》1993 年第 4 期，第 36 頁。
② 對上甲微之"中"的涵義一般認爲是實物，如李零認爲是"地中"和"立于地中的旗表"，李均明認爲是司法判決書，子居認爲是衆，邢文認爲是河圖的易數，武家璧認爲是祭告天地、誓師出發的土壇，林志鵬認爲是軍旅所用的建鼓，魏忠强認爲是旗幟，王志平認爲是天地陰陽中和之氣。見李零：《説清華楚簡〈保訓〉篇的"中"字》，《中國文物報》2009 年 5 月 20 日；李均明：《周文王遺囑之中道觀》，《光明日報》2009 年 4 月 20 日；子居：《清華簡解析》，復旦大學出土文獻與古文字研究中心網站，2009 年 7 月 8 日；邢文：《〈保訓〉之"中"與天數"中"》，《清華大學學報》（哲學社會科學版）2011 年第 2 期；武家璧：《上甲微的"礿中"與"歸中"》，武漢大學簡帛網，2009 年 5 月 7 日；林志鵬：《清華大學所藏楚竹書〈保訓〉管窺——兼論儒家"中"之内涵》，武漢大學簡帛網，2009 年 4 月 21 日；魏忠强：《清華簡〈保訓〉篇研究簡評》，《蘭台世界》2014 年 9 月中旬；王志平：《清華簡〈保訓〉"叚中"臆解》，《孔子研究》2011 年第 2 期。但也有認爲是思想的，如廖名春認爲是"和"，即和諧政治之道。見廖名春：《清華簡〈保訓〉篇"中"字釋義及其他》，《孔子研究》2011 年第 2 期。
③ 李學勤：《論清華簡〈保訓〉的幾個問題》，《文物》2009 年第 6 期。

四十五處言"中",其曰"在中""中正""中行""使中""中""中直""正中""得中""行中""中道""久中""中節""位中"等。在《文言》中,言"中""中正""正中"等。除了在《易傳》中孔子言"中道"外,在其他的一些"《易》説"中,孔子也當言及"中道"。

由子思對孔子"中道"思想的極力推崇,而作《中庸》彰顯之,推想子思對孔子易學"中道"的闡發也不應忽視,相反應該格外重視,如作《中庸》一般,專門選録孔子"《易》説"以及早期《易傳》中有關"中道"的言辭,編定以"中道"爲主旨的易學著作,此即帛書《衷》篇。故子思應作《易》,其易學著作即帛書《衷》篇。

從孔子之後先秦儒家"中道"思想的傳承看,作爲孔子的嫡孫,子思最能體會"中道"在孔子整個思想體系中的重要地位,故一方面在儒學義理深化上下功夫,從形而上層面闡發"中道",而作《中庸》;另一方面在孔子所開創的經學易學上,凸顯孔子所"觀"、所新詮的易學"中道",專門輯録孔子有關"中道"的論述,而作《衷》篇。子思對"中道",可謂心知其意,而重申之,而再再發明之。

(五)《衷》篇象數易學思想

作爲古代易學文獻,帛書《衷》篇大部分内容早已失傳,其抄録的孔子"《易》説",爲我們提供了瞭解孔子易學思想的寶貴資料;其抄録的可與今本《易傳》比勘的文本内容,讓我們觸摸到早期《易傳》文本的面貌,爲我們研究《易傳》文獻的形成與流變,探討古代易學思想的演變,提供了重要條件。因此帛書《衷》篇的文獻意義和思想意義,不可低估。

帛書《衷》篇含有豐富的易學思想,除了我們一般所知的義理思想外,特別值得注意的是,《衷》篇涵有古代象數思想,如"得中"説,"爻變"説,以及"乾離同居、坤坎一體"説等。其中"得中"説與《衷》篇的得名密切相關,"乾離同居、坤坎一體"説則不見於今本《易傳》,而獨見於《衷》篇。對《衷》篇這些重要的象數思想,我們需要進行深入考察。

1. "得中"説

在《衷》篇《〈易〉贊》章中,孔子闡述了"得中"的象數思想。其曰(引文中,異體字、通假字放()中,補字放[]中,改誤字放〈〉中,脱文放囗中):

子曰:"萬物之義,不剛則不能僅(動),不僅(動)則无功,恆僅(動)

而弗中則亡,[此]剛之失也。不柔則不鞘(靜),不鞘(靜)則不安,久鞘(靜)不僅則沈,此柔之失也。是故《鍵(乾)》之'炕(亢)龍',《〔大〕壯》之'觸蕃',《句(姤)》之离(離)角,《鼎》之'折足',《鄷(豐)》之'虛盈',五繇(繇)者,剛之失也,僅(動)而不能鞘(靜)者也。《川(坤)》之'牝馬',《小蕃(畜)》之'密雲',《句(姤)》之'含章',《漸》之繩(孕)婦,《肫(屯)》之'泣血',五繇(繇)者,陰之失也,鞘(靜)而不能僅(動)者也。……《易》曰:'直方大,不[習],吉。'言即(聖)[人]之屯於文武也。"此《易贊》也。

《〈易〉贊》章孔子此言"五繇(繇)者,剛之失",是指《乾》上九、《大壯》九三、《姤》上九、《鼎》九四和《豐》初九這五卦的剛爻之辭,都具有過剛或剛不足之失。"《鍵(乾)》之'炕(亢)龍'",指《乾》卦上九"亢龍,有悔"。孔子認爲,《乾》上九剛爻處乾剛之極,故其辭言龍飛極高而有悔,乃過剛之失。"《〔大〕壯》之'觸蕃'",指《大壯》九三"羝羊觸藩,羸其角"。孔子認爲,《大壯》九三剛爻處乾剛之極,故其辭言剛狠公羊强觸藩籬,其角反被拘累纏繞,乃過剛之失。"《句(姤)》之离(離)角",指《姤》上九"姤其角,吝"。"離"爲遇義,"離角"即遇其角。孔子認爲,《姤》上九以剛爻進於乾剛之極,故其辭言遭遇其角,而有悔吝,乃過剛之失。"《鼎》之'折足'",即《鼎》九四"鼎折足"。孔子認爲,《鼎》九四雖爲剛爻,但上承六五,下應初六,上承下施,不勝其任,故其爻言鼎器不堪承重,而致折足,乃剛性不足之失。"《鄷(豐)》之'虛盈'",指《豐》卦初九的脱文。①《豐》初九"虛盈",指日當正午,盈滿盛極,却發生日蝕,陰影蔽日。孔子認爲,《豐》卦初九剛爻處陽位,過剛,故其辭言"虛盈"。

《〈易〉贊》章孔子接言"五繇者,陰之失",謂《坤》和《小畜》的卦辭,以及《姤》初六爻辭、《漸》九三爻變爲陰爻、《屯》上六爻辭,它們皆有過陰之失。"《川(坤)》之'牝馬'",指《坤》卦辭所言的雌馬。《坤》六爻皆柔,安靜柔弱,故卦辭言雌馬。"《小蓄(畜)》之'密雲'",即《小畜》卦辭"密雲不雨"。孔子認爲,《小畜》全卦只有六四一個柔爻,而其餘爲五個剛爻,力甚柔弱,靜而不能動,故卦辭言但成密雲,而不能致雨。可見"《小畜》之'密雲'"的"陰之失",實際上是指《小畜》六四爻的過於陰柔之失。"《句(姤)》之'含章'",爲《姤》卦九五爻辭。此當有誤,因爲九五爲陽剛之爻,孔子認爲此爻有陰柔之失,顯然是矛盾的。按"含章",在十一種釋文中,只有《長沙馬王堆漢墓簡帛

---

① 《豐》卦初九當脱"虛盈",《豐》之'虛盈'"即指此脱文。參見廖名春:《〈周易〉經傳與易學史新論》,濟南:齊魯書社,2001年,第68頁。

集成》作"含章",張政烺作"女壯",于豪亮無釋,其餘八種皆作"[適(蹢)]屬(躅)",因此很可能原文爲"《句(姤)》之[適(蹢)]屬(躅)"。"《句(姤)》之[適(蹢)]屬(躅)",爲《姤》初六爻辭,今本作"羸豕孚蹢躅"。孔子認爲,《姤》卦初六處卦之初,以一柔而遭遇五剛,力極微弱,靜而不能動,故其辭言豕被大索系縛,雖心躁,但住足不能行。"《〈漸〉》之繩(孕)婦",指《漸》九三爻辭"婦孕不育,凶",但此處特指九三爻變爲柔爻(具體分析見下)。孔子認爲,《漸》卦九三爻動變,而爲柔爻,其辭言婦女懷孕,但不能生產,是由於過柔之失。"《肫(屯)》之'泣血'",即《屯》上六"乘馬班如,泣血漣如"。孔子認爲,《屯》上六柔爻處陰位,過柔沉靜,故其辭言乘馬徘徊,不能前進,流淚不斷。

從上面分析可見,《〈易〉贊》章中孔子是以十個卦爻辭,闡述某些爻的"剛之失"和"柔之失",具體而言,即認爲初九、九三、九四、上九之爻有過剛或剛不足之失,初六、六三、六四、上六之爻有過柔之失,亦即除二、五中爻外,不得中之爻都有過失,故孔子強調"弗中則亡",即不得中則有過失而亡。孔子最後以《坤》卦六二中爻,闡明這一點。其言"《易》曰:'直方大,不[習],吉。'言聖[人]之屯於文武也","屯"爲聚會集中之義,《衷》篇"文"特指柔,"武"特指剛。孔子認爲,《坤》卦六二爻辭"直方大,不習,吉",是説聖人居於六二爻位,以六二之中位,而能夠會聚文武、柔剛,並使文武、柔剛達到適中而無過失。可見,《〈易〉贊》章孔子所強調的"弗中則亡",其"中"字應有二、五中爻的象數學背景。

因此,《衷》篇《〈易〉贊》章中孔子集中闡述了"得中"説,即二、五爻得中的象數思想,這一象數學説闡明易學的要旨之一在於陰陽、柔剛、文武保持適中、適當,才能無過無失。這種象數學説在今本《易傳》中也存在,在《文言》《彖傳》《象傳》中大有量的申説,① 説明"得中"説在古代象數易學佔有重要的地位。《衷》篇《〈易〉贊》章孔子詳細申説"得中"説,實屬正常。

2. "爻變"説

"爻變"説是古代易學的一種象數學説,指一卦的一爻或數爻發生變動,由剛爻變成柔爻,或由柔爻變成剛爻,從而由一卦變成另一卦,故爻變也稱爲"變卦","爻變"説即"變卦"説。在帛書《易傳》的《繆和》篇中,有"爻變"説。帛書《繆和》篇言"《嗛》(謙)之初六,《嗛》之《明夷》",即使用了"之卦"即"變卦"説:《謙》是本卦,其初六發生爻變,由六變爲九,由陰變爲陽,而成《明

---

① 劉大鈞:《周易概論》,濟南:齊魯書社,1986年,第53頁。廖名春、康學偉、梁韋弦:《周易研究史》,長沙:湖南出版社,1991年,第60頁。林忠軍:《象數易學發展史》第一卷,濟南:齊魯書社,1994年,第45頁。

夷》卦,《明夷》卦爲之卦。顯然《繆和》篇已使用了"爻變"説。那麼,在帛書《衷》篇是否存在"爻變"説呢？通過考察,我們發現《衷》篇確實存在"爻變"説。

上引《〈易〉贊》章言"五繇者,柔之失",其中有"[《漸》]之繩婦",即《漸》九三爻辭"婦孕不育",認爲此爻辭之所以言"婦孕不育",是因爲"柔之失,靜而不能動"。此處頗令人疑惑:《漸》九三乃以剛爻處陽位,怎能言"柔之失,靜而不能動"？趙建偉認爲《漸》九三處下卦艮上,爲靜止之極,所以其失在於過於靜。① 此言有一定道理,可釋"靜而不能動",但不能解"柔之失"。劉大鈞引虞翻注《漸》九三《象傳》"'婦孕不育',失其道也"曰"三動離毁,陽陷坤中,故'失其道也'",認爲《衷》篇此言卦變,即《漸》九三爻變而爲柔爻,故言"柔之失"。② 劉氏已揭示出問題的實質,此處確實應該以九三爻變爲柔爻解之,但認爲是"卦變"恐不確。因爲卦變是一卦通過兩爻或數爻易位而變爲另一卦,《衷》篇此言剛爻變爲柔爻,應該是爻變或變卦,而不是卦變。此處當言《漸》九三動變而爲柔爻,變卦爲《觀》,二、三、四爻互體爲坤,坤過柔過靜,故言"柔之失,靜而不能動"。《周易集解》又引虞翻注《漸》九三曰:"離爲孕,三動成坤,離毁失位,故'婦孕不育,凶'。"按《説卦》曰:"離其於人也,爲大腹。"《漸》二、三、四爻互爲離,離爲大腹爲孕,故言"婦孕"。九三動變而爲柔爻,離卦毁滅,變爲坤卦,則"婦孕"象不見,故"不育"。因此,《衷》篇所言《漸》九三"婦孕不育"是"柔之失,靜而不能動",是由於《漸》九三的爻變或《漸》變爲《觀》的變卦所造成的。捨棄爻變或變卦的象數思想,《衷》篇此處是解釋不通的。

上引《〈易〉贊》章孔子所言"《易》曰:'直方大,不[習],吉。'言聖[人]之屯於文武也",認爲聖人居於《坤》卦六二位,而具有文武、柔剛之性。此亦令人疑惑:《坤》卦六二明爲文柔之爻,爲何認爲有武剛之性呢？劉大鈞以"旁通説"釋之,認爲《坤》卦旁通《乾》卦,《坤》六二旁通《乾》九二,故言有文武、柔剛之性。③ 劉氏此解頗有道理,但"旁通"説首見於東漢末的虞翻,先秦是否存在,還找不到直接的證據。我們認爲以爻變説釋之,更爲妥當。《象傳》釋《坤》六二實際已給我們啓發,其曰:"六二之動,直以方也。不習,无不利,地道光也。"所言《坤》"六二之動",就是指六二柔爻變動而成剛爻。《象傳》認爲,《坤》六二爻動而爲剛爻,故其爻辭言"直方大";《坤》六二爲柔爻爲"地

---

① 趙建偉:《出土簡帛〈周易〉疏證》,臺北:萬卷樓圖書有限公司,2000年,第248頁。
② 劉大鈞:《續讀馬王堆帛書〈衷〉篇》,《周易研究》2008年第4期,第4頁。
③ 劉大鈞:《續讀馬王堆帛書〈衷〉篇》,《周易研究》2008年第4期,第5頁。

道",故其辭言"不習,无不利"。可見,《象傳》是兼《坤》六二本爻以及《坤》六二變而爲剛爻而言,《衷》篇此言當與《象傳》同。《衷》篇認爲,《坤》六二爲柔爻,故爲文;《坤》六二爻動而爲剛爻,故爲武;六二爻處中位,故剛柔、文武兼備中和,故其辭言"吉"。因此,《衷》篇此處也使用了"爻變"説。

《衷》篇又言"'群龍无首',文而聖也","群龍无首"是《乾》用九之辭,"文"指柔,"聖"爲通。《衷》篇認爲,《乾》用九是文柔而通。此又令人疑惑:《乾》六爻皆剛,爲何言文柔而通?對此疑點,學者還無人注意。我們認爲《衷》篇此處實從"變卦"立言。《左傳·昭公二十九年》記蔡墨之言曰:"《周易》有之,在《乾》之《姤》曰:'潛龍勿用';其《同人》曰:'見龍在田';……其《坤》曰:'見群龍无首,吉。'""其《坤》曰",即"《乾》之《坤》曰"。"《乾》之《坤》",即《乾》六剛爻皆變爲柔爻,而成《坤》卦。從蔡墨之言,可知春秋時有以"《乾》之《坤》",即以《乾》變《坤》的變卦而稱《乾》用九之辭者,《衷》篇此言"群龍无首,文而聖也",亦當以此理解。《衷》篇認爲,《乾》卦六爻爲剛,故用九言"群龍",《乾》卦變爲《坤》,故言"无首",是文柔而通的意思。按先儒亦有以"卦變"而釋《乾》用九之辭者,如朱熹《周易本義》:"用九,言凡筮得陽爻者,皆用九而不用七,蓋諸卦百九十二陽爻之通例也。以此卦純陽而居首,故於此發之。而聖人因繫之辭,使遇此卦而六爻皆變者,即此占之。蓋六陽皆變,剛而能柔,吉之道也,故爲'群龍无首'之象,而其占爲如是則吉也。"① 李道平《周易集解纂疏》曰:"《乾鑿度》曰:'陽動而進,變七之九。陰動而退,變八之六。'故九爲陽爻之變,六爲陰爻之變。又六陽皆變,故曰'用九'。"② 因此,《衷》篇"'群龍无首',文而聖也",正是使用"變卦"説。

總之,在帛書《易傳》中,除《繆和》篇外,《衷》篇更多地使用了"爻變"或"變卦"説。另外,如上文所分析,在今本《象傳》也已存在"爻變"説。這説明,帛書和今本《易傳》都使用了"爻變"或"變卦"説。而這一點,在以往的研究中,往往被學者們忽視了。

3."乾離同居、坤坎一體"説

《衷》篇《〈易〉贊》章還有一部分,爲孔子專門講"水、火不吉",其曰(引文中,異體字、通假字放()中,補字放[]中):

是故天之義,剛建(健)僮(動)發而不息,亓(其)吉保功也。無柔栽(救)之,不死必亡。僮(重)陽者亡,故火不吉也。地之義,柔弱沈精

---

① 〔宋〕朱熹:《周易本義》卷一,《四庫全書》本。
② 〔清〕李道平:《周易集解纂疏》,北京:中華書局,1994年,第34—35頁。

(静)不僮(動),其吉[保]安也。无剛文之,則竆(窮)賤遺亡。重陰者沈,故水不吉也。

此段意爲:天之義,剛健動發而不停息,其吉善在保住功業。如果没有柔來救助、配合它,不死必亡。重陽亡,故火不吉。地之義,柔弱沉静不動,其吉善在保持安定。如果没有剛來文飾它,則窮極而廢,導致滅亡。重陰凶,故水不吉。

《衷》篇此處大體明白易曉,但有兩句話頗令人疑惑:爲何"重陽者亡,故火不吉","重陰者沈,故水不吉"呢?大多數學者對此疑問視而不見,或存而不論。趙建偉以"南方爲火,火性炎上,與陽同類;反之,北方爲水,水性潤下,與陰同類"釋之。① 此以一般常識解之,失之膚泛不確。劉大鈞認爲,此疑可以古代象數易學"離坎者,乾坤之家而陰陽之府"説解之,② 是很精闢的。

按《衷》篇以"六剛无柔,是胃(謂)大(太)陽"特指乾卦太陽,"六剛无柔"實即"重陽",故《衷》篇此言"重陽者"實指乾卦太陽。《説卦》曰:"離爲火。"故《衷》篇此言"火不吉"之"火",實即指離卦。《衷》篇又以"六柔无剛,〔是胃(謂)大(太)陰〕"特指坤卦太陰,"六柔无剛"實即"重陰",故《衷》篇此言"重陰者"實指坤卦太陰。《説卦》曰:"坎爲水。"故《衷》篇此言"水不吉"之"水",實指坎卦。因此,《衷》篇所言"重陽者亡,故火不吉",實指乾陽亡,則離火不吉;"重陰者沈,故水不吉",即指坤陰凶,則坎水不吉。

那麽,爲什麽乾陽亡,則離火不吉;坤陰凶,則坎水不吉呢?這是因爲《衷》篇此處是以"乾離同居、坤坎一體"的象數學説爲背景。這種易學象數學説在東漢荀爽和《九家易》那裏還存在。《周易集解》引荀爽注《彖》"大明終始"曰:"乾起於坎而終於離,坤起於離而終於坎。離坎者,乾坤之家而陰陽之府。"③《九家易》注"同人"卦曰:"乾舍於離,同而爲日。"④ 荀爽曰:"乾舍於離,相與同居。"⑤ 從荀爽和《九家易》注可知,"離坎者,乾坤之家而陰陽之府"説,是以乾舍於離、坤舍於坎,或曰乾離同居、坤坎一體爲説,可稱爲"乾離同居、坤坎一體"説。此説實爲古代"卦氣"説,如清儒李道平所疏:"坎本乾之氣,故乾起於坎之一陽,而終於離之二陽。離本坤之氣,故坤起於離

---

① 趙建偉:《出土簡帛〈周易〉疏證》,臺北:萬卷樓圖書有限公司,2000年,第248頁。
② 劉大鈞:《續讀馬王堆帛書〈衷〉篇》,《周易研究》2008年第4期。
③ 〔清〕李道平:《周易集解纂疏》,北京:中華書局,1994年,第36頁。
④ 〔清〕李道平:《周易集解纂疏》,北京:中華書局,1994年,第180頁。
⑤ 〔清〕李道平:《周易集解纂疏》,北京:中華書局,1994年,第182頁。

之一陰,而終於坎之二陰。"①意思是説,乾陽之氣生發於坎卦中間剛爻所表示的内含一陽,充其極而表現爲離卦上下兩剛爻所表示的外顯兩陽,故乾離同處,實成一體。坤陰之氣生發於離卦中間柔爻所表示的内含一陰,充其極而表現爲坎卦上下兩柔爻所表示的外顯兩陰,故坤坎同處,實成一體。正因爲乾與離一體同居,故乾陽亡,則離火不吉,所以《衷》篇言"重陽者亡,故火不吉也"。正因爲坤與坎一體同居,故坤陰凶,則坎水不吉,所以《衷》篇言"重陰者沈,故水不吉也"。

這種"乾離同居、坤坎一體"的象數理論,並不是在東漢才形成,實際上來源古遠,早在春秋時代已經存在。據《左傳·閔公二年》記載,魯國季友將出生時,他的父親魯桓公令掌卜大夫卜楚丘之父筮之,"遇《大有》之《乾》。曰:'同復于父,敬如君所。'"《大有》上經卦爲離,"《大有》之《乾》",實即離變爲乾,又《説卦》曰:"乾爲君,爲父。"故卜楚丘之父所言"同復于父,敬如君所",實指離卦復歸乾卦君父之所,即離乾同居而爲一體之説。因此,"乾離同居、坤坎一體"的象數理論,源遠流長,是古代易學一種重要的象數思想,在帛書《衷》篇出現這種理論,是合乎情理的。

(六)《衷》篇釋文校釋以及存在問題

自 1973 年帛書《衷》篇出土至今,學者已發表釋文十一種,發表或出版校釋研究論著約四十種,取得豐碩而重要的成果,但同時也存在不少問題,需要進一步研究。

1.《衷》篇已發表的十一種釋文

《衷》篇出土後,學者根據圖版照片進行整理,迄今已發表釋文十一種,按發表時間先後爲:

第一種,爲陳松長、廖名春《帛書〈二三子問〉〈易之義〉〈要〉釋文》,其中第二部分是《〈易之義〉釋文》,發表于陳鼓應主編的《道家文化研究》第三輯(馬王堆帛書專號),上海古籍出版社 1993 年出版。

這是帛書《衷》篇首次發表的釋文。當時不知是否有篇題,作者根據首句"子曰易之義",採納張立文的意見,暫擬爲"易之義"。該釋文最初由廖名春據照片拼接復原並作出釋文,後交李學勤審校,再由陳松長核對帛書原

---

① 〔清〕李道平:《周易集解纂疏》,北京:中華書局,1994 年,第 36 頁。

件,加以校改。在此基礎上,由廖名春定稿,以陳松長和廖名春的名義發表。①

第二種,爲廖名春《帛書〈易之義〉釋文》,發表于朱伯崑主編的《國際易學研究》第一輯,北京華夏出版社 1995 年出版。

此釋文是在上述 1993 年釋文基礎上,參考陳來《馬王堆帛書易傳與孔門易學》(《國學研究》第二卷,1994 年)一文,進一步修訂而成。此時,廖名春已經找到篇題的殘片,但由於文字没有釋出,故仍沿用了《易之義》的篇名。

第三種,爲廖名春《馬王堆帛書〈周易〉經傳釋文》,其中第四部分是《馬王堆帛書〈衷〉》,發表於《續修四庫全書》第一册,上海古籍出版社 1995 年出版。

該釋文亦是在 1993 年釋文基礎上修訂而成的。此時廖名春已釋出殘片上的篇題之字爲"衷",故改稱該篇爲"《衷》",以後的修訂釋文皆稱"《衷》"。

第四種,爲廖名春《馬王堆帛書周易經傳釋文》,其中第四部分是《馬王堆帛書〈衷〉》,載楊世文等編《易學集成》(三),四川大學出版社 1998 年出版。

該釋文是在 1995 年釋文基礎上修訂而成。

第五種,爲廖名春《帛書〈衷〉釋文》,載氏著《帛書〈易傳〉初探》,臺北,文史哲出版社 1998 年出版。

本次發表,又拼進一些帛書殘片,對釋文作了進一步修訂。

第六種,爲丁四新《馬王堆漢墓帛書〈周易·衷〉》,載《儒藏》(精華編)第 281 册,北京大學出版社 2007 年出版。

此釋文,是以帛書彩色照片爲依據,參考已經面世的諸種釋文校訂而成。此釋文特點是作了校點。

第七種,爲張政烺《〈易之義〉釋文》,載氏著《馬王堆帛書〈周易〉經傳校讀》,中華書局 2008 年 4 月出版。

張政烺是馬王堆帛書的整理者,據該書"序"和李零的"整理説明",可知此釋文本是作者的手稿,約寫於 1974 年或 1975 年,一直没有發表。但李零又認爲,此釋文的寫作大約與于豪亮寫作《帛書〈周易〉》時間相當或稍晚一

---

① 廖名春:《帛書〈易之義〉釋文》篇首"説明",朱伯崑主編:《國際易學研究》第一輯,北京:華夏出版社,1995 年,第 20 頁。

些,而于氏寫作《帛書〈周易〉》是在 1976 年,①因此此文大約寫於 1976 年。筆者認爲,作於 1976 年的説法是較妥的,因爲釋文的寫作是繁瑣費時的工作,在帛書剛出土的一兩年内作出釋文的可能性較小。作者去世後,該手稿經過整理,以照片的形式於 2008 年發表。

第八種,爲廖名春《帛書〈衷〉釋文》,載氏著《帛書〈周易〉論集》,上海古籍出版社 2008 年出版。

該釋文在以前釋文基礎上,又參考丁四新 2007 年釋文,作了進一步修訂和完善。

第九種,爲丁四新《馬王堆漢墓帛書〈易傳〉釋文·衷》,載氏著《楚竹簡與漢帛書〈周易〉校注》之"附録",上海古籍出版社 2011 年出版。

據該書"釋文説明",該釋文是在 2007 年釋文基礎上,又參考張政烺、廖名春 2008 年等釋文,進一步修訂而成。

第十種,爲于豪亮《〈繫辭〉三下》和《〈繫辭〉四上、下》,載氏著《馬王堆帛書〈周易〉釋文校注》,上海古籍出版社 2013 年出版。

該種釋文雖然發表較晚,但在十一種釋文中,應該是最早的,當時還認爲《衷》篇爲《繫辭》的一部分,故以《繫辭》之名稱之。

第十一種,爲裘錫圭主編《長沙馬王堆漢墓簡帛集成》(叁)之《衷》釋文,中華書局 2014 年出版。

據該書"説明",該釋文作者對帛書進行了新的拼合復原,以張政烺《〈易之義〉釋文》(即上第七種釋文)爲底本,又參考其他各家釋文,而作出該釋文。其中新綴入和改綴約三十五小片,增加了以前釋文缺少的一些文字;對以前釋文中一些殘缺模糊、存疑的文字,通過觀察反印文,而明確下來,因此該釋文可以説是迄今爲止最爲完善的版本,也應該是《衷》篇釋文的定本。故本書的《衷》篇釋文,即採用此《集成》釋文。

2.《衷》篇校釋研究成果

對《衷》篇的校釋研究成果,可以分成兩類,一類是全文校釋,另一類是部分校釋。

其一,對《衷》篇全文的校釋。

這方面的成果主要有十種:

鄧球柏於 1995 年出版的《白話帛書周易》,其中第六部分是"白話帛書易之義"。該部分首次對《易之義》篇(即《衷》)進行白話翻譯和注釋,並講解

---

① 張政烺著,李零等整理:《張政烺論易叢稿》"寫在前面的話",北京:中華書局,2011 年,第 8 頁。

其思想。從該書"前言",推測其所引用的釋文,當爲上述第一種,即陳松長、廖名春發表於《道家文化研究》第三輯的《〈易之義〉釋文》。因爲當時只有一種釋文,鄧氏應當没有看到《衷》篇圖版,故没有做校勘工作,只是進行簡單注釋,但作爲帛書《衷》篇校釋的首部專著,其開山之功是首要的,存在問題在所難免。

1996年,鄧球柏又出版《帛書周易校釋》增訂本,其中第十二部分是《易之義》(即《衷》),基本上與《白話帛書周易》的"白話帛書易之義"相同,只是删减白話翻譯部分,其餘則一仍其舊。因此,鄧氏的兩種《衷》篇校釋成果,實際上是一種。

趙建偉於2000年出版《出土簡帛〈周易〉疏證》,其中第五部分是《〈易之義〉疏證》。該部分包括"原文"和"疏證",其"原文"所依據的底本不清楚,因爲作者没有説明。從其内容看,該原文(即《衷》篇釋文)直接採用了上述第一種,即陳松長、廖名春發表于《道家文化研究》第三輯的《〈易之義〉釋文》。該文没有對釋文作校勘,對全文作了簡要的疏證。

濮茅左於2006年出版的《楚竹書〈周易〉研究》,其下編第五章第五節中,有對帛書《易之義》(即《衷》)的校勘。該文以上述第一種釋文,即陳松長、廖名春發表于《道家文化研究》第三輯的《〈易之義〉釋文》爲底本,參考鄧球柏《帛書周易校釋》,對一些闕文作了試補,提出一些新的意見。

丁四新於2007年發表的《馬王堆漢墓帛書〈周易〉》,第四部分是對《衷》篇的校點。該部分以帛書《衷》篇彩色照片爲依據,參考當時面世的五種釋文,對《衷》篇釋文進行了校勘,並進行簡要的注釋,提出很多具有啟發性的見解。

張政烺的遺著《馬王堆帛書〈周易〉經傳校讀》,約作於1976年以後,於2008年4月出版,其中《〈易之義〉校注》部分,對《易之義》(即《衷》)釋文全文進行簡要校勘和注釋,提出了很多精闢的見解。

劉大鈞於2008年6月和8月,分别在《周易研究》第三、四期,發表《讀馬王堆帛書〈衷〉篇》和《續讀馬王堆帛書〈衷〉篇》,對《衷》篇全文進行較爲詳細的訓釋,與今本《易傳》以及漢魏諸家《易》説參照互通,提出一些重要的新見。

連劭名於2012年出版《帛書〈周易〉疏證》,第四部分是《易之義》,對《易之義》(即《衷》)進行詳細的疏證,對一些詞語的疏證頗爲有見。

于豪亮於2013年出版的《馬王堆帛書〈周易〉釋文校注》,其第四部分"《繫辭》釋文校注"之"《繫辭》三下"和"《繫辭》四上、下",實爲《衷》釋文,後面作以校釋,其中諸多觀點與上張政烺《馬王堆帛書〈周易〉經傳校讀》類似。

裘錫圭主編2014年出版的《長沙馬王堆漢墓簡帛集成》(叁),在對《衷》

篇的全面校釋中，整理者除主要依從張政烺《馬王堆帛書〈周易〉經傳校讀》中觀點外，也提出一些精闢的觀點，值得注意。

其二，對《衷》篇部分詞語的校釋。

這方面的成果主要有十五種：

臺灣師範大學國文研究所廖伯娥女士，於 2001 年 6 月通過的學位論文《馬王堆帛書〈易之義〉校釋與思想研究》，對《易之義》(即《衷》)篇某些詞語作了初步的校勘和注釋。

丁四新於 2007 年發表的《〈易傳〉類帛書零札九則》，2008 年發表的《馬王堆漢墓〈易傳〉類帛書札記數則》，對《衷》篇"易之義誶陰與陽"之"誶"字，以及"曲句焉柔、正直焉剛"與卦爻畫、古文"九"字之狀與帛書《衷》的製作時代等問題，進行深入考察，提出令人注意的觀點。

王化平於 2007 年出版的《帛書〈易傳〉研究》，其第五章是"《易之義》研究"，就《易之義》(即《衷》)中可與今本《繫辭下》相比勘的部分文字作了細緻的比較，提出了不容忽視的觀點。王化平於 2010 年發表的《讀馬王堆漢墓帛書〈衷〉篇札記》，就《衷》篇九處疑難字詞，進行疏通。

吳國源於 2008 年發表的《帛書易傳〈衷〉篇校釋三則》，對《衷》篇有關《大壯》卦的兩條資料、有關《臨》《觀》兩卦的三條資料、以及"筮聞紊紀，恆言不已，容獄兇得也"等，作了較細緻的校勘和訓釋，對一些闕文試補。

廖名春於 2002 年發表的《試論帛書〈衷〉的篇名和字數》，對《衷》篇名"衷"字以及"二千"的字數問題進行深入考證。於 2004 年發表的《帛書〈衷〉校釋札記》，對《衷》篇第一章前半部分進行詳細的校勘和注釋，並對一些闕文試補。

筆者近幾年來對帛書《衷》篇嘗試校釋研究，從 2010 年以來發表七篇論文，分別是《帛書〈衷〉篇新釋八則》(2010 年)，《帛書〈衷〉篇校釋十一則》(2010 年)，《帛書〈衷〉篇校釋札記》(2011 年)，《帛書〈衷〉篇"〈川〉之詳說"章新釋》(2011 年)，《帛書〈周易〉"川"卦名當釋"順"字詳考》(2013 年)，《帛書〈衷〉篇"〈鍵〉之詳說"章新釋》(2013 年)，《論帛書〈衷〉篇的篇名及其象數思想》(2014 年)，對帛書《衷》篇的部分章節、疑難詞語以及象數思想等進行校勘、訓釋和探索。

另外還有一些《衷》篇研究論著，雖然不是專門作校釋，但文中涉及《衷》篇一些詞句，也進行了校勘和考釋，提出一些正確的觀點，對《衷》篇校釋也有很寶貴的參考價值。這些論著約有二十種：

張政烺《帛書〈六十四卦〉跋》(1984 年)，于豪亮《帛書〈周易〉》(1984 年)，李學勤《馬王堆帛書〈周易〉的卦序卦位》(1984 年)，饒宗頤《再談馬王堆帛書周易》(1984 年)，劉大鈞《帛〈易〉初探》(1985 年)，霍斐然《帛書〈周易〉"火水相射"釋疑》(1988 年)，韓仲民《帛易説略》(1992 年)，廖名春《帛書〈易之義〉簡説》(1993 年)，廖名春《帛書易傳引易考》(1993 年)，張立文《帛書〈易傳〉的時代和人文精神》(1995 年)，邢文《帛書周易研究》(1997 年)，黄沛榮《易學乾坤》(1998 年)，廖名春《帛書〈衷〉與先天卦位的起源》(1998 年)，廖名春《〈周易〉乾坤兩卦卦爻辭新解》(2001 年)，廖名春《〈周易〉豐卦卦爻辭新考》(2001 年)，劉大鈞《帛書〈易傳〉中的象數易學思想》(2001 年)，鄧立光《從帛書〈易傳〉考察"文言"的實義》(2002 年)，廖名春《〈周易〉經傳十五講》(2004 年)，金春峰《〈周易〉經傳梳理與郭店楚簡思想新釋》(2004 年)，鄧立光《周易象數義理發微》(2008 年)。

3.《衷》篇釋文校釋存在的問題

綜觀學者對《衷》篇釋文的校釋研究，既解決了很多問題，提出了很多有價值的觀點，取得豐碩成果，爲進一步研究打下了良好基礎，同時也存在不少問題，特别是有兩個基礎性的問題較爲突出：

第一，《衷》篇釋文異文問題。從已經發表的十一種釋文看，文字互有出入，有不少異文。這些異文產生的原因很複雜，有些是誤釋，有些是由於圖版不清晰，或綴補有誤，等等。這些異文對《衷》篇研究產生了很大的不利影響和阻礙作用，如導致人們對文本涵義產生誤解，學者在引用釋文時也往往無所適從，等等。對這些異文的正誤和產生原因，必須觀摩和對照原件或圖版照片，進行認真研究和釋讀，做出正確的判斷，這是當前《衷》篇研究的主要問題。但對此問題，學者在研究中只是零星涉及，至多是對十一種釋文的某幾種進行校勘。因此，學界對《衷》篇釋文的研究還有很大的疏漏，亟需對十一種釋文進行全面的比勘研究。

第二，由於《衷》篇屬於古代易學文獻，文本詞語除很多爲當時一般詞語外，也有一些當屬於古代易學術語。這些術語除含有當時一般的文化意義外，還含有特定的易學意義。因此，對《衷》篇詞語意義的訓詁考釋，首先需要對《衷》篇中哪些詞語爲一般詞語、哪些詞語屬於易學術語進行分判。然後對二者施以不同的研究方法，對一般詞語以一般的訓詁方法研究，對特殊易學術語除進行一般訓詁研究外，還需要對其易學内涵進行考釋。因此，對《衷》篇詞語意義的研究，必須將一般詞語訓詁和特定易學術語考釋這兩個方面結合起來，才能對其詞語意義獲得較準確的把握。特别是那些特定的易學術語，往往既是關鍵字語，對於人們瞭解文本意義重大；同時由於來源久遠，其涵義往往佚失，因此也是疑難詞語。從以往出版發表的《衷》篇訓釋論著看，在對這些詞語的訓詁和考釋上，還存在一些牽强附會、似是而非的解讀。而一些學者在研究《衷》篇思想時，也往往直接借用這些訓釋，甚至作爲標準解釋。他們據此語義所作出的思想闡發，其可取性也就可想而知了。

因此，對《衷》篇詞語意義進行深入研究，作出一個較好的訓詁考釋本子，以作爲《衷》篇研究者的參考，也是當前《衷》篇研究的重要問題。

（七）本書寫作目的、研究思路以及方法

上述兩個問題既是《衷》篇研究的重要問題，也是較困難的問題，它們直接影響了對《衷》篇的深入研究，需要下大功夫解決。

筆者自 2006 年起開始投入對帛書《易傳》的研究，首先對其中的《要》篇進行細緻的校勘和訓釋，於 2009 年出版專著《帛書〈要〉篇校釋》，對帛書《易傳》的校釋積累了較豐富的經驗。從 2010 年起，針對《衷》篇上述兩個問題，對《衷》篇展開全面的校釋研究，在研究中著重嘗試解決這兩個問題。經過四年多的努力，終於完成了該項工作。

在研究思路上，本書分兩步：首先全面搜集帛書《衷》篇已發表的釋文、已發表或出版的校勘、訓釋研究論著，對這些研究成果進行深入分析，掌握研究狀況，發現問題，明確下一步研究方向。第二步，在全面吸收、借鑒現有成果的基礎上，以《衷》篇圖版照片爲依據，並觀摩原件，對《衷》篇釋文進行細緻的校勘，對異文作出校正，對釋文作出詳細的訓釋，在研究中注重提出自己的新觀點。

在研究方法上，本書的校釋，首先運用訓詁學的研究方法；同時作爲對古代易學文獻的校釋，亦必須使用易學研究方法，如象數學研究方法、義理闡釋方法等等。在研究中注意訓詁學和易學研究方法的有機結合，注意適當使用，以達到較理想的訓釋效果。

校釋説明

一、凡例

（一）本《新校新釋》包括《衷》篇釋文、彙校、新校、集釋、新釋、今譯六部分。

（二）釋文採用裘錫圭主編《長沙馬王堆漢墓簡帛集成》（叁）（下簡稱"《集成》"）之《衷》釋文。

（三）釋文中一些符號採用《集成》的做法。其改正的訛誤字，以"〈〉"表示。帛書中殘缺損壞可以試補的文字，以"[ ]"表示。不能試補的缺字，或筆畫不易辨認之字，字數可確定的，用"□"表示，一"□"表示一字；不可確定的，用"☒"表示。脱文，以"○"表示。衍文，以"{ }"表示。帛書中表示篇首的墨丁或句首的墨點符號，爲保持帛書原貌，一律保留。帛書中重文或合文符號，直接轉寫爲相應的漢字。通假字、異體字皆不在釋文中標出。

（四）"彙校"全面彙集已經發表的《衷》篇校勘研究成果。所引成果簡稱，見"本書所引《衷》篇十一種釋文簡稱"和"本書所引《衷》篇校釋研究論著簡稱"。

（五）"新校"是作者依據圖版照片，在吸收借鑒現有成果的基礎上，對《衷》篇十一種釋文進行的校勘。所引十一種釋文的簡稱，見"本書所引《衷》篇十一種釋文簡稱"。

（六）"集釋"全面彙集已經發表的《衷》篇訓釋研究成果，所引成果簡稱，見"本書所引《衷》篇校釋研究論著簡稱"。

（七）"新釋"是作者在吸收、借鑒現有成果基礎上，自己的訓釋見解。

（八）"今譯"是對《衷》篇文本的白話翻譯。

二、本書所引《衷》篇十一種釋文簡稱

（一）陳松長、廖名春：《〈易之義〉釋文》，載《道家文化研究》第三輯（馬王堆帛書專號），上海：上海古籍出版社，1993年，第429－433頁。簡稱：陳廖

（二）廖名春：《帛書〈易之義〉釋文》，載《國際易學研究》第一輯，北京：華夏出版社，1995年，第20－25頁。簡稱：廖甲

（三）廖名春：《馬王堆帛書〈衷〉》，載《續修四庫全書》第一册，上海：上海古籍出版社，1995年，第29－35頁。簡稱：廖乙

（四）廖名春：《馬王堆帛書〈衷〉》，載《易學集成》（三），成都：四川大學出版社，1998年，第3036－3042頁。簡稱：廖丙

（五）廖名春：《帛書〈衷〉釋文》，載氏著《帛書〈易傳〉初探》，臺北：文史哲出版社，1998年，第272－277頁。簡稱：廖丁

（六）丁四新：《馬王堆漢墓帛書〈周易·衷〉》，載《儒藏》（精華編）第281册，北京：北京大學出版社，2007年，第263－283頁。簡稱：丁甲

（七）張政烺：《〈易之義〉釋文》，載氏著《馬王堆帛書〈周易〉經傳校讀》，北京：中華書局，2008年，第137－144頁。簡稱：張文

（八）廖名春：《帛書〈衷〉釋文》，載氏著《帛書〈周易〉論集》，上海：上海古籍出版社，2008年，第381－386頁。簡稱：廖戊

（九）丁四新：《衷》，載氏著《楚竹簡與漢帛書〈周易〉校注》之"附録"，上海：上海古籍出版社，2011年，第521－526頁。簡稱：丁乙

（十）于豪亮：《〈繫辭〉三下》和《〈繫辭〉四上、下》，載氏著《馬王堆帛書〈周易〉釋文校注》，上海：上海古籍出版社，2013年，第125－133頁。簡稱：于文

（十一）裘錫圭主編：《長沙馬王堆漢墓簡帛集成》（叁）之《衷》釋文，北京：中華書局，2014年，第87－110頁。簡稱：《集成》

三、本書所引《衷》篇校釋研究論著簡稱

（一）張政烺：《帛書〈六十四卦〉跋》，《文物》1984年第3期。簡稱：《跋》

（二）于豪亮：《帛書〈周易〉》，《文物》1984年第3期。簡稱：《易》

（三）李學勤：《馬王堆帛書〈周易〉的卦序卦位》，《中國哲學》第十四輯，北京：生活·讀書·新知三聯書店，1984年。簡稱：《卦位》

（四）饒宗頤：《再談馬王堆帛書周易》，《明報月刊》，1984年5月。簡稱：《再談》

（五）劉大鈞：《帛〈易〉初探》，《文史哲》1985年第4期。簡稱：《初探》

（六）霍斐然：《帛書〈周易〉"火水相射"釋疑》，《文史》第二十九輯，北京：中華書局，1988年1月。簡稱：《釋疑》

（七）韓仲民：《帛易說略》，北京：北京師範大學出版社，1992年。簡稱：《說略》

（八）廖名春：《帛書〈易之義〉簡說》，《道家文化研究》第三輯（馬王堆帛書專號），上海：上海古籍出版社，1993年。簡稱：《簡說》

（九）廖名春：《帛書易傳引易考》，"首屆海峽兩岸《周易》學術討論會"論文，1993年8月3—7日，山東濟南。簡稱：《引易考》

（十）鄧球柏：《白話帛書易之義》，載氏著《白話帛書周易》，長沙：嶽麓書社，1995年。簡稱：《白話》

（十一）張立文：《帛書〈易傳〉的時代和人文精神》，《國際易學研究》第一輯，北京：華夏出版社，1995年。簡稱：《精神》

（十二）鄧球柏：《易之義》，載氏著《帛書周易校釋》（增訂本），長沙：湖南出版社，1996年。簡稱：《校釋》

（十三）邢文：《帛書周易研究》，北京：人民出版社，1997年。簡稱：《帛書》

（十四）黃沛榮：《易學乾坤》，臺北：大安出版社，1998年。簡稱：《乾坤》

（十五）廖名春：《帛書〈衷〉與先天卦位的起源》，載氏著《帛書〈易傳〉初探》，臺北：文史哲出版社，1998年。簡稱：《起源》

（十六）趙建偉：《〈易之義〉疏證》，載氏著《出土簡帛〈周易〉疏證》，臺北：萬卷樓圖書有限公司，2000年。簡稱：《疏證》

（十七）廖伯娥：《馬王堆帛書〈易之義〉校釋與思想研究》，碩士學位論文，臺灣師範大學國文研究所，2001年6月。簡稱：《思想》

(十八)廖名春:《〈周易〉乾坤兩卦卦爻辭新解》,載氏著《〈周易〉經傳與易學史新論》,濟南:齊魯書社,2001年。簡稱:《新解》

(十九)廖名春:《〈周易〉豐卦卦爻辭新考》,載氏著《〈周易〉經傳與易學史新論》,濟南:齊魯書社,2001年。簡稱:《新考》

(二十)劉大鈞:《帛書〈易傳〉中的象數易學思想》,《哲學研究》2001年第11期。簡稱:《象數》

(二十一)鄧立光:《從帛書〈易傳〉考察"文言"的實義》,《周易研究》2002年第4期。簡稱:《實義》

(二十二)廖名春:《試論帛書〈衷〉的篇名和字數》,《周易研究》2002年第5期。簡稱:《字數》

(二十三)廖名春:《帛書〈衷〉校釋札記》,載氏著《出土簡帛叢考》,武漢:湖北教育出版社,2004年。簡稱:《札記》

(二十四)廖名春:《〈周易〉經傳十五講》,北京:北京大學出版社,2004年。簡稱:《十五講》

(二十五)李學勤:《帛書〈周易〉的幾個問題》(上),氏著《周易溯源》,成都:巴蜀書社,2006年。簡稱:《問題》

(二十六)濮茅左:《楚竹書〈周易〉研究》(下),上海:上海古籍出版社,2006年。簡稱:《楚竹書》

(二十七)丁四新:《〈易傳〉類帛書零札九則》,《周易研究》2007年第2期。簡稱:《九則》

(二十八)丁四新:《馬王堆漢墓帛書〈周易〉》,《儒藏》(精華編)281冊,北京:北京大學出版社,2007年。簡稱:《周易》

(二十九)王化平:《〈易之義〉研究》,載氏著《帛書〈易傳〉研究》,成都:巴蜀書社,2007年。簡稱:《研究》

(三十)張政烺:《〈易之義〉校注》,載氏著《馬王堆帛書〈周易〉經傳校讀》,北京:中華書局,2008年。簡稱:《校注》

(三十一)劉大鈞:《讀馬王堆帛書〈衷〉篇》,《周易研究》2008年第3期。簡稱:《讀〈衷〉篇》

(三十二)劉大鈞:《續讀馬王堆帛書〈衷〉篇》,《周易研究》2008年第4期。簡稱:《續讀》

(三十三)鄧立光:《周易象數義理發微》,上海:上海辭書出版社,2008年。簡稱:《發微》

(三十四)丁四新:《馬王堆漢墓〈易傳〉類帛書劄記數則》,"2008海峽兩岸易學文化研討會論",甘肅天水,2008年9月20—24日。簡稱:《數則》

（三十五）吴國源:《帛書易傳〈衷〉篇校釋三則》,《國際易學研究》第十輯,北京:中國戲劇出版社,2008年。簡稱:《三則》

（三十六）王化平:《讀馬王堆漢墓帛書〈衷〉篇劄記》,《周易研究》2010年第2期。簡稱:《讀》

（三十七）連劭名:《易之義》,載氏著《帛書〈周易〉疏證》,北京:中華書局,2012年6月。簡稱:《易之義》

（三十八）廖名春:《清華簡〈筮法〉與〈説卦傳〉》,《文物》2013年第8期。簡稱:《清華簡》

（三十九）于豪亮:《〈繫辭〉釋文校注》,載氏著《馬王堆帛書〈周易〉釋文校注》,上海:上海古籍出版社,2013年。簡稱:《繫辭》

（四十）裘錫圭主編:《長沙馬王堆漢墓簡帛集成》(叁),北京:中華書局,2014年。簡稱:《集成》

（四十一）裘錫圭主編:《長沙馬王堆漢墓簡帛集成》(壹),北京:中華書局,2014年。簡稱:《集成》(壹)

第一章

【説明】

本章乃抄自於久已佚失的孔子"《易》説"。可分爲兩部分,前部分爲孔子散論各卦,語言簡練,與今本《雜卦》性質相類;後部分爲孔子論卦爻辭,與今本《繫辭》孔子論卦爻辭類似。

子曰:"《易》之義誶陰與陽,六畫而成章,舍句焉柔,正直焉剛。"
【彙校】

鄧球柏《校釋》:誰,又作"誶"。誶,召也。後作"呼"。稱呼。

廖名春《札記》:此字決非"誰"字,可與帛書《衷》"自誰不无瞿"、帛書《繫辭》"誰而行之"、帛書《老子》乙本"誰而弗肰"之"誰"字比較。本帛書第24行"浮首兆下"之"浮"字右旁與此字明顯不同,可見也不能釋爲"誶"。比較之下,與帛書《要》"易其心而後誶"之"誶"字倒還接近,因此筆者改釋"誶"。

丁四新《九則》:"義"後、"陰"前一字,陳、廖釋文作"誰",並以爲與"唯"相通。廖氏單獨署名的釋文作"誶"。在一篇文章中,廖氏再次肯定了他的此一釋讀,並説:"可見'誶'即'呼',當訓爲'稱舉'。這是説《周易》的義涵稱之爲'陰'與'陽'。"按:此字左邊從"言",沒有問題;右邊所從,從照片來看,當是"卒",而非"隹"或"乎"。比較滕壬生編《楚系簡帛文字編》所列信陽二號墓和仰天湖二五號墓的"卒"字,即可以確定。而"乎"字形體,與此相差較大。因此,此字當釋爲"誶"。

《集成》:"舍"字張釋作"九(?)",其他諸家釋文皆作"曲",均顯然於形不合。今按:其處帛書斷裂,此字及下三行"厽""羣""矣"諸字皆筆畫自中間斷開,帛書裝裱有錯位。將其移正後,可定爲"舍"(其中間和右下部分筆畫有殘缺)。其上方橫畫中部似尚可看出還有向右下的筆畫,可能本是作如郭店簡《窮達以時》簡3"舍"字那類寫法。

【新校】

篇首墨丁，陳廖、廖丙、廖丁、張文無。圖版有之，作爲分篇符號，應標出。

"誶"，觀諸《集成》帛書照片，此字左旁爲"言"很清晰，右旁則有些模糊。最早陳廖釋"誰"。鄧球柏在沒有看到圖版的情況下，認爲此字又作"諄"。廖名春將此字與本篇第七行"《林》之卦自誰不无瞿"、帛書《繫辭》第二十九行"誰而行之"、帛書《老子》乙本"誰而弗猒"之"誰"字比較，認爲差异較大，釋"誰"誤。又將此字與本篇第24行"浮首兆下"之"浮"字右旁相比較，認爲相差明顯，也不能釋爲"諄"。認爲此字形與帛書《要》第十一行"易其心而後許"之"許"字接近，故在廖甲、廖乙、廖丙、廖丁中改釋爲"許"。丁四新認爲此字右旁與信陽二號墓和仰天湖二五號墓的"卒"字形體吻合，可確定此字當爲"誶"。張政烺在其手稿中，將此字釋爲"誶"。廖名春接受丁甲和張文的意見，在廖戊中改釋爲"誶"。丁乙亦作"誶"。

"陰"，廖乙釋爲"隂"，其右下字形釋"虫"，它本皆釋"陰"。觀諸照片，此字形右下爲"虫"，釋"隂"符合帛書原貌。張政烺《校讀》釋帛書《繫辭》"一陰一陽之胃道"之"陰"曰："'陰'，從'云'，古文作♁，帛書皆誤作'虫'。"故"隂"乃"陰"之誤，直接釋爲"陰"即可。

"台"，觀諸照片，此處帛書斷裂，該字形錯位殘缺。張文釋"九"而存疑，于文釋"九"，它本皆釋"曲"。《集成》將其移正後，釋爲"台"，可從。

【集釋】

鄧球柏《白話》：曲句：曲勾。句：讀爲"勾"。

趙建偉《疏證》："章"指《易》卦的文理。《說卦》作"六位而成章"，《集解》本亦作"六畫"。"焉"，乃。

廖名春《札記》：《說文·句部》："句，曲也。從口，丩聲。"段玉裁注："古音讀如鉤。後人句曲音鉤，章句音屨。又改句曲字爲勾。"王仁昫《刊謬補缺切韻·侯韻》："句，俗作勾。""焉"，形容詞後綴，相當於"然""樣子"。"柔"指陰爻。"剛"指陽爻。"曲句"是複詞同義，"正直"也是複詞同義。《周禮·考工記·韗人》"上三正"鄭司農注："正，直也。""曲句焉柔，正直焉剛"，是說曲勾樣子的是陰爻，正直樣子的是陽爻。爲什麼如此說呢？我認爲應該是描寫陰陽兩爻的形狀。《周易》的陽爻爲"一"形，故說"正直"。帛書《易經》的陰爻爲"凵"形，兩短橫皆成曲勾，故說"曲句"。而這種書寫方法，目的是避免陰爻"--"的兩短橫的墨汁相交而與陽爻"一"相混。"子曰"以"曲句"來描寫陰爻，而不直接稱數，可見"凵"早就是卦畫而非數字了。

丁四新《九則》:"誶",道説,告訴。《漢書·敘傳上》:"既誶爾以吉象兮,又申之以炯戒。"顏師古《注》:"誶,告也。"這與《莊子·天下》的説法是很相近的:"《易》以道陰陽。"又,"誶"疑當讀爲"萃"。萃,聚也。《説文》:"萃,艸皃。"形容草聚生的樣子。《萃·彖傳》:"萃,聚也。"《序卦》:"萃者,聚也。"《雜卦》:"萃聚,而升不來也。"然則"《易》之義萃陰與陽",是説《周易》的大義聚集、集中在陰陽觀念上。漢以前,《易》常被概括爲陰陽之説,如汲冢竹簡有《易陰陽説》之篇。漢以來,《易》被概括爲陰陽五行之學,如《史記·太史公自序》云:"易著天地陰陽四時五行,故長於變。""句""勾",分別爲正俗字。《説文》:"句,曲也。""曲句焉柔,正直焉剛",這兩句話毫無疑問是從爻形方面來判斷爻性的。首先需要説明的是,爻性或爻名在當時或之前被稱爲"柔爻"和"剛爻",這與後來"陰爻"和"陽爻"的稱謂不同。這段帛書文本明確地説在卦畫中"曲句"的形狀爲柔爻,"正直"的形狀爲剛爻,却並不認爲爻畫是所謂的數字!而這一點,與帛書《經》中的卦爻畫形狀是相切合的。在帛書《經》中,陰爻畫一種作"≳"形狀,一種作近"八"字之形。前一種形狀,顯然不是所謂的"八"字;後一種形狀,與帛書《易傳》類書籍中的數字"八"比較起來,也是有差別的。鄙見以爲,不論陰爻作"≳""八"字形"∧"或"×"形,其實都是"曲句焉柔"這一句話的形象化表達,而不是什麼數字。另外,"作數字形狀"和"是數字",這是兩個不同的陳述,不應當輕易將二者等同起來。今傳本《易傳·繫辭下》:"乾,陽物也;坤,陰物也。陰陽合德,而剛柔有體,以體天地之撰,以通神明之德。"《易傳·説卦》:"觀變於陰陽而立卦,發揮於剛柔而生爻。"更爲有力的證據,直接見於《同人》九五爻《象》辭:"同人之先,以中直也。""直",在此顯然是指剛爻之形而言的。這些都説明了在戰國時候人們是從剛柔之性來理解爻形的,儘管當時是所謂古文流行的時代。從"曲句""正直"來論剛柔之爻所組成之卦畫,包山二號墓第229號竹簡中被人們釋作"一六六一一六/一五五八六六"的本卦與之卦例,在占筮之爻的判斷上就出現了重大的問題。所謂"五",乃是柔爻"曲句"之狀的一種變形,而並非真的是數字"五"。這兩卦分別爲蠱(下巽上艮)剝(下坤上艮),屬於二爻變之例;而非蠱之否,四爻變之例。(注:《左傳》、《國語》無二爻變和四爻變之例。包山楚簡的易筮材料,對於"之卦"筮例是一種補充。)

丁四新《周易》:"曲句焉柔,正直焉剛"二句,言柔爻、剛爻之形狀。柔爻曲句,剛爻正直,與帛書《周易》卦畫中所示剛柔二爻的形狀相一致。

張政烺《校注》:誶,假爲萃,聚也。九,假爲糾,九句即糾結。焉義猶乃。

劉大鈞《讀〈衷〉篇》:所謂"曲句焉柔,正直焉剛",由"正直"對文"曲句",知"曲句"似應讀爲"曲屈",古"曲"與"句""屈",皆可通假。《爾雅·釋木》

"下句曰朹"之句,《詩·周南·南有樛木》毛傳作"曲";《左傳·昭公七年》"好以大屈",《春秋左傳正義》引《魯連書》"大屈"作"大曲",皆其證。

連劭名《易之義》:䜌讀爲萃,合聚之義。

于豪亮《繫辭》:"䜌陰與陽"之"䜌",當假爲"萃",《左傳·昭公五年》:"既而萃於王卒。"注:"萃,聚也。""九"疑假爲"朹"。《爾雅·釋木》:"下句曰朹。"故"九句"即"朹句",亦即下句。帛書《周易》陰爻畫作"ㄐㄥ",是下句也。"正直焉剛",陽爻畫作"一",是正直的。"焉"疑爲"爲"字,涉形近而誤。

【新釋】

"子曰",當與帛書《二三子問》篇的"孔子曰"同,"子"爲孔子。

"䜌",本爲言説之義,丁四新、張政烺、于豪亮皆認爲假爲"萃",聚之義,甚是。

"六畫而成章",本篇第二十一行亦言《易》六畫而爲章。按"章"本指文理,此"章"乃卦義。今本《説卦》云《易》六位而成章,《周易集解》本作"《易》六畫而成章",《説卦》又云"《易》六畫而成卦",是"《易》六畫而成章"即"《易》六畫而成卦","章"即卦也。

古人以"陰""陽"言卦,《説卦》云"觀變於陰陽而立卦",《衷》篇《易》之義䜌陰與陽,六畫而成章兩句言卦,"《易》之義䜌陰與陽"之"陰"和"陽"不是指抽象的陰陽義理,而是指陰卦和陽卦,此言《易》的義藴聚集在陰卦和陽卦上,六畫組成一卦。

"旮",于豪亮説是,當讀爲"朹",下勾之義。"句"爲曲義,《説文·句部》:"句,曲也。"王筠《句讀》:"凡曲皆曰句。"《玉篇·句部》:"句,不直也。""正"爲平義,《楚辭·離騷》"名余曰正則兮",王逸注:"正,平也。"《廣韻·勁韻》:"正,平也。""旮句"與"正直"乃言爻之形狀,"柔"和"剛"乃言爻之性質。古人以"柔""剛"言爻,《衷》篇"旮句焉柔,正直焉剛"説的是爻,即《説卦》"發揮於剛柔而生爻"。"正直焉剛"之"焉",于豪亮以爲"爲"之形誤,不必。"旮句焉柔""正直焉剛",兩"焉"字用法和意思同,乃也,張政烺説是。"旮句焉柔"言柔爻勾曲,"正直焉剛"言剛爻平直,帛書《周易》的柔爻作ㄐㄥ,是勾曲的,剛爻作一,是平直的,如

(《辰》,即《震》卦) (《困》卦) (《欽》,即《咸》卦)

出土的其它古代易學文獻,如阜陽漢簡《周易》、上海博物館藏戰國楚竹書《周易》等柔爻皆作八(此不是數字八,而是八字形),是勾曲的,剛爻皆作一,是平直的。

【今譯】

孔子說:"《周易》的義涵萃集在陰卦和陽卦上,六個筆畫組成一個卦,勾曲的筆畫是柔爻,平直的筆畫是剛爻。"

"六剛无柔,是胃大陽,此天[之義也。□]▨□□□方。六柔无剛,此地之義也。"

【彙校】

趙建偉《疏證》:"剛"下省"是胃大柔"(純柔、純陰)。

廖名春《札記》:帛書"六剛无柔是胃大"後殘損,但有一殘片,有三行字,前兩行是帛書《繫辭》四十六行上的"愛亞相攻"、四十七行上的"辟屈",後一行有"陽此天"三字,顯然當補在此篇帛書第一行上的"六剛无柔,是胃大"後。"之義也"三字原殘,一直沒有找出其殘片,筆者只好據文義補出。本篇帛書第八行上至第十三行上有一殘片,共六行字。可拼入第一行下至第六行下。其第一行存四字:"□見台而。"其中第一字有殘損,未能釋出;第四字稍殘,推斷爲"而"字。缺文字數係據前後文推定,可能有一兩字的出入。"六柔无剛,[是謂太陰],此地之義也"。"是謂太陰"據上文"六剛无柔,是胃大陽,此天[之義也]"補,當係脱文。

丁四新《周易》:疑帛書"剛"下抄脱"是胃大陰"四字。

《集成》:"此天[之義也]","之義"二字原已完全殘失,張釋逕釋,其他諸家釋文皆作擬補缺文,未知張釋所據。殘片中雖有兩"之義"小片,但一片是屬於《二三子問》者;另一片則其右側上行尚有它字殘筆,與此右方上行應係空白亦不合。廖名春此下有"□見台而"等字,係出於誤綴。我們已將其拆分新綴於5上。

【新校】

"六剛"下一字,陳廖釋"無",它本皆釋"无"。觀諸照片,顯爲"无"字。

"陽此天"爲一碎片上的文字。"此天[之義也]","之義也"三字,張政烺直接釋出,其他諸家釋文皆作補文。張文不妥,《集成》辨析甚是。

"方"上殘缺,陳廖、廖甲、廖乙、張文、于文和《集成》皆未釋。廖名春將本篇帛書第八行上至第十三行上的一殘片拼入第一行下至第六行下,認爲第一行所存四字可補入此處。其四字中第一字和第四字殘損,中間爲"見台",廖丙補爲"□見台□"。廖丁將第四字釋"出",補爲"□見台而",丁甲、廖戊、丁乙同。《集成》認爲此係誤綴。

"六柔无剛"下,廖名春據上文"六剛无柔,是胃大陽,此天[之義也]",認爲此有脱文,補入"是謂太陰",趙建偉補"是胃大柔",丁四新補"是胃大陰",于豪亮同。按帛書"太"寫作"大","謂"作"胃",故補"是胃大陰"較妥。

【集釋】

趙建偉《疏證》:"大剛",純剛。

廖名春《札記》:"大陽",即太陽。乾卦六爻皆爲陽爻,没有一個陰爻,是純陽之卦,故稱太陽。江沅《説文釋例》:"古只作'大',不作'太'。《易》之'大極',《春秋》之'大子''大上',《尚書》之'大誓''大王王季',《史》《漢》之'大上皇''大后',後人皆讀爲太。或徑改本書,作'太'及'泰'。"

丁四新《周易》:"六剛无柔",鍵(乾)卦卦象。"此天[之義也]":上下一段文本,從爻形言及爻性,從爻性言及陰陽觀念,從陰陽觀念談到天地觀念,將《周易》的卦爻系統和整個宇宙密切聯繫起來。其中,在卦爻系統(以乾坤二卦爲代表)與天地之間,陰陽觀念起了重要的中介作用。"六柔无剛",川(坤)卦卦象。

【新釋】

"六剛无柔",指六個剛爻,没有柔爻,指《乾》卦。今本《乾》卦之"乾",帛書皆作"鍵"。"乾""鍵"通。"大陽","大"即"太",即"太陽",指六剛无柔的《乾》卦。下文"大陽",亦指六剛无柔的《乾》卦。"胃"讀爲"謂"。今本《説卦》:"《乾》爲天",故言"此天[之義也]"。

"□☒□□□方"雖殘,但估計仍應闡述《乾》卦之義。

"六柔无剛",指一個卦中六個柔爻,没有剛爻,指《坤》卦。今本《坤》卦之"坤",帛書皆作"川",實爲"巛"。"六柔无剛"後,當脱"是胃大陰"。"大陰",即"太陰",指六柔无剛的《坤》卦。下文"大陰",亦指《坤》卦。《説卦》"《坤》爲地",故言"此地之義也"。

【今譯】

孔子説:"只有六個剛爻而没有柔爻的《乾》卦,稱爲太陽卦,表示的是天之義。……只有六個柔爻而没有剛爻的《坤》卦,稱爲太陰卦,表示的是地之義。"

"天地相銜,氣味相取。陰陽流荆,剛柔成禮。"

【彙校】

鄧球柏《白話》:據"六畫而成章"補爲"剛柔成章"。

趙建偉《疏證》:缺字似可補"卦"("成卦"即《説卦》"六畫而成卦")或"文"(即《繫辭》"遂成天地之文")。此言剛位、柔位的變換而組成不同的

《易》卦（或形成不同的卦理）。

廖名春《札記》：剛柔成□，帛書此處有皺折，致使字形欠清楚。但決非"章""卦"或"文"。此字爲左右結構，似爲"涅"字。可與帛書《老子》乙本卷前古佚書一二行下"涅"比較。

濮茅左《楚竹書》：剛柔成[質]。

丁四新《周易》："銜"，疑爲"衛"之訛，二字形近易誤。"成"下一字漫漶，形似"攻"字。

《集成》："成"下之字張釋空缺，批注"查"。其字所在處帛書裝裱有扭曲重疊。丁四新作"攻"，廖名春作"涅"，皆與其形難合。此改釋爲"禮"。其"示"旁頭部兩橫尚存，右下部分亦與"豊"旁右下相合。

【新校】

"天地相"後一字，陳廖、廖甲、廖乙和丁甲釋"衛"，廖丙和張文釋"銜"，廖戊釋"衛"，廖丁釋"衡"，丁乙釋"銜"。驗諸照片，此字形作 ，廖丁釋"衡"顯誤，釋"銜"較妥。"銜"爲"衛"之省寫。

"剛柔成"下一字變形模糊，鄧球柏補爲"章"，趙建偉補爲"卦"或"文"，濮茅左補爲"質"，三人皆以義補。按此字爲左右結構，故可肯定當非"章""文"或"質"。丁甲釋爲"攻"，廖名春釋爲"涅"，《集成》釋作"禮"。細觀此字，釋爲"禮"字更妥。

【集釋】

鄧球柏《白話》：銜，讀爲"率"，率領。據《易緯》"日月相銜"則可讀爲"銜"。氣味相取：陰陽氣的相聚，亦可以釋爲陰陽相取，陰陽互補。流刑：流行。

趙建偉《疏證》：此字釋爲从行、率聲之字，讀爲"率"，用也（《詩·思文》毛傳）。言天地相互爲用（或"率"訓爲牽連、聯繫，言天地相互聯繫）。此句言陰陽之氣相互取用。"刑"同"形"，象。此言陰陽流通而成物象、陰陽爻錯綜而成卦象。

廖名春《札記》："銜"實爲"銜"，而"銜"爲"衛"之省寫。古文字"衛"多寫作"銜"，如《詛楚文》、三體石經《春秋·僖卅三年》、帛書《老子》甲後四五九、帛書《戰國縱橫家書》六二行、帛書《繫辭》第四十二行。《説文·行部》："衛，將衛也。"段玉裁改爲"將衛也"。邵瑛《群經正字》："古也衛、率多通用，經傳嘗有之，是率即衛字也。""天地相衛（衛）"，即天地相互因循，相互作用。《玉篇·行部》："衛，循也。今或爲率。"《爾雅·釋詁上》："率，循也。"郭璞注："循行。"《詩·大雅·緜》："率西水滸，至于岐下。"毛傳："率，循也。"《説卦》

"震一索而得男""坎再索而得男""艮三索而得男"是乾來化坤,可説是陽率陰,陰循陽。"巽一索而得女""離再索而得女""兑三索而得女"是坤來化乾,可説是陰率陽,陽循陰。陰陽交互爲用,故有八卦和六十四卦的産生。"取"與"衞"義近,當訓爲資。《玉篇·又部》:"取,資也。"《繫辭下》:"遠近相取而悔吝生。"王弼注:"相取,猶相資也。""流形"乃成詞,不能讀爲"流行"。《周易·乾·彖》:"品物流形。"《禮記·孔子間居》:"風霆流形。"《管子·水地》:"男女精氣合,而水流形。"《孔子家語·問玉》:"地載神氣,吐納雷霆,流行庶物,無非教也。"流形乃流布成形之意。疑"涅"在此當讀爲"呈",訓爲呈現。《廣韻·清韻》:"呈,示也,見也。""成呈"與"流形"義近,皆爲復詞同義。

丁四新《周易》:"衞"从"衞"省,"衞"即"率"。《玉篇》行部:"衞,循也。今或爲率。""刑",即"刑",通"形"。"攻"通"功"。

張政烺《校注》:率,率導。

劉大鈞《讀〈衷〉篇》:"天地相衞"之"衞"字,帛書《周易》經文師卦有之。案師卦六五爻:"田有禽,利執言,无咎。長子帥師,弟子輿尸,貞凶。"今本之"帥"字,帛書本作"衞"。考《玉篇》行部第一百二十釋"衞"字曰:"循也,導也,今爲率。"又,《玉篇》走部第一百二十七釋"達"字曰:"導也,引也,今爲帥。"

于豪亮《繫辭》:《春秋玄命苞》:"律之言率也,所以率氣令達也。"注:"率,猶導也。"此處"氣味相取"蓋亦相資取之義。《淮南子·繆稱》:"金錫不銷釋則不流刑。"

《集成》:"禮"讀爲"體"。此"流形"與"成體"對文,《上海博物館藏戰國楚竹書(七)·凡物流形》謂"流型(形)成豊(體),奚得而不死",則兩者連言。《繫辭下》:"子曰:《乾》《坤》,其《易》之門邪!乾,陽物也;坤,陰物也。陰陽合德,而剛柔有體,以體天地之撰,以通神明之德。"可與此文相印證。又帛書上文"六剛無柔"即《乾》,"六柔無剛"即《坤》,阮籍《通易論》亦有"乾坤成體而剛柔有位"之語。帛書易傳"體"皆作"膿"或"體",無用"禮"字者,不過《繫辭》又皆用"膿"爲"禮",可見此以"禮"爲"膿(體)"也並不奇怪。

【新釋】

"衞"即"衞","衞"爲"衞"省,"衞"即"率"。"率"爲率領之義。《荀子·王霸》"若夫論一相以兼率之",楊倞注:"率,領也。"《玉篇·率部》:"率,將領也。""率"又讀爲"類"。《史記·老子韓非列傳》"大抵率寓言也",張守節《正義》:"率,猶類也。"《漢書·孝成許皇后傳》"事率衆多",顔師古注:"率,猶計也,類也。"

"取"爲求義。今本《周易》《蒙》卦六三"勿用取女",焦循《易章句》:"取,猶求也。"今本《繫辭下》"遠近相取而悔吝生",焦循《易章句》:"取,猶求也。""氣味相取",即氣味相求。

按《衷》篇"子曰""天地相率,氣味相取"與今本《文言》"子曰:同聲相應,同氣相求。水流濕,火就燥,雲從龍,風從虎,聖人作而萬物睹。本乎天者親上,本乎地者親下,則各從其類也"義近。"天地相率",即天地各統率其同類,即"本乎天者親上,本乎地者親下,則各從其類也"。"氣味相取",即同類氣味相互求取,即"同聲相應,同氣相求。水流濕,火就燥,雲從龍,風從虎"。

"流"爲化、求義。《廣雅·釋詁三》"流,七也",王念孫疏證:"《莊子·逍遥游》篇云:'大旱金石流。'《楚辭·招魂》篇云:'十日代出,流金鑠石。'皆化之義也。"又補正:"《漢書·董仲舒傳》曰:'有火復于王屋流爲烏。'是流爲化也。"是"流"爲化,"流形"即互化其卦形。"流"又有求義。《詩·召南·關雎》"左右流之",毛傳:"流,求也。"《爾雅·釋言》:"流,求也。""刑"即刑,通形。"陰陽流刑",即陰陽流形,此"陰陽"指陰卦和陽卦。

承上文"天地相率,氣味相取",即將天地間事物分爲兩類,各歸其類,"陰陽流形"言陰卦和陽卦互爲索求、互化其形,此當與今本《説卦》乾坤互索而得三陽卦和三陰卦義近。今本《説卦》:"乾天也,故稱乎父。坤地也,故稱乎母。震一索而得男,故謂之長男。巽一索而得女,故謂之長女。坎再索而得男,故謂之中男。離再索而得女,故謂之中女。艮三索而得男,故謂之少男。兑三索而得女,故謂之少女。"坤和乾作爲陰卦和陽卦的典型,坤卦分別索求乾卦的下爻、中爻和上爻,而得震坎艮三男卦,即三陽卦;乾卦分別索求坤卦的下爻、中爻和上爻,而得巽離兑三女卦,即三陰卦。又按《乾》卦《彖傳》"雲行雨施,品物流形",虞翻注:"乾以雲雨流坤之形,萬物化成。"虞翻注《坤》卦辭亦曰:"乾流坤形。"故"陰陽流形"意爲陰卦流化陽卦之形,陽卦流化陰卦之形,從而形成八卦。此乃言八卦的形成。

"剛柔成禮",承上文"呇句焉柔,正直焉剛",此"剛柔"指剛爻和柔爻,此言由剛爻、柔爻形成六畫的六十四卦卦體。"禮",讀爲"體",《集成》説是。"禮""體"通用,指卦體。

【今譯】

孔子説:"天地各統率其同類,同類氣味相互求取。陰卦和陽卦互爲流化其形,形成八卦。剛爻、柔爻組成六十四卦。"

"萬物莫不欲長生而亞死。會厽者而台作《易》,和之至也!"

【彙校】

廖名春《札記》:帛書原作"亞"。"亞"可説是"亞"的繁文,上一横爲飾筆。此寫法,習見於帛書《繫辭》四十二、四十六行。

【新校】

"亞",陳廖、丁甲、張文、廖戊、丁乙、于文釋"亞",餘皆釋"亞"。驗諸照片,此字形作 ,即"亞"字繁文,可逕釋爲"亞"。

"厽",陳廖、丁甲、廖戊釋"心",張文釋"品",並注"三",于文釋"品",丁乙釋"厽",它本無釋。按細觀照片,此字變形殘損,疑當爲"吅",故張文釋爲"品"。其"口"形實爲厶,故釋爲"厽",與丁乙之"厽"同。故"品""厽"實同,實即"三"字。釋"心"誤。

【集釋】

鄧球柏《白話》:台:讀爲"以",古書中"以"刻作"目",與"台"形似易訛。

廖名春《札記》:"以"爲"目"之繁文,"台"亦爲"目"之繁文。商周文字以"目"爲"以",晚周文字始以"台"爲"以",戰國文字襲之。《説文·口部》:"台,从口,目聲。"阮元《積古齋鐘鼎彝器款識》:"古銘'以'多作'台'。""台"字本从"目","口"爲分化部件。

丁四新《周易》:"台",讀爲"始"。

連劭名《易之義》:"萬物莫不欲長生而惡死",指性情。"會三者而始作《易》,和之至也",《楚辭·天問》云:"陰陽三合,何本何化。"王逸注:"謂天地人三合成德,其本始何化所生乎。"《老子》第四十二章云:"道生一,一生二,二生三。"河上公注:"陰陽生和、清、濁三氣,分爲天、地、人也。"作易者爲聖人,故曰"和之至也"。《老子》五十五章云:"含德之厚者,比之於赤子也。終日號而不憂,和之至也。"所謂"和之至"者,指太和。

于豪亮《繫辭》:"品"疑即"三"字。"台"疑假爲"以"。

【新釋】

"長生而亞死","長",恆久之義。《逸周書·王佩》"謀成在周長",朱右曾集訓校釋:"長,恆久也。"《漢書·百官公卿表》"更名大長秋",顏師古注:"長者,恆久之義。""長生"即久生、恆生。"亞",讀作"惡",厭惡。《衷》篇此言"萬物莫不欲長生而惡死",與今本《繫辭》"生生"義同。今本《繫辭上》"生生之謂易",荀爽注:"陰陽相易,轉相生也。"韓康伯曰:"陰陽轉易,以成化生。"孔穎達曰:"生生,不絕之辭。陰陽變轉,後生次於前生,是萬物恆生,謂之易也。前後之生,變化改易。生必有死,《易》主勸戒,獎人爲善,故云生不云死也。"朱熹《本義》:"陰生陽,陽生陰。"由於陰陽相易,陰生陽,陽生陰,故使萬物恆久而化生,綿綿不絕,即此"萬物莫不欲長生而惡死"之義。

"會厽者而台作《易》","厽者"即三者,指前言"天地""陰陽""剛柔"。"台",陳松長、廖名春、鄧球柏、于豪亮皆讀爲"以",丁四新、張政烺讀"始"。按"台"當讀爲"始"。帛書《老子》甲本"百仁(仞)之高,台於足(下)",今本《老子》第六十四章作"千里之行,始於足下","台"即"始"。《爾雅·釋詁上》:"胎,始也。"《釋文》:"胎,本或作台。"會三者而始作《易》,言會聚天地、陰陽、剛柔三大要素,而開始創作《周易》。

"和之至",《國語·鄭語》史伯言之,其曰:"夫和實生物,同者不繼。以他平他謂之和,故能豐長而物歸之。若以同裨同,盡乃弃矣。……夫如是,和之至也。……聲一無聽,物一無文,味一無果,物一不講。""和"爲"以他平他",即調和不同的兩個或兩個以上方面。《衷》篇此處謂調和兩個對立的方面,即調和天與地,調和陰與陽,調和剛與柔。《周禮·地官·大司徒》"一曰六德:知、仁、聖、義、中、和",鄭玄注:"和,不剛不柔。"《周禮·春官·大司樂》"中、和、祇、庸、孝、友",鄭玄注:"和,剛柔適也。"《賈子新書·道術篇》云:"剛柔得適謂之和。"皆其證。故《衷》篇此言"和",應爲"調兩取中"之義,即調和天與地之兩而取其中,調和陰與陽之兩而取其中,調和剛與柔之兩而取其中,實爲"中和"思想,即《衷》篇之"中"的主旨。

【今譯】

孔子說:"萬物沒有不想長生而厭惡死亡的。聖人會聚天地、陰陽、剛柔之理,而開始創作《周易》,其中和達到極至了!"

"是故《鍵》[□□]□九,亓義高尚□☒義沽下就,地之道也。"

【彙校】

廖名春《札記》:帛書照片左下有一殘片,存三行字。第一行有"□九□□高尚□"七字,第二行有"得之陰也肭老"六字,第三行有"□□辨女散"五字。其第一行當補於此處。"天之道也。川"則據下文"地之道也"補出。考慮到下文説"川"是"順從而知畏凶,義沽下就",此處説"鍵"句式也當相同,因此"九"前還當再補兩字。帛書此行的字數僅較第一行多一字,而較第三行少四字。由於第三行有兩字是書手後添加的,因此實質只較第三行少兩字。這樣,帛書此行的字數與前後兩行也就基本一致了。"九"前一字有筆畫殘存,"九"後兩字尚殘存左半,惜未能識出。"順從而知畏凶",此據帛書照片左上一殘片的第二行文字補。"順"字殘存下半,"凶"字殘存上半。

《集成》:"□九亓義高尚□"諸字所在小片共四行,原裱於本頁左方靠下處,張釋無之,應係將其剔出未釋。廖名春綴入此處,正確可從。"亓義"兩字廖名春作缺文號未釋,丁四新作"□友"。今按:據其殘形均可定。而且,就在此片的右方原倒置裱有存"酈丨也"的小片,其右下方小片本並不相連,而應正是屬於此"義"字者。今將其拆出改綴入"義"字右方。"義沾下就"上張釋擬補"天之道也",與之連讀。廖名春作"高尚□□[天之道也。《川》]順從而知畏兇"。今按:"順從而知畏兇"數字係出於誤綴(所謂"兇"字實當釋爲"晉"),但補出"《川》"則似確可從。但"天之道也""《川》"諸字其具體位置難定,今不補入。

【新校】

"是故鍵"下至"義沾下就"殘,陳廖、廖甲、廖乙、張文和于文皆無釋。廖丙將帛書照片左下一殘片的第一行"□九□□高尚□"七字補入,又將帛書照片左上一殘片的第二行"順從而知畏兇"補入,又據上文"鍵"和下文"地之道也"在二者之間補"天之道也川"。廖丁、丁甲和廖戊、丁乙略同,丁乙于"高"前释出"友"。張文則於殘損處補"也"和"天之道也"。《集成》確定"順從而知畏兇"誤綴,"天之道也""《川》"具體位置難定,爲審慎而不補入,其做法可從。

【集釋】

趙建偉《疏證》:"義",善也。"沾",沾溉。"下就",就下、處下。這裏所說的川水坤土沾溉容載萬物而處下不爭,仍然可見川水與坤土的內在聯繫(《淮南·原道》"土處下,不在高;水下流,不爭先")。

廖名春《札記》:《說卦》:"坤,順也。"《文言》:"坤道其順乎。"《象傳》:"比,吉也;比,輔也。下順從也。"比卦上爲坎水,下爲坤地。"下順從",就是以下坤之義爲順從。帛書以"順從"釋川(坤)與《象傳》同。"畏凶",畏懼。《說文·凶部》:"凶,擾恐也。"《廣韻·腫韻》:"凶,恐懼。"《左傳·僖公二十八年》:"曹人凶懼。"由此可知,"凶",懼也。"知畏凶"即"知畏懼"。坤爻辭強調"含章""從""括囊",就是"知畏懼"的表現。義沾下就,"義"指坤卦之義。"沾",讀爲"覘"。《集韻·鹽韻》:"覘,闚也。或作沾。"朱駿聲《說文通訓定聲·謙部》:"沾,叚借爲覘。"《禮記·檀弓下》:"毋曰:我喪也斯沾,爾專之。"鄭玄注:"沾讀曰覘。覘,視也。國昭子自謂齊之大家,有事人盡視之。欲人觀之,法其所爲。""義沾下就",即"義覘下就",也就是"義視下就"或"義觀下就"。這就是說,坤卦之義表現在坤能就下不爭上。"川"即"順",爲坤之本名,與"水"無涉。

連劭名《易之義》:"[禮]義沾下,就地之道也",帛書殘,試補禮字。沾讀爲覘。覘,視也。

【新釋】

"是故《鍵》□□□九","鍵",即今本《周易》"乾"卦,帛書《周易》"乾"皆作"鍵"。"九",似言陽爻之性。《周易》陽爻皆稱"九"。此句似可補全爲"是故《鍵》其爻皆九",言《乾》卦六剛爻皆爲九。

"亓義高尚",《說卦》:"乾爲天。"故言《乾》卦"其義高尚"。與下言《坤》卦的"下就"對言。

"□☒義沽下就,地之道也",缺文當有兩部分內容,前一部分言"鍵"卦即《乾》卦,從下言"川"卦即《坤》卦"地之道也",可補出"天之道也"。後一部分當言"川"卦即《坤》卦,可補全爲"川其爻皆六,義沽下就,地之道也"。

"義沽下就","沽"讀爲"覗",視義,廖名春和連劭名說是。"義沽下就",即義覗下就,或義視下就,乃言《坤》卦之義表現在就下不爭上。

【今譯】

孔子說:"因此《乾》卦六剛爻皆爲九,其義高尚,此爲天之道。《坤》卦六柔爻皆爲六,其義就下不爭上,此爲地之道。"

"用六贛也,用九盈也。盈而剛,故《易》曰'直方大,不習,吉'也。因'不習'而備,故《易》曰'見羣龖,无首,吉'也。"

【彙校】

陳廖:"吉"字殘,據後文補出。

廖名春《引易考》:《易之義》引坤卦六二爻辭曰:"直方大,不習,吉。"今本吉作"无不利",帛書《易經》《二三子問》《謬和》所引皆作"无不利"。但《易之義》其他尚有三處引用,"吉"字雖殘,但從其空間來看,不可能爲"无不利",只能爲"吉"。吉與无不利一正一反,但意義接近。《易之義》數引作"吉",可能其所據本與諸本皆不同。

廖伯娥《思想》:"群龍无首,吉"前,鄧本釋文無"見"字。然查通行本及帛書本《易經》皆有"見"字。鄧氏釋文於此節所缺之"見"字,或許爲著作時脫漏,或印刷時排版之失。

廖名春《札記》:不習,吉,細察帛書照片,"吉"字中間裂開,但其右半和左半尚存,釋文有"吉"字爲是。見群龍无首,查帛書照片,"見"字赫然在目。從上文論陰陽相濟的對稱格式看,"用六,贛(坎)也"後也有可能漏脫了"坎而柔"並引《易》來證以剛濟柔的文字。

《集成》:"龖"字張釋和其他諸家釋文多逕作"龍"。此從丁四新作"龖"。

【新校】

"不習"下,張文無釋,陳廖補爲"吉",它本皆釋"吉"。按細觀照片,此字形殘損較嚴重,從中間裂開,但其右半和左半尚存,釋"吉"當是。

"羣",廖甲、張文釋"群",它本皆釋"羣"。驗諸照片,此字形爲上下結構,釋"羣"符合帛書原貌。"羣"同"群"。

"用六贛也"後,疑脱"坎而柔"。

【集釋】

鄧球柏《白話》:用六,是陰柔坎凹的意思。用九,是陽剛突出多餘的意思。多餘就剛强,所以《周易》説"直方大,不習,吉",因爲"不習"而富有吉利。所以《周易》説"群龍无首吉"。

趙建偉《疏證》:"坎",虚。《坤》卦用六之"以大終"(《坤》卦用六小象語。"大"指陽、實),是因爲《坤》陰至用六盈極而虚。同樣,《乾》卦用九之"群龍无首",是因爲《乾》陽過於盈盛。"備",充裕,《黄帝四經》"地俗(裕)德以静""允地廣裕"即此"不習而備"。盈滿堅强者難以持久(《乾·象》"亢龍有悔,盈不可久也"),故濟之以地道之安静不習;安静而充裕,所以有天下之治(《乾·文言》釋"羣龍无首"説"上治也""天下治也")。

廖名春《札記》:《説卦》:"坎,陷也。"《序卦》:"物不可以終過,故受之以坎;坎者,陷也。"《淮南子·謬稱》:"滿如陷,實如虚。"可見坎陷是盈滿之反。"用"讀爲"通",訓爲皆。"用六"是説坤卦六爻都是六。坤卦六爻都是"六",故稱之爲"坎陷","坎陷"也就是虚。同理,"用九"是説乾卦六爻都是"九"。乾卦六爻都是"九",故稱之爲"盈"。"不習",讀爲"不摺",即不折。"大"與"不折""吉"都是"直方"所導致的結果。爻辭是説做到正直而方正,就能做大,就能不失敗,就能吉利。此是以六二爻辭來證"盈而剛"。"直方"可謂"盈","大""不折""吉"可謂"剛"。《論語·公冶長》:"吾未見剛者。"劉寶楠《正義》引鄭玄注:"剛,謂彊志不屈撓。""不屈撓"即"不折"。"備"當訓爲佳、美、好。《荀子·解蔽》:"故目視備色,耳聽備聲,口食備味,形居備宫,名受備號,生則天下歌,死則四海哭,夫是之謂至盛。""備色"即"佳色","備聲"即"佳聲","備味"即"佳味","備宫"即"佳宫","備號"即"佳號"。"見群龍无首,吉",爲乾卦用九之辭,"子曰"引以爲"盈"而欲"'不習'而備"之條件。乾卦用九雖爲"群龍"(六爻皆陽),有"盈"性,但物極必反,乾而之坤,又具有坤性,具有"无首"的特點。此是説乾"盈"而欲不折,而欲佳美,就必須要像用九所説的那樣,"群龍"要能做到"无首",要能做到不爭著出頭。此段説坤六爻皆"六",是爲柔虚,是虚晃一槍,重點在强調乾"盈"而必須補以坤虚,闡發以柔濟剛之理。

丁四新《周易》:"贛",通"坎"。坎,坎陷。"用",帛書本經作"迵",讀作"通"。用六、用九,就此二爻而通論之,是從一般意義上而言的。《衷》篇説"用六,贛(坎)也;用九,盈也",不僅與二爻之形狀相一致,而且與二爻陰陽消息之義相表裏。由"盈而剛",《衷》引出《川》卦六二爻辭,由《川》之六二爻辭"不習",進而引出《鍵》之用九爻辭,《衷》篇的作者對于乾坤乃至陰陽觀念的理解已經非常深入。

張政烺《校注》:直方即正。

劉大鈞《讀〈衷〉篇》:此"用六,贛也"之"贛"即"坎"字,今本坎卦之"坎"帛書作"贛"即其證。而由"用九,盈也",知"贛"取坎之陷、虧義。"用九,盈也",由乾卦之《象》"'亢龍有悔',盈不可久也",知前人釋《易》以乾爲陽爲盈,依虞翻釋《易》所用"月體納甲"説:每月"三日莫,震象出庚,八日,兑象見丁,十五日,乾象盈甲,十七日旦,巽象退辛,二十三日,艮象消丙,三十日,坤象滅乙,晦夕朔旦,坎象流戊"。故帛書"用六,贛也;用九,盈也"及《象》釋乾卦上九爻"亢龍有悔"曰"盈不可久也",正與此説相合。再,《彖》釋豐卦曰"日中則昃,月盈則食,天地盈虛,與時消息",亦與此納甲説相合。可知,虞氏所傳"月體納甲"説也應爲有據之傳。"盈而剛,故《易》曰'直方大,不習',吉也。因'不習'而備,故《易》曰見群龍无首,吉也。"此段帛書注文如僅依字面讀之,似乎多有問題:明明是説乾卦用九"盈而剛",却又引坤卦六二爻辭"直方大,不習,吉"釋之,復以"'不習'而備"來解釋乾卦用九"見群龍无首,吉",這是爲什麽呢?案《文言傳》:"《易》曰'見龍在田,利見大人',君德也。"李鼎祚《周易集解》虞翻注曰:"陽始觸陰,當升五爲君。時舍於二,宜利天下。'直方'而'大',德无不利,明言'君德'。地數二,故稱'《易》曰'。"李道平《周易集解纂疏》疏之曰:"二爲陰位,陽息至二,是'陽始觸陰'也。二與五應,陽主升,故二'當升五爲君'也。然時舍居於二(鈞案:此"舍"字在此應讀爲"舒"也,應作"見龍在田,時舒也"),已有利天下之德焉。乾二旁通坤二,坤六二'直方大,不習,无不利',田在地表,有直方大之象,故養人之德,天下見之无不利,是二之大人,雖在下位,實有君人之德也。"知虞翻用旁通説,以坤卦六二爻辭"直方大,不習,无不利"釋乾卦也。帛書《衷》篇作者在此處以坤卦六二爻之辭釋"盈而剛",又以坤卦六二爻之"因不習而備"釋乾卦用九之辭,顯然也是用的"旁通"之説,因爲若舍"旁通"説,便很難解釋帛書此處何以用坤卦六二陰爻釋"用九,盈也"的"盈而剛"。今由帛書此段文字考之,知漢人"旁通"説,漢初或先秦恐早已有之。

連劭名《易之義》:《左傳·襄公十三年》:"不習,則增修德而改卜。"杜預注:"不習,謂卜不吉。"反身修德爲備。

于豪亮《繫辭》:"贛"當假爲"陷"。《書·顧命》"爾無以釗冒貢于非幾",馬注:"贛,陷也。"《淮南子·謬稱》"滿如陷、實如虛",注:"陷,少。"是此處之"贛"義爲少、不足。通行本之"坎"卦,帛書《周易》作"贛",然此處之"贛"非坎卦之義。

【新釋】

"用六""用九"之"用",帛書《周易》作"迵",讀爲"通"。《莊子·齊物論》:"用也者,通也。"《太玄·達》"迵迵不屈",范望注:"迵,通也。"通爲皆義。《助字辨略》卷一:"《史記·貨殖傳》'莫不通得其所欲',《水經注》'是濟水通得清之目焉',通猶皆也。""用六"言六爻皆爲六,即《坤》卦。"用九"言六爻皆九,即《乾》卦。

"贛"讀爲"坎"。帛書《周易》中"坎"皆作"贛"。《說卦》"坎,陷也",《序卦》"坎者,陷也",是言坎卦之象。此"坎"不同,乃言《坤》卦之空虛象。按《爾雅·釋器》"小罍謂之坎",郝懿行義疏:"坎者,猶言空也。"《廿二史考異·舊唐書二·音樂志》"謂之坎侯",錢大昕按:"坎、空聲相近,故坎亦訓空。"故"用六坎也",乃言《坤》卦空虛之象。趙建偉訓"坎"爲虛,是。

"盈"爲實義。《孫子兵法·地形》"不盈而從之",賈林注:"盈,實也。"《文選·曹植〈七啓〉》"覽盈虛之正義",劉良注:"盈,實也。""用九盈也",言《乾》卦實滿之象。盈爲《乾》卦之象。《象傳》釋《乾》上九"亢龍有悔"曰:"盈不可久也。"言《乾》盈滿之象不可保持長久。《彖·損》"損益盈虛",虞翻注:"《乾》爲盈,《坤》爲虛。"《彖·豐》"天地盈虛",虞翻注:"五息成《乾》爲盈,四消入《坤》爲虛。"正言《乾》卦之象爲盈,《坤》卦之象爲虛。故"用六贛也,用九盈也",即用六虛也,用九盈也,即《坤》虛也,《乾》盈也。

"盈而剛"之"剛"有兩義,一言《乾》卦六爻皆爲剛爻,一言《乾》卦具陽剛之德。

"直方大,不習,吉"爲《坤》六二爻辭,"吉",今本和帛書《周易》皆作"无不利",義近。"習",學也。《衷》篇下言:"《易》曰:'直方大,不習,吉。'子曰:'生文武也,雖强學,是弗能及之矣。'"顯然是以"學"釋"習",因此廖名春訓"習"爲"摺",疑非。廖又訓"備"爲佳、美、好,亦恐非。"備"當釋爲具備、具足。《儀禮·特牲饋食禮》"宗人舉獸尾告備",鄭玄注:"備,具也。"《莊子·徐无鬼》"夫大備矣",成玄英疏:"備,具足也。""見群龍无首,吉",《乾》通九爻辭。此言《乾》卦盈滿而陽剛,故《周易·坤》六二曰:"直方大,不習,吉。"因爲不習而具足,故《周易·乾》通九曰:"見群龍无首,吉。""見"讀爲現,呈現之義。

按此處頗啓人疑竇:孔子爲何以《乾》卦釋《坤》卦六二?又爲何以《坤》

卦六二釋《乾》卦通九？劉大鈞認爲，《衷》篇此處使用了象數易學的"旁通"説，即以《乾》卦九二旁通《坤》卦六二。按《文言》釋《乾》九二："《易》曰'見龍在田，利見大人'，君德也。"虞翻注："直方而大，德无不利，明言'君德'。"顯然虞翻是以《乾》九二旁通《坤》六二，以《坤》六二爻辭"直方大""无不利"，釋《文言》所論《乾》九二之辭。若説此處孔子是以《乾》卦通《坤》卦的旁通説，以《乾》卦之"盈而剛"，而釋《坤》六二爻辭，似亦可通，可備一説。但"旁通"説首見于東漢末的虞翻，先秦是否存在難以確證。

按孔子此處是以象數言，但以"旁通"説釋之，恐不妥。按《衷》篇下記孔子曰："九也者，六肴（爻）之大也。爲九之狀，浮首兆（頫）下，蛇身僂豐（曲），亓（其）爲龍類也。""九"爲剛爻之性，亦即剛爻名稱。孔子認爲，以九的形狀屬于龍類，故剛爻爲"九"，也即爲龍。《乾》卦六爻爲九，也即爲六龍。《象·乾》曰："大明終始，六位時成，時乘六龍以御天。"即言《乾》卦六爻爲六龍。關於《坤》卦六二爻辭的涵義，一般認爲與地有關。如鄭玄注："直也，方也，地之性也。此爻得中氣而在地上，自然之性，廣生萬物，故生動直而且方。"朱駿聲《六十四卦經解》："徑行曰直，橫行爲方。"按"習"甲骨文从羽从日，指禽鳥於白日學飛。《説文》："習，數飛也。从羽，从白。"郭沫若《卜辭通纂考釋》："此字分明从羽，从日，蓋謂禽鳥於晴日學飛。許之誤在譌日爲白。"《玉篇·習部》："習，飛也。"《坤》六二"不習"指龍不進行飛行的學習和練習，即不飛之貌。以孔子之解，《坤》六二"直方大，不習"乃言龍之性直方大，不用進行飛行的學習，而生來即具備，故下言"不習而備"。又孔子以九爲龍類，故認爲《乾》卦具盈滿之象，其剛爻爲九爲龍，故《坤》六二言龍之性直方大，不用進行飛行的學習，是吉利的。因爲不用學習飛行而生來具足，故《乾》卦六爻爲九，即爲呈現的六龍，並行而飛，沒有首領，是吉利的。

【今譯】

孔子説："六爻皆柔的《坤》卦爲空虛之象，六爻皆剛的《乾》卦爲盈滿之象。《乾》卦爲盈滿之象而六爻皆剛爲九爲龍，故《周易·坤》六二説：'龍直方而大，不用進行飛行的學習，是吉利的。'不用學習飛行而生來具足，故《周易·乾》卦用九説：'呈現六龍，並行而飛，沒有首領，是吉利的。'"

"是故《鍵》者，得之陽〔也。《川》者〕，得之陰也。《肫》者，〔得〕之隋也。〔《嬬》者，得〕之畏也。《容》者，得之疑也。"

【彙校】

廖名春《札記》：帛書照片左下有一殘片，存三行字。第一行有"□九

□□高尚□"七字,第二行有"得之陰也肫者"六字,第三行有"□□辨女散"五字。其第二行上可補"之陽也,川者"五字,下可補"得之□也"四字。"得之陰也"是指"川(坤)"無疑,那麽"鍵者得"下自當補"之陽也"而不是"之剛"。同理,"肫者"下自當補"得之□也"而不是"得X"。《易·屯·象傳》:"屯,剛柔始交而難生。"《小象》:"六二之難,乘剛也。"據此,可補"難"字。本篇帛書第八行上至十三行上有一殘片,共 6 行字。可拼入第一行下至第六行下。其第三行存"隋也"兩字,可補入。這樣,可推出"屯者得之難也"下是"蒙者得之"四字。"嬬"讀作"需"。今本《周易》蒙卦之下是需卦,又帛書第五行上有"嬬"字,故補"嬬者得之"四字。

《集成》:"之隋也"三字所在殘片共四行,原裱於本頁左半靠上方處。張釋無之,應係剔出未綴。廖名春將其綴於此處,正確可從。此片後第 6 行與另一小片拼合之處能補足一個"能"字,是其綴合可信。我們認爲廖名春在"得]之畏也"前補《需》卦較張釋補《蒙》卦更合適,更合於卦爻辭之義。現帛書"《肫》者,[得]之隋也",確實很可能本應作"《肫》者,得之難也;《蒙》者,得之隋也",因數"得之"相連而漏抄了"難也,《蒙》者,得之"諸字。

【新校】

"是故《鍵》者得"下至"畏也"前殘損,陳廖、廖甲、廖乙無釋,它本皆據殘片釋補。廖丙將照片左下一殘片第二行"得之陰也肫者"六字補入,依今本《周易》卦序和文義上補"之陽也川者"五字,下補"得之□也"四字。又將照片另一殘片第三行"隋也"兩字補入,依今本《周易》卦序和文義,上補"蒙者得之"四字,下補"嬬(即需)者得之"四字。廖丁、丁甲、張文、廖戊、丁乙與廖丙略同,但張文不補"隋也嬬者得之"六字,廖戊據《屯》卦《象傳》"《屯》,剛柔始交而難生"和《象傳》"六二之難,乘剛也",將"《肫》者得之□也",補足爲"《肫》者得之難也",丁乙从之。于文補有"正誘而"字。《集成》以圖版空間字數,認爲容不下廖名春所補的"難也蒙者得之"六字,但從道理上此六字應有,此六字應爲脱誤,此處本應作"《肫》者,得之難也。《蒙》者,得之隋也"。其説甚是,可從。

【集釋】

趙建偉《疏證》:"得",讀爲"德"。此與後文之"三陳九德"略同,區別是彼處作"德"(作德行、修養德行講),而此處作"得"(作特點、性質講),這是很耐人尋味的。參照後文"是故天之義剛健動發而不息,其吉保功也……地之義柔弱沈靜不動,其吉保安也",則此處的"是故《乾》者,得[之剛;《坤》者,得柔]"謂《乾》、《坤》之性質是剛健動發和柔弱沈靜。[《需》者,得]畏也"是説《需》卦的特點是敬畏。《需》卦是"險在前"而須待"敬慎",所以這裏説《需》

卦表現爲敬畏。《訟》卦卦辭説"有孚窒惕中吉",《象傳》説"作事謀始",都是講處《訟》之時戒備疑慮的重要性,所以此處説《訟》卦的性質在於疑慮。

廖名春《札記》:此處諸"得"字當讀如本字,不當讀如"德"。"乾者得之陽也",是説乾卦之爲乾,是得之於它的六爻都是陽。"坤者得之陰也",是説坤卦之爲坤,是得之於它的六爻都是陰。"肫",讀如"屯"。《説文·肉部》:"肫,面頰也。从肉,屯聲。""屯者得之难也",是説屯卦之为屯,有得於爻辭的艱难之义。"隋"當讀爲"隨"。《説文·辵部》:"隨,從也。从辵,墮省聲。"徐鍇《繫傳》:"隨,從也。从辵,隋聲。"《易·蒙》:"蒙,亨。匪我求童蒙,童蒙求我。""童蒙求我",是童蒙從師問學,可謂"隨從"。因此,"蒙者得之隨也",是説蒙卦之爲蒙,有得於卦辭的隨從之義。畏,即畏縮。故《雜卦傳》説:"需,不進也。""不進"就是畏縮不前。《太玄》爲擬《易》之作,《太玄·夬》相當於《周易》需卦。其首辭稱"見難而縮"。其贊辭、測辭也多稱"退""縮""詘"。《太玄·沖》云:"夬,有畏。"《太玄·錯》云:"夬也退。"鄭萬耕注釋:"有畏而退,自縮以待,故相當於需卦。"可見,"需者得之畏也",是説需卦之義,是得之於畏縮。"容""訟"通用習見,故"訟"可讀爲"容"。《雜卦》:"《訟》不親也。"疑,當訓爲猜疑、猜忌。《公羊傳·僖公二十八年》:"文公逐衛侯而立叔武,使人兄弟相疑。"《楚辭·九章·懷沙》:"非俊疑杰兮,固庸態也。""訟者得之疑也",是説訟卦之爲訟,是來源於猜疑。

劉大鈞《讀〈衷〉篇》:帛書此處以"得之"句式釋諸卦,而今本《繫辭下》及《衷》篇後文的"三陳九卦"部分則皆作"德之"。然"德者,得也",帛書《衷》篇此段文字解作"得",當是本字作"得"也,因爲假若作"德",則解蒙卦爲"德之隋也",需卦爲"德之畏也",訟卦爲"德之疑也",師卦爲"德之栽也",等等,顯然不通。

于豪亮《繫辭》:"容"假爲"訟",即"訟卦"。《淮南子·泰族》"訟繆胸中",注:"訟,容也。"

【新釋】

按孔子此論,是從卦義立論,既如下文"三陳九卦"第一陳的句式,又如《雜卦》之風格。從其所列卦序觀之,乃採用今本《周易》首《乾》(鍵)、《坤》(川),終《既濟》《未濟》的卦序,而非帛書《周易》首《鍵》終《益》的卦序。由此推知,帛書《易傳》與帛書《周易》雖然抄寫在一起,但並非密切相關的一個系統,而是獨立的兩部分。

"《鍵》者,得之陽也。《川》者,得之陰也",言《乾》卦得於陽之義,《坤》卦得於陰之義。

"《肫》者,[得]之隋也",此處疑有脱誤,本當作"《肫》者,得之[難也。

《蒙》者,得之]隋也"。"肫",今本、帛書《易經》皆作"屯","肫"通"屯"。"隋"讀爲"隨",從也。此言《屯》卦得於艱難之義,《蒙》卦得於隨從之義。

"[《嬬》者,得]之畏也","嬬"通"需",言《需》卦得於畏懼之義。

"《容》者,得之疑也","容",今本、帛書《易经》皆作"訟"。"容"通"訟",言《訟》卦得於疑忌之義。

【今譯】

孔子説:"所以《乾》卦得於陽剛之義,《坤》卦得於陰柔之義,《屯》卦得於[艱難之義,《蒙》卦得於]隨從之義,《需》卦得於畏懼之義,《訟》卦得於疑忌之義。"

"《師》者,得之栽也。《比》者,得□也。"

【彙校】

廖名春《札記》:"栽"乃"救"字之誤釋。而"救"爲"救"之異體,中山王方壺:"曾亡一夫之救。"包山楚簡"救"字亦多見,如簡二二六、二三二、二三四、二三六、二四五、二四七、二六七等,都是"救"字別寫,以"戈"代"攴"。比者得[之]鮮也,依照上下文例,帛書"得"後當脱"之"字。帛書"鮮"字左旁之"魚"左右裂開,有點變形。從謹慎起見,筆者後來的釋文都以"□"代之。但與帛書《老子》乙本卷前古佚書一二八行下"鮮能冬之"、《老子》乙本一九六行上"治大國若亨小鮮"之"鮮"字比較,還是應該釋作"鮮"。

濮茅左《楚竹書》:得之鮮也。

丁四新《周易》:"軒"上,帛書本抄脱"之"字。

《集成》:"得□也","也"上之字張釋作缺文號。陳松長、廖名春等釋"鮮",其形左半與"魚"、右方與"羊"皆未盡合。丁四新隸定作"軒",後又改作"魟",右方"干"形似合。中間又似還有三點。丁四新認爲"軒"字上抄脱"之"字。今按:後文6下有"《家人》者,得处(處)也[此處丁四新亦以爲抄脱"之"字]",我們新綴後7上又有"《容》(訟)者,得辨也",恐難皆説爲漏抄"之"字。謂某卦"得某也"應也是帛書此文説解《易》義的另一種辭例。

【新校】

"栽",陳廖釋"栽",它本釋"栽"。驗諸照片,此字形作 ![圖], 爲"栽"無疑。

"得□也",其缺文字形作 ![圖], 殘缺,左部中間裂開,陳廖、廖戊釋"鮮",濮茅左亦釋"鮮",丁甲釋"軒",丁乙釋"魟",它本無釋。《集成》認爲"鮮"與字形不合,其右方作"干"似可肯定,又認爲中間有三點,未釋。此字暫闕疑。

丁四新認爲缺文前脱"之"字,《集成》駁之。今按:《集成》之説固有其理,但從其上下文例看,脱"之"更有可能。張政烺和濮茅左直接釋出"之"字,不妥。

【集釋】

趙建偉《疏證》:"鮮",善、親善。"比"字本象二人相親比,《彖傳》説"上下應"、《象傳》説"親諸侯",所以此處説《比》卦的性質是相互親善。

廖名春《札記》:《易·師·彖傳》:"師,衆也;貞,正也。能以衆正,可以王矣。"《大象》:"地中有水,師;君子以容民畜衆。"《集韵·尤韵》:"勼,《説文》:聚也。古作救。"《爾雅·釋詁下》:"鳩,聚也。"陸德明《經典釋文》:"鳩,《説文》作勼。"《説文》:"勼讀若鳩。"由此可知,"救"當讀爲"鳩",訓爲"聚"。"師者,得之救也",是説師卦之爲師,是取義於鳩聚。此"鮮"字應訓爲好、善。《方言》卷十:"鮮,好也。南楚之外通語也。"《詩·小雅·北山》:"嘉我未老,鮮我方將。"鄭玄箋:"嘉、鮮,皆善也。""比"爲親比,而親比要建立在好、善的基礎上,故云"比者,得之鮮也"。

丁四新《周易》:"救",疑通"救"。

劉大鈞《讀〈衷〉篇》:"師者,得之救也。"案今本鼎卦九二爻"鼎有實,我仇有疾,不我能即,吉"之"仇"字,帛書《周易》作"救",故《衷》篇此處之"救"當與"仇"字通假。古人多以復仇雪恥而興師,故云"師者,得之仇也"。

連劭名《易之義》:救讀爲求。《爾雅·釋詁》云:"求,終也。"《廣雅·釋詁一》云:"終,極也。"

【新釋】

"救",廖名春説是,當讀爲"鳩",聚也。丁四新、劉大鈞、連劭名説疑非。"《師》者,得之鳩也",指《師》卦得於鳩聚之義。

"《比》者,得□也","得"後當脱"之"。此言《比》卦,殘缺,其意難知。

【今譯】

孔子説:"《師》卦得於鳩聚之義,《比》卦得於……。"

"《小畜》者,□之未□也。《履》者,誘之巳行也。"

【彙校】

趙建偉《疏證》:"未"下所缺之字或是"成"字。《象傳》釋《小畜》卦説"自我西郊,施未行也","行",成也。這是説《小畜》卦表現的是做事尚未成功。

廖名春《札記》:小畜者[得]之未雨也。履者諈之心行也。從帛書照片看,"畜者"二字有殘損,但尚可辨識。"得"字只有左邊殘留了一些,但據上下文可推定是"得"字。"未"後一字上部有殘損，但下部尚存，當是"雨"字，可與帛書《二三子》"上則風雨奉之"之"雨"字對照。"心"字一部分爲鄰行破損的帛書殘片所遮，加上字迹模糊，不易識別。從其輪廓看，當爲"心"字而不可能是"以"字。

《集成》："《小畜》者，□之未□也"，"者"下之字右方大半殘，諸家皆釋"得"，實與其形不合。"也"上之字原存殘形，但其上爲一塊誤裱之小帛片所掩。張釋空缺，廖名春釋爲"雨"，趙建偉疑是"成"，從僅隱約可見的筆畫難以判斷。但廖名春引《小畜》卦辭"密雲不雨"爲説，與此辭例亦不合。此處上下文論諸卦皆爲概括之語，均不出現卦爻辭原文。"巳"字張釋空缺。其他諸家釋文多作缺文號，丁四新作"力"。今按：其字頭部爲左方下行帛片開裂斜出至此的一小塊所掩，但尚能辨識；現所見其左下似多出的一小筆，應是本屬於左方下行"詩"字者。

【新校】

"小畜者"下一字，只殘存左部少量筆畫，除《集成》外，諸本皆據上數卦"卦名＋得之"體例，釋此字爲"得"。但從殘留筆畫看，似非"得"字，故《集成》説是。又從下"《履》者，誘之巳行也"看，此言"小畜"卦，可能並不符合前幾卦的體例，故此字闕疑爲妥。

"未"下一字，廖戊釋"雨"，丁乙釋"内"，它本未釋。按細觀照片，此字殘損，僅存右下部分，模糊難辨，《集成》未釋，其審慎的做法可從，故暫闕疑。

"誘"，張文釋"誘"，它本皆釋"諈"。細觀照片，釋"誘"是。

"巳"，廖甲、廖乙、廖丙、廖丁脱，丁乙釋"力"，它本未釋，以缺文處理。按此字形與"力"字差別較大。廖名春曾釋"心"，但與本篇"大人之義不實於心"之"心"字形差別較大。《集成》將其字形分爲兩部分，認爲左下一小筆，爲屬於左方下行的"詩"字，其餘部分爲"巳"字，其説是。

【集釋】

趙建偉《疏證》：諈，此字從言垂聲，蓋借爲"揣"，《説文》"揣，量也。一曰捶之"。此句可釋爲"《履》者，揣之[以]行"，謂《履》卦是講人在行爲上要有所慮度思量。因爲《履》卦是"履虎尾""柔履剛"，所以要度量其行。

廖名春《札記》："蓄"，讀爲"畜"。小畜卦下乾上巽。卦辭是："小畜，亨；密雲不雨，自我西郊。"程頤《易傳》："畜，止也，止則聚也。""不雨"即"未雨"。"密雲"而"未雨"，故謂之"畜止"。因此，"《小畜》者，得之未雨也"，是説小畜卦之爲小畜，是得之于卦辭"未雨"之義。《説文·言部》："諈，諈諉，累也。从言，垂聲。"《爾雅·釋言》："諈諉，累也。"郭璞注："以事相屬累爲諈諉。"郝懿行義疏："孫炎云：'楚人曰諈，秦人曰諉。'"《荀子·不苟》："誠心行義則理。"《管子·形勢》:"四方所歸,心行者也。"《形勢解》:"明主之使遠者來而近者親也,爲之在心,所謂夜行者,心行也,能心行德,則天下莫能與之爭矣。……見與之友,幾於不親。見愛之交,見於不結。見施之德,見於不報,四方所歸,心行者也。""履者,誰之心行也",是説履卦之爲履,是囑之以誠心履禮。"行",行禮,履禮。此是强調履禮在於心誠。

劉大鈞《讀〈衷〉篇》:案《説文》釋"鬴"字:"鬴讀若捶擊之捶。"而"誰"與"捶""鬴"與"惴"皆以有"垂""耑"而可互通,故"誰之行也"即"惴之行也"。因履卦有"履虎尾"之辭,故曰"誰之行也"。

連劭名《易之義》:疑誘訓爲進,《爾雅·釋詁》云:"誘,進也。"

【新釋】

"《小蓄》者,□之未□也","小蓄",今本作"小畜",帛書作"少艿"。因殘缺,其義難詳。

"《履》者,誘之巳行也","誘",連劭名訓爲進,疑非,當釋爲引導。《詩·召南·野有死麕》"吉士誘之",《釋文》:"誘,導也。"《楚辭·招魂》"步及驟處兮誘騁先",王逸注:"誘,導也。""巳"讀爲"己"。"巳行"讀爲"己行"。《履》卦之"履"爲履行之義,故帛書言《履》卦對自己的行爲要引導好。

【今譯】

孔子説:"《小畜》卦,……《履》卦,是講對自己的行爲要引導好。

"《益〈泰〉》者,上下交矣。《婦》者,陰陽姦矣。"

【彙校】

廖名春《簡説》:上文從乾數到需、訟、師、比、小畜、履,下面緊接以否。很顯然,這一益字乃是泰字之誤。《象傳》云:"泰,小往大來,吉,亨。則是天地交而萬物通也,上下交而其志同也。……"《易之義》以"上下交"釋泰卦,顯然同于《象傳》"上下交而其志同也"之説。

張立文《精神》之"注釋":"益者,上下交矣",有認爲"益"爲"泰"之誤,因《泰》卦《象傳》有"上下交而其志同也",其實《益·象》"損上益下,民説无疆。自上下下,其道大光",亦含"上下交"之義。從卦象上看,《益》震下巽上,震爲陽,巽爲陰,與《泰》乾下坤上同。損上益下,自上下下,都是上下交的意思,故非誤也。

趙建偉《疏證》:從論述的卦序上看,此"益"字當是"泰"字之訛,《泰·象》説"上下交而其志同"。《益·象》説"自上下下,其道大光",《繫辭下》論《益》卦時説"定其交而後求""无交而求則民不與",也有關於上下交的論述,這可能是"泰"訛爲"益"的原因。

廖名春《札記》:"泰"誤爲"益"乃書手之誤,此篇帛書被書手抄錯處頗多,如上文脱文非一處,下文錯簡也非一處。這些并非原作者的問題。"泰"與"益"音不同,字形也有距離,但義有相近,皆爲吉利,疑書手因此而誤書。帛書"陰"字殘,而"陽"字右半尚存,"陰"字係據文義補。

張政烺《校注》:益當是泰字之誤。王弼本履後爲泰,泰乾下坤上,故曰上下交也。

劉大鈞《讀〈衷〉篇》:此段文字之"益"字,當爲"泰"字,乃抄書者誤"泰"爲"益"也。

【新校】

"益",學者一般認爲"泰"字之誤,張立文認爲不誤。按從上下文所涉卦序及文義,此字當爲"泰"字誤書。

"陰"字近全殘,張文無釋,它本皆據文義補,濮茅左直接釋出,不妥。

"陽",張文釋"易",注爲"陽",它本皆釋"陽"。按此字形殘損,僅存右半,諸本釋"陽"是。

【集釋】

趙建偉《疏證》:"奸"是亂的意思。《彖傳》《象傳》釋《否》卦說"天地不交",謂陰陽悖亂;《文子·上德》釋《否》卦說"天氣不下,地氣不上,陰陽不通"。

廖名春《札記》:泰卦下乾上坤,"上"指陽爻,指乾。"下"指陰爻,指坤。"泰者,上下交矣",是說泰卦之爲泰,得之于其上下陰陽交合。今本卦名否,帛書《易經》亦作"婦"。兩字同爲之部,又皆爲唇音,韻同聲近,故可互用。否卦下坤上乾。"陰"指下坤,"陽"指上乾。《說文·女部》:"姦,私也。""姦"指不正常的男女關係。引申之,其他不正常的關係、不符合常軌的事也稱爲"姦"。天地、陰陽正常的關係是通泰,上下交通;不正常的關係是上下的否閉,彼此隔絶。《文子·上德》:"天氣不下,地氣不上,陰陽不通,萬物不昌。"李鼎祚《周易集解》引宋衷曰:"天氣上升而不下降,地氣沈下而不上升,二氣特隔,故云'否'也。"否卦下坤"地氣沈下",而上乾"天氣上升",不能相交,所以説"陰陽姦矣",陰陽脱離了常軌。

丁四新《周易》:"姦",邪惡不正。

《集成》:"姦"疑讀爲干犯之"干",古書亦多作"奸"。

【新釋】

"上下交",《彖傳》言:"《泰》,……上下交而其志同也。"《周易集解》引何妥曰:"此明人事泰也。上之與下,猶君之與臣,君臣相交感,乃可以濟養民也。"孔穎達曰:"上下交而其志同者,此以人事象天地之交,上謂君也,下謂臣也,君臣交好,故志意和同。"故"《泰》者,上下交矣",言《泰》卦得於君臣上下交好之義。

"《婦》者,陰陽姦矣","婦",即今本《否》卦之"否"。帛書《周易》"否"作"婦","否"之部幫母,"婦"之部並母,幫、並旁紐,故音同相假。"姦",趙建偉說是,當訓爲亂。《淮南子·主術》"不得相姦",高誘注:"姦,亂也。""陰陽姦",即陰陽相亂,指破壞陰陽二氣相交的常態。《否》卦上爲乾爲陽,下爲坤爲陰,陽氣升而不降,陰氣降而不升,二氣不交,閉塞不通,違反陰、陽二氣相交的常態,故言陰陽相亂。《象傳》釋《否》卦六二"大人否,亨"曰:"'大人否亨',不亂群也。"朱熹《周易本義》:"言不亂於小人之群。"是《否》卦特戒示大人,在陰陽相亂的情形下,不要與小人同流合污,不要亂於小人之群。

【今譯】
孔子說:"《泰》卦言君臣上下交好,《否》卦言陰陽二氣相亂。"

"下多陰而紑[□]。《□》之卦□]□□辨,女請[□也]。《復》之卦留□[□]□而周,所以人絫也。"

【彙校】
廖名春《札記》:下多陰而紑閉也。[剥之卦剥牀以]辨,女散[陽而盛也]。復之卦留[止]而周,所以人紫也。帛書照片第二行"是故"下有一殘片,共三行,其第一行有"閉也"兩字,可補于"紑"字下。帛書照片左下有一殘片,存三行字。第一行有"□九□□高尚□"七字,第二行有"得之陰也胐者"六字,第三行有"□□辨女散"五字。其第三行"□□辨女散"可補入此處。此"辨"字與帛書《相馬經》○一九行"守此道者辨陰陽"之"辨"字同。"散"字可與帛書《繆和》篇第二行的兩"散"字對比。從帛書下文論"復之卦""无孟之卦"推斷,這當是論"剥之卦"的文字。故可補"剥之卦"三字接上文"下多陰而否閉也"。剥卦:"六二,剥牀以辨,篾貞,凶。"《小象》:"'剥牀以辨',未有與也。"剥卦下坤上艮,六二爲陰爻,故曰"女"。"辨",阜陽漢簡本同,帛書易經作"辯"。陸德明《經典釋文》:"辯,薛、虞云膝下也。"從"散"字看,"辨"當訓爲分、别。分别、分散,故"未有與"。疑上文當據六二爻辭補爲"剥牀以","散"字以下缺文亦可試補爲"陽而盛也"。如此,此句則作:"剥之卦剥牀以辨,女散陽而盛也。"本篇帛書第八行上至第十三行上有一殘片,共六行字。可拼入第一行下至第六行下。其第四行有"復之卦留"四字,可補在"而周"前,但估計尚殘一字。由此可知,"而周,所以人背也",並非説解否卦，而是説解復卦。原釋文"背"字下部帛書似乎是从"日"而非从"月"，所以我們加了疑問號，表示存疑。後來考慮到"日""月"形近易混，還當定爲"背"，所以又去掉了疑問號。現在看來，此字當从"北"从"幺"，當隸定爲"芘"。字所从之"幺"，實爲"糸"之省。帛書第8行下"筮閒紫紀"，"紫"當讀爲"背"。而"芘"即"紫"之省文。細看照片，就會發現，帛書"筮閒紫紀"之"紀"，不是从"糸"，而是从"幺"。我們只要認定此从"幺"之字爲"紀"，勢必也得承認"芘"即"紫"。"留"後之字可補爲"止"。

《集成》：廖名春釋作"下多陰而紆閉也"，係出於誤綴，"閉"字又係誤釋。張釋此下作"上多陽而□"，係出於誤綴。以下5—9行張釋此處皆爲此誤綴入小片之文。"辨"上兩字僅略存殘點，廖名春擬補作"《剥》之卦剥牀以"。今按：此與下文講"某之卦"如何的一組，其文例並不出現卦爻辭原文，而都是評論性的話。僅據"辨"一字即如此擬補無據。"請"字廖名春（丁四新同）誤釋爲"散"。"人"疑爲"入"之誤字。此"絮"字下从"幺"，與後文8下从"糸"者應係一字。今按：此字上所從與"北"形不合，而更近於"卵"。

【新校】

在廖名春的圖版帛書照片中，"紆"至"而周"原殘缺，陳廖、廖甲、廖乙無釋，于文作"□□□□□者，得之守也□瞿也，兼之卦□□"。廖丙、廖丁將帛書照片左下一殘片的第三行"□□辨女散"五字補入，又將帛書照片第八行上至第十三行上一殘片的第四行"復之卦留"四字補入。張文據"下多陰而"，補"上多陽而"四字。廖戊在廖丙、廖丁基礎上，又將帛書照片第二行"是故"下一殘片的第一行"閉也"兩字，補於"紆"字下。又根據帛書下文論"復之卦""无孟之卦"，依今本卦序補"剥之卦"三字。又據《剥》六二爻辭補"剥牀以"於"辨"前，"散"字後補"陽而盛也"。又於"留"後補"止"。丁乙吸收廖戊意見，補"《剥》之以"。《集成》指出廖名春"下多陰而紆閉也"和張政烺"上多陽而□"皆係誤綴，此從之。于文亦當爲誤綴。

"人"，于文釋"入"誤，它本皆作"人"。《集成》認爲此"人"當爲"入"之形誤，不必。

"絮"，丁甲、廖戊、丁乙釋"紫"，張文釋"絕"，于文作"綁"，它本皆釋"背"。陳松長《馬王堆簡帛文字編》釋此字爲"絮"，實與于文"綁"字同。驗諸照片，此字形作[字形]，上似爲"卵"字，陳松長、于文、《集成》所釋可從。

【集釋】

鄧球柏《白話》：紆，讀爲"壞"。

趙建偉《疏證》：這一段話似乎仍然在補充論述《否》卦。《否》卦下《坤》

三陰密比,所以說"下多陰而附"。下猶内,陰謂小人,"紑"字蓋讀爲"親附"之"附"(《吕氏春秋·孟秋紀》"付牆垣",《禮記·月令》作"不牆垣")。朝内小人衆多而相親附即《否·彖》的"内小人""小人道長"。"周"蓋即小人比周之義(《黄帝四經·經法·亡論》"左右比周以壅塞"、《荀子·臣道》"朋黨比周"、《韓非子·孤憤》"朋黨比周以蔽主")。"人",蓋謂賢人、君子。"背",背離而去。本章按今本卦序自《乾》至《否》依次論述十二個卦的卦德,與後文(及《繫辭下》)"三陳九德"(如"《履》,德之基也")的形式相近,區别是此處的"德"作"得"而彼處如字,此處"得"讀爲"德"訓爲性質而彼處則訓爲道德、修德。

廖名春《札記》:"下"指下卦。"多陰",下卦坤三爻皆陰。"紑",當讀爲"否"。"下多陰而紑閉也"當讀爲"下多陰而否閉也"。《廣雅·釋詁一》:"否,隔也。"《廣韻·旨韻》:"否,塞也。"《易·否》:"否之匪人。"陸德明《經典釋文》:"否,閉也,塞也。"《漢書·薛宣傳》:"夫人道不通,則陰陽否鬲。"顔師古注:"否,閉也。""狀",疑讀爲"壯",指乾陽。"散",散失。《國語·齊語》:"其畜散無育。"韋昭注:"散,謂失亡也。"此是説剥卦之義是剥落乾陽而分離之,陰爻使陽爻喪失而盛長。"紫"字不見于字書,從這兩處文例看,當讀爲"背"字無疑。"復之卦留止而周,所以人背也",疑説復卦上六爻辭之義。"上六,迷復,凶,有灾眚。用行師,終有大敗;以其國,君凶;至于十年不克征。"《小象》:"'迷復之凶',反君道也。""留止",停止。"周",周而復始,運動不止。可見"留止"與"周",是一對矛盾。《論衡·效力》:"孔子周流,無所留止。"《文子·下德》:"方行而不留。"肯定"周""行",就得否定"留",這樣才不致矛盾。由爻辭"君凶"、《小象》"反君道"説看,此是説爲君之道。爲君者既要"留止",又要周行,這樣爲下者只會無所適從,所以只好背叛他。疑"留止"指爻辭之"迷","周"指爻辭之"復","所以人背也"同爻辭之"凶,有灾眚"。爻辭之"迷復",猶如"留止而周"。這樣,"迷復"就是"迷而復","而"爲並列連詞而非順承連詞。王弼注:"以迷求復,故曰'迷復'也。"孔穎達正義同。程頤《傳》:"迷道不復,無施而可。用以行師,則終有大敗;以之爲國,則君之凶也。"將"迷復"解爲"迷而不復",此爲增字解經,不知"不"字從何而出?又有解爲"迷失道路而返"的。但迷途而返,又爲何特别突出"凶"呢?因此,諸説都有不通之處。疑"迷"讀爲"彌"。《周禮·春官·眡祲》"七曰彌"鄭玄注:"故書彌作迷。"《吕氏春秋·下賢》:"迷乎其志氣之遠也。"俞樾《平議》:"迷當讀爲彌,古字通用。"而"彌"可訓安、止。《集韻·紙韻》:"彌,止也。"《周禮·春官·小祝》:"彌烖兵。"鄭玄注:"彌,讀曰敉。敉,安也。"《漢書·王莽傳上》:"彌亂發奸。"顔師古注:"彌讀曰弭。弭,止也。"可見"迷復",就是"彌復",就是止而復,就是既留止而又周行。如此矛盾,豈能不凶?衆人無所適從,豈能不"背"? 因此,"復之卦留止而周,所以人背也",是說復卦之義強調"周行而不留",指出既留止而又周行,相互矛盾,是衆人背叛的原因。

丁四新《周易》:"経",通"否",閉塞不通。"紫",疑通"北"。《説文》:"北,乖也。從二人相背。"

《集成》:"女請"疑即古書多見的"女謁"。

【新釋】

"下多陰而紑[□]",接上文"《婦》者,陰陽姦矣",仍言《否》卦。"紑",廖名春和丁四新讀爲"否",甚是。按《説文・糸部》:"紑,白鮮衣兒。從糸,不聲。"《説文・不部》:"否,不也。從口,從不。不亦聲。"是"紑""否"皆以不聲,而音同假借。"否",閉塞不通。《否》卦下有三陰,故言"下多陰"。《否》卦之義爲閉塞不通,故言"否"。

"[《□》之卦□]□□辨,女請[□也]",此有兩種可能,一言《剝》卦,如廖名春所釋。以今本《周易》卦序,從下接《復》《无孟(妄)》,可推測此當爲《剝》卦。今本《剝》卦六二曰"剝牀以辨",據此"[《□》之卦□]□□辨"可補全爲"《剝》之卦剝牀以辨"。帛書《周易》作"剝臧以辯","牀""臧"通,"辨""辯"通,言剝蝕牀幹。《剝》卦有五陰爻,故言"女"。但也不能排除第二種可能,即如《集成》所言,《衷》篇此處並没有嚴格按照今本《周易》卦序,此處上言《否》卦,以下第三卦爲《余(豫)》,第四卦爲《嬬(需)》卦,皆其證。又此處上《否》卦與下《復》卦之間有十二卦,無法確定爲何卦,也有可能爲《復》卦之後某卦。因此,具體何卦實難確定,不如闕疑爲妥。"女請",《集成》疑讀爲"女謁"。因爲何卦難定,故此句涵義難詳,暫闕疑。

"《復》之卦留□[□]□而周,所以人絮也",言《復》卦。"留"爲止,《楚辭・九歌・雲中君》"靈連蜷兮既留",王逸注:"留,止也。"《管子・侈靡》"能不可留",《管子集校》引何如璋曰:"留,止也,淹滯也。""周",周旋,回復。《楚辭・九歌・湘君》"水周兮堂下",王逸注:"周,旋也。"《國語・吳語》"周軍飭壘",韋昭注:"周,繞也。"《太玄》的"周",相當於《周易》古經"復",《太玄・周》"陽氣周神而反乎始",范望注:"周,復也。"《復》卦有復返、還歸之義,即停止而返回原處,故言"留□[□]□而周"。"人",《集成》以爲"入"之訛,不必,當讀如字。"絮",疑讀爲"亂"。《説文・乙部》:"亂,治也。從乙,乙,治之也。"《書・説命中》"惟以亂民",蔡沈集傳:"治亂曰亂。"《楚辭・大招》"娛人亂只",王逸注:"亂,理也。""人亂",個人的自我反省,自我治理。《復》卦言人迷途後,要及時返回正道,強調人的自我治理,故言"所以人亂也"。

【今譯】

孔子説:"《否》卦下有三陰,閉塞不通。……《復》卦言留止……周回,所以人要自我治理。"

"《无孟》之卦有罪而死,无功而賞,所以嗇故也。"

【彙校】

趙建偉《疏證》:"故"下所缺之字可能是"災"。

廖名春《札記》:无孟之卦有罪而死,无功而賞,所以齒,故[災]。"齒"字上從來,下從田,當爲"嗇"之異體。《説文·嗇部》:"嗇,愛濇也。從來,從㐭。來者卜而藏之,故田夫謂之嗇夫。古文嗇從田。"而帛書"齒"字正是《説文》所謂"嗇"之"古文"。其所從之"田"係從"㐭"訛變而來。缺文趙建偉補爲"災",可從。

丁四新《周易》:"帀","不"之訛;"帀""不"形近易誤。

《集成》:"也"字原僅存右下角殘筆,今自帛書帛畫殘片—20 新綴入一小片,將"也"字大半及其上欄綫和下行欄綫之大半補足。此處"也"字右下所在帛片頗有扭曲,今將調整後綴合的局部圖附於後(圖九),可以看出其帛片和筆畫都相當密合。

【新校】

"无孟"之"无",陳廖作"無"。按此字形作 ⚏ ,爲"无"無疑。

"有罪而死"之"而",丁甲釋"帀",它本皆釋"而"。按此字形作 而 ,雖左邊殘缺,但可與下文"无功而賞"之"而" 而 對勘,爲"而"無疑。故丁乙從它本,改釋爲"而"。

"嗇",陳廖作"嗇",廖甲、廖乙、丁甲作"𤲞",廖丙、廖丁作"𤲞",張文作"𤲞",廖戊、丁乙作"𤲞",于文作"番"。按此字形作 ⚏ ,釋"𤲞"符合帛書原形。"𤲞"即"齒",爲"嗇"之古文,廖名春説是,可逕釋爲"嗇"。

"也"字殘,趙建偉補"災",廖戊、丁乙皆從之而補"災"。《集成》指出此字扭曲殘缺,重新綴合調整后清晰確認爲"也"。其圖見《集成》第 111 頁。

【集釋】

趙建偉《疏證》:"有罪而死"疑當作"有罪不死"。"嗇"當作"吝"。"有罪不死,无功而賞,所以吝,故災"與《无妄》卦辭"匪正有眚"、《雜卦》"《无妄》,災也"相合。

廖名春《札記》:《周易》之"无妄"自古以來有多種解釋。一是不虛妄,不妄爲,如王弼《注》、孔穎達《正義》、陸德明《經典釋文》;二是无亡,如《周易集解》引虞翻注;三是无望,无所希望,如京房、馬融、鄭玄、王肅。其實"无妄"作"无望"是。不過"无望"可解爲不存奢望,也可解爲不可預料。卦辭、初九、九五、上九之"无妄",都應解爲不存奢望;九三之"无妄",則可解爲不可預料。"有罪而死",正是不存奢望。"无功而賞,所以嗇","嗇"應訓爲貪。《方言》卷十:"嗇,貪也。"《左傳·襄公二十六年》:"夫小人之性,衅於勇,嗇於禍,以足其性,而求名焉者,非國家之利也。"杜預注:"嗇,貪也。"此是説无功而受賞賜,有不切實際的奢望,就是所謂"貪婪"。而"貪婪"只會招致灾禍。因此,這是從正反兩面説"不存奢望"之理。"有罪而死"是正説,"无功而賞,所以嗇,故灾"是反説。

丁四新《周易》:"甾",通"巛"。《説文》:"巛,害也。从一雝川。《春秋傳》曰:'川雝爲澤,凶。'"

劉大鈞《讀〈衷〉篇》:无妄卦六三爻曰:"无妄之灾,或繋之牛,行人之得,邑人之灾。""无功而賞"者,恐指"行人之得"也,"有罪而死"者,疑指"邑人之灾"也,故《象》釋此爻曰"'行人'得牛,'邑人'災也"。

連劭名《易之義》:卦下震上乾,上互巽爲繩直爲法,震爲動,犯法之象。下互艮爲死,故曰"有罪而死"。甾讀爲灾。

【新釋】

"无孟",帛書《易經》亦作"无孟",今本《易經》作"无妄"。"无妄"實爲无望,《釋文》:"馬、鄭、王肅皆云妄猶望,謂无所希望也。"《周易集解》引虞翻曰:"京氏及俗儒,以爲大旱之卦,萬物皆死,无所復望。""无望",《史記·春申君列傳》作"勿望",云:"事有勿望之福,又有勿望之禍。"張守節正義:"无望謂不望而忽至也。"朱熹本義:"《史記》作无望,謂无所期望而有得焉者。"故"无望"有兩義:其一,無所期望。其二,無所期望而有得。

"有罪而死",犯罪而被處死,無所希望,是"无望"的第一種涵義。

"无功而賞,所以嗇故也",無功當不賞,却得賞,正爲無所期望而有得之義,是"无望"的第二種涵義。此與《无妄》六二"不耕獲,不菑畬"義同。王弼注此爻曰:"不耕而獲,不菑而畬。"《禮記·坊記》記孔子曰:"禮之先幣帛也,欲民之先事而後禄也。先財而後禮則民利,无辭而行情則民爭,故君子於有饋者弗能見,則不視其饋。《易》曰:'不耕獲,不菑畬,凶。'以此坊民,民猶貴禄而賤行。"鄭玄注:"利猶貪也。此必先種之乃得獲,若先菑乃得畬也。安有无事而取利者乎?"不種而得獲,不菑而得畬,無功而得賞,無所期望而有得也,正啓人之貪心奢望,故下言"所以嗇故也"。"嗇",貪也,廖名春説是。《老子》五十九章"治人事天莫若嗇",河上公注:"嗇,貪也。"《玉篇·嗇部》:

"嗇,慳貪也。"《方言》卷十:"荊汝江湘之郊凡貪而不施謂之亄,或謂之嗇。"。"故",讀爲"蠱"。"蠱",蠱惑,引誘。

【今譯】

孔子説:"《无妄》之卦言有罪而死是正常的,期望无功而得賞,正是貪心奢望的蠱惑。"

"《余》之卦歸而强,士詩也。"

【新校】

"余"字上部殘,僅存下部,陳廖無釋,它本皆釋"余"是。趙建偉以義補爲"蠱",濮茅左引爲"餘",皆非。

"詩",张文釋"诗",于文無釋,它本皆作"諍"。按此字形爲左右結構,其右邊下部當爲"寸",故釋"詩"是。

【集釋】

趙建偉《疏證》:"歸"疑讀爲"規",規正。"强士",剛直之士。"諍",勸諫。

劉大鈞《讀〈衷〉篇》:余疑帛書以"歸而强,士諍也"釋豫卦,恐主要闡發其六二、九四、六五諸爻之義也。"歸而强"之"歸"字,在此當讀作"饋"。案《論語·陽貨》:"歸孔子豚。"《經典釋文》曰:"歸,鄭本作饋,魯讀爲歸。"又《儀禮·聘禮》:"歸饔餼五牢。"鄭玄注曰:"今文歸或爲饋。"帛書所謂"歸而强"者,當指此卦唯一之陽爻九四爻"由豫,大有得,志大行也"。"士諍",恐指六二爻之"介于石,不終日,貞吉"。《象》釋此爻曰:"'不終日,貞吉',以中正也。"王弼注曰:"處豫之時,得位履中,安夫貞正,不求苟豫者也,順不苟從,豫不違中,是以'上交不諂,下交不瀆'。"

連劭名《易之義》:《廣雅·釋言》云:"歸,返也。"《禮記·祭義》:"自反也。"鄭玄注:"自反,自修整也。"《禮記·學記》云:"知不足然後能自反也。"鄭玄注:"自反,求諸己也。"自反即自强,故曰强士。

【新釋】

"余",帛書《周易》作"餘",今本作"豫"。"余""餘""豫",音同相通。劉大鈞認爲,"歸而强"闡發《豫》卦九四爻義,甚是。按"强"爲大。《戰國策·齊策一》"天下强國無過齊者",高誘注:"强,大。"九四爲《豫》卦唯一之剛爻,其爻辭曰:"由豫,大有得。"王弼注:"處豫之時,居動之始,獨體陽爻,衆陰所從,莫不由之以得其豫,故曰由豫,大有得也。"孔穎達曰:"大有得者,衆陰所歸,是大有所得。"故"豫歸而强","歸"指《豫》九四剛爻爲衆柔爻所歸,"强"

指"大有得",所得甚大。

"詩",《説文·言部》:"詩,志也。"《詩·序》:"在心爲志,發言爲詩。""士詩",士人的心志,士人的心意。

【今譯】

孔子説:"《豫》卦言歸往和强大,這是士人的心志。"

"《嬬》,成西己而□□,見台而知未,騰朕也。"

【彙校】

《集成》:"西己而"和6上"財而无□"所在小片原裱於本頁此處左上方。張釋照原貌釋讀,廖名春剔出未綴。今將其新綴於此,"西""而"兩字筆畫密合相接。張釋作"《嬬(需)》[之卦,□而□□也。□之卦□〕知未騰朕也"。今按:"《嬬(需)》"下擬補"之卦"二字與其處所存字形不合。"□見台而"和6上"順從而知畏"諸字所在殘片(下稱"殘片1"),原裱於本頁左半靠上方處,其左側跟以"隋也"開頭包含四行的另一片連裱在一起。廖名春將其一併綴於1-6行下半段靠上方,其中3-6行下的綴合正確可從。細審其"也"字主體部分跟右側存於此片上的殘點,二者肯定是不能相接的,應將其拆分開。本頁左半靠右下處2行上"是故鍵"的下方,原裱有一以"慧(?)也"開頭、共包含有三行的殘片,其最左方一行所在小片應本不相連(除去此行後之殘片下稱"殘片2");在殘片1的下方,原裱有以"容者得"開頭、共包含五行的殘片(下稱"殘片3"),張釋、廖名春均將其剔出未釋。今將上述殘片1、殘片2、殘片3加以綴合。新綴後可以看到,殘片1與殘片2"也"字兩殘筆及其上"慧(?)"字右側殘筆均可密合相接(參看附圖一一);殘片2可補足殘片3"容"字頭部(參看附圖一二);殘片3又補足殘片1"晉"字的左上角。三片互相咬合,其綴合可以肯定。進一步再將此三片綴入大片中此處5上、6上"知未""无爭"的上方,正可將"晉"字大致補足(參看附圖一三,試對比圖一四、一五);殘片1"而"字左下所存墨點,綴合後方知即大片上"知"字的左上角(參看附圖一六、一七)。

【新校】

"嬬"至"知"前殘缺,除張文作"[之卦]□[而]□□[也]□[之卦]"外,它本皆未釋。《集成》將三個殘片重新綴合後釋出"成西己而□□見台",是可信的。其言附圖一一、一二、一三、一四、一五、一六、一七,皆見《集成》第111頁。

【集釋】

趙建偉《疏證》:《需》卦之"需"同"須",是疑懼而有所待之義。"知未騰勝也"可有兩解。一解:"知",知見。"騰"猶"稱"。"勝",任也。這是說《需》卦是講人的知見不稱其任。二解:"知",智慧。"騰"謂張揚、標舉。"勝",強盛。這是說《需》卦是講內有智慧而不張揚其強。

丁四新《周易》:"朕",通"勝"。

【新釋】

"《嬬》,成西己而□□","嬬"通"需",《說文·女部》:"嬬,弱也。从女,需聲。"是嬬、需聲同相假。即今本《需》卦。"成西己而□□",其義難詳。

"見台而知未","台",《集成》讀爲"始",是。"台"通"始"。"未",疑爲"末"之誤。易學爲知幾之學,貴在研幾知來,見到初始就能知道終末。

"騰朕也","朕",徵兆,騰升的徵兆。按《需》卦上卦爲坎爲雲,下卦爲乾爲天,其卦象爲雲在天上,故《象傳》曰:"雲上於天,《需》。"雲上於天,即騰升。

【今譯】

孔子說:"《需》,……見到初始就能知道終末,因爲有騰升的徵兆。"

"《容》,失諸己[□□□□□□]□[□□□]奇心而朣,既[□]昭遠也。"

【彙校】

《集成》:"容失"二字漏寫,小字補於"也""諸"二字中間左側。"己"字諸家釋文皆缺釋,其形存大半,尚可斷定。"奇心而朣,既[□]昭遠也",廖名春作"奇□而㽵咎,□遠也"。張釋此小片於"奇心而朣《既齋》"之左側下行作"害未",與"朣既"兩字相鄰。今按:張釋應係將原本裱於本頁中部左方的一小片左上角的"既|未"小片拆出,重新跟此片綴合,正確可從。綴合後可補足"既"字。反印文(易傳襯頁—20)此處下行"之卦共而"四字右側,"害""未"輪廓均可辨,亦可爲證。但張釋中"齋"字不知何據。據文例確有可能應補爲"……奇心而朣(動)。《既齋(濟)》,昭遠也"。

【新校】

廖名春的帛書照片上,"諸""遠"之間全殘。陳廖、廖甲、廖乙無釋。張文補"也"和"子曰"。廖丙將帛書照片第八行上至第十三行上一殘片的第五行"奇□而㽵咎"五字補入此處。"心"字,丁乙釋出,它本無釋。觀諸照片,此字殘,當爲"心"字。其"朣"字,丁甲作"腫",廖戊釋"㽵",丁乙釋"朣"。觀諸照片,釋"朣"是。

除此之外,《集成》又釋出"己"、"既"和"昭"字,可信。其言"易傳襯頁—

20",見《集成》(壹)第62頁。

【新釋】

"容",帛書、今本《周易》皆作"訟"。《説文》:"古文容从公。"《説文》:"訟,从言,公聲。"故"容""訟"古皆以公聲而通用。《淮南子·泰族》"訟繆胸中",高誘注:"訟,容也。"

"失諸己[□□□□□]□[□□□]奇心而朣,既[□]昭遠也","失諸己",失去自身。"朣",讀爲"動"。"朣"通"動"。"既[□]",《集成》認爲可能言《既濟》卦,或有可能,但無法確定。

此孔子言《訟》卦,也可能言數卦,由於闕文太多,暫未可知,其義亦暫不可解。

"《大有》之卦,孫位也。《大牀》,小朣而大從。《余》,知患也。"

【彙校】

趙建偉《疏證》:缺字似可補爲"[故不祥]也"(上六小象"不能退,不能遂,不祥也")。

吳國源《三則》:大牀小腫而大從,□[所]□[知]□[剛]也。

趙《疏證》釋文改"從"爲"隨",不確,應從原釋文。空格第1字圖版尚留有右半字形,該字應爲左右結構,與(老子甲一三)(睡虎地簡二三·一七)等"所"字寫法比較,似可補爲"所"字。空格第2字圖版留有右半"口"部,該字仍爲左右結構,似可補爲"知"字。這裏的空格三字似可補爲:"所知剛也"。今,帛本《繫辭》皆有"君子知微(帛本爲'物')知彰(帛本爲'章'),知剛知柔"之説,帛書《要篇》又説:"夫易剛者使知瞿,柔者使知剛",後文有"大牀以卑陰也",就是説大壯可以順從陰柔,據此空格第3字可補爲"剛"。

《集成》:"知"字僅存右半"口"旁,反印文(易傳襯頁-20)尚完整。其下之字原已全殘,諸家釋文作缺文號,據反印文輪廓並結合文意可定爲"患"字。

【新校】

"牀",廖甲釋爲"床",它本皆釋"牀"。按此字形作 ,爲"牀"無疑。

"朣",張文、丁乙釋"朣",它本皆釋"腫"。按此字形作 ,釋"朣"是。

"余",張文、廖戊、丁乙釋爲"余",它本皆未釋。驗諸照片,此字形 左部殘損,其殘存筆畫,可與本帛書第七行"足而知余"之"余" 、帛書《稱》第一六一行"奴犬制其余"之"余" 之右部相吻合,故釋"余"是。

"知患",張文釋出"知",它本兩字皆未釋。"知"字僅存右部"口",左邊全殘。"患"全缺。《集成》據反印文釋出"知患",可從。其言"易傳襯頁一20",見《集成》(壹)第 62 頁。

【集釋】

趙建偉《疏證》:《乾》爲君而在《大有》卦中處下位,陰五居尊位(即《大有·彖》所說"柔得尊位而大中"),所以說"遜位也"。《大壯》初九說"壯于趾",初爲小而勇壯行動,所以說"小動";上六說"羝羊觸藩",上爲大却隨初爻之壯動而觸藩,所以說"大隨"。以大隨小、上不能制下,所以不祥。

丁四新《周易》:"孫",通"遜"。"腫",通"踵"。《說文》:"踵,追也。""小腫而大從",指陰爻受到追逐、排擠而陽爻順從壯大。

張政烺《校注》:朣,讀爲踵。

吳國源《三則》:"腫"同上可讀作"動"。《大壯》卦《彖傳》曰:"大壯,大者壯也;剛以動,故壯。"因此,"小動"當指上卦"震"的運動或發動,"大從"當指下卦"乾"的跟從或順從,乾爲父故大,震爲長子故小,"小動而大從"就是說運動因柔小而起,剛大因順從這種運動趨勢而成,也就說柔小是原因,剛大僅僅是其發展的結果。"所知剛也",此處句法與今本周易《咸卦》九三象辭:"志在隨人,所執下也"、《歸妹》象辭"兌以動,所歸妹也"同,句法皆爲"所+動詞+名詞","所"在此訓爲"可",《歸妹》"所歸妹也"《經典釋文》注:"本或作'所以歸妹也'。"因此這裡的"所"也爲"所以"之省,解釋爲"可以"。"小動而大隨,[所知剛]也",就是說,通過《大壯》卦可以懂得剛大或強盛的本質:它因柔小事物的運動而形成,因此應該順從這種由小而大的運動趨勢。這裏的"所以知剛",就是爲了達到"易剛者使知瞿"的目的;後文的"大牀以卑陰也"就是爲了達到"柔者使知剛"的目的。

劉大鈞《讀〈衷〉篇》:"大有之卦,孫位也","孫"字在此似應讀爲"遜"。按《彖》釋大有卦曰:"大有,柔得尊位大中,而上下應之曰'大有'。"王弼注曰:"處尊以柔,居中以大,體无二陰以分其應,上下應之,靡所不納,大有之義也。"《象》釋大有曰:"火在天上,大有,君子以遏惡揚善,順天休命。"王弼注此曰:"大有,包容之象也,故'遏惡揚善',成物之性;'順天休命',順物之命。"《彖》《象》之文皆以"柔得尊位大中""順天休命"示帛書所云"遜位"之旨,而王弼注文更以"處尊以柔,居中以大"及"包容之象也"進一步釋其"遜位"之義也。"大牀,小腫而大從。"大牀,即今本大壯卦。案"腫"字,在此當讀爲"終"。《史記·伍子胥列傳》:"拔其鍾離,居巢而歸。"《索隱》:"鍾離,《世本》謂之終犁。"可知"鍾""終"互通,故"腫"字亦可與"終"字通也。而"從"字在此應讀爲"縱",案《論語·八佾》:"樂其可知也,始作翕如也,從之純如也。"《論語正義》注曰:"從讀曰縱,言五音既發放縱盡其音聲。"孔子以

"小"終"大"縱釋此卦，顯然以小謂陰爻，大謂陽爻，此釋正與《彖》釋大壯卦相合。《彖》曰："大壯，大者壯也。"王弼注此曰："大者謂陽爻，小道將滅，大者獲正，故'利貞'也。"此釋正與帛書同："小道將滅"即帛書之"小腫"也；"大者獲正"即帛書之"大從"也。

連劭名《易之義》：孫讀爲遜，《春秋經·昭公二十五年》云："公孫于齊。"杜預注："諱奔，故曰孫，若自孫讓而去位者也。"由此可知，遜位指禪讓。郭店楚簡《唐虞之道》云："堯舜之行，愛親尊賢，愛親故孝，尊賢故禪。孝之放，愛天下之民。禪之傳，世無隱德。孝，仁之冕也。禪，義之至也。"《國語·晉語》云："讓，推賢也。"《尚書·堯典》云："允恭克讓。"鄭玄注："推賢尚善曰讓。"《禮記·禮運》云："大道之行也，選賢與能。"《説苑·至公》云："天下官，則讓賢是也。天下家，則世繼是也。五帝以天下爲官，三王以天下爲家。"上互兑爲小，《周易·履》六三："眇能視。"虞翻注："兑爲小。"上震爲動，小動猶言道之動。下卦及下互皆爲乾，《周易·益》云："利用爲大作。"虞翻曰："乾爲大。"乾而又乾，大從之義。

于豪亮《繫辭》："朣"假爲"動"。

【新釋】

"《大有》之卦，孫位也"，言《大有》卦。"孫"，丁四新和劉大鈞讀爲"遜"，甚是。"遜"，謙遜、謙抑之義。《大戴禮記·曾子立事》"遜而不諂"，王聘珍《大戴禮記解詁》："遜，謂謙遜。"《書·説命下》"惟學遜志"，蔡沈《書集傳》："遜，謙抑也。"《廣韻·慁韻》："遜，恭也。"《大有》卦僅有一柔爻，居六五之尊位，而得上下五剛爻應之，其六五柔爻得此勢位，必謙恭、謙抑，方能"元吉"。故言《大有》之卦，貴在六五位之謙恭。

"《大牀》，小朣而大從"，言《大壯》卦。"大牀"，今本作"大壯"，"牀""壯"通。"小"與"大"，當言柔爻與剛爻。今本《泰》卦《彖傳》"泰，小往大來，吉亨"，蜀才曰："小謂陰也，大謂陽也。"朱熹《周易本義》釋《泰》卦辭"泰，小往大來"，亦曰："小謂陰，大謂陽。"故"小"爲柔爻，"大"謂剛爻。"朣"，即"踵"字。古"月（肉）"旁、"足"旁通用，"童""重"通用，故"朣""踵"同。"踵""鍾""終"古通。《莊子·天地》"以二缶鍾惑"，《釋文》："鍾應作踵。"《史記·秦本紀》"終黎氏"，《集解》引徐廣曰："《世本》作鍾離。"此處"朣"字當通"終"。"從"，劉大鈞認爲通"縱"，甚是。《禮記·曲禮上》"樂不可從"，《釋文》："從，放縱也。"《逸周書·官人》"從之色以觀其常"，朱右曾集訓校釋："從，讀曰縱。"《九經古義·周易下》："從，故縱字。"《大壯》之卦，上兩柔爻，下四剛爻，爲柔爻將消亡終結，而剛爻縱長盛大之象，故曰"小終而大縱"。

"《余》，知患也"，言《豫》卦。"余"，今本作"豫"。"余""豫"通。"豫"爲溺於豫樂,故知有其禍患。

【今譯】

孔子說:"《大有》卦,貴在六五位之謙恭。《大壯》卦,謂柔爻將終結,而剛爻縱長之象。《豫》卦,可知曉禍患。"

"《大蓄》,兌而誨[也]。《隋》之卦,相而能戒也。"

【彙校】

《集成》:"兌"字原作 形,于豪亮釋爲"兗",陳松長、廖名春等諸家釋文皆逕作"兌"。按秦漢文字作偏旁的"兌"或作"兗"形,是釋"兌"似可信。"也"字原已全殘失,張釋空缺未補,此從陳松長、廖名春等據文例擬補。

【新校】

"兌",于文作"兗"誤,它本皆作"兌"。《集成》釋"兌",符合帛書原形。《集成》舉出龍崗秦簡殘 5"閱"字、西漢鏡銘"説"字等字形,證明"兌"即"兌",可信。其所舉字形,見《集成》第 91 頁。

"誨",陳廖、丁甲、張文、于文釋爲"誨",廖丁釋爲"姆",廖戊釋爲"瞽",它本皆作"誨"。按此字形作 ,左從"言",右從"毋",故釋"誨"符合帛書原貌。"誨"即"誨",故釋"誨"亦可。

"誨"後之"也",原全殘,張文無釋,它本皆據下文"相而能戒也"補,是。

【集釋】

趙建偉《疏證》:"兌",喜悦。《大畜·彖》說"其德剛上而尚賢",六四、六五小《象》說"六四元吉,有喜也""六五之吉,有慶也",所以"兌"應該是指賢人喜悦。六四、六五爻辭說"童牛之牿""豶豕之牙",《大畜·象》說"能止健",所以"誨"似指强健小人得到訓誨。"相",觀察抉擇(《説文》"相,省視也",《周禮·犬人》注"相謂視擇知其善惡")。"戒",自我遜戒。《隨》卦的卦辭"官有渝,出門交有功",《彖傳》"剛來而下柔""隨時之義大矣哉",《象傳》"澤中有雷,《隨》;君子以嚮晦入宴息""係小子,弗兼與也""係丈夫,志捨下也",似皆有觀察抉擇而自我遜戒之義。

丁四新《周易》:"兌",通"悅"。"相",輔相。"戒",警戒。

張政烺《校注》:相,助也。戒即誡。

劉大鈞《讀〈衷〉篇》:"大蓄兌而誨。"此卦內卦爲乾,外卦爲艮,二、三、四爻互體成兌,兌爲説,故"兌而誨"也。《象》釋大蓄曰:"剛健篤實,輝光日新其德。"《象》釋大蓄:"君子以多識前言往行,以畜其德。"此皆兌而誨之旨也。"隋之卦,相而能戒也。"帛本隋卦今本作隨。《彖》釋隨卦曰:"而天下隨時,隨時之義大矣哉！"王弼注曰："隨之所施，唯在於時也，時異而不隨，否之道也，故'隨時之義大矣哉'。"帛書釋隋卦曰："相而能戒也。"此"相"，即《象》釋隨卦之"澤中有雷，隨，君子以嚮晦入宴息"之"嚮"。《周易正義》孔穎達疏曰："'君子以嚮晦入宴息'者，明物皆説豫相隨，不勞明鑒，故君子象之。"可證此"嚮"字在此讀爲相隨之"相"。《周易正義》引鄭玄注曰："晦，宴也，猶人君既夕之後，入於宴寢而止息。"故"相而能戒者"，明隨卦之義在於悦豫相隨之後，能以隨其時而宴寢止息爲戒也。

連劭名《易之義》：卦下乾上艮，下互兑。誨、教同義，《説文》云："誨，曉教也。"上卦艮爲反身，乾爲明，即自明誠。相、隨同義，《左傳·昭公三年》云："其相胡公。"服虔注："相，隨也。"上兑爲見，《周易·雜卦》云："兑，見。"《説文》云："相，省視也。"震爲驚，故曰戒。

于豪亮《繫辭》："誨"疑假爲"敏"。《詩·生民》"有相之道"，傳："相，助也。""戒"即"誡"，《越絶書·篇叙外傳記》："譏惡爲誡。"

【新釋】

"《大蓄》，兑而詽[也]"，言《大畜》卦。"大蓄"，今本作"大畜"。"蓄"通"畜"。"兑"即"兑"，説也。《説文·儿部》："兑，説也。"説，即悦。《管子·七臣七主》"多兑道以爲上"，尹知章注："兑，悦也。"《釋名·釋天》："兑，説也，物得備足皆喜説也。"《大畜》之卦，言馬、牛、豕等物畜養之多，物得備足，故言喜悦。"詽"即"誨"，即"誨"字，《説文·言部》："誨，曉教也。"《詩·小雅·鶴鳴》序"誨宣王也"，鄭玄箋："誨，教也。"《玉篇·言部》："誨，教示也。"按今本《大畜》之《象》曰："天在山中，大畜，君子以多識前言往行，以畜其德。"言觀《大畜》天在山中之象，而教示君子當多記識前人之言，往賢之行，使多聞多見，以畜養其德，曉示人當由物之畜養而至德之畜養，故言"誨"也。

"《隋》之卦，相而能戒也"，言《隨》卦。"隋"，今本作"隨"，"隋"通"隨"。"相"，視也。《爾雅·釋詁下》："相，視也。"郭璞注："相，謂察視也。""戒"，驚告，戒懼。《周禮·夏官·大司馬》"鼓戒三闋"，孫詒讓《周禮正義》："戒、驚義同。"《儀禮·士冠禮》"主人戒賓"，鄭玄注："戒，驚也，告也。"《文選·趙至〈與嵇茂齊書〉》"則有後慮之戒"，張銑注："戒，懼也。"按《隨》卦，上兑下震，震爲驚懼之象。今本《震》卦辭曰："震來虩虩，震驚百里。"其《彖》曰："震驚百里，驚遠而懼邇也。"其《象》曰："君子以恐懼脩省。"故"《隋》之卦，相而能戒也"，乃言察視《隨》卦上兑下震、澤中有雷之象，能夠驚告於人，使之戒懼。

【今譯】

孔子説："《大畜》卦，能使人喜悦并教示于人。《隨》之卦，察視其卦象，能夠驚戒于人。"

"《恆》,[□]財而无□。[《□》],順從而知畏。《晉》,先爭而後▱[□□□]能害未□。《說》,和說而知畏。"

【彙校】

吳國源《三則》:□□□□□□□□□□无爭而□□□□□□□□□□□□□□[林][之][卦]□周{得}□[位]□[而]說,和說而知畏。廖名春依殘片補"周□□說"的"周",從殘片看,留有右上的"曰",中間並未有豎畫穿過,不能爲"周"字,應依從原釋文,隸定爲"得"。《臨》卦有君主監臨天下之卦義,似可補爲:"[林之卦,]得[位而]說,和說而知畏"。

《集成》:張釋於"恆"字下擬補"之卦"二字,此"財而无□"數字據新綴小片釋。又"无"字也可能應釋爲"先"。"能"字大部分所在殘片共包含有八行文字,原裱於帛書帛畫殘片－2,張釋未綴。廖名春 綴入此處,正確可從。前廖名春所綴入殘片上最左方所存殘筆,正好可以補足此"能"字之末兩筆,但廖名春不知何故"能"字作缺文號。"害"字廖名春作"周",此從張釋。

【新校】

"恆",張文釋出,丁乙從之,它本皆無釋。按驗諸照片 ▯,此字殘損,僅存右半。視其殘存筆畫,與本篇第八行末"恆言不"之"恆"▯、帛書《十大經》第八〇行之"恆"▯、《二三子問》第一二行之"恆"▯之右半相吻合,故釋"恆"可從。

"恆"後,張文、丁乙補出"之卦"二字,它本無釋。觀諸《集成》(壹)照片,此處殘,其空間容不下兩字,《集成》作一字是對的。

"晉",張文釋出"曰"字,它本無釋。驗諸《集成》(壹)重新綴合的照片,此字從中間斷開,稍殘,其爲"晉"字是可以斷定的。張文所釋之"曰",爲此字下部分。

"先爭而後"之"後",其左部尚存,右部殘損。觀其殘留筆畫,此字當爲"後"。

"先爭而後"之"先",張文、丁乙釋作"先",它本皆釋"无"。按帛書"先"常寫作:

▯《衷》〇三一　▯《二三子問》〇〇二　▯《養生方》一九二

"无"常寫作:

▯《衷》〇〇一　▯帛書殘片頁一四　▯《天下至道談》〇四〇

二字的寫法,常常很相似,難以分辨。細觀照片,此字 ▯ 釋"先"和"无"

似乎均可,但從下文之"後",此字可確定當爲"先"。

【集釋】

趙建偉《疏證》:"无爭而後"當是論《謙》卦。《繆和》也有《謙》德"好後"之說。從《无妄》之卦,有罪而死"至"无爭而後",論述了十個卦,其論述形式近似後文(及《繫辭下》)"三陳九德"中的"二陳"(如《履》和而至"),皆以"而"字連接,但十二個卦的前後次序却與今本、帛本都不同。"……者,得……說,和說而知畏",此所論述疑爲《履》卦。"得"同"德",性質。"說"同"悅"。《履·象》說"說(悅)而應乎乾"、後文(及《繫辭下》)"三陳九德"也說"《履》和(悅)而至""《履》以行和",所以此處說《履》卦的性質是和悅;《履》卦九四又說"履虎尾,朔朔(畏懼之義)終吉",所以此處又說《履》卦的性質是"知畏"。

丁四新《周易》:"和說",即"和悅"。"和"上之"說",亦疑通"悅"。

張政烺《校注》:說,即通行本之兌。

吳國源《三則》:"和說而知畏"所指似應爲臨卦卦義,《臨卦》卦辭"元亨,利貞。至於八月有凶","和悅"對應"元亨,利貞","知畏"對應"至於八月有凶";今本易《臨·彖辭》曰"說而順",下兌卦爲悅,上坤卦爲順。《衷篇》"……川順從而知畏凶",《衷篇》後文又說:"林之卦,自誰不无瞿?"正與此說相符,可見此處應爲臨卦卦義之表述。趙《疏證》以《履》卦九四解說《履》卦的性質是'知畏'"未免牽强,"知畏"的卦義性質不限於《履》卦,依上引帛書易傳《衷篇》,更符合坤卦卦義之一,另可見帛書《要篇》"夫易剛者使知瞿,柔者使知剛"等。《旅卦》九四象辭曰:"旅於處,未得位也。得其資斧,心未快也。"正是此類表述之反說。

連劭名《易之義》:"說,和說而知畏",疑爲兌卦。《周易·兌·彖》云:"兌,說也。"六三失位,爻辭曰:"來兌凶。"《象》曰:"來兌之凶,位不當也。"兌爲言。言行爲君子之樞機,榮辱之主,可不畏乎?

于豪亮《繫辭》:說,即通行本之"兌"。

【新釋】

"《恆》,[□]財而无□",言《恆》卦,因殘缺,其義難詳。

"[《□》],順從而知畏",其卦名缺。按以卦象言,巽爲遜順、順從,坎爲險,"順從而知畏",似言上巽下坎的《渙》卦。

"《晉》,先爭而後☒[□□□]能害未□",言《晉》卦,或有其他卦,因殘缺,其義難詳。

"《說》,和說而知畏",前"說",張政烺、連劭名、于豪亮疑言《兌》卦,甚是。今本《兌》初九曰"和兌","兌"通"說","和兌"即"和說"。《說卦》曰"兌爲毀折",兌有毀折之象,故言"知畏"。

【今譯】

孔子說:"《恆》卦,……卦,順從而知道畏懼。《晉》卦,……《兌》卦,和悅而知道畏懼。"

"《謹》者,得之代邯也;《家人》者,得处也;《井》者,得之徹也。"

【彙校】

丁四新《周易》:"处"上,疑抄脱"之"字。

《集成》:"邯"字不識。"人"字原僅存左側殘點,反印文(易傳襯頁-20)尚完整。

【新校】

"邯",陳廖釋"邯",張文摹寫左部而無釋,右部釋"井",它本皆釋"阱"。按此字形作 ![img], 其左部爲反寫的"邑"字,與"鄉"之左部反"邑"同,如帛書"鄉"寫作:

![img]《陰陽五行》甲篇一一五　　![img]《養生方》一九一

故其左部當爲"邑",而釋爲"邯"。

"人",《集成》據反印文釋,可從。其據圖版"易傳襯頁-20",見《集成》(壹)第 62 頁。

"处",陳廖作"處",廖丁無釋,廖乙、丁甲、張文、丁文作"处",它本作"处"。驗諸照片 ![img],釋"处"是。

"处"上,丁四新疑抄脱"之"字,甚是。

"井",丁乙釋"井",它本皆釋"井"。觀諸照片 ![img],釋"井"符合帛書原貌。

"徹",張文釋"微",它本皆釋"徹"。此字形作 ![img],殘損。按帛書"徹"字寫作:

![img]《二三子》〇二六　　![img]《戰國縱橫家書》〇五一

而"微"字作:

![img]《老子》甲本〇八五　　![img]《戰國縱橫家書》一九六

![img]《十大經》一〇九

比勘之下,《集成》釋"徹"即"微"較妥。

【集釋】

廖名春《簡説》:《易之義》似乎存有井田制的痕迹。中國是否存在過井田制度？近代以來一直存在着爭論。孟子"周人百畝而徹"（《孟子·滕文公上》）之説，一直有人存疑。而《易之義》論述井卦的得名，却説："井者，得之徹也。"《繫辭下傳》也説："井，德之地也。""井，居其所而遷。"《易之義》所記略同。從這些記載來看，井田制作爲土地制度存在過，是無疑的。不然，《繫辭》就不會以"德之地"作比，《易之義》更不會將井卦與徹法聯繫在一起，説井卦的得名是由於"徹"。當然，人們也許會以爲《易之義》此説同於《雜卦》"井通"之説。"徹"乃"通"之同義詞，但有没有可能《雜卦》之"通"源於《易之義》之"徹"呢？這是很有可能的。因爲一者《易之義》明言"井者，得之徹也"，如果説"井者，得之通也"，就很費解了。二來《繫辭》和《易之義》都將井和地連在一起，有助於支持井田説，因此，《易之義》的這一記載應該説與孟子説是一致的，是先秦存在過井田制度，井田制度曾經以徹法的形式存在過的一個證據。

趙建偉《疏證》："代"訓爲"止"，息止。"荆"字當爲"刑"之異體，同"形"。這是説《艮》卦的性質是息止形迹。此與《二三子問》論《艮》卦相近。"處"，謂父子、兄弟、夫婦和睦相處。此與《雜卦》"《家人》，内也"相近（"内"也是相親相得之義）。"徹"，通也，通暢、變通。此與《雜卦》"《井》，通"全同。

丁四新《周易》："謹"卦，疑通"艮"。艮卦卦畫，有二陰象。"代"，更也，迭也。阱，《説文》："陷也。""処"，同"處"。處，處所，安止之地。"徹"，《説文》："通也。"《雜卦》："井，通。""得之徹"之"徹"，疑具體指徹法。

劉大鈞《讀〈衷〉篇》："家[人]者得之處也。""處"字在此應讀作"居"。案《繫辭上》"君子之道，或出或處，或默或語"之"處"字，帛書《繫辭》作"居"，是其證。《儀禮·既夕禮》："士處適寢。"鄭玄注："今文處爲居。"《老子》第二章"是以聖人處无爲之事"，帛書甲本、乙本"處"字作"居"字，亦是其證。"井者，得之徹也。""徹"字在此當讀爲"澈"，有清澈義，此義正合《彖》釋井卦"巽乎水而上水，井"之説，故曰"得之徹也"。

連劭名《易之義》：漢初稱處士隱者爲"家人"，《漢書·儒林傳》云："竇太后好老子書，召問博士轅固生，固曰：此家人言耳。"知老子是"家人"。《漢書·異姓諸侯王表》云："處士横議。"顔師古《集注》："處士，謂不宦于朝而居家者也。"《後漢書·劉寬傳》李賢注："處士，有道藝而在家者。"井者，王道之制。徹，《詩經·十月之交》云："天命不徹。"毛傳："徹，道也。"《説文》云："徹，通也。"

【新釋】

"《謹》者，得之代邯也"，言《艮》卦。"謹"古文部見紐，"艮"作爲卦名文部見紐，故"謹""艮"音同相假。"代"，止也。《素問·脈要精微論》"數動一代者",王冰注:"代,止也。"《素問·三部九候論》"其脈代而鉤者",王冰注:"代,止也。""郱"字不識,暫闕疑。艮爲靜止之象,故"《艮》者,得之代郱也",似言《艮》卦,得之於靜止之義。

"《家人》者,得処也",言《家人》卦。依上下文例,"得"下當脱"之"字。"処",同"處"。《家人》卦,謂一家之人,其《象》曰:"家人有嚴君焉,父母之謂也。父父,子子,兄兄,弟弟,夫夫,婦婦,而家道正。"故"《家人》者,得之處也",乃言《家人》卦,得之於一家之人的安處同居。

"《丼》者,得之徽也","丼"即"井",言《井》卦。"徽",《集成》讀爲"微",是。"微",隱微。乃言《井》卦,得之於隱微之義。

【今譯】

孔子説:"《艮》卦,得之於靜止之義。《家人》卦,得之於一家之人的安處同居。《井》卦,得之於隱微之義。"

"《垢》者,[得]☒慧也。《容》者,得辨也。"

【新校】

"垢",陳廖、丁甲、張文、丁乙釋"垢",它本皆作"姤"。觀諸照片 ![字形], 此字左部从"土",故釋"垢"是。

"垢者"後,張文誤綴釋出"西己而"三字,它本皆無釋。《集成》據新整理圖版,釋出"慧也容者得辨也",可從。

【新釋】

"《垢》者,[得]☒慧也","垢",今本作"姤",帛書《易經》作"狗",皆音同相假。此言《姤》卦,其缺文,亦可能言及它卦。因殘損過甚,其義難詳。

"《容》者,得辨也","容"即"訟"卦,"容"通"訟"。依上下文例,"得"後當脱"之"字。"辨",爭辨。《訟》爲爭訟,故言《訟》卦,得之以爭辨之義。

【今譯】

孔子説:"《姤》卦,……《訟》卦,得之以爭辨之義。"

"《登》者,得□□於☒瞿也。《兼》之卦,共而從於不登。"

【彙校】

《集成》:"於"字連於共包含九行文字的一較大殘片最右側,該片原裱於本頁左半下方中部(下稱"殘片4")。諸家釋文皆將其剔出未釋。在其右下方裱有一以"多陽而"開頭、共包含五行文字的殘片(下稱"殘片5"),張釋誤綴於4-8行上半段近末尾處,多有不合。其他諸家釋文皆將其剔出未釋。

本頁左半中下部原裱有一以"寡陰"開頭、共包含四行文字的殘片(下稱"殘片6"),諸家釋文皆將其剔出未釋。這幾片保存情況非常接近,同樣情況的還有前已從廖名春綴入2—5行上半段下方的以"□丌義高尚"開頭的那片,和左下方以"毋虞"開頭共包含三行的那片(下稱"殘片7")、殘片6上方以"所以爲"開頭共包含三行的那片(下稱"殘片8")。它們無疑原本都應該是屬於此頁左半、即《衷》篇開頭十多行之上半的。首先,殘片5、殘片6、殘片4可由上至下遙綴。綴合的理由主要是文意的順暢,同時又由各片間均有不只一行能連讀從而可以保證其綴合的必然性。現釋文11上"多陽而寡陰,二者同,女有夫,土□"由殘片5、6、4三片連讀而成。"多陽而寡陰"疑是講《大過》。其卦巽下兌上,四陽爻二陰爻,是爲"多陽而寡陰";其九五爻辭云"老婦得其士夫",故此謂"女有夫"。其前應還有一講"多陰而寡陽"之卦者,與《大過》"二者同"。此處下一行"•子[曰]:《蹇(蹇)》之'王臣',反故(古)也",亦由殘片5、6、4三片連讀而成。按《蹇》卦六二爻辭"王臣蹇蹇,非躬之故",《二三子問》7下作"非今之故",8下孔子解釋説"'非今之故'者,非言獨今也,古以(已)狀〈肰(然)〉也",故此言"反故(古)也"。又此以"故"爲"古",與本篇後文44下"[《易》之]興也,於中故(古)乎"亦同。還有,再下一行殘片5、6亦可連讀爲"《易》曰《頤》之'虎視'"。可見這三片的遙綴、連讀,證據非常堅實。其次,殘片8湘博本將其跟殘片5綴合。如現圖版和釋文所見,兩片間有兩行"也"字的筆畫都可以相接;前一行連讀爲"所以爲戒也"文意亦通順,此綴合應可信。茲從之將殘片8綴於殘片5+6+4之上。第三,殘片7可以插入殘片6與殘片4之間。殘片5與殘片6有一行連讀爲"《易》曰《頤》之'虎視'",指《頤》之六四爻辭"虎視眈眈";相應的下殘片4該行存"者皆"二字,由"皆"字可以看出其間缺文應還有引卦爻辭的內容;殘片7最右行所存"毋虞"兩字插入其間後,可連讀爲"《易》曰《頤》之'虎視'、[《肫(屯)》]之'毋虞'者,皆……","毋虞"即《屯》之六三爻辭"即鹿无虞";擬補"肫之"二字,與插入後缺文位置亦合。以上所得殘片8+5+6+7+4這一組遙綴大片,已前後跨十行之多。再進一步考慮如何將其插入已有大片中合適位置,似難以找到很切實的證據。現在的方案是出於如下考慮。前文新綴入大片的殘片1+殘片2+殘片3位於上半中下部,其最左側"也此易也"諸字已經到了第10行,又難以跟此遙綴大片靠左方數行中的某行連讀,則此遙綴諸片中與之位置相近處只能從11行開始考慮。由此出發,可以看到遙綴大片中"也。•子[曰]:《蹇(蹇)》之'王臣',反故(古)也"一行,跟該行下半"《嫭(需)》之'不遬(速)',脩(修)□也"辭例相同;如按現釋文的方案放置諸片,則此行擬補連讀爲:"也。•子[曰]:《蹇(蹇)》之'王臣',

反故(古)也。《中[復(孚)》之'□□',□□也。《嬬(需)》之'不遬(速)',脩(修)□也。"缺文字數也可以相合；如此放置遙綴諸片，跟帛書大片靠得較近的僅有右側 8 上處一行，現釋文"《剝(剝)》之卦，草□[□]元(其)善富於正誘而□於"，文意尚難通解，但亦可看出其連讀尚無明顯矛盾。"而從"二字與 8 下的"啵乎"，其所在小片原與其右下大片裝裱有重疊。今按：反印文(易傳襯頁－20)此處尚頗完整，"共"下的"而"字及其左側"支"旁皆可辨，可證原裝裱大致無誤。

【新校】

"得□□於"之"於"，爲《集成》新綴合後釋出，它本皆無釋。

"登"，張文、丁乙釋"登"，它本皆作"豊"。此字形爲 ▨ 。按帛書"登"作：

▨《十問》〇五七　　▨《周易》〇七五　　▨《老子》甲本一二九

"豊"作：

▨《刑德》丙篇圖二　▨《謬和》〇一三　▨《周易》〇四一

比勘之下，釋"登"爲是。

"登者得"與"而從於不登"之間，陳廖釋出"之卦草木"四字，張文於此處補"之也易曰頤之卦"七字。此皆爲誤綴、誤釋，《集成》已説明。

"瞿也兼之卦"五字，廖丙、廖丁、丁甲、廖戊、丁乙釋出，它本無釋。觀諸照片，釋出是。

"而"，陳廖、廖甲、廖乙、張文皆釋出，它本無釋。觀諸照片，此字確有，《集成》以反印文確定釋出，可從。

"從"，廖丙、廖丁、丁甲、廖戊無釋，它本皆釋出。觀諸照片 ▨ ，釋"從"是。

"於"，陳廖釋"于"，張文釋"今"，認爲是"於"之訛文。觀諸照片 ▨ ，此字左部殘損，當爲"於"無疑。

"共而從於不登"之"登"，張文釋"登"，丁乙釋"豊"，它本皆釋"壹"。觀諸照片 ▨ ，此字下部爲"豆"無疑，上部變形，《集成》釋"登"可從。

【集釋】

丁四新《周易》："瞿"，疑讀作"懼"。

【新釋】

"《登》者，得□□於▨瞿也"，當言《升》卦或有其他卦。"登"，今本作"升"，"登""升"義同通用。《周禮·夏官·羊人》"登其首"，鄭玄注："登，升也。"《左傳·隱公五年》"不登於俎",孔穎達疏:"登訓爲升。"郝懿行《爾雅義疏》:"登與升古字通。"《詩·小雅·無羊》"畢來既升",陳奂《傳疏》:"古登、升通用。"此言《升》卦,因殘缺過甚,其義難詳。"瞿",疑讀爲"懼"。"瞿"前數語,當言它卦,因殘甚,亦難詳其義。

"《兼》之卦,共而從於不登",言《謙》卦。"兼",今本作"謙"。《呂氏春秋·似順》"雖兼於罪",畢沅《校正》引舊注:"兼,或作謙。"《墨子·明鬼下》"齊君由謙殺之",王念孫《讀書雜志》按:"謙,與兼同。"是"兼"、"謙"古通。"共",讀爲"恭"。"共"通"恭"。《詩·小雅·巧言》"匪其止共",《釋文》:"共,本又作恭。"《左傳·僖公十年》"晋侯改葬共大子",《釋文》:"共,本亦作恭。""登",通"升"。"不登"即不升,不顯耀。"恭而從於不登",謙恭而不顯耀。此謂《謙》之卦,乃言謙恭而不顯耀。

【今譯】

孔子説:"《升》卦,……《謙》卦,言謙恭而不顯耀。"

"《均》之卦,足而知余。《林》之卦,自誰不先瞿?《觀》之卦,盈而能平。"

【彙校】

吴國源《三則》:"誰"字隸定正確,應從本字爲人稱疑問代詞,不當爲"推"。"先""无"在帛書中字形相同,此處當隸定爲"无"。圖版中"平"與"乎"字形極難區分,應隸定爲"乎",作形容詞后綴的肯定語氣助詞。

【新校】

"先",陳廖、丁甲、張文、丁乙釋"先",它文皆釋"无"。按帛書"先"和"无"的寫法,常常很相似,難以分辨。細觀照片 ![字形], 此字釋"先"和"无"似乎均可,但考之文意,似釋"先"較妥。

"平",張文釋"平",它本皆釋"乎"。此字形爲 ![字形]。按帛書"平"作:

![字形]《九主》三五二　　![字形]《出行占》〇三四　　![字形]《經法》〇〇六

"乎"作:

![字形]《戰國縱橫家書》一二八　　![字形]《戰國縱橫家書》〇二五

![字形]《要》〇一六

可見,"平"字上横較長,而"乎"字上部之撇只有一半,故《集成》從張文釋"平"是合適的。

【集釋】

趙建偉《疏證》:"餘",過度。《姤》卦一陰在下,五陽在上,陽氣過盛也會有失,後文論此卦上九時就說"剛之失也",所以此處說在充足之時要懂得防止過盛。"推",蓋謂推行教化,這與《臨·象》"君子以教思無窮"相合,《雜卦》說"《臨》《觀》之義,或與或求","與"也是指施與教化。"懼",蓋謂以刑罰懼民(使民畏懼)。此謂以推行教化爲先而不以刑罰懼民爲先。"盈而能虛"當就《觀》卦六三而說,六三小象說"觀我生進退,未失道也",六三處下卦之上、《坤》之極,陰氣滿盛,而能知進知退,所以說"盈而能虛"。

廖名春《十五講》:帛書易傳《衷》篇說"觀之卦盈而能乎",是説觀卦之義充滿了敬仰之情而善於觀仰。

丁四新《周易》:"誰",通"進",謂陽爻自下而進上。"乎",通"虛"。觀卦,有陰陽進退、盈虛之象。

吳國源《三則》:"自",此爲"對於"之義,《詩經·羔裘》:"自我人居居……自我人究究。"此例句法正如帛書句相近,"自+人稱代詞(人稱疑問代詞)+形容詞謂語",前者爲陳述句,後者爲反義疑問句,意思是:"林卦之義,對於誰不能沒有敬畏?"此處採用反義疑問句式和雙重否定詞"不无"來強調"瞿"的普遍性和必要性,由前文"[林之卦],得[位而]說,和說而知畏",又"川順從而知畏凶",可知這里的"瞿"不是因無知無能或巨大危險而產生的恐懼、驚恐,而是一種有道德理性的敬畏,一種對聖德監臨天下的虔誠敬畏。臨、觀兩卦卦義成對,臨卦突出對由上而下君臨的敬畏,後面的觀卦緊承此義,突出由下而上觀仰的真誠。"盈"與"能"相對,《觀卦》卦辭:"觀,盥而不薦,有孚顒若。""盈"爲充滿,即指觀仰時充滿誠敬之情;"能"訓爲"善""工",即善於,如《荀子·勸學》:"假舟楫者,非能水也,而絕江河。"楊倞注:"能,善。"《禮記·中庸》:"君子依乎中庸,遯世不見,知而不悔,唯聖者能之。"這里講善於觀仰,《觀卦》全卦從初六"童觀"、六二"窺觀"、六三"觀生"到六四"觀國之光"等就是講如何觀仰的道理。

劉大鈞《讀〈衷〉篇》:《彖》釋姤卦曰:"姤,遇也,柔也。"王弼注此文曰:"施之於人,即女遇男也,一女而遇五男,爲壯至甚,故不可取也。"此卦一女而遇五男,故"足而知余"。"林之卦,自誰不无瞿?"帛書林卦即今本臨卦也。"瞿"字在此當讀作"懼"。因《臨》卦卦辭有"至于八月有凶",故"自誰不无懼"。"觀之卦,盈而能乎。"觀卦與大壯卦互爲旁通之卦,大壯卦帛書以卦象之陽長陰消釋之,即所謂"小腫而大從"也。觀卦則當以陰長而陽消釋之,故曰"觀之卦,盈而能乎。""盈而能乎"下顯然有漏抄,因盈爲陽爲剛,此卦陰長陽消,故此卦當爲"盈而能乎贛"也。

連劭名《易之義》;《禮記·禮器》云:"百官皆足。"鄭玄注:"足,猶得也。"余讀爲餘。《釋名·釋言語》云:"誰,推也。有推擇言不能一也。"《莊子·天運》云:"孰居無事而推行是?"《釋文》云:"推,司馬本作誰。"《周易·臨》云:"至于八月有凶。"蓋預先推知,故能無懼。推、求同義,《淮南子·本經》云:"可以曆推得也。"高誘注:"推,求也。"故自推即自求,郭店楚簡《君子》云:"是故君子之求諸己也深,不求諸其本而攻諸其末,弗得矣。"又云:"昔者君子有言曰:聖人天德何?言慎求之於己,可以至順天常矣。"《周易·雜卦》云:"臨、觀之義,或予或求。"《説文》云:"予,推予也。象相予之形。""乎"讀爲虚。《論語·述而》云:"子曰:善人,吾不得而見之矣,得見有恆者,斯可矣。亡而爲有,虚而爲盈,約而爲泰,難乎有恆矣。"有恆者即"盈而能虚"。《論語·泰伯》又云:"曾子曰:以能問于不能,以多問于寡,有若無,實若虚,犯而不校,昔者吾友嘗從事于斯矣。"盈而能虚指大盈,《老子》第四十五章:"大盈若沖,其用不窮。"

【新釋】

"《姤》之卦,足而知余",言《姤》卦。"姤",今本作"姤","垢""姤"古通。"余",通"餘"。《吴越春秋·越王無余外傳》"越之前君無余者",徐天祐注:"無余,《越舊經》作'無餘'。"《周禮·地官·委人》"凡其余聚以待頒賜",鄭玄注:"余,當爲餘,聲之誤也。"《周禮·夏官·職方氏》"其澤藪曰昭餘祁",《爾雅·釋地》"餘"作"余",《淮南子·墜形》同。餘,多也。《吕氏春秋·辯士》"亦無使有餘",高誘注:"餘,猶多也。"《爾雅·釋詁下》"烈,餘也",郝懿行義疏:"餘,通作余。餘,又羨也,多也。"《姤》卦下爲一柔爻,上爲五剛爻,乃一女遇五男之象,一男即足,五男則多餘,故曰"足而知餘"。

"《林》之卦,自誰不先瞿",言《臨》卦。"林",今本作"臨"。《續釋名·釋律吕》"林,衆也",畢沅疏證:"古字林與臨通。"朱駿聲《説文通訓定聲》:"林,叚借爲臨。""誰",丁四新認爲通"進",連劭名以爲通"推"。今按:丁、連説疑非,"誰"不必以假字解之。"自誰"即對於誰之義。"瞿",古通"懼"。《禮記·檀弓下》"公瞿然失席曰",《釋文》:"瞿,本又作懼。"《漢書·惠帝紀贊》"聞叔孫通之諫則懼然",顔師古注:"懼,讀若瞿。"今本《臨》卦,傳本《歸藏》作"林禍"。又《臨》卦辭曰:"至于八月有凶。"故《臨》卦有災禍之象。對於《臨》卦,對於誰能不首先感到恐懼?故此言:"《林》之卦,自誰不先瞿?"

"《觀》之卦,盈而能平",言《觀》卦。今本《觀》卦辭曰"有孚顒若",謂內有誠信而外現崇敬之貌,故曰"盈"也。"平",疑誤,本當作"求"。"能平",本當作"能求"。按《雜卦》:"《臨》《觀》之義,或與或求。"荀爽注:"《觀》者'觀民設教',故爲求也。"故此言"《觀》之卦能求",乃謂《觀》之卦,有民衆求教之義。

【今譯】

孔子説:"《姤》之卦象,一男即足,有五男故知多餘。對於《臨》卦,對於誰能不首先感到恐懼?《觀》之卦,内心充滿誠信,民衆方能求教。"

"《〔未〕齋》之卦,善近而☐。《剝》之卦,草☐☐亓善富於正誘而☐於☐☐☐☐☐☐至,學而好☐,攼乎☐☐也。《大過》之卦,不忠身失量,故曰慎而侍也。"

【彙校】

丁四新《周易》:疑"齋"本是"未濟"卦,而上脱"未"字。下一〇行"既濟"作"既齋",乃其證。

張政烺《校注》:按下文有"既齋",則此當是"未濟",脱未字。

《集成》:廖名春以爲"齋"通"晉",《齋》卦即《晉》卦。今按:廖説有不必認爲存在脱字的好處,但跟本篇用字習慣不合。前 6 上之"晉"應即《晉》卦,11 下引《晉》六二爻辭"㮣(晉)如愁(愁)如",字皆不作"齋",兹故不取此説。此"忠"上之字張釋作"其"。原形僅存部分,但仍可看出其上方較"亓"字少一橫。今據反印文(易傳襯頁－20)改釋作"不"。"乎"與"不"字間諸字原已完全殘失,反印文尚存。前"☐☐也"三字僅"也"字可辨識。其下四字"大過之卦"尚略可辨,結合文意可定。

【新校】

"善近而"後,張文釋出"財而无"和"見台而"六字,陳廖釋出"絶誘也"三字,它本無釋。此皆爲誤綴誤釋,《集成》前已説明。

"《剝》之卦草""於正誘而☐於☐☐☐☐☐☐至學而好☐攼""《大過》之卦"等,諸家釋文皆無,《集成》據其新綴合圖版釋出,可從。

"亓善富"三字,張文、丁乙釋出,它本無釋。觀諸照片,此三字確存,但左部殘損,從其殘留筆畫,《集成》從張文、丁乙,釋出"亓善富",可從。

"亓善富"後,張文補"也鼎之折足"五字,它本無釋。此爲誤綴誤釋。

"乎",陳廖、張文、丁乙釋出,它本無釋。觀諸照片 ,釋"乎"是。

"不",張文作"亓"。此字形殘,《集成》據反印文改作"不",可從。其據"易傳襯頁－20",見《集成》(壹)第 62 頁。

【集釋】

趙建偉《疏證》:齋,此字從"齊"聲,與"晉"字古常互作。《二三子問》論《晉》卦卦辭"康侯用錫馬蕃庶,晝日三接",爲聖王安世而禮待三公,即下文的"善近……"可能是善于親近下屬的意思。"……乎□□□□□□□□忠身失量,故曰慎而侍(待)也",此處似是在論《漸》卦。"忠"同"中",亦指"身"。"量",審度。"待",戒備(《國語·晉語》注"待,備也")。此當是就《漸》卦九三而説。九三説"夫征不復,婦孕不育,凶,利禦寇",《易之義》認爲九三的失誤是因爲自身失審(後文論述此卦此爻時也説"陰之失也"),所以《漸》卦是告戒人們當有所備禦。

丁四新《周易》:"齎",從"齊"得聲,"齊"與"濟"或"晉"相通。下一行有"晉"卦爻辭,"晉"作"槢"。"侍",讀作"待"。

連劭名《易之義》:齎,從貝齊聲,疑爲晉卦,《釋文》云:"晉,孟本作齊。""善近"指修身。"齎",或指巽卦。《周易·説卦》云:"齊乎巽,巽東南也。齊也者,言萬物之潔齊也。"

于豪亮《繫辭》:下文有"既齎",則此當是"未濟",脱未字。

【新釋】

"《齎》之卦,善近而□","《齎》之卦",丁四新、張政烺、于豪亮、《集成》皆疑脱"未"字,而爲"《未濟》",甚是。此當言《未濟》卦,亦可能言及它卦。因殘缺過甚,暫不可知。

"《剥》之卦,草□□亓善富於正誘而□於□□□□□至,學而好□,吱乎□□也",言《剥》卦,以及其他卦,因殘缺,暫不可知。

"《大過》之卦,不忠身失量,故曰慎而侍也",言《大過》卦。"不忠身失量",趙建偉認爲"忠"同"中",亦指"身","量"爲審度,其説是。《大過》卦"澤滅木",爲有過失災禍之象,故"不忠身失量",謂不從自身出發,就失去考量。"侍",丁四新讀作"待",是。此謂《大過》卦,乃言如果不從自身出發,就會失去對災禍的考量,所以要謹慎對待。

【今譯】

孔子説:"《未濟》之卦,……《剥》之卦,……《大過》之卦,如果不從自身出發,就會失去對災禍的考量,所以要謹慎對待。"

"《筮闔》紫紀,《恆》言不已,《容》獄凶得也。"

【彙校】

吳國源《三則》:依圖版,"紫"當隸定爲"背",下半部爲月旁而非糸旁。

【新校】

"紫",廖丁作"紫",張文作"絶",于文作"絅",它文皆釋"紫"。觀諸照片 紫,釋"紫"可從。"紫"同"絅"。

"巳",丁乙釋"巳",它本皆釋"已"。按帛書"已""巳"寫法常常很相似,難以分辨。觀諸照片,釋"巳"可從。此"巳"讀爲"已"。

"凶",廖丙、張文釋"兇",它本皆釋"凶"。觀諸照片 ,爲"凶"無疑。

【集釋】

趙建偉《疏證》:"紫"字從"糸",當有束縛之義。"紀",法紀。《噬嗑》卦講人因行爲有失而受到法律懲處,《噬嗑‧象》也說"先王以明罰敕法",所以此處說《噬嗑》卦是講人的行爲要約束以法紀。此處的"《恆》言不已"與《恆‧象》的"天地之道,恆久而不已"完全相同。這是說《恆》卦體現着恆久之道。"獄",獄訟。這是說《訟》卦體現的是獄訟最終會有凶事,即《訟》卦卦辭所說的"終凶"。

丁四新《周易》:"紫",通"北",背離之義。"紀",綱紀,禮法制度之類。

張政烺《校注》:筮闟,即王弼本之噬嗑。闟、嗑音近通用。

吳國源《三則》:"筮""噬"音同可通,帛書《易經》"噬"皆作"筮";"闟",從門,甲聲;"嗑"與"甲"通,《說文》"嗑讀若甲","盍"亦與"甲"通,帛書《易經》"盍"作"甲","闟""嗑"古音爲見紐盍部,因此"闟"可作"嗑","筮闟"即《噬嗑》卦。"背"訓爲"違","紀"訓爲"綱紀""法度",《禮記‧禮運》:"禮義以爲紀。孔穎達曰:"紀,綱紀也。"《噬嗑》卦卦辭:"噬嗑:亨,利用獄。"《象》辭"雷電,噬嗑;先王以明罰敕法",這是從正面講施用刑法在於維繫綱紀、肅正法令;而"《噬嗑》背紀"則是從反面講《噬嗑》卦是針對違離綱紀、違背法度的現象而提出。"容"通"訟"。"獄凶得"即"用獄之凶得",句式同《繫辭上》"天下之理得,而成位乎其中矣",就是說遭致刑獄之災。《訟》卦卦辭:"訟:有孚窒惕,中吉;終凶,利見大人,不利涉大川。"《象》辭"天與水違行,訟;君子以作事謀始",這是從正面講守正持中以解決爭訟,或辦事考慮開端以杜絕爭訟的發生;而"獄凶得"則是從反面講爭訟不止將會遭致刑獄之災。《噬嗑》《恆》《訟》三卦卦義解釋的文例一致,皆爲四字句;"紀""已"韻部相同且與"得"韻部對轉,故三句協韻;"《噬嗑》背紀"與"《容》獄凶得也"從卦義的反面來解說,因此,"恆言不已"也作如此解。"言"在這裏指談論、爭論,"言不已"就是說爭論不停則難以把握恆久之道。《恆》卦卦辭:"恆,亨,无咎,利貞,利有攸往。"《象》辭:"天地之道,恆久而不已也。"《象》辭"雷風,恆;君子以立不易方",這是從正面講守恆久之道可獲亨通,不能停止,堅守正確的道理而不要輕易改變;而"恆言不已"則是從反面講爭論沒有休止,難以堅持正確的意見,從而難守恆久之道。

連劭名《易之義》:"筮闟絕紀,恆言不已。容獄,凶得也",《周易‧雜卦》

云:"噬嗑,食也。"《周易·序卦》云:"飲食必有訟。"爭訟則辯論曲直,故云"恆言不已"。《周易·噬嗑》云:"亨,利用獄。"《象》云:"噬嗑,先王以明罰勅法。"故曰"容獄,凶得也"。容通訟,得通德,《尚書·盤庚下》云:"用降我凶德。"

于豪亮《繫辭》:筮闔,即通行本之"噬嗑",上文作"筮蓋"。案:"闔"爲影母字,"嗑"與"蓋"爲見母匣母字,聲母相近。然"闔"與"嗑"爲葉部字,"蓋"爲祭部字,韻部有别。惟"蓋"本從"盍"得聲,疑本爲葉部字,特以主要元音相同,轉入祭部耳。

【新釋】

"《筮闔》縈紀",言《噬嗑》卦。"筮"通"噬","闔"通"嗑"。"縈",《集成》讀爲"亂",是。《噬嗑》爲擾亂綱紀,而受刑罰之象,故曰:"《噬嗑》亂紀。"

"《恆》言不巳",言《恆》卦。"巳",讀爲"已"。今本《恆》卦之《彖傳》曰:"恆,久也。天地之道,恆久而不已也。"故此謂"《恆》言不已"。

"《容》獄凶得也",言《訟》卦。"容""訟"古皆爲東部,音近通假。"凶得",即"得凶"。《訟》卦言爭訟,今本《訟》卦辭言:"終凶。"其《象》曰:"'終凶',訟不可成也。"故此曰:"《訟》獄凶得也。"

【今譯】

孔子説:"《噬嗑》卦爲擾亂綱紀之義,《恆》卦乃言恆久不已,《訟》卦乃言獄訟得凶。"

"《勞》之☐列誘也。☐☐☐☐也。☐者,得之守也。☐☐☐☐。是故《☐》以☐☐也,《☐》以法行也。"

【新校】

"勞之"後一字,陳廖、丁甲、張文、丁乙無釋,它本補出"卦"字。按從上下文例看,皆無"卦"字,故《集成》亦無補。不補爲妥。

"勞之"後,張文釋出"順從而知畏"五字,爲誤綴誤釋,它本無。

"列誘也☐☐☐☐也☐者得之守也☐☐☐☐是",諸家釋文皆無,爲《集成》據新綴合圖版釋出。

【集釋】

趙建偉《疏證》:此處的"勞之"可能是論《坎》卦(《説卦》"《坎》者,勞卦也"),也可能是錯簡。從"……者,得……説,和説而知畏"至此,論述了十餘個卦,其論説形式有與前兩章相重者,前後次序與今本、帛本也不同。

丁四新《周易》:"故",通"蠱",即《蠱》卦。此卦名,楚竹簡本作"蛊",帛書本經作"笛"。

《集成》:廖名春指出帛書此"勞"即坎卦。王家臺秦簡《歸藏》坎卦名作"勞"(傳本《歸藏》作"犖","勞""犖"音近),研究者亦多引此爲説。

【新釋】

"《勞》",即今本《坎》卦。《説卦》言:"勞乎《坎》。"並釋曰:"《坎》,水也,正北方之卦也,《勞》卦也,萬物之所歸也,故曰勞乎《坎》。"傳本《歸藏》《坎》卦名作"犖",王家臺秦簡《歸藏》作"勞","犖""勞"通,清華簡《筮法》作"勞",皆證古《坎》卦亦稱《勞》卦。

"□□□也",言何卦難知。

"□者,得之守也",缺文當言某卦。按《雜卦》:"《需》,不進也。"與此"守"義近,故疑言《需》卦。

"□□□□",當言某卦,具體難知。

"是故《□》以□□也",不詳言何卦。

"《□》以法行也",此不詳何卦。"以法行",以律法而行。

【今譯】

孔子説:"《坎》卦……《需》卦,得於相守之義。……以律法而行。"

"《損》以□[□也,《□》]以□□也,《大牀》以卑□也,《歸妹》以正女也。"

【彙校】

《集成》:(《□》]以□□也)"也"上之"以□□"三字僅末字殘存右下殘點,反印文尚皆存,僅"也"字可辨識。"卑□"二字張釋缺釋,其他諸家釋文皆作"卑陰"。今按:"卑"字之釋可從,"陰"則可疑,其殘形近似於"守"字。

【新校】

"《□》]以□□也",諸家釋文皆無,《集成》釋出,可從。

"卑□"二字,張文無釋,廖乙釋爲"卑隂",其他諸文皆作"卑陰"。按前一字作 ![字形], 当爲"卑"字,後一字作 ![字形], 其左殘,《集成》認爲不爲"陰",疑爲"守"字,可從。

【集釋】

鄧球柏《白話》:《大牀》卦,將陽剛處于陰柔之下,《歸妹》,將其用來規範婦女。

趙建偉《疏證》:後文的"三陳九德"作"《損》以遠害也"。《大壯》卦四陽爻居二陰爻之下,陽居二而六居五,所以此處説《大壯》卦是陽剛卑伏於陰柔之下;九三爻辭説"君子用罔"、大象説"君子以非禮弗履"、《雜卦》説《大壯》則止",都含有收斂陽剛的意思。《歸妹》卦的彖、象傳講"位不當也""柔乘剛也"的女行之不正和"以恆也""相承也""未變常也""有待而行也""其位在中"的女行之正,總之是講正定規範女子行爲的,所以此處説《歸妹》卦是講正定女子的行爲。

劉大鈞《讀〈衷〉篇》:"大牀,以卑陰也。歸妹,以正女也。"大壯卦乃陽長陰消之卦,故"卑陰也"。歸妹卦乃嫁女之卦,故"以正女也"。

【新釋】

"《損》以□□也",言《損》卦,其義難知。

"《□》以□□也",言某卦,其義不詳。

"《大牀》以卑□也",言《大壯》卦。"牀""壯"古通。今本《剥》卦初六"剥牀以足",焦循《易章句》曰:"牀,壯字假借也。"《巽》卦九二"巽在牀下",焦循《易章句》曰:"牀爲壯之假借。""卑",小也,微也。《左傳·僖公二十二年》"公卑邾",杜預注:"卑,小也。"《國語·周語上》"王室其將微乎",韋昭注:"卑,微也。"缺文可從《集成》讀爲"守"。《大壯》爲陽長陰消之卦,陽氣浸長而盛大,陰氣消減而微小,故言以卑下相守。

"《歸妹》以正女也",言《歸妹》卦。《歸妹》爲嫁女之卦,其以六三、六五之柔,而乘九二、九四之剛,如其《象》曰:"柔乘剛也。"故要正定女子,而言"以正女也。"此言《歸妹》卦,可用之正定女子。

【今譯】

孔子説:"《損》卦……《大壯》卦象,是使陰氣卑微的。《歸妹》卦,可用之正定女子。"

"《既齋》者,高余比貧☒□也,此《易》之□□□□能誧也。《師》之卦,□□□□□也。《大過》'過涉',所以問垈也。"

【彙校】

《集成》:從裝裱情况看,"□也此"三字所在小片也可能本不在此處,應拆分出。"大"字,今自帛書帛畫殘片-6新綴入此一"也大"二字小片。雖其與周圍都不相接,但據"大"字上正好是上一句末了之"也"字和其帛片形狀(可補足左右竹絲欄)兩點仍可定。反印文(易傳襯頁-20)"也大"兩字亦尚隱約可辨。

【新校】

"高",陳廖釋爲"亨",它本皆作"高"。觀諸照片,釋"高"是。

"高餘比貧"後,陳廖釋出"而知路凡"四字,張文釋出"隋也"二字,它本皆無。觀諸廖名春照片,此處下行有一殘片,上有"而知路凡"四字,顯然陳廖誤釋。"隋也"二字照片上亦無。

"大過"之"大"字,丁甲、廖戊、丁乙皆作補釋,它本無釋,《集成》據新綴殘片釋出,可從。其據"易傳襯頁－20",見《集成》(壹)第62頁。

"過過涉所以"五字,陳廖、廖甲、廖乙、張文無釋,它本皆釋出。驗諸照片,釋出是。

"過"前一字,丁甲、廖戊、丁乙補爲"大",它本無。按"過涉"爲《大過》卦上六爻辭,諸本據此補,甚是。

【集釋】

丁四新《周易》:"齋"通"濟"。"余"讀爲"餘"。《説文》:"餘,饒也。""過涉"二字,出自《大過》卦上六爻辭。

【新釋】

"《既齋》者,高余比貧☒",《集成》作"《既齋》者高,《余(豫)》、《比》貧☒",認爲"余比"爲兩卦之名。今按:觀諸上下文,無連言兩卦者,故不作卦名,似爲更妥。"《既齋》",即《既濟》卦。"高余比貧",其義難詳。"此《易》之☒☒☒☒☒能誨也","誨"即"誨"字,此句其義難知。

"《師》之卦,☒☒☒☒☒也",此言《師》卦,具體含義難知。

"《大過》'過涉',所以問埱也",言《大過》卦。"過涉",《大過》上六爻辭。今本《大過》上六:"過涉滅頂,凶。"謂涉水過深淹没頭頂,凶險,所以要探問路途。"埱",《集成》讀爲"塗",是。"塗"即"途",路也。此言《大過》卦上六"涉水過深,有凶險",所以要注意探問路途。

【今譯】

孔子説:"《既濟》者,……《師》之卦,……《大過》卦上六'涉水過深,有凶險',所以要注意探問路途。"

子曰:"《師》之'長[子],☒也。《☐》之'☐☐',[所]以禁咎也。"

【彙校】

《集成》:"長"字略殘,但部分仍存。"長"上之字原已全殘,反印文(易傳襯頁－20)尚存,可肯定爲"之"字。"之"上之字現僅略存右上角一點殘劃。按文例此應係引某卦之辭,《周易》"長"字唯見《師》六五爻辭"長子率師",此"師"字反印文輪廓亦正合,故此逕釋,並擬補"子"字。"也☐之"三字原已殘,據反印文(易傳襯頁－20)釋。中間一字據輪廓並結合文例看似爲"隋

(隨)"字。

【新校】

"師之長",諸本皆空缺無釋,《集成》據反印文釋出,可從。其據"易傳襯頁－20",見《集成》(壹)第 62 頁。"子",諸本皆空缺無釋,《集成》補釋,可從。

"也□之",諸本皆空缺無釋,《集成》據反印文釋出,可從。其據"易傳襯頁－20",見《集成》(壹)第 62 頁。

"所"原殘,陳廖、廖甲、廖乙、張文無釋,它本皆補出。按補出是。

"以",陳廖、廖甲、廖乙無釋,它本皆釋出。觀諸照片,釋"以"是。

【新釋】

此引孔子釋卦爻辭之言。

"《師》之'長[子]',☑也",言《師》卦。"長子",《師》卦六五爻辭。其後言,其義難知。

"《□》之'□□',[所]以禁咎也",《集成》疑爲此言"《隋(隨)》"卦,可從。"禁",止也。"咎",害也。"禁咎",止害之義。《隨》卦九四曰:"隨有獲,貞凶。有孚在道以明,何咎?""隨有獲,貞凶",故有咎害。"有孚在道以明,何咎",故止害。故此似言《隨》卦九四,原文補全似爲:"《隋》之'有獲',所以禁咎也。"

【今譯】

孔子曰:"《師》之'長子',……《隨》之'有獲',所以禁止咎害。"

子曰:"☑《□》[多陰而寡陽,《□》]多陽而寡陰,二者同,女有夫,士□□□□□,所以教謀也。'樰如秋如',所以辟怒[也]。☑□□□□☑□也。"

【彙校】

趙建偉《疏證》:此引《晉》卦六二爻辭,前當有"《易》曰:"。

丁四新《周易》:"樰",通行本、帛書本經作"晉""溍";"秋",通行本經作"愁"。由此句可推斷,《衷》篇的"晉"卦,字當作"樰"。

【新校】

"子曰",廖丁無釋,它本皆釋出。觀諸照片,"子曰"二字確有。

"子曰"後,陳廖釋出"既窮"和"而"三字,張文釋出"復之卦留"四字,它本皆無。觀諸照片,在此行下有一殘片,上有"復之卦留"四字;在此行之下行有一殘片,有"既窮"和"而"三字。但此兩殘片本別處,誤置於此。《集成》新綴合後,釋出"多陽而寡陰二者同女有夫士",補出"多陰而寡陽",

可從。

"所以教謀也",陳廖、廖甲、廖乙、張文皆無釋,它本皆釋出。觀諸照片,釋出是。

"所以教謀也"前,廖戊據今本《周易》《晉》卦初六爻辭,補出"晉如,摧如",它本皆無補。闕疑爲妥。

"榗",陳廖、廖甲、廖乙、張文補爲"晉",廖戊釋爲"榗",它文皆作"榗"。驗諸照片,釋"榗"是。

"辟怒也"之"也",陳廖、張文未補,它本皆據文例補出,是。

【集釋】

趙建偉《疏證》:晉,進也。"秌"(今本作"愁")當讀作"摯",斂抑(《禮記·鄉飲酒義》鄭注"愁讀爲摯,斂也")。"辟怒",猶制怒。前進斂抑得宜,所以制其冒進使氣。

丁四新《周易》:"辟",通"弭",平息,止息。《禮記·郊特牲》:"祭有祈焉,有報焉,有由辟焉。"鄭《注》:"辟,讀爲弭,謂弭災兵,遠罪疾也。"

劉大鈞《讀〈衷〉篇》:"'榗如秌如',所以辟怒[也]。"《衷》篇此"榗"字,在帛書《周易》經文中作"溍",今本作"晉"字。"所以辟怒[也]"之"辟"字,應當讀作"避"。《彖》釋晉卦曰:"順而麗乎大明,柔進而上行。"《象》釋晉卦曰:"君子以自昭明德。"王弼注此句曰:"以順著明,自顯之道。"《彖》《象》皆以"順""柔"釋晉卦,故"辟怒也"。

【新釋】

此引孔子釋《晉》卦以及它卦之言。

"《□》[多陰而寡陽,《□》]多陽而寡陰,二者同,女有夫,士□□□□□,所以教謀也","多陰而寡陽"之卦,當包括四陰二陽卦和五陰一陽卦,其中四陰卦有十五個,五陰卦有六個,具體爲何卦,無法確定。"多陽而寡陰"之卦,當包括四陽二陰卦和五陽一陰卦,其中四陽卦有十五個,五陽卦有六個,具體爲何卦,亦無法確定。其缺文,亦可能言及它卦。

"'榗如秌如',所以辟怒[也]","榗如秌如",《晉》卦六二爻辭,今本作"晉如愁如"。"榗"通"晉",進義。"秌""愁"古通。《漢書·揚雄傳上》"秌秌",蕭該《漢書音義》:"秌,舊作愁,今書或作口旁秋。"《禮記·鄉飲酒義》:"秋之爲言愁也。"《尚書大傳》卷一:"秋者,愁也。""秋"爲怒爲殺。《春秋繁露·陰陽義》:"秋,怒氣也,故殺。"《文選·阮籍〈詠懷〉》"磬折似秋霜",張銑注:"秋,殺也。""晉如秌如",言增進怒殺之氣。"辟怒","辟"通"避"。《書·金縢》"我之弗辟",蔡沈集傳:"辟讀爲避。"《荀子·榮辱》"不辟死傷",楊倞注:"辟讀爲避。""辟怒",即避怒。孔子提醒,《晉》卦六二言增進怒殺之氣,故觀此爻辭,當避除怒氣。
　　"☐☐☐☐☐☐也",其義難知。
【今譯】
　　孔子説:"……卦多陰而少陽,……卦多陽而少陰,二卦有相同的地方,即女子有丈夫……《晉》卦六二言'增進怒殺之氣',觀此當避除怒氣。……"

•子[曰]:"《蹇》之'王臣',反故也。《中[復]》之'☐☐',☐也。《嬬》之'不遫',脩☐也。《易》曰'辰驚百[里]',☐☐所以爲戒也。☐☐'苣曰'者,所[以]☐復也。☐[☐☐☐☐]即君☐☐[所]以知民也。《易》曰《頤》之'虎視'、[《肫》]之'毋虞'者,皆☐☐☐其賞也。[《鼎》]之'折足',[☐☐☐☐]所以☐☐☐☐☐[☐☐]吉,此之胃也。☐[☐]☐☐☐[☐☐☐☐]爲物辯☐☐☐以容人之隱壯而不能[☐☐☐☐]。《易》曰'高上亢德,不事王公,凶',此之胃也。"
【彙校】
　　張政烺《校注》:不事王公,以上殘缺,今不能定所缺爲若干行,與《易之義》篇是否同是一篇,亦不能定。
　　《集成》:廖名春將下文屬於另一帛片的上半段的"☐☐☐[不]事王矦,☐☐之胃也。不求則不足難"與下半段的"遫脩""《易》曰[辰]驚[百里,不喪匕鬯,此之胃也。子曰]"連讀作爲第12行,釋文前半段較張釋少一行。"戒也"下二缺文似尚存殘筆,但同時其處又有誤裱帛片,其間關係難以判斷。"曰"上之字殘存下長弧筆,《周易》卦爻辭中似僅有《革》卦卦辭和六二爻辭的"苣(改)曰"能與此相合。"吉此之胃也"諸家釋文皆無,今將其所在殘片自帛書帛畫殘片－14新綴入此,可補足下行數字。現釋文的16行與17行之間也不知是否有缺行、缺幾行(從帛片寬度來看即使有缺行也不會太多)。今行號暫連編。自此行以下,帛書已無缺行,各行之間均緊接。又研究者皆將此前與後文視爲同一篇,雖從帛書本身看,確如張注所説没有證據能確定,但同樣亦無證據表明應分爲兩篇;再考慮到此前文字如係獨立一篇,則恐嫌篇幅過短,故此仍將其同定爲《衷》篇。"爲物辯"三字諸家釋文皆無。"辯"字原僅存左側殘筆,諸家釋文未釋。今於此新綴入一小片(原裱於帛書帛畫殘片－14),將"辯"字右大部分補足;其上"物"字筆畫亦可與此所存左側殘點相接。"以容人之隱壯而不能"諸家釋文皆作缺文。在新綴入殘片上。"易曰"二字諸家釋文皆作缺文,今將其所在小片新綴入此。該片原裱於帛書帛畫殘片一14,同頁中另一殘片"難男"可與此片綴合,"易曰"殘片左側豎筆正好補足"男"字右方筆畫,由此"難男"小片應綴入此處下行亦可定。此兩片綴入此處後雖與周圍均不相連,但據下兩點仍可定。一則由兩片欄綫皆由紅變黑和其字形特點,可知皆應在已近帛書下端末尾處;二則下行首"高上(尚)元(其)德"係引《易》之語的開頭,據本段下文19上《易》曰'何(荷)校'"的辭例,此行末尾爲"《易》曰"正合。"凶",其形連於右方上行新綴入小片,據殘形並結合文意尚可定。帛書《周易》20下《蠱》上九爻辭:"尚(九),不事王矦,高尚其德,兇(凶)。"王弼本"德"作"事",無"兇"字。此有"凶"字,與帛書《周易》相合。

【新校】

12行"子曰"前小圓點並不具有章節號作用,而是作爲一般句讀使用,或抄手隨意所點,《集成》説是。

此12—18行殘缺嚴重,"不事王公"前,只有張文釋補"奇心而朣既齋""也易曰[辰]驚[百里]""害未""高上其[德]"等字,它本皆空缺無釋。現釋文内容,爲《集成》據新綴補所釋出。

"公",張文、丁乙釋"公",它文皆作"矦"。觀諸照片,此字殘損嚴重,僅存上部少量筆畫。從殘留筆畫看,釋"公"是。

"胃",廖丙作"畏",誤。

"凶",諸家釋文皆無,《集成》釋出,可從。《蠱》上九爻辭,從帛書《周易》和《衷》篇皆有"凶"字看,原當有"凶",今本脱。

【新釋】

此孔子論數卦。

"《蹇》之'王臣',反故也","蹇"即"蹇",今本作"蹇"卦。"王臣",《蹇》六二爻辭。"反"讀爲"返","反"通"返"。"故"訓爲事。《蹇》卦《大象》曰:"山上有水,蹇,君子以反身修德。"故此曰"返故",即返回自身之事。此言《蹇》卦六二爻辭"王臣",乃謂返回自身修養德行之事。

"《中[復》之'□□',□□也","中復"即"中孚",今本作《中孚》卦。此論《中孚》卦,其義難知。

"《嬬》]之'不遬',脩□也","嬬"讀爲"需",今本作《需》卦。"遬"讀爲"速","遬""速"音同相假。"不速",《需》卦上六爻辭。"脩"通"修"。

"《易》曰'辰驚百[里]',□□所以爲戒也",此言《震》卦,帛書作"辰"。《説文・雨部》:"震,從雨,辰聲。""震""辰"以音同相假。《説文・辰部》:"辰,震也。"《白虎通義・五行》:"辰,震也。"故"辰""震"古通用。"震驚百里",《震》卦辭。震動驚動百里,故言爲之戒懼。

"□□'苣日'者,所[以]□復也",《集成》認爲言《革》卦,是。"苣日",帛書《易經》之《勒》(即今本"革")卦辭,或六二爻辭。"苣"讀爲"改","苣日"即"改日",今本作"巳日",當以帛書爲是,謂改革之日。兩缺文當爲"《勒》(即革)曰"。"復"讀爲"孚"。今本《革》卦辭曰:"巳日乃復(即孚)。"即改革之日令人誠信。今本《革》卦六二:"巳日乃革之,征吉,無咎。"從此言"所[以]□復(孚)也",《衷》篇此當言《革》卦辭,而非六二爻辭。"所[以]□復也",缺文似可補爲"乃"。此言《革》卦辭曰"改日"者,所以使人誠信。

"☑[□□□]耶君☑☑[所]以知民也","知民",了解民衆。因殘缺過甚,不詳言何卦。

"《易》曰《頤》之'虎視'、[《肫》之]'毋虞'者,皆☑☑☑其賞也",言《頤》和《屯》卦。"虎視",《頤》卦六四爻辭。"肫"即今本"屯"卦。"毋虞",《屯》六三爻辭,今本作"无虞"。

"[《鼎》]之'折足',[□□□□]所以☑☑☑☑☑☑[□□]吉,此之胃也",言《鼎》卦,或及它卦。"折足",《鼎》九四爻辭。

"□[□]□[□]□□[□□□□□]爲物辯☑☑□以容人之隱壯而不能[□□□□]。《易》曰'高上亓德,不事王公,凶',此之胃也","爲物辯"、"以容人之隱壯而不能"云云,其義皆難知。"高上亓德,不事王公,凶",《蠱》卦上九爻辭,"上"通"尚",今本作"不事王侯,高尚其事"。此節前面部分其義難知,最後部分内容,當先言"高尚亓德,不事王侯"之理,而後以《蠱》卦上九爻辭證之。

【今譯】

孔子說:"《蹇》卦六二爻辭'王臣',是說返回自身修養德行之事。《中孚》……《需》卦上六爻辭'不速',……《震》卦辭'震驚百里',……爲之戒懼。《革》卦辭言'改日',所以使人誠信。……《周易·頤》卦六四爻辭'虎視',《屯》六三爻辭'毋虞',……《鼎》九四爻辭'折足',……《周易·蠱》卦上九爻辭'高尚其德,不事王公,凶',就說的這個意思。"

"不來則不足以難□☑[□□]□[□□]孔□[□□]□佁[□□]□'□[芳]于西山'而'吉',此之胃也。不□[□□□□]難。男而不□訒則危,親傷佁[□]。《易》曰'何校'則'凶','屨校'則吉,此之胃也。"

【彙校】

趙建偉《疏證》:"不求則不足以難",此句上省"子曰:"。

《集成》:"不來"二字皆殘存左半。上字從釋"不"之説與下"不足以"之"不"相呼應。又周易經傳-28右上角、《繆和》31下處原裱有"□|敬則不㇀博㇀(不博,不博)則","博"疑應讀爲"傅",傅着、親傅也。但此難以肯定,今暫不逕綴入,記此備參。"于西山而吉此之胃也不□"諸家釋文皆作缺文,在新綴入殘片上。下文19上"《易》曰'何(荷)校'則'凶','屢(履)校'則吉",係指《噬嗑》上九爻辭"何校滅耳,凶"、初九爻辭"屨校滅趾,无咎","吉"係概括"无咎"而言,據此辭例,則此"于西山而吉"之"吉"亦應爲爻辭中應有之字或應有之意。"西山"今本《周易》僅一見,即《隨》上六爻辭"王用亨于西山"(帛書《周易》67上"亨"作"芳"),並無"吉"字,各本皆同。但阜陽漢簡本"西山"作"支(岐)山"(上博竹書本亦作"西山",石經殘);"岐山"見於今本《周易·升》六四爻辭"王用亨于岐山,吉"(上博竹書本、石經皆無;帛書《周易》55下"岐"字適殘去),正有"吉"字。阜陽漢簡本作"□□亨于枝(岐)山,吉",亦有"吉"字。據《隨》上六爻辭"西山"有"支(岐)山"之異文,可見《升》六四爻辭"岐山"也可能有作"西山"之異文,則帛書此文"'[□芳]于西山'而'吉'"句,很可能亦本係引《升》卦六四爻辭而論。"難男"二字諸家釋文皆作缺文,此據前注新綴入小片釋。"男"字見於本篇後文32下,用爲"用"。"男"即"男(勇)"字異體。此處也可能應斷讀作"男(勇)而不□訽",則危親傷们。[故]《易》曰……"。"故《易》曰:……此之胃(謂)也"之辭例《繆和》多見。

【新校】

"難"後至"則危"前,《集成》據新綴釋出"[芳]于西山而吉此之胃也不"、"難男而不"諸字,與諸家釋文有較大差別。諸家皆釋出"易曰",廖丙、廖丁、丁甲、廖戊、丁乙釋出"邀脩",廖戊、丁乙釋補"[辰]驚[百里不喪匕鬯此之胃也子曰]",于文釋出"用布可學者也唯其人而已矣",皆爲誤綴誤釋。

"不足以難"之"以",陳廖、張文、丁乙釋出,它本無釋。驗諸照片,此字確有,釋出是。

"危",張文、于文作"從",它本皆作"危"。此字形較模糊。按此字形與帛書《要》第一七行、《春秋事語》第八三行似乎相類,但細觀之,實與帛書"危"的寫法(《經法》〇二五)(《陰陽五行》甲本一三九)(《春秋事語》〇三三)吻合,故釋"危"是。

【集釋】

趙建偉《疏證》:"不求則不足以難",這句的意思是無所求取就不會有禍難。下面的"《易》曰"應是證明這句話的。"……□□□□則危,親傷[則]□",這兩句話是"子曰"的內容,後面引《易》也應是證明這兩句話的。"親",

疑借爲"身"。《易》曰：何校則凶，屨(屨)校則吉"，此引《噬嗑》卦上九和初九爻辭。上九說"何校滅耳，凶"，初九說"屨校滅趾，无咎"。"何校""屨校"分別是"何校滅耳""屨校滅趾"的省文。"何"同"荷"，"校"，木制刑具。"荷校"，肩披刑具。"滅耳"，割耳，預設殺身之禍。"屨校"，脚戴刑具。屨校滅趾喻小懲知戒，故吉；荷校滅耳喻怙惡不悛以致將有殺身之禍，故凶。從"子曰：……□禁□也"至此，論述了《晉》《蠱》《噬嗑》等卦，大體是"子曰：……《易》曰：……"的論述形式，即以"《易》曰"證"子曰"。

丁四新《周易》："何"同"荷"，"兇"通"凶"。《説文》："何，儋也。"徐鉉等曰："儋何，即負何也。借爲誰何之何。今俗別作擔荷，非是。""履""句"，通"屨"。

劉大鈞《讀〈衷〉篇》：此噬嗑卦上九與初九爻辭也。《繫辭》釋此二爻辭曰："小人不恥不仁，不畏不義，不見利不勸，不威不懲，小懲而大誡，此小人之福也。《易》曰'屨校滅趾，无咎'，此之謂也。"又說："善不積不足以成名，惡不積不足以滅身。小人以小善爲无益而弗爲也，以小惡爲无傷而弗去也，故惡積而不可掩，罪大而不可解。《易》曰'何校滅耳，凶'。"因《繫辭》釋此初九爻辭有"小懲而大誡，此小人之福也"，故帛書釋此爻曰"'屨校'則吉"者，恐有與今本《繫辭》相近之傳也。而《繫辭》釋上九爻辭有"惡積而不可掩，罪大而不可解"，故帛書釋此爻曰"'何校'則凶"，恐亦得之與今本《繫辭》相近之傳也。

【新釋】

此承上節，引孔子言及《升》卦六四、《噬嗑》卦上九、初九等爻辭，亦可言及它卦之辭。

"不來則不足以難□☒□□□□□引□□□□仇□□□□'[芳]于西山'而'吉'，此之胃也"，"芳"讀爲"享"，"芳"通"享"。《集成》認爲此係引《升》卦六四爻辭而論，其説是。此當先言某種道理，而後以《升》卦六四爻辭"亨(讀爲享)于西山，吉"證之。

"不□□□□□難，男而不□訑則危，親傷仇□。《易》曰'何校'則'凶'，'屨校'則吉，此之胃也"，"男"讀爲"勇"。"何校"，《噬嗑》卦上九爻辭。今本《噬嗑》上九曰"何校滅耳，凶"，"何"通"荷"，言荷擔枷械，滅没其耳，凶，故此言"'何校'則凶"。"屨校"，《噬嗑》初九爻辭。今本《噬嗑》初九曰："屨校滅趾，无咎。""履"、"屨"古義同通用。《漢書·鮑宣傳附唐尊》"唐尊衣敝履空"，顔師古注引服虔曰："履，猶屨也。"《小爾雅·廣服》"在足謂之履"，宋翔鳳訓纂："履、屨字散文通用也。"《左傳·僖公十五年》"登臺而履薪焉"，《釋文》："徐本作屨。"《墨子·經下》"夫與履"，孫詒讓《墨子閒詁》："説作屨，義同。""履校滅趾,无咎",言著校滅没其趾,小懲大誡,而無害,故此言"不□□□□□難,勇而不□訒則危,親傷仁□"云云,當爲孔子所言的一種道理,而後以《噬嗑》爻辭證之。

【今譯】

孔子説:"……《升》卦六四'享祭于西山,吉利',就是這個意思。……《周易·噬嗑》卦上九'肩荷刑具'而'凶險',初九'腳著刑具'則吉利,就是這個意思。"

子曰:"五行者亓□□□□□□□□□用,不可學者也,唯亓人而已矣。《易》亓'和□',此五言之本也。"

【彙校】

《集成》:"和"字右半原已殘。此自帛書帛畫殘片－14新綴入一小片,補足"易亓和"三字右半。復自周易經傳－28左下方新綴入一大片,將"易亓和"三字所在小片右下角的"容"字右半補足。有關釋文皆據此重訂。

【新校】

"用",廖丙、廖丁無釋,它文皆作"用"。觀諸照片,其右部殘損,釋"用"可從。

"和",張文僅釋出左部"禾",右部未釋,它本皆釋"利"。按此字僅存左部"禾",《集成》據新綴釋,可從。

【集釋】

鄧球柏《白話》:這裏提到五行,可能是孔子用五行解説《周易》的一種方式。這種方式在《二三子問》和《要》中都運用過。《二三子問》云:"聖人之立正也,必尊天而敬衆,理順五行,天地無困","德與天道始,必順五行"。《要》説:"又地道焉,不可以水、火、金、土、木盡稱也,故律之以柔剛。"

趙建偉《疏證》:"不可學者也,唯其人而已矣",這兩句的意思與《繫辭上》十二章"神而明之存乎其人"相近。

丁四新《周易》:"五行",又見帛書《二三子》,帛書《要》以爲水、火、金、土、木五者。

【新釋】

"五行者亓□□□□□□□□□用","五行",鄧球柏、丁四新引用帛書《二三子問》、《要》篇"五行",認爲其内涵當爲"水、火、金、土、木",疑非。此"五行",疑爲人道之"五行"。"五行",古代有多種涵義,如天道之五行,地道之五行,人道之五行等。《尚書·洪範》:"有扈氏威侮五行,怠棄三正,天用剿絕其命。"其"五行",劉起釪認爲謂金星、木星、水星、火星、土星之"五星"。① 帛書《要》篇所言"又(有)地道焉,不可以水、火、金、土、木盡稱也,故律之以柔剛",其"五行"之"水、火、金、土、木",顯指地道。子思有人道之"五行",謂"仁、智、義、禮、聖"。馬王堆帛書《五行》曰:"[仁]刑(形)[於內]胃(謂)之德之行,不刑(形)於內[胃(謂)]之行。知(智)刑(形)於內胃(謂)之德之行,不刑(形)於內胃(謂)[之行。義刑(形)]於內[胃(謂)]之德之行,[不刑(形)於內胃(謂)]之行。禮刑(形)於內胃(謂)之德之行,不刑(形)於內胃(謂)之行。聖刑(形)於內[胃(謂)]之德之行,不刑(形)於內胃(謂)之行。德之行五,和胃(謂)之德。"②其言仁、知(智)、義、禮、聖的"德之行五",即"五行"。郭店楚簡《五行》開篇即言"五行",其言仁、義、禮、知(智)、聖,其順序與帛書有異,其內容則大同小異。③ 學者認爲這兩篇所言"五行",即子思之"五行",④是可信的。《荀子·非十二子》言子思的"五行"是"案往舊造說",即子思"五行"並不是無中生有的全新創造,而是有"往舊"的來源。這種來源恐怕可以追溯到孔子。觀諸《論語》,孔子所言德行有很多種,如孝、悌、忠、信、義、禮、敏、仁、知、慈、勇、圣、恕、恭、惠、清、直、慎、公等,約二十種。從其中選取五種,謂之"五德"或"五行"之類,從理論上講是完全有可能的。孔子之前即有"三德""九德""六德"等說法。《逸周書·商誓》載武王曰:"我聞古商先哲王成湯克辟上帝,保生商民,克用三德,疑商弗懷,用辟厥辟。"⑤其言"三德",當即《尚書·洪範》所言:"三德:一曰正直,二曰剛克,三曰柔克。"《逸周書·寶典》載武王對周公旦說:"朕聞曰:'何修非躬?躬有四位、九德。九德:一孝。子畏哉,乃不亂謀。二悌。悌乃知序,序乃倫。倫不騰上,上乃不崩。三慈惠。慈知長幼。知長幼,樂養老。四忠恕。是謂四儀。風言大極,意志不移。五中正。是謂權斷,補損知選。六恭遜。是謂容德。以法從權,安上無慝。七寬弘。是謂寬宇。准德以義,樂獲純瑕。八溫直。是謂明德。喜怒不郁,主人乃服。九兼武。是謂明刑。惠而能忍,尊天

---

① 顧頡剛、劉起釪:《尚書校釋譯論》第二冊,北京:中華書局,2005年,第856—857,868—871頁。
② 裘錫圭主編:《長沙馬王堆漢墓簡帛集成》(肆),北京:中華書局,2014年,第58頁。
③ 武漢大學簡帛研究中心、荆門市博物館編著:《楚地出土戰國簡册合集》(一),北京:文物出版社,2011年,第47頁。
④ 龐樸:《馬王堆帛書解開了思孟五行說之謎》,《文物》1977年第10期。李學勤:《簡帛佚籍與學術史》,南昌:江西教育出版社,2001年,第278—284頁。
⑤ 《商誓解》屬於西周作品,見黃懷信:《逸周書校補注釋》(修訂本)之"前言",第63頁,西安:三秦出版社,2006年。所引文,見第212頁。

大經。九德廣備,次世有聲。'"①《尚書·皋陶謨》:"皋陶曰:'都,亦行有九德,亦言其人有德。'乃言曰:'載采采。'禹曰:'何?'皋陶曰:'寬而栗,柔而立,愿而恭,亂而敬,擾而毅,直而溫,簡而廉,剛而塞,彊而義。彰厥有常,吉哉!日宣三德,夙夜浚明有家。日嚴祗敬六德,亮采有邦。翕受敷施,九德咸事,俊乂在官。'"皆其證。孔子之前既然有"三德""九德""六德"等,推想也當有"五德"的思想。孔子繼承這些思想,提出自己的"五德",也是很有可能的。《論語·陽貨》:"子張問仁於孔子。孔子曰:'能行五者於天下,爲仁矣。''請問之。'曰:'恭、寬、信、敏、惠。'"孔子此言"恭、寬、信、敏、惠"五者,即爲"五德",即五種德行,亦可以稱爲"五行"。因此,在孔子那裏,很可能就存在這類言德行的"五行"。子思很可能就是根據"往舊"的孔子"五行"之説,創立他自己的"五行"。子思"五行"與孔子"五行"的區別,很可能是五種德行內容不同。從其內容的不同,也可以説是子思的創作,即"造説"。

"不可學者也,唯亓人而巳矣","巳"讀爲"已",此孔子強調"五行"是先天之"性",不是後天學習的問題。子思之《中庸》開篇即言:"天命之謂性,率性之謂道,修道之謂教。"鄭玄注:"天命,謂天所命生人者也,是謂性命。木神則仁,金神則義,火神則禮,水神則信,土神則知。"以鄭注,子思"天命之謂性"乃言先天之性,具體內涵即仁、義、禮、智、信的"五行"(這裏"信"本當爲"聖",爲後人之改),故"五行"爲先天之性,不是後天之習的問題。孔子即嚴分"性"與"習"。《論語·陽貨》載"子曰":"性相近也,習相遠也。"孔子認爲,每個人都具有先天之性,每個人的先天之性與別人相比,並不是完全相同的,是接近而又有差別的。其中聖人的先天之性最爲圓滿,一般人的先天之性就差一些,没有那麽圓滿。這些先天之性在每個人身上表現出來,相差很遠,這不是先天之性所造成的,而是後天學習和修養不同而形成的。《衷》篇孔子此言"不可學者也,唯亓人而巳矣",謂五種德行的"五行"是先天之性,先天之性不是通過後天學習而能夠改變的,只有聖人具有最圓滿"五行"之性。"其人",謂聖人。在易學中,孔子認爲文王演《易》,特別推崇,故此"其人"當謂文王。

"《易》亓和□,此五言之本也",缺文疑爲"兑"。今本"兑"卦,帛書《周易》作"奪",二字均爲月部定紐,"奪"通"兑",本當作"兑",王家臺秦簡《歸藏》作"兑"。"和兑",《兑》卦初九爻辭。"兑"即"説",言説之義。"和兑",即和言。疑《衷》篇此本爲"《易》其'和兑',此五言之本也",謂"和兑"即"和言"

---

① 《寶典解》本出西周而經春秋加工者改寫,見黄懷信:《逸周書校補注釋》(修訂本)之"前言",第63頁,西安:三秦出版社,2006年。所引文,見第137、139頁。

爲"五言"的根本。"五言"之詞,頗爲疑難。《尚書·皋陶謨》載帝舜言及"五言",其曰:"予聞六律、五聲、八音在治忽,以出納五言。"①僞孔傳:"以出納仁義禮智信五德之言,施於民以成化。"是僞孔以"五言"爲仁義禮智信之"五德"。劉起釪認爲所釋誤,此"五言"當謂詩歌之協於五聲、樂之成言,②是正確的。但僞孔之釋放在《衷》篇此處是合適的。《衷》篇之"五言"當謂"五德之言",亦即"五行之言"。孔子有"六言"之説。《論語·陽貨》:"子曰:'由也,女聞六言六蔽矣乎?'對曰:'未也。''居,吾語女。好仁不好學,其蔽也愚。好知不好學,其蔽也蕩。好信不好學,其蔽也賊。好直不好學,其蔽也絞。好勇不好學,其蔽也亂。好剛不好學,其蔽也狂。'"朱熹《四書集注》:"六言皆美德,然徒好之而不學以明其理,則各有所蔽。"孔子講"六言",即仁、知、信、直、勇、剛"六德"之言。由此類推,孔子講"五言"也是合乎情理的。《衷》篇此孔子之"五言",當爲"五德之言",或"五行之言"。"《易》其'和言',此五言之本也",謂"和之言"爲"五行之言"的根本,即"和"爲"五行"之根本。按《禮記·中庸》曰:"喜怒哀樂之未發,謂之中。發而皆中節,謂之和。中也者,天下之大本也。和也者,天下之達道也。"對子思而言,"和"謂内在之德性在外在行動中恰當地表現出來,或謂在形下的行爲中恰到好處地、充分地實現其形上之德。换言之,"和"謂内外之和諧。上引帛書《五行》言子思"五行",皆從内外兩個方面展開論證,認爲德性内充、德行外顯,才是真正的"五行";其所謂"德之行五,和胃(謂)之德",明顯強調内外之"和"在"五行"中的重要性。子思此思想,當來自孔子。故《衷》篇孔子所言内外之和諧,乃是德行五行的根本。

【今譯】

孔子説:"先天的五種德行……不是通過學習而改變的,能夠先天具有最圓滿的五行之性,只有文王這一個人而已。《周易·兑》卦初九的"和兑",這是五行之言的根本。"

---

① 此本在《皋陶謨》,僞古文《尚書》將其分出,屬之於《益稷》。
② 顧頡剛、劉起釪:《尚書校釋譯論》第一册,北京:中華書局,2005年,第452頁。

第二章

【説明】

本章乃抄自今本《説卦》的祖本，與今本《説卦》前三章略同，可分爲三節。

聑[人]之[作《易》也]，□贊於神明而生占也，参天兩地而義數也，觀變於陰陽而立卦也，發揮於剛柔而[生肴也]，和順於道德而理於義也，窮理盡生而至於命也。

【彙校】

張政烺《校注》：[幽]贊於神明而生占也，自此以下至"故易達數也"，韓本作《説卦》之前三章，起句爲"昔者聖人之作易也"，帛書適缺，僅存一之字，位置相合，據以填補空位，以便閲讀。

《集成》：據前新綴合可知此行"之"上缺文只能有兩個，應該就是"聑人"而無"昔者"兩字。下文 20 下今本之"昔者聖人之作《易》也"，帛書亦應本無"昔者"二字，與此同。此處又自帛書帛畫殘片－20 新綴入一小片（原裱倒），其上存此行"聑"字之左半（"聑"字右側殘點尚存於前所新綴入"此五言之本也"之"也"字下），可補足下行"生"字與"命"字。19 下行末的所謂"幽"字，在上行新綴小片"難男"左方尚略存其殘點，似與"幽"形難合，也可能是其他字。"和順於道"四字諸家釋文皆作擬補缺文，今將其所在兩小片新綴入此（原分別裱於帛書帛畫殘片－24 和帛書帛畫殘片－1）。"順"字僅存左上角頭部，其大半應斷裂存於下半，已殘失。

【新校】

"聑人"，除陳廖外，諸家釋文皆據今本《説卦》補釋"昔者聖人"。《集成》據空間容字情況，只作"聑人"，可從。

"□贊"之缺文，除陳廖外，諸家釋文皆據《説卦》補釋"幽"。此缺文，其義當與"幽"近。

"明",陳廖、廖甲、廖丁、丁甲、張文、廖戊、于文皆釋"明",它本皆作"明"。驗諸照片,其左部爲"目",不爲"日",故釋"明"符合帛書原貌。

"𨞵",陳廖、廖丁作"窮",廖甲、丁甲、廖戊作"𨞵",廖丙作"𨞵",丁乙作"𨞵",它本皆作"𨞵"。驗諸照片,釋"𨞵"符合帛書原貌。"阝"即"邑",故"𨞵"同"窮"。

【集釋】

鄧球柏《白話》:占:占語。生:讀爲"性"。[從前聖人創作《周易》的方法是:]贊于神明的靈前而生成占語,參合天地的義蘊而產生了卦爻數,觀察分析天道陰陽變化的規律而確定建立陰卦陽卦的原則,發揮陽剛陰柔的特徵而建立起陰爻陽爻的符號,用保合太和與順從的道德原則去認識道德義理,窮盡天理、地理、人理,以達到一切言語、行爲、心態都符合天命、地命、人命的境界。

趙建偉《疏證》:"幽",深。"贊"通"闡"(《繫辭下》"微顯闡幽","闡"《易之義》作"贊"),明(《要》"幽贊而達乎數,明數而達乎德","贊"與"明"對舉,正用"闡")。"神明",宇宙神奇作用和現象。"生占",創立用蓍草占筮方法。今本作"生蓍",義同。又"贊"可訓爲助。"幽贊于神明"謂暗得神明之助。"參天兩地而義數也":"參兩"猶言考察度量。"天地",指天奇數,地偶數。古人認爲天圓地方,圓周上找不到對稱點,所以其數皆奇;方形上任何一點中分後都有對稱點,所以其數皆偶(如天空日做圓周運動而在大地上形成的春分秋分、夏至冬至的分至點等)。"義",即"議",論定。"議數",論定奇偶之數。《說卦》作"倚",立,確立(虞翻說)。兩通。"觀變于陰陽而立卦也,發揮於剛柔而生爻也":"變"與"辨"通。"觀辨"即觀察辨別。自然現象有陰有陽,天陽地陰,天之陽,雷、雨、山(山之高可與天接),地之陰,風、火、澤。由陰陽現象而確立乾震坎艮與坤巽離兌兩類卦象。客觀物性有剛有柔,通過對客觀事物剛柔之性的理解和發揮而創造了組成卦象的剛柔爻畫。"和順于道德而理于義也,窮理盡性而至于命也":"道",宇宙規律。"德",宇宙現象,即宇宙規律的具體體現。"理",統理、統一。"義",宜,合宜。這是說聖人順和于宇宙規律和現象而創造了《易》,並使《周易》與宇宙規律及現象統一于合宜的狀態中。"理",事理。"性",物性。"命",自然與人類的終極命運。"和順于道德而理于義"講《易》之生,"窮理盡性而至于命"講《易》之用。《要》篇起首也有"……至命者也",與此有聯繫。

丁四新《周易》:"讚",通"贊"。"贊",助也。"義""倚"可通假,謂數與天地的關聯。"生",讀作"性",《說卦》作"性"。而,以也。

張政烺《校注》:占,韓本《說卦》作蓍,占、蓍義同。《後漢書·方術傳上》

云：“占也者，先王所以定禍福，決嫌疑，幽贊於神明，遂知來物者也。”疑范曄所見本亦作占。

劉大鈞《讀〈衷〉篇》：帛本"参天兩地而義數也"之"義"字，今本作"倚"，"義""倚"當爲同音相借字。且今本"倚數"後無"也"字，文字更爲簡練。帛書"觀變於陰陽而立卦也"，今本文字與之相同，只是亦無"也"字。帛書之"發揮於剛柔而[生爻也，和順于道德]而理於義也，窮理盡性而至於命[也，將以順性]命[之]理也"，今本文字亦無諸句後的"也"字，且今本爲加强文句的氣勢，在"將以順性命之理"前，重複此文首句"昔者聖人之作《易》也"，以增加文章句式的説服力。

連劭名《易之義》："聖人"，指伏羲。義讀儀，言以數爲儀，《左傳·襄公卅一年》云："有儀可象謂之儀。"《文選·演連珠》："是以儀天步晷而修短可量。"李善注："儀，猶法象也。"八卦配八方，故曰"立卦"。以上神明、道德、性命爲六理。《賈子·六術》云："德有六理。何謂六理？道、德、性、神、明、命，此六者德之理也。"

【新釋】

此爲第一節，今本《説卦》略同。此節致力於揭示古人創作《周易》理論體系的邏輯理路，論及"占""數""卦""爻""道德""義""理""性""命"等，其内涵極爲深厚精微。

"耵[人]之[作《易》也]"，"聖人"，鄭玄注："聖人謂伏羲、文王。"孔穎達曰："此聖人即伏羲也。"觀此節，乃泛論古人創作《周易》理論體系的理路，不但論創立筮占和卦爻體系，同時論及建立道德義理和性命學説，實爲對此前《周易》發展史的總結，其所謂"聖人"實包括一切對《易》的建立發展作出重大貢獻的人物，既包含創立八卦的伏羲，也當有演繹《周易》卦辭的文王，還當包括其他的一些重要人物，如傳説中筮占的建立者巫咸，以及繫屬《周易》爻辭的周公等等。

"□贊於神明而生占也"，今本《説卦》作"幽贊於神明而生蓍"，韓康伯曰："幽，深也。"《集解》引干寶注："贊，求也。""□贊"當與"幽贊"義近。"幽贊"即深求。"明"即"明"。"神明"，謂神祇。《禮記·表記》"皆事天地之神明"，鄭玄注："神明，謂群神也。"古人認爲，神有明德，《國語·楚語》："神是以能有明德。""神明"古亦稱"明神"，《詩·大雅·雲漢》："敬恭明神，宜无悔怒。"《左傳·僖公二十八年》："癸亥王子虎盟諸侯于王庭，要言曰：'皆獎王室，無相害也。有渝此盟，明神殛之！'""神明""明神"古通用，皆謂神祇。"幽贊於神明"，本指巫覡溝通神祇之事。《國語·楚語》："古者民神不雜。民之精爽不攜貳者，而又能齊肅衷正，其智能上下比之，其聖能光遠宣朗，其明能光照之,其聰能聽徹之,如是則明神降之,在男曰覡,在女曰巫。"是只有巫覡可降神,與之溝通。"幽贊於神明",言巫咸等古代巫覡祝求神祇,與之溝通,從而將幽隱之事顯現出來,以爲人知。"占",本指龜卜之法。《說文·卜部》:"占,視兆問也。"指卜人觀察龜甲兆象以預知吉凶,後亦用在以蓍草起卦的筮法上。故"占"一詞一般爲泛指,既可言卜法,亦可言筮法。《周禮·春官·序官》"占人下士八人",鄭玄注:"占,占蓍龜之兆卦吉凶。"即綜括兩法。此處之"占"乃指筮法,謂以蓍草定數、以數定卦而預知吉凶的占法,即今本《繫辭上》"極數知來之謂占"之占。帛書作"占"言方法,今本作"蓍"言工具,其義無別。此言古代圣人深求神祇而創立筮占之法。

"參天兩地而義數也","天"指天數,"地"指地數。帛書《繫辭》:"天一、地二,天三、地四,天五、地六,天七、地八,天九、地十。"是天數即一、三、五、七、九,地數即二、四、六、八、十。"義",今本作"倚"。"義"、"倚"同爲歌部,音同相假。"倚",立也。虞翻曰:"倚,立也。"《楚辭·九辯》"澹容與而獨倚兮",朱熹集注:"倚,立也。""參天兩地而義數",即參天兩地而立數。此句涵義以及"參""兩"詞義,素來難解,眾說紛紜,約之可有七說:

(一)馬融、王肅云:"五位相合,以陰從陽。天得三,合謂一、三與五也。地得兩,合謂二與四也。"此釋"參"爲三,"兩"爲二,謂"參天"爲天數一、三、五,"兩地"爲地數二、四。

(二)鄭玄云:"天地之數備于十,乃三之以天,兩之以地,而倚託大衍之數五十也。"此釋"參"爲三,"兩"爲二,謂天地之數備極爲十,以天數三乘以十爲三十,以地數二乘以十爲二十,其和爲大衍之數五十。

(三)虞翻曰:"參,三也。謂分天象爲三才,以地兩之,立六畫之數,故倚數也。"此釋"參"爲三,"兩"爲二,謂以天象三才之三,乘以地數二,而爲一卦的六畫之數。

(四)韓康伯曰:"參奇也,兩耦也。七、九陽數,六、八陰數。"孔穎達曰:"七、九爲奇,天數也。六、八爲耦,地數也。故取奇於天,取耦於地,而立七、八、九、六之數也。"此釋"參""兩"爲奇、偶,謂"參天"爲奇數七、九,"兩地"爲偶數六、八。

(五)崔覲曰:"參,三也。謂於天數五地數五中,以八卦配天地之數。起天三配艮而立三數,天五配坎而立五數,天七配震而立七數,天九配乾而立九數。此從三,順配陽四卦也。地從二起,以地兩配兌而立二數,以地十配離而立十數,以地八配巽而立八數,以地六配坤而立六數。此從兩,逆配陰四卦也。其天一地四之數,無卦可配,故虛而不用。此聖人取八卦配天地之數,總五十而爲大衍。"此釋"參天"者,謂從三始,順數而至五、七、九;"兩地"

者，謂從二起，逆數而至十、八、六。以八卦相配，天三配艮，天五配坎，天七配震，天九配乾，此從三順配陽四卦。以地二配兌，地十配離，地八配巽，地六配坤，此從兩逆配陰四卦。天一、地四無卦可配，虛而不用。這樣八卦配天地之數總爲五十，正與大衍之數相符。

（六）孔穎達疏引張氏云："以三中含兩，有一以包兩之義，明天有包地之德，陽有包陰之道，故天舉其多，地言其少也。"此解以天陽包地陰之理，認爲三可包二，故天三、地二。劉大鈞亦提出類似看法，而更爲具體，其曰：《說卦》下明言"立天之道曰陰與陽，立地之道曰柔與剛"，這種天道中既有陽又有陰，地道中既有柔又有剛的思想，是解決這一問題的關鍵。"一"雖爲天數象陽，但無法包含地數"二"，以體現天道之"陰與陽"。惟有天數"三"，才既含天數"一"，又含地數"二"，體現出天道的陰與陽。此即"參天"倚數的根本所在。同樣，"二"爲地數法陰，"二"中已包含天數"一"，故地道之"柔與剛"在"兩地"中包含。故"參"即三，"兩"即二。"參"與"兩"，乃指天地之數中各能包含陰與陽的最小生數。

（七）朱熹云："天圓地方，圓者一而圍三，三各一奇，故參天而爲三。方者一而圍四，四合二耦，故兩地而爲二。數皆倚此而起，故揲蓍三變之末，其餘三奇，則三三而九。三耦則三二而六，兩二、一三則爲七，兩三、一二則爲八。"此以天圓地方釋之，謂圓者直徑若爲一，則周長約爲三，三爲三個奇數一組成，故"參天"即奇數三。正方者邊長若爲一，則周長爲四，四爲兩個耦數二組成，故"兩地"即耦數二。大衍筮法通過揲蓍而得九、六、七、八之數，就是依託三、二而來，九即三個三，六爲三個二，七爲兩個二和一個三之和，八爲兩個三和一個二之和。

綜觀諸說，實際釋"參""兩"爲兩類：一釋"參"、"兩"爲三、二；一釋"參""兩"爲奇、耦。按詳考出土古代"數字卦"，從商代、西周至春秋戰國，使用一、四、五、六、七、八、九等數，以奇數一、五、七、九轉化爲陽爻符號，以耦數四、六、八轉化爲陰爻符號，從而成卦。因此，"參""兩"之義，當以後說爲是："參"應釋爲奇數之奇，"兩"當釋爲耦數之耦。按《漢書·律曆志上》"參天兩地而倚數"，顏師古亦注："參，謂奇也。"《周禮·天官·大宰》"以九兩繫邦國之民"，鄭玄注："兩，猶耦也。"《諸子平議·荀子三》"兩疑則惑矣"，俞樾按："兩讀如兩政之兩。桓十八年《左傳》：並后匹嫡，兩政耦國。是兩與耦同。"是其證。"參天兩地而義數"，言聖人以筮占所得天數爲奇數，以地數爲耦數，並將奇數設立爲剛爻，將耦數設立爲柔爻，從而建立筮占之數。

"觀變於陰陽而立卦也，發揮於剛柔而〔生爻也〕"，此兩句並言，蓋謂聖人因陰陽之象而創立卦，因剛柔之形而創立爻。此先言卦，後言爻，是從理上說。若從事上言,則是先產生爻,然後由爻成卦。此所言"卦",當包括兩層涵義,即三畫之八卦和六畫之重卦。首當指三畫之八卦,虞翻曰:"陽變成震、坎、艮,陰變成巽、離、兌,故立卦。《繫》曰:陽一君二民,陰二君一民。"虞翻所引《繫辭下》"陽一君而二民,陰二君而一民",指三畫陽卦震、坎、艮,皆爲一陽爻二陰爻,三畫陰卦巽、離、兌,皆爲二陽爻一陰爻。"觀變於陰陽而立卦",乃謂聖人通過觀察陰陽之象,而創立表示陽之象的乾卦,和表示陰之象的坤卦。然後通過觀察陰陽之象的交易變化,而創立陽卦震、坎、艮,和陰卦巽、離、兌,從而創立三畫的八卦。對於這種八卦創立的具體原理和過程,今本《說卦》"乾坤三索"有明確的說明:"乾天也,故稱乎父。坤地也,故稱乎母。震一索而得男,故謂之長男。巽一索而得女,故謂之長女。坎再索而得男,故謂之中男。離再索而得女,故謂之中女。艮三索而得男,故謂之少男。兌三索而得女,故謂之少女。"即言通過乾陽、坤陰的交易互索,乾卦分別索取坤卦三爻,而形成巽、離、兌;坤卦索取乾卦三爻,而形成震、坎、艮,從而形成八卦。

其次,"觀變於陰陽而立卦",又指通過觀察陰陽變化,而創立六畫之重卦,即六十四卦。韓康伯曰:"卦則雷風相薄,山澤通氣,擬象陰陽變化之體。"孔穎達曰:"伏羲初畫八卦,以震象雷,以巽象風,以艮象山,以兌象澤。八卦未重,則雷風各異,山澤不通,於陰陽變化之理,未爲周備,故此下云'八卦相錯,數往者順,知來者逆'。蓋伏羲之初,直仰觀俯察,用陰陽兩爻而畫八卦,後因而重之而爲六十四卦,然後天地變化,人事吉凶,莫不周備,縕在爻卦之中矣。"即言聖人通過擬象陰與陽的交易變化,將八卦兩兩交錯重合,從而形成六十四卦。

"發揮於剛柔而[生肴]","發揮",虞翻曰:"發,動;揮,變。"韓康伯曰:"剛柔發散。"孔穎達曰:"又就卦發動揮散。"是皆認爲聯合詞組而釋之,後世皆承此說。按此說疑非,"發揮於剛柔而[生爻]""觀變于陰陽而立卦"乃對言,"發揮"與"觀變"爲對文,"觀變"乃觀陰陽之變,"發揮"亦當言發剛柔之揮,"發"與"觀"當詞性相同而義近。按"發"當訓爲見、視。《書·太誓中》"發罪鈞",江聲集注音疏:"發,謂發覺也。"《大戴禮記·文王官人》"徵清而能發,度察而能盡,曰治志者也",王聘珍解詁:"發,謂發見。"《淮南子·兵略》"發斥不忘遺",高誘注:"發,有所見。"《漢書·季布傳》"使人先發書",顏師古注:"發,視也。""發",猶今言發現、看到。"揮",動也。《文言》"六爻發揮",焦循章句:"揮,動也。"《莊子·天運》"其聲揮綽",成玄英疏:"揮,動也。""發揮於剛柔",猶言見剛柔之動。"肴"通"爻"。"發揮於剛柔而[生爻]",言聖人發現剛柔的變動而創立爻。按今本《繫辭下》:"爻也者,效天下之動者也。"今本《繫辭上》:"爻者,言乎變者也。""聖人有以見天下之動,而觀其會通,以行其典禮,繫辭焉以斷其吉凶,是故謂之爻。"其言聖人效法天下之動而創立爻,與此義同。按《周易》之剛爻以老陽九爲題,柔爻以老陰六爲題,老陽變陰,故剛爻變而爲柔爻,老陰變陽,故柔爻變而爲剛爻,正說明爻效剛柔之動變。

"和順於道德而理於義也,窮理盡生而至於命也","窮"即"窮","生"通"性"。孔穎達曰:"蓍數既生,爻卦又立,《易》道周備,無理不盡。聖人用之,上以和協順成聖人之道德,下以治理斷割人倫之正義。又能窮極萬物深妙之理,究盡生靈所秉之性。物理既窮,生性又盡,至于一期所賦之命,莫不窮其短長,定其吉凶。"是孔氏以爲聖人用《易》之語。朱熹曰:"和順,從容無所乖逆,統言之也。理,謂隨事得其條理,析言之也。窮天下之理,盡人物之性,而合于天道。此謂聖人作《易》之極功也。"是朱子以爲作《易》之言。按此節首言"聖人之作《易》",故此兩句亦當言作《易》,而不當謂用《易》。"和順於道德而理於義,窮理盡性而至於命",蓋言聖人首先領悟、踐履"道德""義""理""性""命"等實踐理性,然後將其道理寫入《周易》之中,形成《周易》之義理。"和順於道德而理於義","道",天道,爲形而上者。"德",得于道者,爲形而下者。"道""德"外延有異,內涵則同。"義",宜也,即人之所應當,人倫之理。此言聖人和協順成道德,條理人倫之所宜。"窮理盡性而至於命","理",萬物之理,"性",秉受于天、形于人物者。《大戴禮記·本命》:"形於一謂之性。""命",分於天道、人物所秉受之度。《大戴禮記·本命》:"分於道謂之命。"韓康伯曰:"命者,生之極。"孔穎達曰:"命者,人所秉受,有其定分,從生至終,有長短之極。""至",極也,與"窮""盡"對文義近。此言窮盡萬物之理、人物之性以及天命。

【今譯】

聖人創作《周易》,以蓍草爲媒介,深求神祇,而創立筮占;以天數爲奇數,以地數爲耦數,而創立筮占之數;觀察陰陽的變化,而創立卦;發現剛柔的變動,而創立爻。和協順成道德,條理人倫之所宜,窮盡萬物之理、人物之性以及天命。

[聖人之作《易》,將以]□生命[之]理也。是故位天之道曰陰與陽,位地之道曰柔與剛,位人之道曰仁與義。兼三財兩之,六畫而成卦。分陰分陽,[迭]用[柔]剛,故《易》六畫而爲章也。

【彙校】

丁四新《周易》:"將以順生]命[之]理也",此句,阮元《校勘記》:"古本下有'也'字。""六畫"上,《説卦》有"故《易》"二字,疑帛書本抄脱。"六畫",《説卦》作"六位",《釋文》云"本又作六畫"。

張政烺《校注》:"昔者聖人之作易也將以順性命之理也",與原缺位置不合,約多四字。按"昔者聖人之作易也"一句與上一章重複,疑此處或僅"聖人作易"四字,然漢石經已如此,不敢妄改。

劉大鈞《讀〈衷〉篇》:帛本諸"位"字,今本皆作"立"字,"位""立"二字古可互用,此字以今本作"立"爲是。帛本"兼三才而兩之,六畫而成卦",今本作"兼三才而兩之,故易六畫而成卦",今本較之帛本文字作了潤色,讀之更爲順暢。"分陰分陽,[迭用柔剛,故]易六畫而爲章也。"帛書"六畫而爲章也",今本作"六位而成章",删"也",非"六畫"作"六位",與帛本無大的不同。

《集成》:張釋所疑無"昔者"二字此點應是。"生"字諸家釋文皆在擬補缺文中,此據前所新綴小片釋。"生"上之字諸家皆據今本擬補作"順",按此字尚存其左下角殘點,與"順"字難合,故改爲缺文號。"用"字尚有下端兩豎筆殘形存於前所新綴入"於道"小片左方。

【新校】

"耶人"前,丁甲、張文、廖戊、丁乙、于文皆據今本《説卦》補釋"昔者"。張政烺已據空間大小指出當無,《集成》從之,是。

"□生命[之]理"之缺文,除陳廖外,諸家釋文皆據今本《説卦》補釋"順",《集成》通過其殘筆對照,指出與"順"難合。今按:缺文當爲與"順"字意思相近之字。

"財",廖丙、廖丁、廖戊釋"才",它本皆作"財"。驗諸照片,釋"財"是。

【集釋】

鄧球柏《白話》:三財:三才,天、地、人。章:卦。[從前聖人創作《周易》,目的是爲了讓《周易》這部書符合天命的規律,]所以將天道稱之爲陰與陽,地道稱之爲柔與剛,人道稱之爲仁與義,將三才的兩個特點綜合起來就成了六,所以六畫成卦象徵天、地、人的六個特點。

趙建偉《疏證》:"[聖人作《易》,將以順性命之]理也":"性",先天之本性。"命",發展之命運。人類及天地的飛潛動植皆有其性有其命,因此"性命"在這裏統指宇宙萬物。"理",規則、規律性。"是故立天之道曰陰與陽,立地之道曰柔與剛,立人之道曰仁與義":宇宙萬物之性不外乎兩類,析而言之,天道有陰陽,如月與日;地道有柔與剛,如木與金;人道有仁與義,如賞與罰。"兼三才兩之,故《易》六畫而成卦;分陰分陽,迭用柔剛,故《易》六畫而爲章也":宇宙有三道(天地人),每道分兩類,(陰陽、柔剛、仁義),《易》取象之,故"兼三才[而]兩之"。組成六十四別卦的六畫具備了,再分別把不同的陰陽爻性交錯施之於不同的柔位剛位上,這樣六個不同的爻位就可形成各卦以表現天文、地文、人文(即宇宙現象和規律)。"章",文理,即天地人的道理、規律。

丁四新《周易》:"位",讀作"立"。"財",通"才"。

張政烺《校注》:位,韓本作立。按帛書《周易》常以位爲立(動詞),以立爲位(名詞),與今日通行汉字用法正相顛倒。爲,韓本作成,爲、成義同。

【新釋】

此爲第二節。

"[聖人之作《易》,將以]□生命[之]理也","聖"讀爲"聖","生"讀爲"性"。缺文,當爲與"順"字意思相近之字。"□生命[之]理",即順從性命之理之義。

"是故位天之道曰陰與陽,位地之道曰柔與剛,位人之道曰仁與義",三"位"字,今本《說卦》皆作"立"。"位""立"古通用,《周禮·春官·小宗伯》"掌建國之神位",鄭玄注:"故書位作立。"《論語·里仁》"不患无位,患所以立",劉寶楠正義:"立與位同。"此當以"位"爲本字。韓康伯曰:"在天成象,在地成形。陰陽者,言其氣;剛柔者,言其形,變化始於氣象而後成形。萬物資始乎天,成形乎地,故天曰陰陽,地曰柔剛也。"孔穎達曰:"是以造化辟設之時,其立天之道,有二種之氣,曰成物之陰與施生之陽也。其立地之道,有二種之形,曰順承之柔與特載之剛也。立人之道,有二種之性,曰愛惠之仁與割斷之義也。"故天道陰陽言其氣,地道柔剛言其形,人道仁義言其性。

"兼三財兩之,六畫而成卦","財",讀爲"才",今本《說卦》作"才"。"財""才"古通用,《孟子·盡心上》"有達財者",焦循正義:"財即才也。"《漢書·李廣利傳》"士財有數千",顏師古注:"財與才同。"《說文·才部》:"才,中木之初也。"朱駿聲通訓定聲:"才者引申爲本始之義。"段玉裁注:"才,引申爲凡始之偁。"故"才"有本始、根本之義。"三才",指天、地、人三種根本之道。韓康伯釋《說卦》"兼三才而兩之,六畫而成卦"曰:"設六爻以效三才之動,故六畫而成卦也。"此言創作《周易》者順此三才之道,以八卦的三爻象徵三才,又以兩個八卦相重,而成六畫之重卦。

"分陰分陽",指劃分重卦爻位,其初、三、五爲陽位,二、四、上爲陰位。

"[迭]用[柔]剛","迭",《說文·辵部》:"迭,更迭也。"《周易集解》引虞翻注:"迭,遞也。"指更迭使用柔爻和剛爻。

"故《易》六畫而爲章","六畫",今本《說卦》作"六位",李鼎祚《集解》亦作"六畫",指重卦之六爻。"章"爲文章、文理。此言六爻分布六位而成文理。

【今譯】

聖人創作《周易》,就是順從性命的道理。所以位天之道爲陰陽,位地之道爲柔剛,位人之道爲仁義。順此三才之道,以三畫的八卦象徵它,再以兩個八卦相重,而成六畫之重卦。又將重卦六個爻位分爲陰陽,更迭使用柔爻和剛爻,所以《周易》之卦六爻錯雜形成文理。

天地定立,山澤[通氣],火水相射,靁風相樽,八卦相厝。數往者順,知來者逆,故《易》達數也。

【彙校】

韓仲民《説略》:帛書卷後佚書中關於"天地定位"一句之下,正值帛片破損之處,文字也有出入,如"水火不相射"作"火水相射",排列位置並未確定。還不能説是帛書卦序的排列依據,故不置論。

黄沛榮《乾坤》:所缺之字,根據今本《説卦傳》,當補"山澤通氣"四字。蓋因三句之中,既有天、地、火、水、雷、風,故知所缺者上二字必爲"山"(艮)、"澤"(兌),而今本《説卦》之文,"位""氣"叶古韵微部,"薄""射"叶古韵魚部,故知帛書所缺者其第四字或爲叶韵之"氣"字也。至於其他三句,《説卦傳》"水火不相射",帛書本作"火水相射",少一"不"字,句式更見整齊,且"定位""通氣""相薄"云云,皆肯定二卦之相關性,若此句獨作"不相射",非唯不能顯示坎、離之矛盾性,其文例亦與他句不同。唐陸德明《經典釋文》云:"鄭、宋、陸、王肅、王廙無'不'字。"更足爲明證。

廖名春《起源》:據筆者目驗,帛書原件中這一段話原只殘存"天地定立(位)"一句,"火水相射"和"雷風相樽(薄)"兩句分別散落在兩處,而所謂"山澤通氣"一句的殘片至今尚未找到。"雷風相樽"四字在帛書殘片上與"八卦相"三字連在一起,而這一殘片的"雷"字前有一殘片的筆畫,應該是"火水相射"句"射"字的一部分。

丁四新《周易》:"立",《説卦》作"位"。"火水",《説卦》作"水火"。"相射"上,《説卦》多"不"字,疑誤衍。又,"水火不相射"句,《説卦》在"雷風相薄"下。"厝",《説卦》作"錯"。"故",《説卦》作"是故"。"達",《説卦》作"逆"。

張政烺《校注》:火水相射雷風相樽,韓本作"雷風相薄,水火不相射",二句顛倒,又多一不字。漢石經"薄"字以上與韓本同,以下殘缺。按易卦坎水離火,罕言離坎者,帛書"火水"二字顛倒,當從韓本乙正。帛書八卦順序爲乾（天）坤（地）艮（山）兌（澤）坎（水）離（火）震（雷）巽（風），韓本震巽移在坎離之前，相射上又增一不字，皆與文例不合，然似學者有意爲之，非一般偶然筆誤也。故易達數也，達，韓本作逆。達、逆形近致異，似帛書義長。

廖名春《清華簡》："山澤通氣"4字原缺，據陳劍告，其殘片已找出。

《集成》："山澤"二字諸家釋文皆在擬補缺文中（"山"字原尚略存殘點），今將其所在小片自帛書帛畫殘片－20（原裱倒）新綴入此。"槫"字諸家釋文多作"槫"，與原形不合。

【新校】

"山澤通氣"，諸家釋文皆作補文，《集成》據新綴直接釋出。

"槫"，除陳廖作"槫"外，它本皆作"槫"。驗諸照片，釋"槫"是。

"庮"，陳廖、丁甲作"庮"，它本皆作"庮"。驗諸照片，釋"庮"是。

【集釋】

張政烺《跋》：兩相（筆者按：指《周易·説卦傳》和帛書）對勘，帛書本有兩個優點。一，"水火不相射"無不字，是也。水火矛盾，故言相射，不相射則脱離接觸，不構成矛盾的兩個方面。二，水火在山澤之後，雷風之前，這一點很重要，和我們畫的八卦方位圖（筆者按：指根據北周衛元嵩的《元包》卷前目錄所畫的八卦方位圓圖）相合。從這一點看，帛書八卦次序是有來源的。

于豪亮《易》：爲什麼（帛書六十四卦）上卦排列的次序是鍵（乾）、根（艮）、贛（坎）、辰（震）、川（坤）、奪（兌）、羅（離）、筭（巽），下卦排列的次序是鍵（乾）、川（坤）、根（艮）、奪（兌）、贛（坎）、羅（離）、辰（震）、筭（巽）呢？帛書《繫辭》（筆者按：即《衷》）有這樣四句話："天地定立（位），［山澤通氣］，火水相射，雷風相槫（薄）。"……我們以帛書的四句話作爲排列的依據，只把"火水"改爲"水火"，再根據傳統的乾爲天、坤爲地、艮爲山、兌爲澤、坎爲水、離爲火、震爲雷、巽爲風的説法，就可把八個卦作如下排列：

      鍵（乾）

   根（艮）   筭（巽）

 贛（坎）   羅（離）

   辰（震）   奪（兌）

      川（坤）

如上圖所示，從鍵（乾）起，從左至右的次序是：鍵（乾）、根（艮）、贛（坎）、辰（震）、川（坤）、奪（兌）、羅（離）、筭（巽）。這是上卦排列的次序。對角的兩卦相連，然後再從左至右，其次序是：鍵（乾）、川（坤）、根（艮）、奪（兌）、贛

(坎)、羅(離)、辰(震)、筭(巽)。這是下卦排列的次序。

李學勤《卦位》：帛書的"火水"大約是誤倒，把它糾正過來，再改用卦名寫出，便成爲：

帛書六十四卦實分八組，每組以上卦相同爲准。上卦的次第是乾、艮、坎、震、坤、兌、離、巽，即橫讀上圖，先讀上行，再讀下行。下卦的次第是先取與上卦同者，然後以乾、坤、艮、兌、坎、離、震、巽爲序，這也是橫讀上圖，不過是合讀兩行。由帛書卦序，至少可以看到這樣幾點：第一，帛書《周易》的經傳是互相結合、密不可分的。……

"天地定位"章講的是八卦相錯，即兩兩對立的關係。其中天地即乾坤二卦的位置，轉換爲圖例，就是乾南坤北，便涉及卦位的問題。把乾坤的方位定下來，有可能按後天卦位的形式，也畫一幅表示卦位的圓圖。于豪亮的文章已畫了這樣的圖，不過他的圖八卦次序是左旋的。晚周到漢代的各種數術圖，除二十八宿系左旋外，凡反映方位的都是右旋。因此，根據帛書試畫的圓圖是：

邵雍的先天卦位，畫成圓圖是：

值得注意的是，先天卦位和依帛書畫出的卦位相似。其乾、坤、坎、離即四正卦位，完全相同，而四隅卦則相錯一位。邵雍所見的這一章，句次如今本,所以他不能畫出和帛書相應的卦位。從這一點說,不能認爲依帛書畫出的卦位就是先天卦位。

饒宗頤《再談》:《說卦》此段文字(筆者按:指"天地定位"章)已見馬王堆帛書本,(只少"水火不相射"句中一個"不"字。)知先秦早有此說,故漢初帛書周易的卦序,得依據之,作爲排列的次第。

劉大鈞《初探》:帛本八卦相重之法,是依據帛本《繫辭》中這樣幾句話:"天地定立(位),[山澤通氣,]火水相射,雷風相榑(薄)。"這四句話,估計起源是比較古的。

霍斐然《釋疑》:"天地定位"有雙重含意,自有雙重作用。《易傳》中有單論"天地"或"乾坤"而不及其它六卦者,顯然不是指八卦中的"天地"或"乾坤",而是指的用八卦組成的占筮工具"天地盤"(即在一同心圓中,以一組八卦爲天盤,另一組爲地盤)。天盤主動,地盤主靜,叫做"動靜有常,剛柔(乾剛坤柔)相摩,八卦相盪"。天盤運動一週,得出六十四卦,這就是八卦相錯。六十四卦皆由兩個八卦相重疊而成,上卦即是"天盤"中的卦,故上卦又爲天;下卦是"地盤"中的卦,故下卦又爲地。這就是"法象莫大乎天地"的重卦定位模式。"內外卦"說,是以下卦爲內,上卦爲外,仍然是"天地盤"成卦的反映。即在平地上畫兩個一大一小的同心圓,外層作天盤,內層作地盤,佈成重卦,故外層天盤之卦稱外卦,內層地盤之卦稱內卦,所以上下、內外、天地之詞,都是同一回事。以上就是"天地定位"的第一重含意。是以上卦爲天、下卦爲地的規定。同時是"高以下爲基",由下而上,自然是先裝下卦,後裝上卦。按這一規定,即是下卦在先,上卦在後。下卦第一,上卦第二。"天地定位"的第二重含意,也就是以第一重含意爲基礎的應用。"天地"二字作爲位置的規定,故叫"天地定位"。很簡單,天佔第一位,地佔第二位。第一位是下卦,第二位是上卦。這就明確了天爲乾,乾是諸陽(震坎艮)的定位代表,排在第一位,震、坎、艮也就都被規定排在下一卦。地爲坤,坤是諸陰(兌、離、巽)的定位代表,排在第二位,兌、離、巽也被排在上一卦。乾爲天,是眾陽的定位代表,也是卦象定位上升的代表。坤爲地,是眾陰的定位代表,也是卦象定位下降的代表。由此可知,通行本的排列規律,是按卦形陰陽爲標準排列的。帛書本是按卦象的升降爲標準排列的。所以通行本凡陽卦排在下卦,陰卦排在上卦。帛書本凡卦象上升之卦排下卦,凡卦象下降之卦排上卦。

通行本"水火不相射"與帛書本"火水相射"比較,通行本多一"不"字,其意義則相反。帛書本"水火"作"火水"。"水火"之序是慣用的。帛書作"火水"就顯示出有組織結構關係的原因。若"不"字是衍字,帛書本就應無"不"

字而不易"水""火",今却不然。同時,"相射"與"不相射"正是卦象向背問題,相向則"相射"、相背則"不相射"。據"天地定位"規律考察,通行本"水火不相射",水第一,火第二。水爲坎,爲陽,排下卦;火爲離,爲陰,排上卦。是一個"未濟"之式,水之卦象下降,火之卦象上升,形成相背之類,正是"水火不相射"的實際寫照。"火水相射"是火爲離,居第一,排下卦;水爲坎,居第二,排上卦。是一個"既濟"之式,水之卦象下降,火之卦象上升,形成相向之類,正是符"火水相射"之意。再用"天地定位"的方法檢驗"山澤通氣""雷風相薄"是否相符。"山澤通氣",山爲艮,艮第一,排下卦。澤爲兑,兑第二,排上卦。艮之卦象上升,兑澤之卦象下降,形成相向之類,"通氣"二字是相合的。"雷風相薄",雷爲震,居第一,排下卦。風爲巽,居第二,排上卦,形成相向之類,"相薄"二字,仍是相符的。"水火不相射"是未濟卦象,"火水相射"是既濟卦象;"山澤通氣"是咸卦象,"雷風相薄"是益卦象。

　　通行本"水火"句爲什麼要排在第四句?帛書本"火水"句爲什麼要排在第三句?而"雷風"句總是與"水火"(火水)相應交換位置,通過對比只能發現二者位置的不同,它的真正原因是什麼呢?按帛書本所排列的四句,由上而下,即乾、艮、坎、震;又接着第二排,由上而下,即地、澤、火、風,這是上卦之序,每卦連續用八次,配合下卦。下卦是按乾、坤、艮、兑,水、火、雷、風之序去配合上卦的。應當注意,火水是換水火的,這一規律是與這四句相合的。所以説這四句的排列是卦序的縮影,不論帛書本或通行本都是同樣的情形。通行本的卦序是始乾坤,終未濟。未濟是坎、離二卦組成。故首句爲"天地定位",末句爲"水火不相射",也正是乾坤起頭,水火(未濟)而終。中間是"山澤""雷風",正是上終下始之咸、恆二卦。這點又巧與帛書本對應:帛書本第三句原本爲"火水",要調換爲"水火"之次才符合卦序,通行本仍然是要將第三句"雷風"調換爲"風雷"之次才符合卦序。得咸、恆二卦,居下卦之首,正置全經之中。

　　"八卦相錯"是小結前四句中的八卦錯成四對中的内容,引出八卦卦象向背順逆的反映,那就是"數往者順,知來者逆,是故易逆數也"。要理解這三句,就得先理解"往來順逆"的標準以及是什麼在往來?順逆是指往來的方向,有主從關係。順逆的命名,取決於往來方向的標準,它是六爻本身由下而上的方向爲標準的。所以,順着由下而上的六爻順序的方向叫順,謂之"數往者順"。反着六爻順序,由上而下的方向叫逆,即"知來者逆"。凡卦性上升的就是往,就是順。凡卦性下降的就是來,就是逆。"是故易逆數也"是説數往者順,知來者逆,是由於易是逆數的大前提下形成的。《易》何以叫逆數?是因爲《周易》六十四卦,每卦六爻的順序都是由下而上的。由下而上的順序,古人規定爲"逆"。從小過彖辭"上逆而下順也"之句,可以證明《周易》是由下而上爲逆。數,指六爻位數。往來,指八卦方向。

鄧球柏《白話》:厝:措。《鍵》卦象徵天,《川》卦象徵地,天地定位于南北。《根》卦象徵山,《奪》卦象徵澤,山澤通氣,《奪》東南,《根》西北,東南與西北相對。《羅》卦象徵火,《贛》卦象徵水,《羅》卦居東方,《贛》卦居西方,東西相射。《辰》卦象徵雷,《筭》卦象徵風,《辰》卦居于東北,《筭》卦居于西南,東北與西南相對而立。八卦就是這樣相對而排列的。數往者叫做順,知來者叫做逆,所以《周易》卦圖要逆數。

邢文《帛書》:通解此語(筆者按:指《説卦》"水火不相射")的關鍵,在于"射"字的意義。射,一解作厭,一解作入。李鼎祚《周易集解》"水火不相射"句下:"謂坎、離。射,厭也。水火相通。坎戊,離己,月三十日一會于壬,故不相射也。"射,通"斁",厭也。《詩經·周南·葛覃》有"服之無斁";《大雅·思齊》:"不顯亦臨,無射亦保","射"即"斁"也。水火不相厭,就是"水火相通",正與天地、山澤、雷風的交通之義相合。孔穎達的《周易正義》則解"射"爲"入":"故云天地定位而合德,山澤異體而通氣,雷風各動而相薄,水火不相入而相資。"並説明水、火之性不相入,但氣仍相逮,這樣也符合《説卦》的水火交通之義。這兩種説法表明,依據出土文獻帛書《周易》的"火水相射",來批評傳世文獻《説卦》"水火不相射"文義的優劣,可能是没有必要的。帛書《周易》"火水相射"中的"火水",恐怕也不是"水火"的誤倒。《周易》的水、火,有特殊的陰陽之義。《洪範》:"水曰潤下。火曰炎上。"所以如此,是因爲"水既純陰,故潤下趣陰;火是純陽,故炎上趣陽。"水、火分別是純陰、純陽的代表。《周易》中,水、火分別爲坎、離二卦的卦象,《説卦》:"坎爲水","離爲火"。但是,坎水、離火二卦,却分屬陽卦、陰卦;坎爲中男,"離……爲中女",與卦象本身的陰陽意義正好相反。帛書《周易》六十四卦上卦的順序,充分反映了帛書《周易》"以陽馭陰"的思想。對照帛書所云,可以發現帛書説的"火水",正好與方位圖(筆者按:指李學勤所畫的帛書八卦方位圓圖,見上)中離、坎的位置相反。我們説,方位圖中坎、離的位置是正確的,這已經由帛書六十四卦的排序所證明;而帛書所説的"火水相射"同樣不誤,"火水"之序符合馬王堆帛書易學的思想。在易學中,水、火本身的陰陽之義與水、火二卦的陰陽性質,正好是相反的。帛書《周易》在排卦時,無疑要取水、火之卦的陽、陰之義,這就出現了方位圖中的坎、離之序。然而,在帛書的傳文中,"火水"不再是火、水之卦,而是火、水之象;在天地、山澤、雷風諸卦卦象的"陽陰"體系中,火與水只能以卦象的意義出現,而不能以火、水之卦的意義出現,所以須作"火水相射"。

黃沛榮《乾坤》：帛書《易經》卦序編排之原理，蓋本於《說卦傳》。若綜合今本《說卦傳》（以"水火"爲次）、《經典釋文》（漢本無"不"字）、帛書《繫辭傳》（"火水"句在"雷風"句之前）三者，則八卦方位可作完美之排列。于豪亮所論，甚中肯綮。帛書六十四卦卦序蓋受《說卦傳》對八卦方位之觀念所影響而成；而由於帛書六十四卦上下卦之組合順序，又可證明今本《說卦傳》"雷風相薄"二句之顛倒。

廖名春《起源》：自于豪亮、張政烺引帛書"天地定立（位）"一段話解釋帛書《六十四卦》的卦序開始，學者們多援以爲說，視爲定論。其實，這一解釋是錯誤的，兩者有著各自不同的來源，並不存在有機的聯繫。于豪亮等的釋文將"火水相射"句與"雷風相榑"句相接，應該是正確的。但若認爲這幾句話反映了帛書《易經》的卦序，則根據不足。于豪亮等爲了使帛書"天地定立"段與帛經之序相合，又據今本《說卦》，將帛書的"火水"改爲"水火"，將帛書所缺一句補爲今本的"山澤通氣"。這種做法是値得商榷的。將帛書的"火水相射"改爲"水火相射"，屬于改字爲訓，其不足取不言自明。將帛書所缺的一句補爲"山澤通氣"，這雖然有今本《說卦傳》爲據，但事實上卻還有另外一種可能，就是"澤山"什麼什麼的可能。因爲帛書與今本比較，既然有"火水"與"水火"之異，爲什麼不能有"澤山"與"山澤"之別呢？帛書"火水相射"的存在和所缺句不一定是"山澤通氣"的可能，進一步證明，以帛書《衷》"天地定立"段去解釋帛經的卦序結構，是經不起推敲的，也是不必要的。我們按二十八宿左旋之例，就可畫出帛書"天地定立（位），〔澤山通氣〕，火水相射，雷風相榑（薄）"段的圓圖：

此圖的方位除"兑""艮"尚不能最後確定外，其餘皆與邵雍所傳的"先天卦位"吻合。今本《說卦》很難說就是原本，難免不出現竄改。從這一點看，說帛書所載爲《說卦》"天地定位"段的原文，完全有此可能。明白了這一點，我們就可以解釋邵雍爲什麼明知"先天卦位"與《說卦》"天地定位"段不盡相合而仍要說前者本於後者。原來邵雍所本的《說卦》，似今本而異，是帛書《衷》的"天地定立（位），〔澤山通氣〕，火水相射，雷風相榑（薄）"一段，而非今本《説卦》的"天地定位,山澤通氣,雷風相薄,水火不相射"。邵雍只知遞相傳授的"先天卦位"本於《説卦》的"天地定位"一段,却不知今本《説卦》的"天地定位"段並非其原始面貌,中間已經有所竄亂。如果没有帛書《衷》的出土,這一隱情是不可能被發現的。綜上所論,可知帛書《衷》"天地定立"一段反映了系統的"先天卦位",邵雍説"先天卦位"本于《説卦》"天地定位"段是有根據的。不過,邵雍他們没有覺察到,這一《説卦》並非今本,而是與帛書《衷》所引相同的古本《説卦》。從帛書《衷》"天地定立"段考察,"先天卦位"極有可能起源於先秦。

趙建偉《疏證》:前四句文字次序《説卦》作"天地定位,山澤通氣,雷風相薄,水火不相射",當從《易之義》("火水"當作"水火")。"天地"即乾坤。天地確定了高下的位置,此即《老子》"高下相呈"("盈""傾"均讀爲"呈現"之"呈")。"山澤"即艮兑。山氣澤氣相互溝通,亦"高下相呈"之意。"雷風"即震巽。"薄",迫,義猶接觸。雷聲與風聲相互應和接觸,即《老子》"音聲相和"之意。"水火"即坎離。"射",激射、往來。水與火相消相長,即《莊子·則陽》"陰陽相照,相治相害"之意。"八卦",指八經卦所象徵之天地、山澤、水火、雷風八種物象。"相錯",相互交錯聯繫。八種物象構成四對範疇,象徵宇宙萬物皆存在著對立統一的關係。"數",筮、筮知。"順",是指六子卦序由少至長順數下去;"逆",是指六子卦序由長至少逆推上來。"數往者順",即本章山澤(艮兑)、水火(坎離)、雷風(震巽)的卦序,此與帛書《易經》卦序一致。"知來者逆",即下章雷風(震巽)、雨日(坎離)、艮兑的卦序。"達數"即《要》篇"幽贊而達乎數,明數而達乎德"的"達數",指通達蓍數。但此處是講卦序問題,所以"達數"可能應從《説卦》作"逆數"。《周易》的主要功能是占知來事,所以此處説《周易》的六子次序大多是逆數的。

丁四新《周易》:"立",讀爲"位"。"榑",通"薄"。"厝"通"錯",交錯也。"達",通"逆";"數",術也。"達數",通達宇宙萬物往來之方法。自"天地定立"以下至此,一説與帛書本經六十四卦的排列順序,或與邵雍先天八卦方位圖密切相關。待考。

劉大鈞《讀〈衷〉篇》:此段文字今、帛本有明顯不同,這些不同,絕不會是一般文字上的錯簡,而是道出了兩種截然不同的八卦成列系統。今本《説卦》在釋八卦卦象時乾坤兩卦之後,依次爲震、巽、坎、離、艮、兑六卦,亦即依所謂長中少(長男、長女、中男、中女、少男、少女)的序次排列。而考之帛書《易經》六十四卦的排列順序,其上卦依乾、艮、坎、震、坤、兑、離、巽的次序排列,其下卦依乾、坤、艮、兑、坎、離、震、巽的次序排列,而此下卦的排列次序即是帛本的"天地定位,[山澤通氣],火水相射,雷風相榑"也。案之帛書六十四卦，其上卦六子的艮、坎、震和兑、離、巽的排列次序，與北周人衛元嵩《元包》中六子的次序相同。對於《元包》中的這種八卦排列次序，清人黃宗羲認爲："但更其次序，先陰而後陽，則《歸藏》之旨也。"（《易學象數論·元包》）因此帛書六十四卦這種特殊的八卦排列順序及其以上卦爲主的重卦法，很可能由《歸藏》系統演化而來。而今本《説卦》之"天地定位，山澤通氣，雷風相薄，水火不相射"則既非按《説卦》六子的長中少排列，亦非按帛本的少中長排列，而是以少長中三男三女排之，且此處文字與帛本文字均按兩卦一組而分成四組一一述之，依古人行文之慣例，前三組的文字既然皆以四字爲句，最後一組的文字亦應以四字爲句，從而不破壞其文句的對偶與工整，但今本最後一句竟以五字"水火不相射"爲句，此句應排在第三句，與帛本同，估計因句中又加了一個"不"字，使中間插出一個五字句，讓人讀起來特別不舒服，因而只好將此句調至第四句，於結尾文字多出一字。故《説卦》中此段文字的原文，應與帛本文字完全相同，因爲《説卦》在接下來的文字中，爲我們這一結論提供了結實的證據："雷以動之，風以散之，雨以潤之，日以烜之，艮以止之，兑以説之，乾以君之，坤以藏之。"我們若將此段文字所示八卦先後順序，按照"是故易逆數也"而逆讀排列之，不正是"天地定位，山澤通氣，火水相射，雷風相榑"之序嗎？故帛本作"火水相射"是對的，如"不相射"，何以有水火既濟、火水未濟之卦？如"不相射"，何以"剛柔相摩，八卦相蕩"？故水火相克而實相通，此即"陰陽之義配日月""日月運行，一寒一暑"之旨也。後來究竟是何等人物將此段文字的"火水相射"改爲"水火不相射"，又將少中長八卦之序改爲少長中，現已無從考察。但有一點是清楚的：若非帛《易》出土，這一誤讀誤導還要一代一代繼續下去，而人們還會爲"不相射"附會發揮出更多的新解，從而連續不斷地貽誤着後人。今本之"是故易，逆數也"，帛本作"故易，達數也"。案《衷》篇釋"龍戰于野"曰"'龍單于野'，文而能達也"，"夫龍，下居而上達者也"，又曰"齊明而達矣"。其"達"字皆有到達、通達之旨。帛書于此解易爲"達數"，恐即今本《繫辭》之"極數知來"。"極數知來"即"達"也。

連劭名《易之義》：大川多源自山，江源岷山，河源崑崙，山澤通氣則水流。《淮南子·天文》云："陰陽相薄，感而爲雷。"《説文》云："雷，陰陽薄，動雷雨，生物者也。"薄，義近於戰，《周易·説卦》云："戰乎乾，乾西北之卦也，言陰陽相薄也。"《周易·説卦》云："故水火相逮，雷風不相悖。"水火相射即水火相逮之義。易道運行，反復不已，《周易·繫辭上》云："往來不窮謂之通。"

于豪亮《繫辭》："天地定立，[山澤通氣]，火水相射，雷風相榑，八卦相啎",此五句說明八卦排列之方位,帛書《周易》排列之次序即由此而來。惟"火水"二字倒置,當作"水火相射"。通行本"水火不相射",據帛書,"不"字衍。"相射"與"相榑(薄)"義近,蓋水火之位置相對,故云"相射"。作"達"作"逆"均可通,達者,通也,明也。《素問·寶命全神論》"能達虛實之數者",注:"達,謂明達。"

【新釋】

此爲第三節,言八卦兩兩相對相通的數理特徵。

"天地定立","立",與今本《說卦》之"位"通,讀爲"位",謂天上地下,兩兩相對,而又相應。此言乾、坤。

"山澤[通氣]",謂山、澤相對,其氣相通。此言艮、兌。

"火水相射","射",入也,謂火、水相對,而又相入。此言離、坎。

"靁風相榑","靁"即"雷"。"榑",即今本《說卦》之"薄",迫也,謂雷、風相對,而又相互迫近。此言震、巽。

"八卦相啎","啎",今本《說卦》作"錯"。"啎"即"啎","啎""錯"古通。《穆天子傳》卷六"啎踶三而止",洪頤煊校:"錯、啎古通用。"《漢書·地理志》"是故五方雜啎",顏師古注引晉灼曰:"啎,古錯字。"八卦相互交錯,強調八卦乾坤、艮兌、離坎、震巽四組兩兩相通之義。

"數往者順,知來者逆",兩句爲互文,謂八卦四組兩兩相通,有"往""來"、"順""逆"之關係:如從乾到坤爲"往"、爲"順",則從坤至乾爲"來"、爲"逆";從艮到兌爲"往"、爲"順",則從兌至艮爲"來"、爲"逆";從離到坎爲"往"、爲"順",則從坎至離爲"來"、爲"逆";從震到巽爲"往"、爲"順",則從巽至震爲"來"、爲"逆"。

"《易》達數也","達",通達,總結《周易》八卦相通之數理特徵。

【今譯】

天、地安定其位,山、澤之氣相通,火、水相入,雷、風相互迫近。八卦相互交錯,可數知往來、順逆,所以《周易》具有通達的數理特徵。

第三章

【説明】

從"子曰:'萬物之義'",至"此《易贊》也",爲完整獨立的一章。此章當爲已經佚失的孔子"《易》説",本獨立成篇,篇名爲"《易贊》",帛書《衷》直接將其全文抄入。

子曰:"萬物之義,不剛則不能僮,不僮則无功,恆僮而弗中則亡,[此]剛之失也。"

【彙校】

《集成》:"亡"字,照片上其字尚頗完整可辨,故此逕釋。"剛"字諸家釋文皆在擬補缺文中,今將其所在一小片新綴入此(原裱於帛書帛畫殘片一-22),並可補足下行"漸"字頭部("漸"字原作"水"旁橫寫在下之形)。

【新校】

三"僮"字,廖甲、廖乙、廖丙、廖丁和濮茅左釋"爐",它本皆釋"僮"。驗諸照片,皆當釋爲"僮"。

"无",陳廖、于文釋"無",它本皆作"无"。驗諸照片 ,顯爲"无"。

"亡",廖丙、廖丁、丁甲、廖戊、丁乙據下文"僮陽者亡",補爲"亡",濮茅左補爲"妄",它本未補。觀諸照片,《集成》逕釋可從。

"此剛"二字,帛書原殘,諸家釋文據下文"此柔之失也"意補。《集成》據新綴逕釋"剛",可從。

【集釋】

趙建偉《疏證》:"中",適中,謂有動有靜,動靜適宜。

張政烺《校注》:恆僮而弗中,按《淮南子·原道》"動靜不能中",注"中,適也"。此言常動而不得其宜。

劉大鈞《續讀》:"萬物之義"自此以下至"靜而不能動者也",此段文字實即《繫辭》之"剛柔者,立本者也。變通者,趣時者也","剛柔相推,變在其中矣","剛柔雜居,而吉凶可見矣",談陰陽剛柔相摩相蕩而萬物吉凶變化之理。今本《彖》《象》《繫辭》《文言》等傳文的闡述與帛書《易傳》諸篇基本相同,尤其"恆動而弗中則亡"的思想,在《文言》《彖》《象》等表現尤多,《彖》《象》僅對"中"的稱謂就有"中正""正中""得中"等共二十九種,分佈於《彖》的三十六卦中,《象》的三十八卦中。這些得"中"的卦爻,都是吉卦吉爻,從另一個角度體現著"恆動而弗中則亡"的思想。

【新釋】

"萬物之義","義"爲理,《荀子·大略》:"義,理也。"《新書·道德説》:"義者,理也。""萬物之義",即萬物之理。《集成》讀"義"爲"宜",亦通。

"不剛則不能僮,不僮則无功","僮"通"勤",即"動"字。《説文·力部》朱駿聲通訓定聲:"動字亦作勤。"《慧琳音義》"遷動"注:"李斯書嶧山碑,从童作勤。"《集韻·董韻》:"動,或作勤。""不剛則不能動",今本《繫辭上》:"剛柔相推,變在其中矣。"故此"動"乃變動之義。"功"爲事,《詩·大雅·崧高》"世執其功",毛傳:"功,事也。"《春秋·宣公十二年》"晉師敗績",《穀梁傳》:"績,功也;功,事也。"此"功"當與今本《繫辭上》"富有之謂大業"之"大業"同。

"恆僮而弗中則亡,[此]剛之失也","中",張政烺訓爲"適",甚是。《蹇·彖》"往得中也",《釋文》引王肅云:"中,適也。""中"亦當義,《史記·孔子世家》"折中於夫子",司馬貞《索隱》引宋均曰:"中,當也。""恆僮而弗中則亡,[此]剛之失也",指久動而不當則亡,此爲剛之過失。《尚書·洪範》曰:"咎徵:曰狂,恆雨若;曰僭,恆暘若;曰豫,恆燠若;曰急,恆寒若;曰蒙,恆風若。"言雨、晴、暖、寒、風恆久而失時,則帶來灾害,與《衷》篇此義相類。

劉大鈞認爲自此以下至"靜而不能動者也",談陰陽剛柔相摩相蕩而萬物吉凶變化之理,甚是。按今本《繫辭上》:"剛柔相摩",《繫辭下》:"剛柔相推,變在其中矣""剛柔者,立本者也。變通者,趣時者也",皆言此義。

【今譯】

孔子説:"萬物之理,沒有剛就不能變動,沒有變動就无功業可成,恆久變動而不當則滅亡,這是剛的過失。"

"不柔則不精,不精則不安,久精不僮則沈,此柔之失也。"

【新校】

"不精"爲重文,三"精"字,陳廖、張文、廖戊、丁乙、于文釋"静",它本皆作"精"。驗諸照片,釋"精"符合帛書原形。

"僮",廖甲、廖乙、廖丙、廖丁釋"㠪",它本皆作"僮"。驗諸照片,釋"僮"符合帛書原形。

【集釋】

趙建偉《疏證》:"沈",沒、滅,與"亡"同義。

丁四新《周易》:"靗",即"靜"字。"沈",即"沉"。

連劭名《易之義》:《國語·周語》云:"以揚沈伏。"韋昭注:"沈,滯也。"《說文》云:"滯,凝也。"《漢書·薛宣傳》云:"然則嘉氣尚凝。"顏師古《集注》云:"凝謂不通也。"

【新釋】

"沈"爲殺,《禮記·曲禮上》"左青龍而右白虎",孔穎達曰:"右爲陰,陰沈能殺虎。沈,殺也。"又爲凶,《文選·司馬相如〈報任少卿書〉》"故且從俗浮沈",呂延濟注:"沈,凶。"

【今譯】

孔子說:"沒有柔就不能靜止,沒有靜止就不能安定,恆久靜止不動則凶,這是柔的過失。"

"是故《鍵》之'炕龍',《壯》之'觸蕃',《句》之离角,《鼎》之'折足',《酆》之'虛盈',五繇者,剛之失也,僮而不能靗者也。"

【彙校】

《集成》:"五"字原漏寫,小字補寫於"盈"字右下旁。

【新校】

"离",陳廖、廖甲、廖丙、于文釋"離",它本皆釋"离"。驗諸照片,顯爲"离"字。

"繇",廖甲釋"繇",廖乙、張文釋"繇",廖戊釋"繇",濮茅左釋"繇",它本皆釋"繇"。驗諸照片,釋"繇"是,釋"繇"非。

"僮而不能靗者也",廖甲作"靗而不能㠪者也",誤。

"僮",廖乙、廖丙、廖丁釋"㠪",它本皆釋"僮"。驗諸照片,釋"僮"是。

【集釋】

廖名春《簡說》:在數"剛之失"時,《易之義》又談到了"酆之虛盈"。而《彖傳》說:"日中則昃,月盈則食;天地盈虛,與時消息,而況於人乎?況於鬼神乎?"由此看,《易之義》的作者是受了《彖傳》的影響的。

鄧球柏《白話》:酆:即《豐》卦。所以《鍵》卦尚九的"炕龍"、《大壯》卦尚六的"觸蕃"、《狗》卦尚九的"離角"、《鼎》卦九四爻的"折足"、《酆》卦的"虛盈",這五爻,都是陽剛過分的過失,是運動而不能靜止的原因造成的過失。

趙建偉《疏證》:《乾·文言》釋上九"亢龍有悔"說"窮之災也""知進而不知退",是其失之剛動而不能靜。《大壯》九三說"羝羊觸藩,羸其角",上六說"羝羊觸藩,不能退,不能遂,无攸利",九三爲下卦《乾》剛之極、上六爲《大壯》之極,壯極當止(《雜卦》"《大壯》則止"),而《大壯》上卦爲《震》,震爲動,上六動之極而仍蠻動觸藩,所以說其失在於剛動而不能靜。《姤》卦上九說"姤其角,吝","姤"可讀爲"鈎",言其角被鈎住、被纏住;"離"也是附著、糾纏之義。上九本卦之極、又是上卦《乾》剛之極,所以說其吝失也在於剛動而不能靜。《鼎》卦九四說"鼎折足",足之折在於過剛,四互三、二爲《乾》,《乾》屬動,所以折足之凶亦在於剛動而不能靜。《豐·彖》說"天地盈虛,與時消息",《豐》卦上六爻辭說"豐其屋,蔀其家,闚其戶,闃其无人,三歲不覿,凶",上六爲卦之極、又爲動之極(《豐》卦上卦爲《震》動),本應及時虛靜、與時消息,反而剛動不已,逞其盈滿,故凶。"反而剛動不繇",本指卦爻辭。但本章的"《豐》之虛盈"則一方面是對上六義的概括,同時也包括《彖傳》的"天地盈虛",因此,可能所謂"繇",一方面作動詞講指宣讀卦爻辭及解釋卦爻辭的文字(如《左傳·僖公十五年》),另一方面作名詞講則在秦漢時不但指卦爻辭而且也包括《易傳》。按:以上五卦論"剛之失",其中四卦都是就上爻及單卦的剛卦(即陽卦)起義,僅《鼎》卦除外(《鼎》卦是上《離》下《巽》,兩個單卦都是陰卦,"折足"之九四亦非上爻;不過九四互三、二爲《乾》、亦居《乾》剛之極)。

廖名春《新考》:筆者頗疑此條(《豐》初九)爻辭有脫文。從"五繇旄,剛之失也"看,"鄷之虛盈"當指《豐》卦剛爻。《豐》卦剛爻有三,一是初九,二是九三,三是九四。九三、九四爻辭結構對稱,不像有脫文的樣子。因此"虛盈"當出自初九,是帛書易傳《衷》所本之經文《豐》卦初九爻辭有"虛盈"二字,整條爻辭很有可能是:初九,虛盈,遇其配主,唯旬,无咎,往有尚。所謂"虛盈",當指日中而陰影蔽日,即日中時發生日蝕。

丁四新《周易》:"离"即"離",通"罹"。罹,遭逢。通行本《姤》卦上九爻辭:"姤其角,吝,无咎。"《序卦》:"姤者,遇也。"《雜卦》:"姤,遇也。""姤其角"故有"离角"之義。通行本《豐》卦上六爻辭:"豐其屋,蔀其家,闚其戶,闃其无人,三歲不覿,凶。"帛書本該爻作:"豐亓屋,剖亓家,闚亓戶,㷱亓无人,三歲不遂,兇。"又《豐·彖》:"天地盈虛,與時消息。"是《豐》卦有虛盈之象。"鄷",通"豐"。"繇",卦爻辭。

張政烺《校注》:句之离角,《六十四卦》狗之尚九"狗其角,闟,无咎"。狗(姤)讀爲遘,遇也。离字假爲離,意爲遭遇。离角即狗其角。五繇,繇,卦兆之占辭。

劉大鈞《續讀》：帛書例舉乾卦上九"亢龍有悔"，大壯卦九三"羝羊觸藩，羸其角"，姤卦上九"姤其角，吝，无咎"，鼎卦九四"鼎折足，覆公餗，其形渥，凶"，豐卦九三"豐其沛，日中見沬，折其右肱，无咎"，共五卦五爻而論"恆動而弗中則亡，此剛之失也"。

帛書所談"恆動而弗中則[亡，此剛]之失也"者五卦，今標識其"弗中剛失"之卦畫如下：

乾　　大壯　　姤　　鼎　　豐

其中上九爻兩卦（乾、姤），九三爻兩卦（大壯、豐），九四爻一卦（鼎）。而由《象》釋以上五卦五爻之辭中，我們可以發現《象》與帛書《衷》篇對此五卦五爻的認識是一致的：《象》釋乾卦上九爻曰："'亢龍有悔'，盈不可久也。"《象》釋姤卦上九爻曰："'姤其角'，上窮吝也。"《象》釋大壯卦九三爻曰："'小人用壯'，君子罔也。"《象》釋豐卦九三爻曰："'豐其沛'，不可大事也；'折其右肱'，終不可用也。"《象》釋鼎卦九四爻曰："'覆公餗'，信何如也。"《象》以"盈不可久也""上窮吝也""君子罔也""終不可用也""信何如也"釋此五爻"剛之失也"，五爻皆無吉爻，且位不在二五之爻，因而"弗中"。

王化平《讀》：《衷》篇對《豐》卦的概括則要複雜一些，可能包括九三、九四兩條爻辭。"鄷之'虛盈'"一句應取自豐卦《彖傳》："日中則昃，月盈則食，天地盈虛，與時消息，而況于人乎？況于鬼神乎？"這些話是從卦爻辭中的"宜日中"引申出來的。豐之九三有"日中見沬"，九四有"日中見斗"，都有由明轉暗的寓意，都可用來解釋"剛之失也。"

于豪亮《繫辭》：此處"句之离角"之"句"乃卦名，即"狗"卦、"姤"卦之"狗""姤"，蓋"句""狗""姤"同爲侯部字，得相通假也。然"狗其角""姤其角"之"狗""姤"爲動詞，與"遘"字相通，《釋文》云："姤，薛云：古文作遘，鄭同。序卦及象皆云'遇也'。"是"狗""姤"訓爲遇。帛書此處之"离"字假爲"離"，亦爲動詞。《淮南子·氾論》："離者必病。"注："離，遭也。"《史記·屈原賈生傳》："故憂愁幽思而作離騷，離騷者，蓋離憂也。"集解引應劭曰："離，遭也。"是"离"訓遭，遭與遇義同，故"离角"即"狗其角""姤其角"，亦即遇其角也。此處作"句之离角"者，非謂爻辭作"离其角"，特以"离"字釋"狗""姤"耳。"鄷之虛盈"，鄷即豐。豐之虛盈，豐之上六也。帛書《周易》之爻辭云："豐亓屋，剖亓家，閴其户，臭其无人，三歲不遂，凶。"

【新釋】

"繇",同"繇"。《說文・糸部》:"繇,隨從也。"邵瑛《群經正字》:"今作繇。"《集韵・宵韵》:"繇或作繇。""繇",本指龜卜之兆辭。《左傳・僖公四年》記晉獻公欲以驪姬爲夫人,卜之,卜人曰:"且其繇曰:'專之渝,攘公之羭。一薰一蕕,十年尚猶有臭。'"杜預注:"繇,卜兆辭。"孔穎達曰:"卜人舉此辭以止公,則兆頌舊有此辭,非卜人始爲之也。"卜人所引繇辭,爲舊傳卜辭。《文選・潘岳〈西征賦〉》:"遂鑽龜而啓繇。"庾信《周大將軍崔説神道碑》:"啓龜文之繇。""繇",又指卦爻辭。《左傳・昭公七年》記孔成子以《周易》筮,遇《屯》之《比》,史朝曰:"且其繇曰:'利建侯。'"杜預注:"繇,卦辭。""利建侯"正爲《屯》卦卦辭。《左傳・僖公十五年》記晉獻公筮嫁伯姬于秦,遇《歸妹》之《睽》,史蘇占之曰:"不吉。其繇曰:'士刲羊,亦无衁也。女承筐,亦无貺也。'"孔穎達曰:"《易・歸妹》上六爻辭:'女承筐无實,士刲羊无血,无攸利。'此引彼文,而以'血'爲'衁','實'爲'貺',唯倒其句,改兩字而加二'亦'耳。……《易》之爻辭,亦名爲繇。"又《國語・晉語四》記晉文公得國前筮,得貞《屯》悔《豫》,司空季子曰:"吉。是在《周易》,皆'利建侯'。……其繇曰:'元亨,利貞,勿用有攸往,利建侯。'……其繇曰:'利建侯行師。'""元亨,利貞,勿用有攸往,利建侯",爲《屯》卦卦辭;"利建侯行師",爲《豫》卦卦辭,季子皆稱爲"繇"。是春秋時人引《周易》卦爻辭,皆曰"繇",《衷》篇此"子曰""五繇",此"子"爲孔子正合情理。

此言"五繇者,剛之失也",應指五卦的剛爻之辭。

"《鍵》之'炕龍'",即帛書《易經》《鍵》尚九"抗龍,有悔",今本作《乾》卦上九"亢龍,有悔"。"抗"通"亢","悬"即"悔"。《周易集解》引王肅曰:"窮高曰亢,知進忘退,故悔也。"《鍵》上九剛爻處《鍵》剛之極,故其辭言龍飛極高而有悔,乃過剛之失。

"《壯》之'觸蕃'",當即帛書《周易》《泰壯》九三"羝羊觸藩,羸亓角",今本作《大壯》九三"羝羊觸藩,羸其角"。"羝羊"指公羊,《說文・羊部》:"羝,牡羊也。""羸",孔穎達正義:"拘累纏繞也。"王弼注:"處健之極,以陽處陽。"胡瑗《周易口義》:"是猶剛很之羊,雖藩籬在前,亦觸突而進,以至反羸其角。"《大壯》九三剛爻處《鍵》剛之極,故其辭言剛狠公羊強觸藩籬,其角反被拘累纏繞,乃過剛之失。鄧球柏認爲"《壯》之'觸蕃'"指《大壯》上六"羝羊觸藩",趙建偉、張政烺認爲指《大壯》九三爻辭外,還包括上六爻辭。按上六爲柔爻,此言剛爻之失,故鄧、趙、張言疑非。

"《句》之离角",于豪亮認爲此非謂爻辭,而是以"离"字釋"狗"、"姤",其説非。此謂帛書《周易》《狗》尚九"狗亓角,閵",今本作《姤》上九"姤其角,吝"。"句"通"狗"。"离"通"離",與"姤"義同,皆爲遇。"離角"即遇其角。王弼注:"進之于極,无所復遇,遇角而已。"《姤》上九以剛爻進于《鍵》剛之極,故其辭言遭遇其角,而有悔吝,乃過剛之失。

"《鼎》之'折足'",即帛書《周易》《鼎》九四"[鼎折足]",今本作"鼎折足"。王弼注:"處上體之下,而又應初,既承且施,非己所堪,故曰鼎折足也。"朱熹本義:"九四居上,任重者也,而下應初六之陰,則不勝其任矣。"《鼎》九四雖爲剛爻,但上承六五,下應初六,上承下施,不勝其任。故其爻言鼎器不堪承重,而致折足,乃剛性不足之失。

"《鄷》之'虛盈'","鄷"即今本《豐》卦。《豐》之'虛盈'",當指《豐》卦爻辭中有"虛盈"二字,但檢視帛書和今本《周易》《豐》卦,皆無。鄧球柏、王化平認爲"《豐》之盈虛"指《豐·彖》"天地盈虛",張政烺、于豪亮認爲指今本《豐》卦上六"豐其屋,蔀其家,窺其戶,闃其无人,三歲不覿,凶",趙建偉、丁四新認爲指今本《豐》卦的九三爻辭外,還包括上六爻辭,王化平認爲包括九三、九四兩條爻辭。按古人稱"繇"皆言卦爻辭,不指《彖》辭,只能指一條卦爻辭,又上六爲陰爻,故鄧、張、于、趙、丁、王之言疑非。廖名春認爲《豐》卦初九當脫"虛盈","《豐》之'虛盈'"即指此脫文,其説可從。按戰國楚竹書《周易》《豐》卦初九爻辭殘缺,不能直接驗證。但將竹書《周易》與帛書和今本《周易》比較,可發現後者卦爻辭有不少脫文,如《未濟》九二,竹書《周易》有"利涉大川",而帛書和今本《周易》皆無。《豐》初九"虛盈",指日當正午,盈滿盛極,却發生日蝕,陰影蔽日。《衷》篇認爲,《豐》卦初九剛爻處陽位,過剛,故其辭言"虛盈"。

【今譯】

孔子説:"所以《乾》卦上九言龍飛過高而有悔;《大壯》卦九三言公羊強觸藩籬,反被纏繞其角;《姤》卦上九言遭遇其角,而有悔吝;《鼎》卦九四言鼎器不堪承重,而致折足;《豐》卦初九言日當正午,盈滿盛極,却發生日蝕,陰影蔽日,這五卦的爻辭之所以這樣説,都是由于剛的過失,動而不能靜啊。"

"《川》之'牝馬',《小蓄》之'密雲',《句》之'含章',《漸》之'繩婦',《朘》之'泣血',五繇者,陰之失也,精而不能僮者也。"

【彙校】

《集成》:"含章","章"字在前新綴入小片上,甚爲清晰完整,由此句可定其上之字係"含","含章"見《姤》九五爻辭。此處上半段之末字尚存殘形,但已難以辨識。

【新校】

"含章",張文據帛書《周易》《狗》卦辭補兩字爲"女壯",于文空缺,但亦疑爲"女壯",它本皆釋出"屬",並據帛書《周易》《狗》卦初六爻辭"適屬",補"適"字。《集成》據新綴釋出"章",並據《姤》九五爻辭"含章",補"含"。今按:觀諸《集成》(壹)《衷》篇照片,釋"章"可從。所補"含"字,乃爲義補,是可疑的。因爲"含章"爲九五剛爻之辭,此處乃論"陰之失",是矛盾的。

"漸",丁乙釋出,它本皆據下文"繩婦"和帛書《周易》《漸》卦爻辭補出。觀諸照片,此字雖左部和上部殘損,但可辨,可直接釋出。

"繇",廖甲釋"繇",廖乙、廖丙、張文釋"繇",廖戊釋"繇",濮茅左釋"繇",它本釋"繇"。驗諸照片,釋"繇"是。

"陰",廖乙釋"隂",它本皆釋"陰"。按其"虫"爲"云"之誤,可從它本釋"陰"。按上言"剛之失",此當言"柔之失","陰"疑爲"柔"之誤。

"靜",陳廖、張文、廖戊、于文釋"靜",它本皆釋"靜"。驗諸照片,釋"靜"符合帛書原形。

"僮",廖甲、廖乙、廖丙、廖丁釋"爐",它本皆釋"僮"。驗諸照片,釋"僮"是。

【集釋】

鄧球柏《白話》:肫:即《屯》卦。《川》卦卦辭的"牝馬"、《小蓄》卦卦辭的"密雲"、《狗》卦初六爻辭的"適屬"、《漸》卦九三爻辭的"婦繩"、《肫》卦尚六爻辭的"泣血",這五爻,都是陰柔過分的過失,是靜止而不能運動所造成的危害。

趙建偉《疏證》:《坤》卦卦辭説"元亨,利牝馬之貞"、《坤·象》説"牝馬地類,行地无疆,柔順利貞"、《坤·文言》説"坤至柔而動也剛,至靜而德方……承天而時(是)行",對"牝馬"皆無異詞(《易經》"牝"字兩見,或言"利"或言"吉",如《離》卦卦辭"畜牝牛吉"),此言《坤》卦"牝馬"靜而不能動的陰之失大概是認爲它過於被動、過分安靜(即"承天是行"的"至靜")。《小畜》卦卦辭説"密雲不雨,自我西郊"、《小畜·象》説"密雲不雨,尚往也;自我西郊,施未行也",可能《易之義》認爲"尚往"是貴在行動的意思,《乾》卦剛動,故"雲行雨施"(《乾·象》),《小畜》由於過於安靜,所以有密雲不雨的陰之失。《姤》卦初六"有攸往,見凶,羸豕孚蹢躅",《釋文》"蹢躅,不靜也",符合經義;《易之義》則把"蹢躅"理解爲靜而不動(《禮記·三年問》注"蹢躅,不行也")。《漸》卦九三説"婦孕不育,凶",《漸》卦下卦爲艮止,九三爲靜止之極,所以《易之義》認爲其失在於過於靜。《屯》卦上六説"乘馬班如,泣血漣如","屯"本有"止"義,卦至上六,仍然徘徊不進("乘馬班如"),所以有泣血之凶。

劉大鈞《續讀》：帛書所談"柔之失也"者亦五卦，今亦標識其卦畫如下：

坤　　小畜　　姤　　漸　　屯

坤卦辭"利牝馬之貞"，小畜卦辭"密雲不雨"，姤卦初六"羸豕，孚，蹢躅"，漸卦九三"夫征不復，婦孕不育"，屯卦上六爻"乘馬班如，泣血漣如"，共五卦而論"久靜不動則沈，此柔之失也"。帛書稱"小畜之密雲"，其"陰之失"在陰微小而力弱，只可作"密雲"而未能成雨。帛書"句之'[適]屬'"，即帛本《易經》狗卦初六"羸豨復適屬"之"適屬"，《集解》作"蹢躅"。《集解》引虞翻注姤卦初六爻曰："以喻姤女望于五陽，如豕蹢躅也。"夫以一女而當五男，且以陰爻而居初，位非其正，故亦"陰之失"也。"[漸]之繩婦"。今本漸卦九三爻："鴻漸于陸，夫征不復，婦孕不育，凶，利禦寇。"《象》釋之曰："'婦孕不育'，失其道也。"《集解》引虞翻注曰："三動離毀，陽隕坤中，故'失其道也'。"帛書以漸卦九三爻之"婦孕不育"釋"陰之失"展示了漢初乃至先秦時代人們的卦變思想，而此一卦變說確有淵源，此由《象》之"婦孕不育，失其道也"可知。"肫之'泣血'。"今本屯卦上六："乘馬班如，泣血漣如。"帛書《易經》亦作"屯"，其尚六爻作"乘馬煩如，汲血連如"。《象》釋此爻曰："'泣血漣如'，何可長也。"虞翻注曰："柔乘於剛，固不可長也。"屯卦上六陰爻乘九五陽剛之爻，又居上位，故不可長久。《集解》引桓寬《鹽鐵論》曰："小人先合而後忤，初雖乘馬，後必泣血。"此解頗得帛書之義：所謂"先合"者，靜而能動者也；所謂"後忤"者，靜而不能動者也，此亦帛書釋此爻引"泣血"而不引"乘馬"之故也。此處所舉五卦諸"柔之失"的具體變動之法，至東漢亦恐多失傳矣。

連劭名《易之義》："[漸]之繩孕"，《周易·漸》九三云："婦孕不育。"上互離，《周易·説卦》云："離爲大腹。"故曰婦孕。下互坎，《周易·説卦》云："坎爲隱伏。"故曰不育。育、生同義，《爾雅·釋詁一》云："生，出也。"九三當位無應，處於重陰之中，坎爲水、爲險，艮爲艱，故凶。"五繇者，陰之失也，靜而不能動者也"，五爻中，《漸》九三爲陽爻，坎卦二陰包一陽，婦孕之象。坎北方卦爲水，《春秋繁露·五行逆順》云："水者冬藏，至陰也。"《説文》云："水，準也，北方之行。象衆水並流，中有微陽之氣。"《漸》九三即坎水中之微陽。

【新釋】

此節"五繇"，言《坤》和《小畜》的卦辭，以及《姤》、《漸》和《屯》卦的爻辭。"《川》之'牝馬'"，"川"今本作"坤"，"川"通"坤"。《衷》篇下言《易》又名曰《川》，雌道也，故曰'牝馬之貞'，童獸也，川之類也。"故"牝馬"指童獸，即幼小的雌馬。《衷》篇認爲,《坤》六爻皆柔,安靜柔弱,故卦辭言幼小的雌馬。

"《小蓄》之'密雲'",即今本《易經》《小畜》卦辭"密雲不雨"。"畜""蓄"古音皆覺部曉母,雙聲叠韵,故"蓄""畜"音同通用。孔穎達正義:"此卦巽在於上,乾在於下,巽是陰柔,性又和順,不能止畜在下之乾,唯能畜止九三。密雲不雨者,若陽之上升,陰能畜止,兩氣相薄則爲雨也。今唯能畜止九三,其氣被畜,但爲密雲,初九、九二,猶自上通,所以不能爲雨也。"《小畜》上卦爲巽,陰柔和順,不能畜下卦乾剛,又全卦一柔五剛,力甚柔弱,靜而不能動,故卦辭言但成密雲,而不能致雨。

"《句》之'含章'",即帛書《易經》《狗》九五"含章",今本《姤》九五同。"含章",内含章美。今按:此九五爲陽剛之爻,《衷》篇認爲有陰柔之失,矛盾,故疑此句有誤。

"《漸》之'繩婦'",當即帛書《易經》《漸》九三"婦繩不育,凶",今本《漸》九三"婦孕不育,凶"。"繩""孕"古通用。《禮記·月令》"燒薙行水",孔穎達曰:"含實曰繩。皇氏曰:'繩,音孕。'"《説文·糸部》朱駿聲通訓定聲:"繩,叚借又爲孕。"《衷》篇認爲,《漸》九三所言婦女懷孕而不能生産,是因爲陰柔的過失,靜而不能動。但此處頗啟人疑竇:《漸》九三乃以剛爻處陽位,怎能言"柔之失,靜而不能動"?趙建偉認爲《漸》九三處下卦艮上,爲靜止之極,所以其失在於過於靜。此言有理,可釋"靜而不能動",但不能解"柔之失"。劉大鈞引虞翻注《象·漸》九三,以變卦釋之,認爲《漸》九三動變而爲柔爻,卦變爲《觀》,二、三、四爻互體爲坤,坤過柔沉靜,故《衷》言"柔之失,靜而不能動"。今按:此説有理,可從。《周易集解》又引虞翻注《漸》九三曰:"離爲孕,三動成坤,離毁失位,故'婦孕不育,凶'。"今本《説卦》:"離,其於人也,爲大腹。"《漸》二、三、四爻互爲離,離爲大腹爲孕,故言"婦孕"。九三動變而爲柔爻,離卦毁滅,變爲坤卦,則"婦孕"象不見,故"不育"。

"《肫》之'泣血'",即帛書《易經》《屯》卦尚六"乘馬煩如,汲血連如",今本《屯》上六"乘馬班如,泣血漣如"。"煩""班"通。"煩""班"古音皆在元部,"煩"爲並母,"班"爲幫母,並、幫旁紐,故音近通用。"班如",《釋文》引《子夏傳》云:"相牽不進貌。"《周易集解》引虞翻曰:"班,躓也,馬不進,故班如也。""泣""汲"通。"泣""汲"古音皆在緝部,"泣"爲溪母,"汲"爲見母,溪、見旁紐,故音近通用。《説文·水部》:"泣,無聲出涕者曰泣。"《禮記·檀弓上》"泣血三年",鄭注:"言泣無聲如血出。""連""漣"通用,《釋文》:"漣如,音連。《説文》云:'泣下也。'"《衷》篇認爲,《屯》上六柔爻處陰位,過柔沉靜,故其辭言乘馬徘徊,不能前進,流泪不斷。

【今譯】

孔子説:"《坤》卦辭言幼小的雌馬;《小畜》卦辭言但成密雲,而不能致雨;《姤》卦九五言内含章美;《漸》卦九三爻動變,而爲柔爻,其辭言婦女懷孕,但不能生産;《屯》上六言乘馬徘徊,不能前進,流泪不斷,這五卦的卦爻辭之所以這樣説,都是由于柔的過失,静而不能動啊!"

"是故天之義,剛建僮發而不息,亓吉保功也。無柔栽之,不死必亡。僮陽者亡,故火不吉也。地之義,柔弱沈精不僮,其吉[保]安也。无剛文之,則窮賤遺亡。重陰者沈,故水不吉也。"

【彙校】

《集成》:"安也无"三字諸家釋文皆在擬補缺文中。今按:"安"字右側殘筆尚存於前新綴小片。"也无"所在小片自帛書帛畫殘片-22新綴入此。

【新校】

三"僮"字,廖甲、廖乙、廖丙、廖丁釋"攄",它本皆釋"僮"。驗諸照片,釋"僮"是。

"無柔栽之"之"無"字,廖戊釋"无",它本皆釋"無"。驗諸照片,顯爲"無"。

"地之義"之"地"字,廖丙、廖丁無釋,廖戊補"地",它本皆釋"地"。細觀照片,此字雖下部殘損,但爲"地"字清晰可辨,故直接釋"地"是。

"精",陳廖、張文、廖戊、丁乙釋"静",它本皆釋"精"。驗諸照片,釋"精"是。

"文",陳廖無釋,張文補爲"正",它本皆釋"文"。細觀照片,此字上部殘損,從下部殘筆看,釋"文"是。鄧球柏、趙建偉、濮茅左引原文,"文"皆作"栽",非。

"窮",陳廖釋"窮",廖乙、廖丁、張文釋"窮",丁乙釋"舘",它本皆釋"窮"。驗諸照片,釋"窮"符合帛書原形。

【集釋】

鄧球柏《白話》:栽:假借爲"仇",匹配。所以,天的意義就在于陽剛强健運動發展而没有止息,天吉善就是保功。没有陰柔匹配它,不死必然滅亡。重陽者死亡,所以火不吉利。地的意義陰柔微弱沉默安静而不運動,地的吉善是保安。没有陽剛匹配它,就會貧窮下賤被遺弃。重陰者沉淪,所以水不吉利。

鄧球柏《校釋》:栽:亦可訓爲害,傷害。

趙建偉《疏證》：救，輔助。《黄帝四經·十大經·觀》中也有"重陽""重陰"之辭例，與此處及下文的"重陽""重陰"宜同，謂陽氣、陰氣過重。南方爲火，火性炎上，與陽同類；反之，北方爲水，水性潤下，與陰同類。"遺亡"謂流於死亡（或即《離》卦的"死如，棄如"）。

劉大鈞《象數》：帛書此段説明陰陽剛柔互濟的文字，人們皆能理解。然而，令一般人不解之處在于："動陽者亡，故火不吉也"，"重陰者沈，故水不吉也"。"動陽""重陰"亡沉之後，何以會生出"火""水"的"不吉"呢？案帛《易》"是故天之義，剛建動發而不息，亓吉保功也"此段文字與今本《彖傳》釋乾卦"大明終始，六位時成"之義相近。《周易集解》引荀爽注《彖傳》釋此句曰："乾起於坎而終於離，坤起於離而終於坎。離坎者，乾坤之家而陰陽之府。故曰'大明終始'也，六位隨時而成乾。"漢人以爲，"乾"二五之"坤"成"坎"，"坤"二五之"乾"成"離"，坎爲月，離爲日，故有日月象。《乾鑿度》曰："離爲日，坎爲月，日月之道，陰陽之經，所以終始萬物，故以坎離爲終。"《周易集解纂疏》李道平疏解此段荀氏之注曰："'坤'二五之'乾'成'離'，'乾'二五之'坤'成'坎'，'坎''離'爲天地之交，而得乾坤之中者也。'坎'本'乾'之氣，故'乾'起于'坎'之一陽，而終於'離'之二陽；'離'本'坤'之氣，故'坤'起于'離'之一陰，而終於'坎'之二陰。'乾'寓'坎'中，'坤'寓'離'中，故'坎''離'爲'乾''坤'之家而陰陽之府。"又疏"坤"卦卦辭曰："'乾'之'坤'成'坎'，故陰極陽生……陽施陰生，故'乾'流'坤'形。"荀氏以坎爲月、離爲日注"大明終始，六位時成"，如將坎月離日換作坎水離火，則荀氏注義正合帛書之旨。我們再看帛本"是故天之義，剛建動發而不息，亓吉保功也，無柔救之，不死必亡，動陽者亡，故火不吉也"；又説："□之義，柔弱沈靜不動……[无]剛文之，則窮賤遺亡，重陰者沈，故水不吉也。"今以上下文義考之，"□之義"顯然是"地之義"，"地"字在此殘缺。所謂"地之義"即"坤之義"。由帛本此段文字看，乾"剛建動發而不息"，但若"無柔救之"，則"不死必亡"。因此，"動陽者亡，故火不吉也"。反之，"天之義，剛建動發而不息"，若有柔救之，則可無"不死必亡"之慮，而"火"亦吉矣！同樣，坤雖"柔弱沈靜不動"，但若有剛文之，則可確保無"窮賤遺亡"而化解其"重陰者沈"，而坎"水"亦吉矣！由此而觀之，帛本此段乾之動陽寓于離火而坤之重陰沈于坎水的文字，正與荀氏注文之義相合！可證漢人解《易》確有所本，帛書《易》旨至東漢時仍有傳授也！再者，《周易集解》引《九家易》注"同人"卦曰："乾舍于離，同而爲日。"荀爽亦注曰："乾舍于離，相與同居。"其義亦與此同。這樣又使我們想起《左傳·閔公二年》魯桓公占卦的一段記載："又筮之，遇'大有'之'乾'。曰'同復于父，敬如君所。'"據《説卦》：乾爲君爲父。此卦中，"離"變爲"乾"，而文中曰:"同復于父,敬如君所。"莫非春秋時代已有離坎爲乾坤之家而陰陽之府的説法了?

丁四新《周易》:"建"通"健","僮"通"動"。"栽",即"救"字。救,助也。"僮",讀作"重"。下"重陰耂沈",是其證。重,多也,過也。"竆",即"窮"字。"遺",通"匱"。匱,匱乏。窮、賤、匱、亡四字,義相分别。

張政烺《校注》:僮陽者亡,按下言"重陰者沈",則此僮字亦假爲重。

連劭名《易之義》:功謂事業,以柔濟剛,《廣雅·釋詁一》云:"救,助也。"火爲陽精,《釋名·釋天》云:"火,言毀也,物入中皆毀壞也。"以剛正柔,即"得主"之義。《吕氏春秋·君守》云:"可以爲天下正。"高誘注:"正,主也。"

【新釋】

"天之義",《説卦》:"乾爲天。"故"天"謂乾卦。言乾卦純剛表示天之義。

"剛建僮發而不息,亓吉保功也","建",通健。《老子》"建德若偷",俞樾《諸子平議》:"建,當讀爲健。"《大象傳》言《乾》卦之象曰:"天行健。"故"剛建"即剛健。"僮"即"動"。"動"、"發"同義。《戰國策·齊策一》"動于顔色",高誘注:"動,猶發也。"《淮南子·原道》"非謂其底滯而不發",高誘注:"發,動也。"《論語·微子》"廢中權",《釋文》:"廢,鄭作發,動貌。"是"動""發"爲同義復詞。"吉"爲善,《説文·口部》:"吉,善也。"《詩·召南·摽有梅》"迨其吉兮",毛傳:"吉,善也。"此承上,言乾卦純剛所表示的天之義,剛健動發而不停息,其吉善在保住功業。

"無柔栽之,不死必亡","栽",即"救"字别體。《説文》:"救,从攴,求聲。"古攴、戈作形旁常通用,今本《周易》《蒙》卦上九"不利爲寇"之"寇",竹書《周易》作"宼",是其證。"救"爲助,《禮記·檀弓下》"扶服救之",鄭玄注:"救,猶助也。"《廣雅·釋詁二》:"救,助也。""無柔救之,不死必亡",言乾爲純剛,如果没有柔來救助它,不死必亡。"救"又通"仇",《管子·中匡》"安鄉大夫之家,而後可以危救敵之國",王念孫《讀書雜志》:"引之曰:'救敵'與仇敵同。《集韵》:'仇,讎也,一曰匹也,或作勣。'是仇、勣、救,古字通也。""仇"爲匹配、配合之義,《鼎》卦九二"我仇有疾",《釋文》:"仇,匹也。"《爾雅·釋詁上》:"仇,合也。"故"無柔救之,不死必亡",言乾爲純剛,如果没有柔來配合它,不死必亡。鄧球柏認爲"栽"亦可訓爲傷害,非。

"僮陽者亡,故火不吉也","僮"通"重","僮""重"皆爲東部定母,雙聲叠韵,故通用。下言"重陰者沈",與此對言,故"僮"、"重"同義。重陽者,即太陽、純陽者。此言純陽者亡,故火不吉也。

"地之義,柔弱沈靚不僮,其吉[保]安也","地之義",《説卦》:"坤爲地。"故"地"謂坤卦,言坤卦所表示的地之義。此言坤卦純柔所表示的地之義,柔弱沉靜不動，其吉善在保持安定。

"无剛文之，則窮賤遺亡"，"文"爲錯雜、文飾，今本《繫辭下》："物相雜，故曰文。"《禮記·玉藻》"大夫以魚須文竹"，鄭玄注："文，猶飾也。""无剛文之"之"文"，與"無柔救之"之"救"義近，皆爲配合之義。"窮"爲"竀"省，與"窮"爲今古字。《說文·邑部》："竀，夏后時諸侯夷羿國也。从邑，窮省聲。"段注："今《左傳》作窮，許所據作竀，今古字也。""窮"爲極，《荀子·富國》"縱欲而不窮"，楊倞注："窮，極也。""賤"爲廢，《太玄·玄文》"已用則賤"，范望注："賤，謂廢也。""遺"爲亡，《說文·辵部》："遺，亡也。"今本《易經》《泰》卦九二"不遐遺"，《周易集解》引虞翻曰："遺，亡也。"《莊子·徐无鬼》"有遺類矣"，《釋文》："遺，亡也。"是"遺""亡"爲同義復詞。此言沒有剛來文飾它，則窮極而廢，導致滅亡。

"重陰者沈，故水不吉也"，"沈"爲凶。重陰者，即太陰、純陰者。言純陰者凶，故水不吉也。

《衷》篇此處頗啓人疑竇：爲何"重陽者亡，故火不吉"，"重陰者沈，故水不吉"呢？趙建偉以"南方爲火，火性炎上，與陽同類；反之，北方爲水，水性潤下，與陰同類"釋之。按此以一般常識解之，失之膚泛不確。劉大鈞認爲，此疑可以古代象數易學"離坎者，乾坤之家而陰陽之府"說解之，甚爲有見。按"重陽者"，即純陽者，即乾卦。"火不吉"之"火"，指離卦。《說卦》："離爲火。""重陽者亡，故火不吉也"，即乾陽亡，則離火不吉。"重陰者"，即純陰者，即坤卦。"水不吉"之"水"，指坎卦。《說卦》："坎爲水。""重陰者沈，故水不吉也"，即坤陰凶，則坎水不吉。《周易集解》引荀爽注《彖》"大明終始"所言"乾起于坎而終于離，坤起于離而終于坎。離坎者，乾坤之家而陰陽之府"，《九家易》注"同人"卦所言"乾舍于離，同而爲日"，荀爽所言"乾舍于離，相與同居"等等說明，這種"離坎者，乾坤之家而陰陽之府"說，是以乾舍于離、坤舍于坎，或曰乾離同居、坤坎同居爲說。此說實爲古代卦氣說，如李鼎祚所疏："坎本乾之氣，故乾起于坎之一陽，而終于離之二陽。離本坤之氣，故坤起于離之一陰，而終于坎之二陰。"乾陽之氣生發于坎卦中間剛爻所表示的內含一陽，充其極而表現爲離卦上下兩剛爻所表示的外顯兩陽，故乾離同處，實成一體。坤陰之氣生發于離卦中間柔爻所表示的內含一陰，充其極而表現爲坎卦上下兩柔爻所表示的外顯兩陰，故坤坎同處，實成一體。這種乾離一體、坤坎同居的象數理論，春秋時代已經存在。《左傳·閔公二年》所記："又筮之，遇《大有》之《乾》。曰：'同復于父，敬如君所。'"《大有》之《乾》，即離變爲乾，筮辭所言，即離卦復歸乾卦君父之所，離乾同居而爲一體。正由于乾與離、坤與坎一體同居，故乾陽亡則離火不吉，坤陰凶則坎水不吉，故

《衷》篇言"重陽者亡,故火不吉也","重陰者沈,故水不吉也"。

【今譯】

孔子說:"乾卦純剛所表示的天之義,剛健動發而不停息,其吉善在保住功業。如果沒有柔來救助、配合它,不死必亡。乾純陽易亡,則離火不吉。坤卦純柔所表示的地之義,柔弱沉靜不動,其吉善在保持安定。如果沒有剛來文飾它,則窮極而廢,導致滅亡。坤純陰凶殺,則坎水不吉。"

"故武之義保功而恆死,文之義保安而恆窮。是故柔而不刓,然后文而能朕也。剛而不折,然{而}后武而能安也。"

【彙校】

張政烺《校注》:然而后武而能安也,而,衍文。

【新校】

"窮",陳廖釋"窮",廖乙、廖丁、張文釋"窮",它本釋"窮"。驗諸照片,釋"窮"符合帛書原形。"窮"爲"窮"之異文。

"刓",陳廖釋"狂",廖甲、廖乙、廖丙釋"犹",廖丁釋"狀",丁甲、廖戊釋"玦",張文、丁乙釋"刓"。細觀照片,此字形爲 ![字], 左右結構,左部從"王",故釋"狀"非,右邊明顯非"王",故釋"狂"非。按帛書"犬"作:

![字]《老子》乙本二〇五   ![字]《雜療方》〇一二

![字]《五十二病方》〇六四

"夬"作:

![字]《老子》甲本〇四三   ![字]《周易》〇〇四

![字]《戰國縱橫家書》一八六

"刃"作:

![字]《陰陽五行》乙本〇六六   ![字]《經法》〇四四

![字]《天下至道談》〇一三

將此字右部與上三字形比勘,顯然與"犬""夬"皆不類,而與"刃"吻合,故該字釋"狀""玦"皆非,釋"刓"是。

"然后文而能朕也"之"后",陳廖、張文、廖戊釋"後",它本釋"后"。驗諸照片 ![字],顯爲"后"字。

上言"然后文而能朕也",下言"然而后武而能安也",顯然"然而后"之"而"爲衍文。此"而",廖甲、廖乙、廖丁無釋,誤。

"然而后"之"后",陳廖釋"後",它本釋"后"。驗諸照片 ▢,釋"后"是。

【集釋】

鄧球柏《白話》:狂:過分。不狂:不過分。因此,武臣的責任是保功因而總是戰死,文臣的責任是保安因而總是貧窮。所以陰柔而不過分,然後文就能夠勝任保安;陽剛而不過分,然後武就能夠安邦定國。

趙建偉《疏證》:"枉",邪曲。"能勝",謂能有勝功。

丁四新《周易》:"玦",同"闕"。玦,缺也。"后"通"後"。"朕",通"勝"。"然而后武而能安也",上"而"字,疑衍。

張政烺《校注》:玣,讀爲肕。《管子·地員》"五粟之狀,淖而不肕"。通俗文"柔堅曰肕"。

劉大鈞《續讀》:"是故柔而不犾"之"犾"字當讀爲"犬",應爲"拳"的同音相借字,取拳曲之義。《莊子·人間世》"仰而視其細枝,則拳曲而不可以爲棟梁",是其證。"然后文而能朕也"之"朕"字當通"勝"字。案今本《繫辭》"吉凶者,貞勝者也",帛本《繫辭》作"吉凶者,上朕者也",是其證。《老子》第四十五章:"躁勝寒,靜勝熱。"其"勝"字,帛書《老子》乙本作"朕",亦其證。此段文字言柔而不拳曲,然后文而能勝,其義與"剛而不折,然而后武而能安也"正相對應。"然而后武而能安"之第一個"而",當屬衍文,應作"然后武而能安"。

丁四新《數則》:從"是故天之義,剛建(健)僮(動)發而不息"至此,分別論述了天之義和地之義的剛柔特性,認爲:"故武之義,保功而恆死;文之義,保安而恆窮。"毫無疑問,"武"代表天的方面、剛的方面、陽的方面,從功用而言,其吉"保功",其不吉"恆死";"文"代表地的方面、柔的方面、陰的方面,從功用而言,其吉"保安",其不吉"恆窮"。"武"具有"剛健動發而不息"的乾陽特性,"文"具有"柔弱、沈靜、不僮"的坤陰特性。而惟其因爲如此,所以帛書也強調了天地、剛柔、文武相互配合的思想。

連劭名《易之義》:恆,不變之義。"恆死",不變則死。"恆窮",不變則窮。玣,字或讀爲忍,《白虎通·情性》云:"仁者,不忍也,施生愛人也。"不忍害生,故爲仁。

于豪亮《繫辭》:玣疑假爲"軔"。《荀子·富國》:"芒軔僈楛。"注:"軔,柔也。亦怠惰之義。"故"柔而不玣"即柔而不怠。

《集成》:"玣","柔堅"義於此不甚合。疑"玣"可讀爲"鈓"(字亦作"鈝")。"玣"從"刃"聲,"刃"與"鈓"兩字聲母相同(皆日母),韻部則一爲文部一爲侵部,按侵部字與文部及真部字相通之例亦多見。"玣"之通"鈓",

猶"佞"之可作"壬"或任。《淮南子·脩務》:"今劍或絕側赢文,齧缺卷銋,而稱以頃襄之劍,則貴人爭帶之。"于省吾《雙劍誃諸子新證·淮南子四》:"銋與卷義相仿,卷銋猶言卷曲。"《廣雅·釋詁四》:"銋,聳也。"王念孫《疏證》引《淮南子·脩務》文謂"卷與聳通"。"銋""卷"義近,帛書"柔而不刃"與下文"剛而不折"對言,跟《淮南子·兵略》"柔而不可卷也,剛而不可折也"相近。古書"太剛則折,太柔則卷"(《淮南子·氾論》)"剛者折,柔者卷"(《鹽鐵論·訟賢》)一類說法多見。

【新釋】

"故武之義保功而恆死","武之義",即上言"天之義",亦即陽之義、剛之義。"恆",當讀爲"極"。今本《繫辭上》"易有太極",帛書《繫辭》作"恆"。郭店《老子》甲組"至虛,亙(恆)也"之"亙(恆)",帛書《老子》作"極",王弼本《老子》亦作"極"。"極"爲至極,《助字辨略》卷五:"極,至極也。《禮記·禮運》:'父子之極。'《史記·高帝紀》:'極不忘爾。'"此言武之義在于保住功業,但達到極至則消亡。

"文之義保安而恆窮","文之義",即上言"地之義",亦即陰之義、柔之義。"窮"通"窮","窮"爲終結,與亡義近。《漢書·律曆志上》"《易》窮則變",顏師古注引孟康曰:"窮,終也。"此言文之義在于保持安定,但達到極至則終結。

"柔而不刃""刃",《集成》以爲通"銋",卷義,甚是。"柔而不肕",即"柔而不銋",柔而不卷,柔而有剛之義。

"然后文而能朕也","后"通"後"。"朕",通"勝"。《諸子平議·莊子一》"吾鄉示之以太沖莫勝"俞樾按:"勝讀爲朕。勝本從朕聲,故得通用。""勝"爲任,《説文·力部》:"勝,任也。从力,朕聲。"段注:"凡能舉之能克之皆曰勝。"《詩·商頌·玄鳥》"武王靡不勝",毛傳:"勝,任也。""文而能勝",即文柔而能勝任。

"剛而不折","折"爲斷,《貴·象》"无敢折獄",《釋文》:"鄭云:折,斷也。""剛而不折",即剛而不斷。

"然{而}后武而能安也","而"爲衍文,"后"通"後"。言然後武剛而能安定。

【今譯】

孔子説:"武之義在于保住功業,但達到極至則消亡。文之義在于保持安定,但達到極至則終結。故柔而不卷,然後文能勝任。剛而不斷,然後武能安定。"

"《易》曰：'直方大，不［習］，吉。'言耴［人］之屯於文武也。"此《易贊》也。

【彙校】

趙建偉《疏證》：此引《坤》卦六二爻辭。缺字似可補爲"此言吉"。

《集成》：張釋未補"吉"字。其他諸家釋文皆擬補。據前新綴入小片知有"吉"字是。"言耴"二字諸家釋文皆作缺文號。此處新綴入一小片（原裱於帛書帛畫殘片－14；其中"見"字下之無字小帛片應係誤裱，已剔除），釋文據改。

【新校】

"之屯"二字，陳廖、廖甲、廖乙、張文、于文釋出，張文並對"屯"存疑，它本皆無釋。驗諸照片，"之屯"二字明顯存在，故釋出是。

【集釋】

鄧球柏《白話》：《周易》説："直方大，不習，吉。"……達到文武兼備的境界。這就是《易贊》。這一章由萬物的陰陽柔剛動靜平衡運動闡發陰陽不平衡所帶來的危害，告誡人們《周易》中有五爻是陽剛之失，有五爻是陰柔之失。由自然界的陰陽平衡而論及《周易》的陰陽平衡，再論及人類社會的陰陽平衡、文治武安的陰陽平衡。并指出這是《易贊》。《鄭司農集》有《易贊》一篇，兹錄以備考。"《易》之爲名也，一言而函三義，簡易一也，變易二也，不易三也。故《繫辭》云：乾坤其易之緼邪。又曰：《易》之門户邪。又曰：夫乾確然示人易矣。夫坤隤然示人簡矣。易則易知，簡則易從。此言其簡易之法則也。又曰：其爲道也屢遷，變動不居，周流六虛，上下無常，剛柔相易，不可爲典要，唯變所適。此言從時變易，出入移動者也。又曰：天尊地卑，乾坤定矣。卑高以陳，貴賤位矣。動靜有常，剛柔斷矣。此言張設布列不易者也。據兹三義而説，易道廣矣大矣。"

趙建偉《疏證》："屯"義猶"處"。正直、端方、宏大乃陽之性，《坤》柔而能濟之以陽剛，所以説吉祥是處於文武之間的。"贊"，輔助。從《鄭司農集》所收之《易贊》看，著録中所載之《易贊》是輔助理解《周易》經、傳的文字，此亦與《易之義》所謂的《易贊》相合。從"子曰：萬物之義"至此，論動靜、剛柔、陰陽、文武之相輔相成。

丁四新《周易》："易贊"二字，似是篇名。鄭玄易學著作亦有《易贊》一文。帛書《衷》，可能原是由兩篇文章構成的。

劉大鈞《續讀》："《易》曰'直方大，不［習，吉］'□□□□於文武也，此易贊也。"在前面論述天地之義、剛柔動沈的文字之後，《衷》篇作者于此再次引用坤卦六二爻辭以證如上之論。此段文字有五字殘缺，而"於文武也，此易贊也"八個字被保存下來，這非常重要。"此易贊也"當是對上面論述天地剛柔、文武動沈的總結。而"於文武也"四字，顯然是對坤卦六二爻辭的評論，由前文對剛柔文武的論述，特別是"是故柔而不抌，然后文而能朕也；剛而不折，然而后武而能安也"，我們知帛書以武爲剛而以文爲柔，故"於文武也"很明確是以剛柔而釋坤卦六二爻辭。坤卦六二爻若可剛可柔，只能以漢人象數《易》中的"旁通"説釋之。我們曾闡釋前文"盈而剛，故《易》曰直方大，不習，吉也"這段文字，指出此文乃是以"旁通"釋坤卦六二爻，此處復以"於文武也"釋之，可作爲又一補證。

連劭名《易之義》：《左傳·哀公元年》云："夫屯晝夜九日。"《釋文》："屯，守也。"馬王堆帛書《經法·君正》云："因天之生也以養生，謂之文。因天之殺也以伐死，謂之武。文武並行，則天下從矣。"馬王堆帛書《經法·四度》云："動靜參於天地謂之文，誅罰時當謂之武。"文武如德刑，馬王堆帛書《黃帝·觀》云："不糜不黑，而正之以刑與德，春夏爲德，秋冬爲刑，先德後刑以養生。"

【新釋】

"直方大，不[習]，吉"，《坤》六二爻辭。"習"，第二次或兩次以上的筮占。"不習"，不進行第二次或兩次以上的筮占。

"言聑[人]之屯於文武也"，"屯"，聚也。《莊子·寓言》"火與日，吾屯也"，成玄英疏："屯，聚也。"《楚辭·離騷》"飄風屯其相離兮"，洪興祖補注："屯，聚也。"《廣雅·釋詁三》："屯，聚也。"《衷》篇認爲，《坤》卦六二爻辭"直方大，不[習，吉]"，乃言聖人兼具有文武、也即剛柔之性。可見，《衷》篇認爲《坤》卦六二爻辭具有文武、也即剛柔之性。按此頗啓人疑竇：《坤》卦六二明爲文柔之爻，爲何認爲有武剛之性呢？此有古代"爻變"即"變卦"説的背景。按《象》釋《坤》六二曰："六二之動，直以方也。不習，无不利，地道光也。"其言《坤》"六二之動"，是指六二柔爻變動而成剛爻。《象》認爲，《坤》六二爻動而爲剛爻，故其爻辭言"直方大"；《坤》六二爲柔爻爲"地道"，故其辭言"不習，无不利"。可見，《象》是兼《坤》六二本爻以及《坤》六二變而爲剛爻而言，《衷》篇孔子此言當與《象》同。孔子認爲，《坤》六二爲柔爻，故爲文；《坤》六二爻動而爲剛爻，故爲武；六二爻處中位，故剛柔、文武兼備中和，故其辭言"吉"。

"此《易贊》也"，"贊"爲助，《左傳·閔公二年》"以此贊國"，杜預注："贊，助也。""贊"又爲明，《説卦》"幽贊於神明而生蓍"，韓康伯曰："贊，明也。"《衷》篇此"贊"是指古代的一種文體，劉勰《文心雕龍·文體論》述其源曰：

"贊者,明也,助也。昔虞舜之祀,樂正重贊,蓋唱發之辭也。及益贊于禹,伊陟贊于巫咸,并揚言以明事,嗟嘆以助辭也。"鄭玄曾有《易贊》,見上鄧球柏所引。《衷》篇作者認爲,自上孔子所言"萬物之義"至此"言耶[人]之屯於文武也",乃是對《周易》精神的重要說明,可以幫助人們更好地理解《周易》,故爲《易贊》。丁四新認爲,此段本爲獨立一篇,篇名即爲《易贊》,《衷》篇直接將此編入,甚是。

按此段孔子以十個卦爻辭,來申明純剛、純柔之卦以及處初、三、四、上位之爻皆有剛、柔之失,只有處中位之爻最吉,從而闡明易學的基本精神在于陰陽、柔剛、文武通過匹配、救助而達致中和,而篇名"衷(中)"也當取于此段。因此,此段在全篇實占有重要地位。

【今譯】

孔子説:"《周易·坤》卦六二爻辭説'直方大,不用第二次筮占,吉利',是説聖人兼具有文武之性。"這是《易贊》。

第四章

【説明】

從"子曰:《鍵》六剛能方'",至"此《鍵》《川》之厽説也",爲完整獨立一章。依"此《鍵》《川》之厽説也",可稱爲"《乾》《坤》三説"章。此章乃抄自於已經佚失的孔子"《易》説",其内容爲孔子從三個方面論述《乾》《坤》卦爻辭義理思想,其論説風格與今本《文言》性質相類。

子曰:"《鍵》六剛能方,湯武之德也。'櫳蠱勿用'者,匿也。'見蠱在田'也者,德也。'君子冬日鍵鍵',用也。'夕沂若,厲,无咎',息也。'或龗在淵',隱[而]能靖也。'羣蠱在天',見於上也。'炕龍有悔',高而爭也。'羣龍无首',文而耴也。"

【彙校】

《集成》:"櫳"字諸家皆作"潛"。今按:其形左半略模糊,與"氵"旁不類,而更近於"木"旁。"在天見"三字據前注新綴小片逕釋。"在"字尚存下方殘筆。"在天"之下張釋作"□□(而)□也",其他諸家則皆作"□而上也"。今按:"而"字從照片看恐不可信,"上"字則頗有可能。"上"字上似爲"於"字。

【新校】

"潛蠱"之"蠱",張文釋"龗",它本皆釋"龍"。驗諸照片,釋"龗"符合帛書原貌,實同於"蠱",故可逕釋爲"蠱"。

"見蠱"之"蠱",廖甲釋"龍",張文釋"龗",它本皆釋"蠱"。觀諸照片,同上,釋"蠱"可也。

"靖",陳廖、張文、廖戊、丁乙釋"静",它本皆作"靖"。觀諸照片,釋"靖"符合帛書原貌。

"羣蠱"之"羣",廖戊釋"翡",它本皆釋"羣"。驗諸照片,釋"羣"符合帛書原形。

"羣蠱"之"蠱",廖甲釋"龍",張文釋"龗",它本皆釋"蠱"。驗諸照片,釋"蠱"可也。

"炕蠱有悬"之"蠱",張文釋"龗",它本皆釋"龍"。驗諸照片,釋"蠱"可也。"悬",陳廖、張文釋"悔",它本皆釋"悬"。驗諸照片,釋"悬"符合帛書原形。

"羣龍"之"羣",陳廖、廖甲、張文釋"群",它本皆釋"羣"。驗諸照片,釋"羣"符合帛書原形。

"无首"之"无",陳廖釋"無",它本皆釋"无"。驗諸照片 ，顯爲"无"字。

【集釋】

鄧球柏《白話》:蠱,讀爲"龍"。冬:通"終"。罪蠱:飛龍。孔子說:《鍵》卦六個陽剛之爻能夠方直,象徵湯武的品德。"潛龍勿用"這條爻辭,告誡人們隱藏。"見龍在田"這條爻辭象徵品德高尚。"君子冬日鍵鍵"這條爻辭,象徵施用于世。"夕沂若厲,无咎"比喻休息。"或鼉在淵"比喻隱蔽而能安靜。"飛龍在天",比喻向上騰達。"炕龍有悔",比喻在上者互相爭鬥。"群龍无首",比喻文柔而達到了聖人的境界。

趙建偉《疏證》:"能",而。"方",正直。"剛方"猶《乾·文言》的"剛健中正"。"匿"即《乾·文言》釋初九"潛龍勿用"的"隱"("龍德而隱者也""隱而未見")。"見蠱在田也者,德也":"德"指具有君主的品德,即《乾·文言》的"見龍在田,利見大人,君德也"。"君子終日乾乾,用也":"用",施用於世,即《乾·文言》的"終日乾乾,行事也"。"飛蠱在天,□而上也":缺字似可補"達"字(下文說"夫龍,下居而上達"、釋"飛龍在天"說"齊明而達"),言通達在上。"亢龍有悔,高而爭也":此與後文釋用九的"讓善"相對。無德而高高在上,故有權位之爭。"群龍无首,文而聖也":"文"謂謙退,"聖"謂無爲,後文釋"群龍无首"爲"讓善"即此。"文而聖也"即《乾·文言》"其唯聖人乎,知進退存亡而不失其正者"。

廖名春《新解》:這裏的"沂"字,《馬王堆帛書〈六十四卦〉釋文》作"泥"。按"泥"可訓止,與帛書《二三子》"時盡而止之以置身"說同,白天"鍵鍵"言動,夜晚"泥"言止息,似乎言之成理。但驗諸字形,從帛書《六十四卦》到帛書《二三子》《衷》,此字皆从水从斤,不能隸定作"泥"。同時"泥"今本何以作"惕",難以回答。從字形看,兩字形體相距太遠;從字音上看,"泥"古音屬脂部泥母,"惕"屬錫部透母,不存在通借的可能性。而"沂"字古音屬微部疑母,从"斤"之字如析、淅、晳、蓒、蜥與从"易"之字錫、裼古音皆爲錫部心母。文獻中从"斤"之字與从"易"之字時有通借。如《詩經·小雅·正月》:"胡爲虺蜴。"陸德明《經典釋文》云:"蜴字又作蜥。"《鹽鐵論·周秦》引"蜴"作"蜥"。《詩經·大雅·皇矣》:"王赫斯怒。"《集韵·去聲·五寘》引此詩曰:"鄭康成説:'斯或作儩。'"《尚書·禹貢》:"析支渠搜。"《後漢書·西羌傳》云:"賜支者,《禹貢》所謂析支者也。"《晏子春秋·内篇·諫下》:"死者離易。"《群書治要》引"易"作"析"。帛書裏的"沂",本字應爲"析"。析、惕兩字,音義皆同。《淮南子·人間訓》:"翱翔乎忽荒之上,析惕乎虹蜺之間。""析惕"與"翱翔"相對,"翱翔"爲同義詞,"析惕"兩字也當義近。析,字亦作悊。《玉篇·心部》:"悊,憂也。""惕,憂也。"《廣韵·錫部》:"悊,敬也。"《説文·心部》:"惕,敬也。"《玉篇·心部》:"悥,同惕。"《集韵·錫部》:"惕,古書作悥。"悊、悥(惕)實爲一字的異寫。析有解除之義。宋玉《風賦》:"清清泠泠,愈病析酲。"李善注引應劭曰:"析,解也。"《漢書·禮樂志》:"百末旨酒布蘭生,泰尊柘漿析朝酲。"《鹽鐵論·散不足》:"今賓昏酒食,接連相因,析酲什半,弃事相隨,慮無乏日。""析"都作解除講。上引《淮南子·人間訓》:"析惕乎虹蜺之間。""析惕"一本作"倘佯"。倘佯,安閒自得貌。韓愈《送李愿歸盤谷序》:"膏吾車兮秣吾馬,從子于盤兮,終吾生以倘佯。"陳亮《何少嘉墓志銘》:"少嘉時其起居,使得倘佯以自養。""析惕"似乎也有安閒自得之義。帛書"夕沂若",沂即析(悊),由解除引申爲安閒休息。由于析與悊通,而悊、悥(惕)實爲一字的異寫,故今本皆作"夕惕若"。

丁四新《周易》:九二爻具備"德施普"之象,故下云"德也"。九三爻辭具備健動"行事"之象,故下云"用也"。《衷》篇説九三爻辭具備"息"之義,與該篇注重剛柔相濟、陰陽對待的思想相一致。"息"與"用"相對而言,皆"龍德"之展開。"沂"通"忻",悦也;夕忻,故有"息"義。

張政烺《校注》:見蠱在田也者德也,《説文》:"德,升也。"

劉大鈞《續讀》:在《衷》篇看來,乾卦"六剛能方"最能體現"湯武之德"。對乾卦之初九、九二、九三三爻皆以一字斷之。"'楷龍勿用'者,匿也。"帛書以"匿"斷"潛龍"之旨,與《文言》釋乾卦初九曰"龍德而隱者也"及"遯世无悶"之義相同。"'見龍在田'也者,德也",亦與《文言》釋乾卦九二爻"龍德而正中者也"及"善世而不伐,德博而化"之義相近。"'君子冬日鍵鍵',用也。'夕沂若屬,无咎',息也。"案《淮南子·人間訓》:"故'君子終日乾乾,夕惕若屬,无咎'。'終日乾乾',以陽動也;'夕惕若屬',以陰息也。因日以動,因夜以息,唯有道者能行之。"以此知"'君子冬日鍵鍵',用也",亦即《淮南子》之"'終日乾乾',以陽動也";"'夕沂若屬,无咎',息也",亦即《淮南子》之"'夕惕若屬',以陰息也"。此"用也"之"用",即"通"字,如不通,《文言》何以釋此爻曰"'終日乾乾',行事也"?又《象》釋此爻曰:"'終日乾乾',反復道也",此

"反復道"即通也,如不通,何以能"反復道也"?而《文言》之"'終日乾乾',與時偕行"即《淮南子·人間訓》之"因日以動,因夜以息"也。《淮南子·人間訓》中此段文字,乃帛書之旨漢初仍然有傳之確證也。"'或鱷在淵',隱[而]能靜也。"所謂"隱[而]能靜也"者,即《文言》釋此爻之名句:"君子進德修業,欲及時也"及"'或躍在淵',自試也"。若非"隱而能靜",何以能"進德修業"耶?又何以"自試也"?"'翠龍[在天]',□而上也。"帛書此爻之旨,即《文言》釋乾卦九五爻之"本乎天者親上","'飛龍在天',上治也","'飛龍在天',乃位乎天德"等。"□而上也"一句,此所缺之字,似當作《文言》之"乃位乎天德"之"德"字,當作"德而上也"。"'炕龍有悔',高而爭也。'群龍無首',文而聖也。"《衷》篇此處釋乾卦上九及用九之旨,與《文言》"'亢龍有悔',窮之災也;乾元'用九',天下治也""'亢龍有悔',與時偕極;乾元'用九',乃見天則"之義相近。《文言》更進一步解釋"亢龍有悔"爲"亢之爲言也,知進而不知退,知存而不知亡,知得而不知喪",亦得帛書"高而爭也"之旨。

連劭名《易之義》:《荀子·正論》云:"湯武非取天下也,修其道,行其義,興天下之同利,除天下之同害,而天下歸之也。桀紂非去天下也,反禹湯之德,亂禮義之分,積其凶,全其惡,而天下去之也。"息、止同義,《禮記·樂記》云:"著不息者,天也。"鄭玄注:"息,猶休止也。"終日乾乾者晝,夕惕若厲者夜。《論語·述而》云:"子謂顏淵曰:用之則行,舍之則藏,唯我與爾有是夫。"何晏《集解》云:"言可行則行,可止則止,唯我與顏淵同。""羣龍无首,文而聖也",《賈子·大政上》云:"文者,聖王之辭也。"聖人又名文人。

【新釋】

"《鍵》六剛能方","《鍵》"即今本《乾》。"剛能方"之"能",讀爲"而"。楊樹達《詞詮》卷二:"能,承接連詞,與'而'同。《管子·任法》:'是貴能威之,富能禄之,賤能事之,近能親之,美能淫之也。'按《管子》下文五能字皆作而。""《鍵》六剛能方"即"《乾》六剛而方"。"方"爲直。《文選·張衡〈東京賦〉》"方將數諸朝階",李善注引鄭玄《毛詩箋》曰:"方,直也。""《乾》六剛而方",言《乾》卦六爻剛而方直,即《衷》篇上言"正直焉剛"。

"'楷蠿勿用'者,匿也","楷",通"潛",今本作"潛"。"潛蠿,勿用",《乾》初九爻辭。"蠿",今本作"龍"。"蠿""龍"通用。"'潛龙勿用'者,匿也",即《文言》"'潛龙勿用',阳气潛藏"。

"'見蠿在田'也者,德也","見龍在田",《乾》九二爻辭。"德",鄧球柏、趙建偉、丁四新、劉大鈞皆釋爲"德性""品德"之"德",並引《文言》證之,而張政烺釋爲"升"。今按:"德"訓升是。《説文·彳部》:"德,升也。"徐鍇繫傳:

"升聞曰德。"《書·顧命》"王義嗣德",劉逢禄今古文集解引莊云:"德,升也。"《書·吕刑》"罔有馨香德",孫星衍今古文注疏:"德者,升也。"馨香德,即馨香升聞。"'見龍在田'也者,德也",即"見龍在田"也者,升也。"潛龍勿用'者,匿也"與"'見龍在田'也者,德也"相對爲文,初九言潛藏,九二言升聞。"見龍在田"也者,升聞也,即《文言》"'見龍在田',天下文明"。

"'君子冬日鍵鍵',用也","君子冬日鍵鍵",《乾》九三爻辭,今本作"君子終日乾乾"。今本《易經》"終",帛書皆作"冬"。"鍵鍵",即健健。孔穎達疏此句曰:"言每恆終竟此日,健健自強,勉力不有止息。""用",施用。今本《周易》《乾》初九"潛龍勿用",孔穎達曰:"于此時唯宜潛藏,勿可施用,故言'勿用'。"《説文·用部》:"用,可施行也。"

"'夕泥若,厲,无咎',息也","夕泥若,厲,无咎",《乾》九三爻辭,"泥"今本作"惕"。丁四新認爲"泥"通"忻",悦義,廖名春認爲"泥"即析,析通愻,愻爲悬(愓)字異構,義爲解除,此引申爲安閒休息之義。《集成》認爲"泥"乃"泥"之形誤。按《文言》:"九三曰:'君子終日乾乾,夕惕若,厲,无咎',何謂也?子曰:'君子進德修業,忠信所以進德也,修辭立其誠,所以居業也。知至至之,可與言幾也。知終終之,可與存義也。'"其孔子言"君子進德修業,忠信所以進德也,修辭立其誠,所以居業也。知至至之,可與言幾也",是釋"君子終日乾乾";而"知終終之,可與存義也",是釋"夕惕若"。按"終"爲終止,"知終終之"謂知道終止而善于終止,顯然《文言》是以"終止"釋"惕",故廖説是,"泥"當訓爲安閒休息。"息"爲休息、止息。《吕氏春秋·情欲》"日夜不休",高誘注:"息,休息也。"《詩·唐風·葛生》"誰與獨息",毛傳:"息,止也。""'君子冬日鍵鍵',用也。'夕泥若厲,无咎',息也",即"君子終日乾乾",施用也;"夕泥若厲,无咎",止息也。劉大鈞認爲《衷》篇此言與《淮南子·人間訓》"'終日乾乾',以陽動也;'夕惕若厲',以陰息也。因日以動,因夜以息,唯有道者能行之"義同,甚是。

"'或鑵在淵',隱[而]能精也","或鑵在淵",《乾》九四爻辭,"鑵"今本作"躍"。"精"讀爲"静"。

"'翟䴰在天',見於上也","翟䴰在天",《乾》九五爻辭,"翟䴰",今本作"飛龍"。"見於上也","見",讀爲"現",顯現於上。

"'忼龍有悬',高而爭也","忼䴰有悬",《乾》上九爻辭,"忼",今本作"亢","忼"通"亢"。"悬"即"悔"。今本作"亢龍有悔"。

"'羣龍无首',文而即也","羣龍无首",《乾》用九之辭,帛書《鍵》逈九之辭。"羣",即今本"群"。"即",即"聖",通義。《説文·耳部》:"聖,通也。"《國語·楚語下》"其聖能光遠宣朗",韋昭注:"聖,通也。"《衷》篇此言,《乾》

用九"群龍无首",文柔而通。

　　按此頗啓人疑竇:《乾》六爻皆剛,爲何言文柔而通？此實從爻變而言。《左傳·昭公二十九年》記蔡墨之言曰:"《周易》有之,在《乾》之《姤》曰:'潛龍勿用';其《同人》曰:'見龍在田';……其《坤》曰:'見群龍无首,吉。'""其《坤》曰",即"《乾》之《坤》曰"。"聖"字實釋"迵九"之"迵"。按朱熹《周易本義》曰:"用九,言凡筮得陽爻者,皆用九而不用七,蓋諸卦百九十二陽爻之通例也。以此卦純陽而居首,故於此發之。而聖人因繫之辭,使遇此卦而六爻皆變者,即此占之。蓋六陽皆變,剛而能柔,吉之道也,故爲'群龍无首'之象,而其占爲如是則吉也。"李道平《周易集解纂疏》:"《乾鑿度》曰:'陽動而進,變七之九。陰動而退,變八之六。'故九爲陽爻之變,六爲陰爻之變。又六陽皆變,故曰'用九'。"

【今譯】

　　孔子説:"《乾》卦六爻剛而方直,商湯、武王的品德就是這樣。初九爻辭'潛龍勿用',是説潛藏。九二爻辭'見龍在田',是説升聞。九三爻辭'君子終日健健',是説施用;'夕沂若,厲,无咎',是説止息。九四爻辭'或躍在淵',是説隱藏而能安靜。九五爻辭'飛龍在天',是説顯現於上。上九爻辭'亢龍有悔',是説窮高而相爭。用九'群龍无首',是説文柔而通達。"

　　"《川》六柔相從順,文之至也。'君子先迷,後得主',學人之胃也。'東北喪崩,西南得崩',求賢也。'履霜,堅冰至',豫□□也。'直方大,[不]習',語□□□[也]。'含章可貞',言美請也。'舌囊,无咎',語无聲也。'黄常,元吉',有而弗發也。'龍單于墅',文而能達也。'或從王事,无成有冬',學而能發也。"

【彙校】

　　趙建偉《疏證》:"或從王事,无成有終,學而能發也":此句當在"言美情也"之下,後文也是"含章可貞"與"或從王事"依次論述。

　　《集成》:"豫□□也","也"上之字尚存外框之形,結合文意疑爲"圖"字。"[不]習語","不"字下釋文據前注新綴兩小片重訂。"語"下之字僅存右側殘點。

【新校】

　　"豫"下殘損,缺兩字,諸本無補。

　　"直方大"下殘損,約缺六字,丁甲、張文、丁乙補"不習",它本皆補"不習吉"。《集成》據新綴釋補爲"[不]習語",可從。

"聒",張文釋"聒",它本皆釋"聒"。此字形爲 ▨▨，稍有殘損，與帛書《二三子》第一四行"其猶聒囊也"之"聒" ▨▨ 吻合，故釋"聒"是。

　　"'或從王事，无成有冬'，學而能發也"，趙建偉認爲當在"'含章可貞'，言美請也"下，甚是。按此章依序釋《坤》卦各爻辭，"含章可貞""或從王事，无成有冬"皆爲六三爻辭，本相連。此當爲書手在"'含章可貞'，言美請也"後，抄脱"'或從王事，无成有冬'，學而能發也"，發現後，乃補抄於此。

【集釋】

　　鄧球柏《白話》：崩：讀爲"朋"。聒：讀爲"括"。單：讀爲"戰"。《川》卦六個陰柔之爻相順從，是文弱到了極點的象徵。"君子先迷後得主"，指的是學人。"東北喪崩，西南得崩"，講的是求賢。"履霜堅冰至"，象徵豫……。"直方大，不習吉"，指的是……。"含章可貞"，講的是美好的情感。"聒囊，无咎"，講的是不説話。"黄常元吉"，指的是富有而不好表現。"龍單于野"，是講文而能够通達。"或從王事，无成有冬"，是指學到了的東西能够發揮運用。

　　趙建偉《疏證》：《坤·彖》"柔順利貞"、《説卦》"《坤》爲文"即此"六柔相從順，文之至也"。"君子先迷後得主，學人之謂也"：此與《坤·文言》"後得主而有常"句讀同。此句説賢人求主，下句説主求賢人；此句猶曹詩"烏鵲南飛"，下句猶曹詩"越陌度阡"。"履霜堅冰至，豫□□也"："豫"，預先。此句是"豫爲備（戒備）也"的意思，即《坤·文言》釋此句所説的"其所由來者漸矣，由辯之不早辯也"。"括囊无咎，語无聲也"：此與《易之義》"此言箴（緘）小人之口也"同。"黄裳元吉，有而弗發也"：此謂內有美德而不外發。此與六五小象"黄裳元吉，文在中也"一致，與《坤·文言》釋六五"發于事業，美之至也"則有異。"龍戰于野，文而能達也"：此"文"即《二三子問》釋"龍戰于野，其血玄黄"的"見文也"的"文"，"達"，通，即"《易》窮則變，變則通"。"學而能發"即六三小象的"知光大"。

　　鄧立光《實義》："文"謂柔順之德，能貫徹柔順之德，無所改易，便是"文"的極至。"學人"指爲學之人，"先迷後得主"表達由不知有疑到知其宗旨的過程，這是爲學的歷程。爲政者的最大德政是"求賢"，只有求賢，才能得到賢人的襄助，才能使政治清明。"求賢"即須親賢而遠佞，"得朋"表示得賢，"喪朋"則表示遠佞。

　　丁四新《周易》："崩"，通行本經作"朋"。"崩"通"朋"。"履"，帛書本經作"禮"。"禮"通"履"。"含"，帛書本經作"合"。"合"通"含"。"請"，通"情"。"聒"，通行本經作"括"。"聒"通"括"。《説文》："括，絜也。"朱駿聲

《説文通訓定聲》:"絜者,束也。""常"通"裳"。"單",讀作"戰"。"冬",讀作"終"。

劉大鈞《續讀》:帛書以"文"釋陰爻之柔,故言坤卦"文之至也",而釋"君子先迷後得主"爲"學人之胃也",釋"東北喪朋,西南得朋"爲"求賢也",然帛書此旨在漢魏諸家之説中已不得見。案《象》釋坤卦曰:"先迷失道,後順得常。"由其"失道"與"得常"中,我們仍可見到"學人之胃"的影子。此"學人""求賢"等皆漢初今文《易》旨也,後因今文《易》失傳,故此解不得見矣。"'含章可貞',言美請也。'秳囊,无咎',語无聲也。"此爲坤卦六三、六四爻辭之釋。"言美請也"之"請",在此應讀爲"精"字。今本《繫辭下》"精義入神",帛本《繫辭》作"請義入神",即其證也。帛書"言美精"之旨在《文言》中有之,《文言》曰:"陰雖有美,含之以從王事,弗敢成也。"帛書"'秳囊,无咎',語无聲也"之"秳",即今本"括"字。《文言》曰:"'括囊无咎',蓋言謹也。"《象》曰:"'括囊无咎',慎不害也。"《文言》《象》言"謹"言"慎",皆合帛書"語无聲也"之旨。"'黃常元吉',有而弗發也。'龍單于野',文而能達也。"帛本解坤卦六五爻"黃裳元吉"爲"有而弗發",與《象》文"'黃裳元吉',文在中也"義同。與《文言》釋此爻之"君子黃中通理,正位居體,美在其中,而暢于四支,發於事業,美之至也"其義似有所不同。解坤上六爻"龍戰于野"曰"文而能達",與《象》釋此爻"'龍戰于野',其道窮也"和《文言》釋此爻"陰疑于陽必戰,爲其嫌于无陽也,故稱'龍'焉,猶未離其類也,故稱'血'焉",其義亦有不同,究其因,在帛書對"戰"字的不同解釋上。案今本"龍戰于野"的"戰"字,帛書作"單",由其釋此爻作"文而能達也"思之,"單"字在此當讀"闡"字,此由下文釋"龍"曰"大人之義不實於心,則不見於德;不單於口,則不澤於面。能威能澤,胃之龍"可證。帛書《二三子》中此爻作"龍戰于野",與今本同。《二三子》中説:"《易》曰:'龍戰于野,亓血玄黃。'孔子曰:此言大人之廣德而施教於民也。夫文之孝,采物畢存者,亓唯龍乎?"又説:"'龍戰于野'者,言大人之廣德而下綾民也。'亓血玄黃'者,見文也。聖人出灋教以道民也,亦猶龍之文也,可胃'玄黃'矣。"由《二三子》解"龍戰于野"的這兩段文字看,依其解,"戰"字亦應解作"闡"字。"'或從王事,无成有冬',學而能發也。"此處帛書釋坤卦六三爻爲"學而能發",與《象》"'含章可貞',以時發也;'或從王事',知光大也"之義相合。帛書曰"能發",《象》曰"時發",又曰"光大",可證《象》與帛文之説皆同出一源也。

連劭名《易之義》:相從如言相隨。"文之至"指至德。"西南得朋,求賢也",坤位西南爲人門,人以賢聖爲本,故得朋爲求賢。朋、鳳古同,《説文》云:"鳳,神鳥也,見則天下安寧。"又云:"朋,古文鳳,象形。鳳飛,羣鳥隨以萬數,故以爲朋黨字。"鳳爲帝使。豫通預。"黃裳元吉,有而弗發也",有指大有。

【新釋】

"《川》六柔相從順,文之至也","《川》六柔",指《坤》卦六柔爻。"文",文德。《詩·周頌·思文》"思文后稷",陳奐傳疏:"文,文德。"《論衡·佚文》:"文德之操爲文。"此言《坤》之文德,與《乾》之武德相對。

"'君子先迷,後得主',學人之冒也","學",覺。《太平御覽》卷五百三十四引《禮記外傳》:"學者,覺也。"《論語·陽貨》"好仁不好學",邢昺疏:"學者,覺也。"《廣韻·覺韻》:"學,覺悟也。""學人"即覺人,使人覺悟。孔子認爲《坤》卦卦辭"君子先迷,後得主",言君子先迷後覺。

"'東北喪崩,西南得崩',求賢也","崩",讀爲"朋",今本作"朋"。

"'履霜,堅冰至',豫□□也","豫"爲早、備。《廣雅·釋言》:"豫,早也。"《國語·晉語一》"誡莫如豫,豫而後給",韋昭注:"豫,備也。"《淮南子·説山》"知者善豫",高誘注:"豫,備也。"《荀子·大略》:"先患慮患謂之豫。"《禮記·學記》:"禁於未發之謂豫。"孔子認爲《坤》初六"履霜,堅冰至",言提前豫防之義。按《文言》釋《坤》初六曰:"積善之家,必有餘慶。積不善之家,必有餘殃。臣弑其君,子弑其父,非一朝一夕之故,其所由來者漸矣,由辯之不早辯也。"正與此義同。

"'直方大,[不]習',語□□□[也]","直方大,[不]習",《坤》六二爻辭。"語□□□[也]",其義難詳。

"'含章可貞',言美請也","請"通"情",情實。《禮記·大學》"無情者不得盡其辭",鄭玄注:"情,猶實也。"《周禮·天官·小宰》"六曰以叙聽其情",賈公彦疏:"情,謂情實。"孔子認爲《坤》六三"含章可貞",乃言美好的情實。按王弼注"含章可貞"曰:"含美而可正者也",以"美"釋"章";《文言》釋《坤》六三曰"陰雖有美,含之以成王事",亦以"美"釋"章",皆與此同。

"'聒囊,无咎',語无聲也","聒"讀爲"括"。"括囊,无咎",《坤》六四爻辭。孔子認爲《坤》六四"括囊,无咎",乃謂不説話。

"'黃常,元吉',有而弗發也",按《象》釋《坤》六五曰:"'黃常元吉',文在中也。"與此"有而弗發"同義。"發"指外顯而開出事業,《文言》釋六五曰:"發於事業。"《象》釋《坤》六三曰:"'或從王事',知廣大也。"知(智)廣大,即發於事業。孔子認爲《坤》六五言内有文德,而没有開出事業。

"'龍單于埜',文而能達也",此孔子釋《坤》上六爻辭。"單",學者或讀爲"戰",或讀爲"闡"。今按:"單"讀"戰"是,交接之義。《説文·壬部》:"戰者,接也。"《小爾雅·廣言》:"戰,交也。"惠棟《周易述》釋"龍戰于野"曰:"戰者，接也。"《二三子問》篇曰："'龍戰于野'者，言大人之廣德而下綾民也。""綾"通"接"，顯然以"接"釋"戰"。"龍戰于野"，乃言兩龍交接，交配于野。"文"指文德。"達"，出而暢達。《素問·五常政大論》"土疏泄，蒼氣達"，王冰注："達，通也，出也，行也。"《史記·樂書》"區萌達"，張守節正義："達，猶出也。"《莊子·達生》"達生之情者"，《釋文》："達，暢也。""文而能達"，即《文言》釋《坤》六五所言："美在其中，而暢於四支，發於事業，美之至也。"言文德外顯，暢達於外，而開出事業。

"'或從王事，无成，有冬'，學而能發也"，此孔子釋《坤》六三爻辭。此有錯簡，次序有誤。"或"，讀爲"惑"。《管子·四稱》"迷或其君"，戴望新校："宋本或作惑。"《戰國策·魏策三》"臣甚或之"，黄丕烈按："或、惑同字。"《乾》九四"或躍在淵"，《文言》："'或'之者，疑之也。"是"或"讀爲"惑"，此"或從王事，无成，有終"，"或"亦通"惑"，言先迷惑，後隨從王做事，而覺悟，故雖无成，而有善終。按《周易集解》引干寶釋"或從王事"曰："遷都誅親，疑於專命，故亦或之。"即訓"或"爲"惑"。"學"亦訓覺。孔子認爲《坤》六三"或從王事，无成，有終"，言由迷惑而覺悟後，開出事業。

【今譯】

孔子説："《坤》卦六爻柔順相從，是文德的極至。《坤》卦辭'君子先迷，後得主'，是説使人覺悟。'東北喪朋，西南得朋'，是説求賢。初六'履霜，堅冰至'，是説提前預防……。六二'直方大，不習吉'，是説……。六三'含章可貞'，是説美好的情實。六四'括囊，无咎'，是説不説話。六五'黄裳，元吉'，是説内有文德，而没有開出事業。上六'龍戰于野'，是説文德外顯，暢達於外，而開出事業。六三'或從王事，无成有終'，是説由迷惑而覺悟後，開出事業。"

"《易》曰'何校'，剛而折也。'鳴嗛'也者，柔而□[也。《掾》之'用]黄牛'，文而知朕矣。《渙》之緣辤，武而知安矣。《川》之至德，柔而反於方。《鍵》之至德，剛而能讓。"此《鍵》《川》之厽説也。

【彙校】

趙建偉《疏證》：缺字可補"吉"字。

張政烺《校注》：鳴嗛也者柔而，《六十四卦》嗛之尚六"鳴[謙，利用行師征邑國"。按上下文例推之"柔而"下缺"刓也"二字。□□□黄牛，《六十四卦》掾之六二"共之用黄牛之勒，莫之勝奪"。此處疑闕"掾之用"三字。渙之緣辭,緣假爲彖。渙之緣辭即"彖曰:渙,亨。剛來而不窮,柔得位乎外而上同。王假有廟,王乃在中也。利涉大川,乘木有功也"。

【新校】

"柔而"至"黃牛"殘缺四字,首字張文補"刌",它本無補。按《衷》篇上言"是故柔而不刌,然后文而能朕也。剛而不折,然后武而能安也",與此言"《易》曰'何校',剛而折也。'鳴嗛'也者,柔而□[也]"相應,故補"刌"是。

"掾之用]黃牛","掾",丁甲、丁乙補爲"掾",它本皆補作"遯"。按其後所言"黃牛",帛書《周易》卦爻辭有兩處,一爲《掾》(今本《遯》)六二"共之用黃牛之勒",一爲《勒》(今本《革》)初九"共用黃牛之勒",此言"文柔",當爲《掾》六二爻辭。又,今本《遯》卦,帛書寫作"掾",故補"掾"較妥。"用",諸家釋文皆無,《集成》據空間容字情況補出,可從。

"厽",陳廖、廖丁、丁甲、廖戊、丁乙釋"厽",廖甲作"三",張文作"品",它本皆作"厽"。觀諸照片,此字以原形可釋"厽",同"厽",逕釋"厽"即可。

【集釋】

鄧球柏《白話》:厽:假借爲"參"。《周易·筮盍》的尚九爻辭說"何校",是陽剛易折的典型。《嗛》六二的"鳴嗛"是陰柔而能吉善的典型。《遯》卦六二爻辭的"黃牛"是文而知勝的典型。《渙》卦的卦辭是武而知安的典型。《川》卦的最高品德是陰柔而能返于陽剛。《鍵》卦的最高品德,是陽剛而能柔讓。這就是《鍵》《川》兩卦互補解《易》的方法。這一章將《鍵》《川》兩卦的特點分別揭示出來,並根據各自的特點解釋卦爻辭,參互比較,闡明剛柔相濟、文武並重等易學原理,和《鍵》《川》互補的解《易》用《易》方法。

趙建偉《疏證》:《噬嗑》上九說"何校滅耳,凶",陽剛處一卦之極,不思退止,故有"滅耳""剛折"之凶。"鳴謙也者,柔而[吉]也":《謙》卦六二說"鳴謙,貞吉"。六二柔爻處柔位,又居中謙柔,所以說因柔獲吉。"遯之黃牛,文而知勝矣":《遯》卦六二"執之用黃牛之革,莫之勝說"。"黃"者,"文"也,又六二柔爻居柔位,所以此處的"文"謂文柔。"知"猶"能"。此言六二雖文柔却能勝過別人。"《渙》之緣(彖)辭,武而知安矣":此"《渙》"當作"《巽》",後文"三陳九德"中"巽"即訛作"渙"。"彖辭",卦爻辭,在此指爻辭。《巽》卦初六爻辭說"進退,利武人之貞",謂勇武之人欲進而退之,所以此處說剛武而能保安。"《坤》之至德,柔而反于方":"反"同"返"。《坤》卦用六說"利永貞",小象說"用六永貞,以大終也","大"指"陽","方"即前文《乾》六剛能方"的"方"。此言《坤》柔至極而能返于陽剛之正直。"《乾》之至德,剛而能讓":《乾》卦用九說"見群龍无首,吉",小象說"天德不可爲首",謂《乾》剛至極而能遜退辭讓（即後文的"讓善"）。"此《乾》《坤》之參說也"："參"，參互交錯。陰陽交錯，剛柔相易，此爲《周易》的特點，也是《易之義》說《易》的特點。從"子曰：《乾》，六剛能方"至此，主要論述《乾》《坤》兩卦而兼論《噬嗑》《謙》《遯》《巽》等卦，承上章從陰陽、剛柔、文武角度立説而尤重其轉化之理。

丁四新《周易》："嗛"，通行本經作"謙"。"嗛"通"謙"。"朕"，讀作"勝"。"緣"通"彖"，"辤"即"辭"，"緣辤"即"彖辭"。《繫辭》："彖者，材也。爻也者，效天下之動者也。"然"彖辭"具體所指，仍不清晰。"反"，通"返"。"柔"與"方"，有相對之義。"厽"，同"三"。"《鍵》《川》之厽說"，自"子曰"至"學而能發"，此一說也；自"《易》曰'何校'"至"武而知安矣"，此二說也；自"《川》之至德"至"剛而能讓"，此三說也。

張政烺《校注》：此鍵川之品說也。品，性質，法式，區分，差別。

劉大鈞《續讀》："《易》曰'何校'"，指噬嗑卦上九爻"何校滅耳，凶"。所謂"剛而折也"，指"何校滅耳"乃"剛而折"。此"剛而折"恐與《衷》篇前文"鍵之炕龍""壯之觸蕃"等五卦之爻爲"剛之失也"一樣，皆屬漢初所傳今文《易》卦變之說。由《集解》所引東漢魏晉人之釋看，已難窺見其說之詳旨。而《象》釋此爻曰："'何校滅耳'，聰不明也。"《繫辭》釋此爻曰："善不積不足以成名，惡不積不足以滅身。小人以小善爲无益而弗爲，以小惡爲无傷而弗去也，故惡積而不可掩，罪大而不可解。《易》曰'何校滅耳，凶'。"《繫辭》以積善去惡釋此爻，而《象》文曰"聰不明也"乃指"滅耳"而至其"不明"，坎爲耳，噬嗑卦六三、九四、六五三爻互坎爲耳。今上九爻如何"剛而折"，其變化之旨，恐與前文所云"鍵之炕龍"等五卦之爻"剛之失也"理同。由於我們所能見的這方面資料不多，故已難窺其變化之旨矣！此段文字的最後一句，"此鍵川之厽說也"，案帛書《二厽子》篇由篇首"二厽子問曰"而定名，今人釋"厽"字爲今文"三"字，此解是也。《衷》篇此"厽"字亦應解作"三"，只書寫不同耳。"此鍵川之厽說也"恐即此段文字所稱道的三種方式："剛而折也"，"柔而□也"；"文而知朕"，"武而知安"；"柔而反于方"，"剛而能讓"。

丁四新《數則》：帛書也強調了天地、剛柔、文武相互配合的思想。此云"文而知勝""武而知安"，以及《川》之至德，柔而反於方。《鍵》之至德，剛而能讓"，都是這種相互配合思想的表達。

王化平《讀》：此處認爲渙卦體現了"武而知安"，與後世易學家認爲"渙有文義"內蘊相同。如尚秉和說："《太玄》擬《渙》爲《文》。司馬光云：'揚子蓋讀渙爲煥。'案，渙即有文義。"並引《淮南子·說山訓》《後漢書·延篤傳》等證明揚雄之讀"與古訓合"。"武而知安"，即是"武而知文"。"此鍵川之厽說也"是用來總結前文的，"厽"應讀爲"累"，與"累世"的"累"字同義，作連接、連續理解。《群經平議》釋《論語·衛靈公》"立則見其參于前也"云："'參'當作'厽'……厽之言絫也。""絫"是"累"的古字，所謂"鍵川之厽説"，是指前文連續解説乾坤二卦。

連劭名《易之義》："《易》曰：何校，剛而折也"，卦上互坎，《周易·説卦》云："坎爲耳，爲桎梏。"上離爲戈兵，六三應上，離變震爲木，《説文》云："校，木囚也。"坎變兑爲毀折，耳象消，故曰滅耳。"鳴謙也者，柔而［朒也］"，朒，讀爲忍。參，《穀梁傳·桓公五年》何休注："蓋參譏之。"疏云："參者交互之意。"《禮記·孔子閒居》云："三王之德參於天地。"鄭玄注："參天地者，其德與天地爲三也。"言德與天地相合。

【新釋】

"《易》曰'何校'，剛而折也"，《筮蓋》（今本《噬嗑》）卦上九爻辭。《衷》篇認爲《噬嗑》上九言"何校"，是由于上九爻剛而不中，過剛而折斷。

"'鳴嗛'也者，柔而□［也］"，缺文疑補爲"朒"。"鳴嗛"，鄧球柏、趙建偉、丁四新認爲此爲《嗛》（今本《謙》）六二爻辭，張政烺認爲《嗛》上六爻辭。按此言"《易》曰'何校'，剛而折也。'鳴嗛'也者，柔而朒［也］"，前言《噬嗑》上九過剛之失，後當言《謙》上六過柔之失，故當言《謙》上六。"朒"讀爲"朋"，卷曲，見前釋。《衷》篇認爲《謙》上六言"鳴謙"，是由于上六爻柔而不中，過柔而卷曲。

"《掾》之'用］黄牛'，文而知朕矣"，"朕"讀爲"勝"，克任。"知"爲"致"。王念孫《讀書雜志·史記第二》"知禮樂之道"按："知，當依《樂記》《祭義》作致。""知勝"，即致勝、致任。《衷》篇認爲《掾》（今本《遯》）六二言"黄牛"，是由于六二爻柔得中，文柔而致勝。"文而知勝"，即上章"文而能勝"。下言"武而知安"，即武而致安，即上章"武而能安"。

"《渙》之緣辤，武而知安矣"，"緣"通"彖"，"緣辤"即"彖辤"。"彖辤"古有兩義：一为卦辤，一为爻辤。今本《繫辤下》"知者觀其彖辤"，《釋文》："馬云：彖辤，卦辤也。鄭云：爻辤也。周同。""《掾》之'用］黄牛'"言《遯》六二爻辤，"《渙》之緣辤"亦當言爻辤。此言"《掾》之'用］黄牛'，文而知勝矣。《渙》之緣辤，武而知安矣"，即上章"柔而不朒，然後文而能勝也。剛而不折，然後武而能安也"，旨在言中爻得中之義。故"《渙》之彖辤"，當指《渙》九二或九五中爻之辤。《衷》篇此認爲《渙》九二言"渙賁亓階，悔亡"，或《渙》九五言"渙亓肝大號，渙王居，无咎"，是由于剛爻得中，武剛而致安。

"《川》之至德，柔而反於方"，"柔"指柔爻，"方"爲直，指剛爻。此言《坤》之變卦，六柔爻皆變爲方直的剛爻。

"《鍵》之至德，剛而能讓"，"剛"指剛爻，"讓"爲文讓，《國語·周語下》：

"讓,文之才也。"《後漢書・陳蕃傳》:"讓,身之文,得之昭也。"文讓,指柔爻。此言《乾》之變卦,六剛爻皆變爲文讓的柔爻。

"此《鍵》《川》之厽説也","厽"即"叄","厽説"即"叄説",言孔子從三個方面論説《乾》《坤》卦爻義理。第一説,自"子曰"至"學而能發"。分論《乾》《坤》諸卦爻,一方面强調《乾》之武剛、《坤》之文柔的特性,同時揭示《乾》武剛含有文柔,《坤》文柔隱含武剛的思想。

第二説,自"《易》曰'何校'"至"武而知安矣"。先從反面談論《噬嗑》上九和《謙》上六過剛、過柔之失,然後從正面論述《遯》之六二和《涣》之九二或九五得中,從而剛柔、文武兼備適中的道理。雖没有直接論述《乾》《坤》,但《乾》作爲武剛典型、《坤》作爲文柔代表,本節所論剛柔、文武的道理,實爲《乾》《坤》之理,故亦以《乾》《坤》爲名。

第三説,自"《川》之至德"至"剛而能讓"。此論《乾》之武剛和《坤》之文柔的互相轉化。其中言"變卦",尤可注意。

此節孔子曰:"《周易》中《噬嗑》上九'何校',是由于過剛而毁折。《謙》上六'鳴謙',是由于過于柔軟。《遯》六二'黄牛',文柔而致勝任。《涣》九二(或九五)爻辭,武剛而致安定。《坤》卦表現的最大的功用,是柔爻變化,而返回方直的剛爻。《乾》卦表現的最大的功用,是剛爻變化爲柔爻,而能文讓。"以上就是從三個層面對《乾》《坤》的論説。

【今譯】

孔子説:"《周易》中《噬嗑》上九'何校',是由于過剛而毁折。《謙》上六'鳴謙',是由于過柔而卷曲。《遯》六二'用黄牛',文柔而致勝任。《涣》九二(或九五)爻辭,武剛而致安定。《坤》卦表現的最大的功用,是柔爻變化,而返回方直的剛爻。《乾》卦表現的最大的功用,是剛爻變化爲柔爻,而能文讓。"以上就是從三個層面對《乾》《坤》的論説。

第五章

【説明】

本章乃抄自今本《繫辭》的祖本，與今本《繫辭下》第十一章略同，内容爲孔子論《周易》成書之背景。

子曰："《易》之用也，段〈殷〉之无道，周之盛德也。恐以守位，敬以拳事，知以辟患。□□□□□□□□文王之危知，史説之數書，孰能辯焉？"

【彙校】

張政烺《校注》：子曰易之用也段之无道周之盛德也，韓本《繫辭下》"易之興也，其當殷之末世，周之盛德耶"。用、興音近致異，段、殷形近致誤，皆以韓本爲優。

《集成》："位"字原存左半"人"旁，反印文（易傳襯頁－16）其右上亦略殘，但右下之"立"旁長横筆尚存，可證。張釋外其他諸家釋文皆作"功"，非是。"説"字，對比其形 ![字形] 與此行上"ム説"之"説"（![字形]），其"兑"旁左下角殘存之一小筆尚能全合，釋"説"應無問題。

【新校】

"段"，丁甲、廖戊釋"殷"，它本皆作"段"。此字形爲 ![字形]，顯爲"段"字。此以"段之无道"與"周之盛德"對比，故"段"乃"殷"之形誤。

"知以辟患"至"文王"殘損，約缺七八字，諸本無補。闕疑可也。

"説"右殘，于文空缺，陳廖、廖甲釋"説"，張文釋"託"，它本皆釋"記"。此字形作 ![字形]，右殘。按將此字形與帛書《戰國縱横家書》第一九二行"願及未真鑿谷而託之"之"託"![字形]相比較，張政烺釋"託"有其道理。但揆諸上下文義，作"説"的可能性更大。除《集成》舉例外，此字殘形與帛書《周易》第一行"車説緮"之"説"![字形]亦很吻合，故釋"説"是。

"文王之危知,史説之數書","知",廖乙、廖丙、廖丁、丁甲、張文、廖戊、丁乙、《集成》皆屬下讀,作"知史記之數書"。按揆之上下文義,當屬上讀爲是。

【集釋】

鄧球柏《白話》:段:"殷"字之訛。孔子説:《周易》的施行是因爲殷朝無道、周朝的盛德興起。恐懼的心態可以守住功勞,尊敬的心態可以奉承事業,智慧的人可以避免灾患……文王處危難的智慧,史説的數書,誰能辯别其異同呢?

趙建偉《疏證》:今本《繫辭下》十一章的"《易》之興也,其當殷之末世,周之盛德耶,當文王與紂之事耶,是故其辭危,危者使平,易者使傾"及《要》篇"故《易》剛者使知瞿(懼),柔者使知剛……文王仁,不得其志以成其慮,紂乃无道,文王作,諱而避咎,然後《易》始興也"與本段文字有聯繫。這幾句文字是説《周易》是在殷朝末世無道與周朝盛德大業正在建立的時侯開始興用的。"恐以守功,敬以承事,知(智)以避患":此三句言《易》之用。"危知",文王危難時的知慮(即文王所做之卦爻辭)。又疑"知"當爲"辭","危辭"即《易》之卦爻辭,亦即所謂的"其辭危"。"史説之數書"謂古史傳説中的數術之書,如《連山》《歸藏》等。"辯"謂辯其真正底藴。本章論《易》的創興及作用,與《繫辭下》十一章相聯繫。

丁四新《周易》:"《易》之用也,殷之无道,周之盛德也",可參看通行本《繫辭》:"《易》之興也,其當殷之末世,周之盛德邪?""知",通"智"。"辟",讀作"避"。據上下文,《衷》篇作者認爲《易》與文王有關。通行本《繫辭》,有類似説法。"數書",大約同於《漢書・藝文志》所説的術數類的書籍。依此,則可知《周易》之作,與術數、卜筮關係密切。

劉大鈞《續讀》:"段之无道"之"段",當爲"殷"字,二字以形近互借。帛書於此明言作《易》之旨在于顯示殷朝的"无道"與周朝的"盛德"。"恐以守功,敬以承事,知以辟患"以下文字共缺失八字,而只存"文王之危知"。此段文字充分表達了文王在當時的處境下"終日乾乾,夕惕若厲"的憂患意識,這種意識在《象》《象》《繫辭》等《易傳》文字中已多有表達。"史記之數書"之"史",恐即《要》中"數而不達於德,則亓爲之史"之"史",史人所記之書,明乎數而不能達於德,其中更没有文王處憂患之智慧。

王化平《讀》:"文王之危知,史記之數書",廖氏釋文以"知"字屬下讀,劉大鈞則之屬上讀,這樣讀的話更符合句式的特點。"危知"指文王的憂患意識,"數書"則指巫史擅長的揲蓍卜筮。"辯"通辨,意爲辨别,"孰能辯焉"意指文王的憂患意識與巫史的卜筮結合在了一起。以後世易學術語概括的話,《衷》篇認爲文王在《周易》中融入了義理,巫史則僅是其中象數部分的創造者,兩部分融合無間,互爲依輔。

連劭名《易之義》:"文王之危知",文王知危,故有憂患。"史說之數書",數書即筮書,《左傳·僖公十五年》云:"筮,數也。"

【新釋】

"《易》之用也,段〈殷〉之无道,周之盛德也","段"爲"殷"之形誤。"用"爲興用,此即今本《繫辭下》:"《易》之興也,其當殷之末世,周之盛德邪?當文王與紂之事邪?""殷之无道",即《漢書·藝文志》:"至于殷周之際,紂在上位,逆天暴物。""周之盛德",即《漢書·藝文志》:"文王以諸侯順命而行道,天人之占可得而効。"帛書《要》篇:"文王仁,不得其志,以成其慮。紂乃无道,文王作,諱而避咎,然後《易》始興也。"亦與此義近。

"恐以守位,敬以拯事,知以辟患","拯"即"拯",通"承"。"承",受。今本《周易》《師》上六"開國承家",《周易集解》引虞翻注:"承,受也。"《説文·手部》:"承,奉也,受也。""承事",即受事。"知",讀爲"智"。此謂以恐守功,以敬承事,以智避患,乃言文王創作《周易》所隱涵的憂患意識,即今本《繫辭下》:"作《易》者,其有憂患乎?"

"□□□□□□□文王之危知",按今本《繫辭下》:"《易》之興也,其當殷之末世,周之盛德邪?當文王與紂之事邪?是故其辭危。危者使平,易者使傾。其道甚大,百物不廢,懼以終始,其要无咎。"即言此義。"危",即"其辭危"之危,謂《周易》之辭危懼。孔穎達疏"其辭危"曰:"《易》之興起在紂之末世,故其辭者,憂其傾危也。以當紂世憂畏滅亡,故作《易》辭,多述憂危,亦以垂法於後,使保身危懼,避其患難也。""智",《新書·道術》:"深知禍福謂之智。"《白虎通義·性情》:"智者,獨見前聞,不惑於事,見微知著也。""危智",危辭之智,謂文王于危懼的《周易》之辭中所表現的智慧,即"危者使平,易者使傾。其道甚大,百物不廢,懼以終始,其要无咎"。

"史說之數書","史",即帛書《要》篇孔子所言"史"。《漢書·藝文志》:"數術者,皆明堂羲和史卜之職也。"古代史卜掌數術之學,其特點是"明數"。帛書《要》篇記孔子曰:"數而不達於德,則其爲之史。""説",論説。"史說之數書",謂史卜所論説數術之類的書。《漢書·藝文志》"數術略"有"蓍龜類",其中有"《蓍書》二十八卷",爲筮占之書。《禮記·禮運》記孔子曰:"我欲觀夏道,是故之杞,而不足徵也,吾得《夏時》焉。我欲觀殷道,是故之宋,而不足徵也,吾得《坤乾》焉。《坤乾》之義,《夏時》之等,吾以是觀之。"《坤乾》當爲古代筮占之書,孔子得到並觀看過。"史說之數書",當指《蓍書》《坤乾》之類的書。此類書的特點是擅于推算氣運之數,即明筮占之數。

"孰能辯焉","辯",明。今本《繫辭上》"辯吉凶者存乎辭",《釋文》:"辯,京云:明也。"《管子·五輔》"大夫任官辯事",尹知章注:"辯,明也。""……文王之危知,史說之數書,孰能辯焉",蓋謂文王作《周易》,在危懼的《周易》之辭中表現大道智慧,而史官論說明數的筮占之書,怎能明辯這種大道呢?關於《周易》和史官所論說數術類筮占之書的本質區別,帛書《要》篇記孔子論之甚詳,其曰:"《易》我後亓(其)祝卜矣,我觀亓(其)德義耳也。幽贊而達乎數,明(明)數而達乎德,又[仁]□者而義行之耳。贊而不達於數,則亓(其)爲之巫。數而不達於德,則亓(其)爲之史。史巫之筮,鄉(嚮)之而未也,始(恃)之而非也。後世之士疑丘者,或以《易》乎?吾求亓(其)德而巳(已),吾與史巫同涂(途)而殊歸者也。君子德行焉求福,故祭祀而寡也;仁義焉求吉,故卜筮而希(稀)也。祝巫卜筮亓(其)後乎?"《周易》涵道德義理,數術類筮書只明氣運之數,這種深刻的異質差別不但當時的史官無法明瞭,孔子甚至擔心以後的人也很難明白,而怪罪於他。

【今譯】

孔子說:"《周易》之創作,正當殷朝的无道,周朝的盛德。文王以恐懼之心持守功業,以敬畏之心奉受職事,以智謀避免禍患。……文王在危懼的《周易》之辭中表現大道智慧,而史官論說明數的筮占之書,怎能明辯這種大道呢?"

第六章

【説明】

從"《易》曰又名焉曰《鍵》",至"此《鍵》之羊説也",爲完整獨立的一章。依篇中所言"此《鍵》之羊説也",可稱爲"《乾》之詳説"章。此章乃抄自於已經佚失的孔子"《易》説",其内容爲詳細論説《乾》卦爻辭,其言説風格與今本《文言》類似。此章可分七節。

《易》〈子〉曰:"〔《易》〕又名焉曰《鍵》。《鍵》也者,八卦之長也。'九'也者,六肴之大也。爲'九'之狀,浮首兆下,蛇身僂豐,亓爲龍類也。夫豐,下居而上達者〔也〕。☑□□□□□而成章。在下爲'楷',在上爲'炕'。人之陰德不行者,亓陽必失類。"

此爲第一節。

【彙校】

趙建偉《疏證》:整理者認爲"《易》曰"的"曰"字爲衍文。按:準下章"子曰:《易》有名曰《坤》",則此處當作"子曰:《易》有名焉曰《乾》"。

丁四新《周易》:"《易》曰又名焉曰《鍵》",上"曰"字,衍文。

張政烺《校注》:易曰又名焉曰鍵,按下文"子曰易又名曰川",疑此處亦當作"子曰"。

《集成》:據趙建偉説,則此"易曰又"蓋本應作"子曰易又"四字,誤抄爲"易曰又",脱"子"字,"曰易"二字又誤倒。

【新校】

"《易》〈子〉曰〔易〕又",趙建偉、《集成》辨析是。此本當作"子曰:《易》又名曰《鍵》",方與下文"子曰:《易》又名曰《川》"相協。

四"爲"字,廖乙、廖戊作"為",它本皆作"爲"。驗諸照片,釋"爲"是。

"豐",諸家釋文皆作"曲",《集成》作"豐",可從。

"蠚",張文作"龖",它文皆作"蠚"。驗諸照片,釋"龖"符合帛書原貌。

"蠪""龓"實同,釋"蠪"可也。

"下居而上達者[也]"至"而成章"殘缺,張文補後二字爲"六畫",它本皆無補。揆諸上下文意,闕疑爲妥。

【集釋】

鄧球柏《白話》:肴:爻。兆:"頫"字的省寫。《周易》說:有卦名叫做"鍵"。《鍵》卦是八卦的長者。陽剛之爻的"九",是六爻中的大的。因爲"九"這個字的形狀,浮首向下,象蛇一樣的彎曲,跟龍的形狀差不多。楷:讀爲"潛"。炕:通"亢"。而龍,是下居于水中而上達于天空的動物……而成章。龍在下爲潛龍,在上爲亢龍。人的陰德不施于世,他的陽德必然失其類。《周易》說"潛龍勿用",意思是潛伏情志不使用于世。

鄧球柏《校釋》:兆:"俯"字的省寫,讀爲"俯"。

趙建偉《疏證》:《說文》說"九象屈曲究盡之形",此以"九"字之形比附龍形。"在下爲潛,在上爲亢":"下"謂"初九潛龍","上"謂"上九亢龍"。"人之陰德不行者,其陽必失類":此似就《乾》之上九而說。"陰德"謂柔德。《乾》九五居中、德合天地,是能兼行柔德,所以有民與賢人皆從順之的"各從其類";上九不能兼行柔德,所以無民從之、無賢輔之而"失其類"。此與《乾·文言》釋九五及上九文字相關。

丁四新《九則》:從"鍵也者,八卦之長也"及"九也者,六爻之大也"來看,在帛書《衷》寫作之前已經形成了九表剛爻之性、六表陰爻之性的爻題法,帛書和楚簡《周易》經文都有具體的證明。(注:上海博物館收藏的楚竹書《周易》,即已有爻題,可參看。)特別值得注意的是,帛書對於"九"字形體的描述:"爲九之狀,浮首兆下,蛇身僂曲,其爲龍類也。"從帛書隸體來看,"九"字之狀而與此說不甚相肖,並無"浮首"之狀。《說文》根據篆體而云:"九,陽之變也。象其屈曲究盡之形。"其描述顯然集中在"屈曲"或"僂曲"上面,同樣沒有將"浮首"之狀描述出來。但是"九"字的"浮首兆下"之狀,在甲金文和一些戰國文字中有明確的表現。(臧克和、王平《說文解字新訂》第966頁,何琳儀《戰國古文字典》第164頁)由此推測,帛書《衷》的寫作當在先秦。又,廖名春指出帛書《衷》最後一段文本連續三次以"《易》曰"的形式引用見之於今傳本《繫辭》的文本。(注:廖氏說:"在帛書《繫辭》《易之義》《要》寫作時,今本《繫辭》的內容都已基本形成。因此,以帛書《繫辭》爲據證明今本《繫辭》的許多內容晚出的論點,是不能成立的。")綜合推斷,帛書《衷》的寫作當晚於今傳本《繫辭》,很可能是戰國末季的作品。

丁四新《周易》:"又",通"有"。《說卦》有乾爲天爲父、坤爲地爲母的說法,而帛書《衷》更進一步,認爲鍵(乾)爲八卦之長。"九",不僅代表了爻性

（陽、剛），同時也指明了《鍵》卦諸爻辭所包含的龍象。"肴"，通"爻"。易卦六爻位，以九之象徵意涵爲大。"兆"，通"頫"。《説文》："頫，低頭也。……俛，頫或从人免。"《漢書·項籍傳》顏師古《注》："頫，古俯字。""僂"，《説文》："尩也。从人婁聲。周公韈僂，或言背僂。"尩，《説文》以爲"允"之古文。允，《説文》以爲"曲脛"之疾。從上文對數字"九"的描述來看，與先秦古文相合。據此，《衷》篇可能作于先秦。"在下爲'櫡'"，參看《鍵》卦初九爻辭。"櫡"，通"潛"。"在上爲'炕'"，參看《鍵》上九爻辭。"炕"通"亢"。

　　劉大鈞《續讀》：今讀帛書《衷》篇 "《易》曰又名焉曰鍵" "《易》又名曰川"，知前文"此鍵川之三説也"亦即《易》之三説也"，故舉噬嗑、謙等六卦以明之。由"鍵也者，八卦之長也"，知此"鍵"乃指今本經卦乾，乾爲天、爲父，自然爲"八卦之長也"。"九也者，六肴之大也"，九爲老陽之數，而在以老陽、老陰、少陽、少陰組成六爻的九、六、七、八之數中，九數最大，故"九也者，六肴之大也"。復以象論"九"："爲九之狀，浮首兆下，蛇身僂曲，亓爲龍類也。"《象》釋乾卦曰："六位時成，時乘六龍以御天。"《文言》曰："時乘六龍，以御天也。"今讀帛書此釋，方知《象》《文言》釋乾卦初九至上九"六位"爲"六龍"之本義也。"夫龍，下居而上達者"其下共殘缺十個字，最後三字爲"而成章"，所謂"而成章"者，案之今本《説卦》中有之："昔者聖人之作《易》也，將以順性命之理，是以立天之道曰陰與陽，立地之道曰柔與剛，立人之道曰仁與義，兼三才而兩之，故《易》六畫而成卦，分陰分陽，迭用柔剛，故《易》六位而成章。"王弼注"兼三才而兩之"至"六位而成章"一段文字曰："設六爻以效三才之動，故六畫而成卦也。六位，爻所處之位也，二、四爲陰，三五爲陽，故曰'分陰分陽'；六爻升降，或柔可剛，故曰'迭用柔剛'也。"王弼注文之"六爻升降，或柔或剛"即帛書之"夫龍，下居而上達者"。"在下爲'櫡'，在上爲'炕'。"此即帛書前文所云"夫龍，下居而上達者""人之陰德不行者，亓陽必失其類"。

　　連劭名《易之義》："浮首兆下"，浮讀爲包，《尚書·禹貢》云："草木漸包。"馬融注："包，相包裹也。"《漢書·外戚傳上》顏師古《集注》引晉灼云："包，藏也。"篆文九作包首形，如《周易·乾》用九云："見羣龍无首，吉。"兆，義同現，《國語·吳語》云："天占既兆。"韋昭注："兆，見也。""人之陰德不行者，其陽必失類"，《淮南子·人間》云："有陰德者，必有陽報。有隱行者，必有昭明。"《漢書·于定國傳》云："我治獄多陰德，未嘗有所冤，子孫必有興者。"陰德指善行，《周易·坤·文言》云："積善之家，必有餘慶。積不善之家，必有餘殃。"《周易·坤·象》云："西南得朋，乃與類行。東北喪朋，乃終有慶。"失類如言喪朋。

【新釋】

"九也者，六肴之大也"，以今本《繫辭上》"大衍筮法"，古以數定一卦六爻，其數有六、七、八、九，其中九爲最大，故言"九也者，六爻之大也"。

"浮首兆下，蛇身傻豐，亓爲龍類也"，"浮"，高，《文選·揚雄〈甘泉賦〉》"浮蠛蠓而撇天"，李善注引服虔曰："浮，高貌也。""兆"，讀爲"頫"，俯也。"浮首頫下"，即高首俯下。"豐"，即"曲"。此言九字之形狀，高首俯下，如蛇身屈曲，正爲龍的形狀。按《戰國古文字典·幽部》錄戰國文字"九"，有作ㄅ、ㄋ、ㄣ、ㄨ、ㄨ、ㄨ諸形者，正與《衷》篇此言符。

"夫豐，下居而上達者[也]"，"豐"，即"龍"。"下居而上達"，謂龍下能潛居，上能飛達，即帛書《二三子問》所言："龍大矣！……高尚（上）齊虖（乎）星辰日月而不眺，能陽也；下綸（淪）窕（窮）深瀟之瀟（淵）而不沫（昧），能陰也。"言龍高上與星辰日月齊光，而不耀，故能陽；下沉深清之淵，而不昧，故能陰。

"人之陰德不行者，其陽必失類"，"類"，比。《經義述聞》卷二《類族辨物》："《樂記》：'律小大之稱，比終始之序。'《史記·樂書》律作類。類，亦比也。"《衷》篇此言陰陽匹配相比，若無陰，陽失比，也不能存在。

【今譯】

孔子說："《周易》有卦名曰《乾》。《乾》是八卦之首。'九'是確定一卦六爻的六、七、八、九四個數中最大的。'九'字的形狀，高首俯下，如蛇身屈曲，正爲龍之類。龍，下能潛居，上能飛達，……在《周易·乾》卦爻辭中，龍在下稱爲'潛'，在上稱爲'亢'。人如果不能施行陰德，其陽德必失比無存。"

《易》曰"潛龍勿用"，亓義潛清勿使之胃也。子曰："廢則不可入於謀，朕則不可與戒，忌者不可與親，繳[者]不可予事。《易》曰'潛龍勿用'、'炕龍有悔'，言亓過也。物之上撇而下絶者，不久大立，必多亓咎。《易》曰：'炕豐有悔。'大人之義不實於心，則不見於德；不單於口，則不澤於面。能威能澤，胃之豐。"

此爲第二節。

【彙校】

《集成》："用"字諸家釋文皆在擬補缺文中，此據前所新綴小片逕釋。

【新校】

此節爲孔子釋《乾》卦初九爻辭"潛龍勿用"，也論及上九"亢龍有悔"，"子曰"當在"亓義潛清勿使之胃也"前。

"不可予事易"原殘，陳廖、廖甲、廖乙、張文、于文皆無釋，廖丙綴補一殘片，釋出"不可予事"四字，並於前補"耂"，它本略同。《集成》從廖綴釋，並指出廖所綴小片，原裱於帛書帛畫殘片－14。

後"勿"字殘，只存右上角，陳廖、丁甲補"勿"。從其殘留筆畫看，此字當爲"勿"，可如它本逕釋。

"擸"，廖丁釋"指"，張文、丁乙釋"擸"，陳松長《馬王堆簡帛文字編》亦釋此字爲"擸"，于文作"擸"，它本皆作"撼"。觀諸照片 ，釋"擸"是。

"不久大立"，"大"，張文釋"六"，它本皆釋"大"。驗諸照片，釋"大"是。

後兩"龖"字，諸家釋文皆作"龍"。驗諸照片，釋"龖"是。

【集釋】

鄧球柏《白話》：孔子說：廢除的官員不可以與他謀劃，勝利的官員則不可以與其戒備，有忌諱的人不可以與他親密，繳……撼：讀爲"盛"。所以《周易》說："潛龍勿用。""炕龍有悔"，講的是超越了極限。事物發展到上面很旺盛，而下面又毫無基礎，就不能長久存在，必然導致許多灾咎。《周易》說"炕龍有悔"，指的就是這個道理。大人的仁義不實實在在繫于心中，就不能表現出仁義的德行，不戰于口，就不會表現于臉上。能夠有威風、能夠有恩澤，就叫做龍。

趙建偉《疏證》："其義潛清勿使之謂也"："清"讀爲"靜"。"廢則不可入于謀"："廢"猶敗。"則"猶"者"。"入于"當作"與"（"入"訓爲"與"，故"與"訛作"入"，"于""與"音同而衍）。此言敗者智寡故不可與之言謀略之事。"胜則不可與戒"：此言勝者驕盈故不可與言戒備之事。"忌者不可與親"：此言妒忌賢能者不可與之親近。"繳[者不可與]□"："繳"讀作"徼"，訓爲僥倖或愚塞不明。"上盛下絶"即《乾·文言》釋上九的"貴而无位，高而无民"。"實"，誠實。"單"，誠信（《書·盤庚》注"單，誠也"，《詩·天保》傳"單，信也"）。

丁四新《周易》："清"，讀作"靜"。"朕"，讀作"勝"。"繳"，讀作"徼"。徼，徼幸，與"僥幸"同。"立"，讀爲"位"。"單"通"亶"。亶，誠實也。

張政烺《校注》：物之上擸而下絶者，擸，讀爲即，就也。不久六位，乾"上九，亢龍有悔"，六位即上九之位。單，誠。

劉大鈞《續讀》：帛書以"潛清勿使"釋"潛龍"，並進一步闡發到"廢則不可入於謀，朕則不可與戒，忌者不可與親，繳[者]不可予事。[《易》]曰'潛龍勿[用]'，'炕龍有悔'，言亓過也。""廢則不可入於謀"，廢棄不用之人，則不可再讓其參與謀劃大事。"朕則不可與戒"，"朕"與"勝"字互假，指能勝任大事之人不可時時以清規戒其所爲。"忌者不可與親",所顧忌避諱之人不可與之親近。"繳[者]不可予事","繳"字在此應讀"僥"。案《莊子·在宥》:"此以人之國僥倖也,幾何僥倖而不喪人之國乎。"《釋文》曰:"僥字或作徼。"可證,古"徼"與"僥"通假,故"繳"字亦可與"僥"通。"繳[者]不可予事",意謂靠僥倖者不可托予大事。以上帛本諸義與今本《文言》釋"潛龍勿用"顯然有所不同:"初九曰'潛龍勿用',何謂也? 子曰:龍德而隱者也,不易乎世,不成乎名,遯世无悶,不見是而无悶,樂則行之,憂則違之,確乎其不可拔,'潛龍'也。"《文言》作者雖然主張"不易乎世,不成乎名,遯世无悶,不見是而无悶",但尚有"樂則行之,憂則違之"的思想,與帛書"亓義潛清勿使之胃也"是有所區別的。今本《文言》"不易乎世,不成乎名",樂行憂違,操之在我,而帛書則因其"潛清"而"勿使",並進一步以"廢""朕""忌""繳"四條"不可"一一細釋"潛清"保以"勿使",其"用"與"勿用"操之在君,這是帛書釋此爻與《文言》的根本不同之處。《衷》篇進一步釋之曰:"《易》曰'潛龍勿[用]','亢龍有悔',言亓過也。"今本《象》《文言》等傳文釋"潛龍勿用"從無稱"言亓過也"者,此帛本與今本《易傳》對乾卦初九爻義解釋的又一不同之處。"物之上撼而下絕者,不久大位,必多亓咎。"此"物之上撼而下絕者",即《文言》釋"亢龍有悔"曰:"貴而无位,高而无民,賢人在下位而无輔。""不久大位,必多亓咎"者,即《象》"'亢龍有悔',盈不可久也"。《文言》釋之曰:"是以動而有悔也","亢之爲言也,知進而不知退,知存而不知亡,知得而不知喪"。此皆"不久大位,必多亓咎"之釋也。"大人之義不實於心,則不見於德;不單于口,則不澤於面。能威能澤,胃之龍。""則不見於德"之"見",在此應讀爲"現"。"不單于口"之"單",在此應讀爲"闡"。此乃帛書對於《周易》之"龍"所下的結論,這一"能威能澤,胃之龍"的結論非常重要,可惜後代諸儒(恐主要在武帝立五經博士時)爲求取名利,在整理今本《易傳》諸篇,"集而讀之"時,將這些"威""澤"並存方可謂之"龍"的敏感性結論統統"讀"掉了,而我們這一猜想可由下面這段文字證明之:"《易》[曰]:'見龍在[田,利]見大人。'子曰:君子之德也。"帛書釋乾卦九二爻爲"君子之德",而《文言》却釋之爲"君德"。《文言》曰:"君子學以聚之,問以辯之,寬以居之,仁以行之。《易》曰'見龍在田,利見大人',君德也。"又曰:"九二'見龍在田,利見大人',何謂也? 子曰:龍德而正中者也。庸言之信,庸行之謹,閑邪存其誠,善世而不伐,德博而化。《易》曰'見龍在田,利見大人',君德也。"《文言》以"君德"釋乾卦九二爻辭之旨,而帛書却釋之爲"君子之德",那麼,二者孰是? 當然以帛書作"君子之德"爲是,因爲九二爻辭乃"見龍在田,利見大人",夫"利見大人"者,自然是言"君子",倘若是"君",則君之上有何"大人"可"利見"也? 同時,《文言》

釋乾卦九二爻辭所云"君子學以聚之,問以辯之,寬以居之,仁以行之",既曰"君子學以聚之",顯然是言"君子之德",然其結語却由"君子"而突變爲"君",此其一。其二,由《文言》之"庸言之信,庸行之謹,閑邪存其誠,善世而不伐,德博而化"來看,顯然與帛書"大人之義不實於心,則不見於德;不單于口,則不澤於面。能威能澤,胃之龍"之義相一致。"庸言之信",即"單于口也";"庸行之謹",即"見於德也";"閑邪存其誠",即"實於心"也。此所言者,皆"君子之德"也。而改"君子之德"爲"君德"者,當非《文言》之作者,因爲前文已經明言"君子學以聚之,問以辯之"云云,而非"君學以聚之,問以辯之",故《文言》作者絶不會出現先行文説"君子",而後又行文言"君"這樣的文字錯誤。改"君子之德"爲"君德",當發生在已經以龍喻皇權的年代,此後之儒生在釋《易》時,更進一步尊崇乾卦九二、九五爻,亦皆受此影響也。

鄧立光《發微》:不單(闡)于口。

王化平《讀》:"實"是充實的意思,"德"不指内心的德性,而是指外在行爲符合德性。

連劭名《易之義》:《方言》十云:"潛,沉也。楚郢以南或曰潛。"勝指任職之人。《説文》云:"勝,任也。""忌者不可與親",《詩經·瞻卬》云:"維子胥忌。"毛傳云:"忌,怨也。"《禮記·檀弓下》云:"爲懿伯之忌不入。"鄭玄曰:"忌,怨也。""不單於口,則不澤於面",《尚書·洛誥》云:"乃單文祖德。"馬融注:"單,信也。"單又通亶。温和之色爲澤,《説文》云:"玉有五德,潤澤以温,仁之方也。"《論語·季氏》云:"色思温。"《詩經·燕燕》云:"終温且惠。"鄭玄箋:"温,謂顔色和也。"《詩經·抑》云:"温温恭人。"毛傳云:"温温,寬柔也。"

于豪亮《繫辭》:擶假作"即",《方言》十二:"即,就也。""物之上擶而下絶者",指上文之"亢龍有悔"而言。單假爲亶,《詩·昊天有成命》"單厥心",《國語·周語》作"亶厥心",是其證。《爾雅·釋詁》:"亶,厚也。"

《集成》:"繳",疑應讀爲"絞",義爲偏激、急切。"單",其意實即讀爲"亶"。

【新釋】

此孔子釋《乾》卦初九爻辭之義,也論及上九。

"潛龍勿用",《乾》初九爻辭。

"亓義潛清勿使之胃也","清"通"靜"。《讀書雜志·史記第五·扁鵲倉公列傳》"并陰者脉順清而愈",王念孫按:"清,讀爲動靜之靜。"《説文·水部》朱駿聲通訓定聲:"清,假借爲靜。"《經籍籑詁·庚韻》:"《書·舜典》:直哉惟清。《史記·五帝紀》作直哉維靜潔。""潛清",即潛靜,潛隱安靜。"其義潛清,勿使之謂也",即《文言》:"初九曰'潛龍勿用',何謂也?子曰:龙德而隱者也。……潛之爲言也，隱而未見，行而未成，是以君子弗用也。"

"廢則不可入於謀"，"廢"，廢退不用。《周禮·天官·大宰》"三曰廢置"，孫詒讓正義："人罷弃屏退，亦謂之廢。"《楚辭·九嘆·愍命》"廢周邵於遐夷"，王逸注："不用曰廢。"此言對于廢退不用者，君主則不可讓其參與謀劃。

"朕則不可與戒"，"朕"讀爲"勝"。"戒"，戒命、戒令。《儀禮·聘禮》"戒上介亦如之"，鄭玄注："戒，猶命也。"《左傳·莊公二年》"戒事也"，孔穎達曰："戒謂令語也。"此謂對于勝任職事者，君主則不可多與之戒令。

"徼[者]不可予事"，《集成》讀"徼"爲"絞"，訓爲偏激、急切之義，疑非，學者多以爲通"儌"，訓爲僥倖，是。此言貪圖僥倖者，不可託付大事。

"炕龍有悬"，《乾》上九爻辭，今本作"亢龍有悔"。"炕"通"亢"，"悬"即"悔"。

"物之上擳而下絶者"，"擳"，張政烺、于豪亮讀爲即，就也。今按："擳"疑讀爲"窒"，"上擳"即"上窒"。《説文·穴部》："窒，塞也。""上窒"，謂過于高上則窒塞。"下絶"，謂過于低下則絶滅。

"不久大立"，"立"讀爲"位"，"大立"即"大位"，謂君主之位。今本《繫辭下》："聖人之大寶曰位。""不久大位"，謂君主之位不能長久保存。

"大人之義不實於心，則不見於德"，"實"，誠。《吕氏春秋·審應》"必有其實"，高誘注："實，誠也。"《楚辭·離騷》"羌無實而容長"，王逸注："實，誠也。"《廣雅·釋詁一》："實，誠也。""則不見於德"，"見"讀爲"現"，"德"，德行。《文言》"君子進德脩業"，孔穎達曰："德，謂德行。"《廣韵·德韵》："德，德行。"《論衡·書解》："實行爲德。"《周禮·春官·大宗伯》"以天産作陰德"，賈公彦疏："言德者，謂在身爲德。"《詩·大雅·蕩》"天降滔德"，孔穎達曰："在身爲德，施行爲化。""不實於心，則不見於德"，謂不能誠實於内心，則不能顯現爲外在德行。

"不單於口，則不澤于面"，"單"，學者或釋爲"誠"，或讀爲"闡""宣"。按訓"誠"是。"不實於心，則不見於德"與"不單於口，則不澤于面"對文，"單"即"實"，誠信。《詩·小雅·天保》"俾爾單厚"，毛傳："單，信也。"《釋文》："單，信也。""不澤于面"，謂不能潤澤於顏面。《荀子·禮論》"故説豫娩澤"，楊倞注："澤，顏色潤澤也。""不單於口，則不澤于面"，謂不能誠信於口舌，則不能潤澤於顏面。按《孟子·盡心上》："仁義禮智根於心，其生色也，睟然見於面，盎於背，施於四體，四體不言而喻。"與此"大人之義不實於心，則不見於德；不單於口，則不澤于面"義同。

"能威能澤，胃之豊"，"胃"即"謂"，"豊"即"龍"。"澤"，恩澤。《慧琳音義》卷十"藪澤"注引《蒼頡篇》:"澤,恩也。"《孟子·公孫丑下》"則是干澤也",朱熹集注:"澤,恩澤也。""威""恩"皆用爲動詞,施威、施恩。"能威能澤",謂能施威畏,能施恩澤。此前後所論不同,"大人之義不實於心,則不見於德;不單於口,則不澤于面",言大人誠於中而形於外。"能威能澤,謂之龍",謂龍能恩威兼施。

【今譯】

《周易·乾》初九曰:"潛龍勿用。"孔子說:"此爻辭言潛隱安靜,不要有所作爲。對於廢退不用者,則不可讓其參與謀劃;對於勝任職事者,則不可多與之戒令;對於顧忌禁諱者,不可與之親近;對於貪圖僥倖者,不可托付大事。《周易·乾》初九'潛龍勿用',上九'亢龍有悔',是言其過失。萬物過于高上則窒塞,過于低下則絕滅,君主的位置不能長久保存,一定有很多災咎。故《周易·乾》上九說'亢龍有悔'。大人的義涵是,如果不能誠實於內心,則不能顯現爲外在德行;不能誠信于口舌,則不能潤澤于顏面。能示威畏,能施恩澤,叫做龍。"

《易》[曰]:"見龍在田,[利]見大人。"子曰:"君子之德也。君子齊明好道,日自見以侍用也。見男則僮,不見用則精。"

此爲第三節,爲孔子釋《乾》卦九二爻辭。

【彙校】

濮茅左《楚竹書》:見男則壚。

《集成》:"見龍在田"四字連於前"不可予事易"小片。

【新校】

"易"下至"見大人"之間原殘,約缺六字,陳廖、廖甲、廖乙、于文皆據帛書《周易》《鍵》九二爻辭,補"曰見龍在田利",張文則據《鍵》九五爻辭補"曰飛龍在天利"。廖丙綴補一殘片,釋出"見龍在"三字,並補"田利",它本略同。《集成》從廖綴釋,並釋出"田"。

"明",陳廖、廖甲、廖丁、丁甲、張文、廖戊釋"明",它本皆作"朙"。驗諸照片,其左部从"目",故釋"明"是。

"侍",陳廖作"待",它本皆作"侍"。驗諸照片 ,釋"侍"是。

"男",張文釋"勇",于文作"勋",濮茅左作"男",它本皆釋"男"。驗諸照片,其下部當爲"刀",而非"力",故釋"男"是。

"僮",廖甲、廖乙、廖丙、廖丁釋"壚",它本皆作"僮"。驗諸照片,釋"僮"是。

"靗",陳廖、張文、廖戊、丁乙、于文釋"靜",它本皆釋"靗"。驗諸照片,釋"靗"符合帛書原貌。

【集釋】

鄧球柏《白話》:男,讀爲"用"。《周易》說:"見龍在田,利見大人。"孔子說:這是君子的品德。君子齊明好道,經常自我表現以等待施用于世。見用于世就行動,不見用于世就靜止。

趙建偉《疏證》:"君子齊明好道":"齊"訓爲中正,"明"訓爲精明。《乾》卦九二居中,時至而動,所以此處說"齊明",《乾·文言》釋九二說"龍德而正中""天下文明";九五居中得正,所以下文論九五說"齊明而達"。《荀子·修身》"齊明而不竭,聖人也",楊倞注"齊,謂無偏無頗也"。"日自見以待用也":"日",每日、經常。"見",展現才能。此與《乾·文言》釋初九的"日可見之行也"句法相近。"見用則動,不見用則靜":此二句與《論語》的"用之行而舍則藏"同。

丁四新《周易》:"齊",讀作"齋";"齋",後起字。"齊明"即"齋明"。《禮記·中庸》:"使天下之人齊明盛服,以承祭祀。"《荀子·修身》:"齊明而不竭,聖人也。""男",即"勇"字,通"用"。"僅",通"勤"。

鄧立光《發微》:君子齊(齋)明好道。君子齋戒肅莊以示尊好天道。

連劭名《易之義》:"君子齊明好道",《國語·楚語》云:"而又能齊肅衷正。"韋昭注:"齊,一也。"齊一則明,《荀子·解蔽》云:"未得道而求道者,謂之虛一而靜。"又云:"虛一而靜,謂之大清明。"齊明好道指修身。

【新釋】

此孔子釋《乾》卦九二爻辭之義。

"見龍在田,[利]見大人",《乾》九二爻辭。

"君子之德也",《衷》篇此處孔子明確指出,《乾》卦九二爻辭乃謂"君子之德",此對於糾正今本《文言》之誤具有關鍵作用。今本《文言》記孔子釋《乾》卦九二爻辭曰:"龍德而正中者也。庸言之信,庸行之謹。閑邪存其誠,善世而不伐,德博而化。《易》曰'見龍在田,利見大人',君德也。"又曰:"君子學以聚之,問以辨之,寬以居之,仁以行之。《易》曰'見龍在田,利見大人',君德也。"《文言》此兩處"君德"皆誤,本當爲"君子之德"。從《文言》之論,明顯可見其爲君子之德,而非君德。

"君子齊明好道","齊",或訓"中正",或讀爲"齋",恐皆不確。"齊"當釋爲"疾",謂知慮之敏。《爾雅·釋詁下》:"齊,疾也。"《詩·小雅·小宛》"人之齊聖",馬瑞辰傳箋通釋:"齊爲疾,又爲明智之稱。"《經義述聞》卷六《人之齊聖》王引之按:"齊者,知慮之敏也。《史記·五帝紀》:'生而神靈,弱而能言,幼而徇齊,長而敦敏,成而聰明。'徐廣解'徇齊'引《墨子》曰:年踰五十,則聰明心慮不徇通矣。《索隱》引《大戴禮》作叡齊,一本作慧齊,《史記》舊本作濬齊,皆明智之稱也。《索隱》又曰:《爾雅》齊、速俱訓爲疾。引《尚書大傳》曰:多聞而齊給。鄭注曰:齊,疾也。《荀子·修身篇》曰:齊明而不竭,聖人也。《非十二子篇》曰:聰明聖知,不以窮人;齊給速便,不以先人。然則速通謂之齊。故"齊"謂知慮敏捷。"明",謂聰明徹達,具有知微見察之能。《淮南子·精神》:"耳目清,聽視達,謂之明。"《莊子·外物》:"目徹爲明,耳徹爲聰。"《韓非子·難四》:"知微之謂明。"《管子·宙合》:"見察之謂明。"《繫辭下》"以通神明之德",《周易集解》引《九家易》注:"著見謂之明。""齊明",謂知慮敏捷、聰明徹達。"君子齊明好道",謂君子知慮敏捷、聰明徹達,樂好大道。

"日自見以俟用也","見",讀爲"現",彰顯。按《文言》釋《乾》初九曰:"君子以成德爲行,日可見之行也。"與"日自見"義同。孔穎達疏曰:"言君子之人,當以成就道德爲行,令其德行彰顯,使人日可見其德行之事,此君子之常也。""俟",讀爲"待",爲"待"之古文。《儀禮·士昏禮》"媵俟于户外",鄭注:"今文俟作待。"《荀子·正論》"五祀執薦者百人俟西房",楊倞注:"俟,或爲待也。"《札迻·王逸注·遠遊第五》"左雨師使徑俟矣",孫詒讓按:"俟,當作待。""以俟用",即"以待用",以待起用。"日自見以俟用也",謂每日自我修養,使德行彰顯,以待爲國所用。

"見男則僮,不見用則靖","見",被。"男",讀爲"用",此文前後相反爲義,前言"見男",後言"不見用",故"男"即"用"。"僮",讀爲"動"。"僮"假爲"勤","勤"通"動"。《集韻·東韻》:"動,或作勤。"《慧琳音義》卷六"遷動"注:"李斯書嶧山碑,从童作勤。"《經籍籑詁·董韻補遺》:"婁壽碑:固不勤心。動作勤。""動",謂行事。《論語·顏淵》"非禮勿動",劉寶楠正義:"動,猶行也,謂所行事也。""見用則動",謂被起用則施行政事。"靖",即"靜"。"不見用則靜",謂不被起用則靜默守道。按《文言》釋《乾》初九曰:"不易乎世,不成乎名,遯世无悶,不見是而无悶。樂則行之,憂則違之,確乎其不可拔。"與此義同:"見用則動"即"樂則行之";"不見用則靜",即"不易世,不成名,遯世无悶,不見是而无悶"、"憂則違之,確乎其不可拔"。

【今譯】

《周易·乾》九二曰:"見龍在田,利見大人。"孔子說:"這是講君子的德行。君子知慮敏捷、聰明徹達,樂好大道。每日自我修養,使德行彰顯,以待爲國所用。被起用則施行政事,不被起用則靜默守道。"

《易》曰:“君子冬日鍵鍵,夕沂若,厲,无咎。”·子曰:“知息也,何咎之有? 人不淵不䟃,則不見□。□淵不錮,不用而反,居□□□。”

此爲第四節,爲孔子釋《乾》卦九三爻辭。

【彙校】

趙建偉《疏證》:“子曰”上有墨點,但“子曰”以下的文字是對“《易》曰:君子終日乾乾”的解釋,所以可見此處的墨點是很隨意的,並不起劃分章段的作用(下句“子曰”前的墨點與此同)。

《集成》:本篇有三處作小圓點形、位於行間中央的符號“·”(12 上、33 上、33 下),但似均非章節號,而是其功能與句讀號接近,跟帛書《周易》13 上的小圓點情況相類。“錮”字諸家釋文皆作缺文號。今自帛書帛畫殘片一14 新綴入一小片於此,可將上行“見龍在”三字之左方筆畫以及此行“不”字右側筆畫補全,並補全、釋出“錮”字。“居”下之字殘存右上角之形,張釋作缺文號未釋。陳松長、廖名春等作“其”或“亓”,似與殘形不合。

【新校】

“无咎”,“无”,陳廖作“無”。驗諸照片,釋“无”是。

“子曰”前小圓點“·”,陳廖、丁甲、張文、丁乙、于文有之,它本皆無。驗諸照片,小圓點確有。

【集釋】

鄧球柏《白話》:䟃,當爲“躍”的本字。《周易》説:“君子終日鍵鍵,夕沂若厲,无咎。”孔子説:懂得動静的人,哪里會有灾咎呢? 人不深藏于淵不躍于世就不會見用于世……反居其……

趙建偉《疏證》:此與前文“夕惕若厲无咎,息也”相同。朝行夕止(前文“君子終日乾乾,用也;夕惕若厲无咎,息也”,“用”謂行用,“息”謂息止),與《乾·文言》釋九三的“行事也”“與時偕行”一致。

丁四新《周易》:“或”,時或。“䟃”,同“躍”。

【新釋】

此孔子釋《乾》卦九三爻辭之義。

“君子冬日鍵鍵,夕沂若,厲,无咎”,《乾》九三爻辭,今本“冬”作“終”,“鍵鍵”作“乾乾”,“沂”,安閒休息。

“知息也”,“息”,止息。按《衷》篇前言“‘君子終日鍵鍵’,用也。‘夕泥若,厲,无咎’,息也”,是以“君子終日鍵鍵”爲“用”,“夕沂若,厲,无咎”爲“息”,與此義略同。

"人不淵不𦨵,則不見□","淵"用爲動詞,居于淵。"𦨵",即"躍",跳躍。"見",被。缺文似可補爲"用"。此似謂人不居于淵,不跳躍,則不能被起用。此似釋"終日健健"之義,謂人當厚積沉潛,同時又要積極入世,表現自己才幹,這樣才能被世所用。

"□淵不鋼,不用而反,居□□□","反",通"返"。似言不被起用,則返回家中,處家修德閒居。此似釋"夕沂若"。

【今譯】

《周易·乾》九三曰:"君子終日鍵鍵,夕沂若,厲,无咎。"孔子説:"知道止息,有什麼咎害呢？人不居于淵,不跳躍,則不能被起用。不被起用,則返回家中,處家修德閒居。"

《易》曰:"或𦨵在淵,无咎。"•子曰:"恆𦨵則凶。君子𦨵以自見,道以自成。君子竆不忘達,安不忘亡,䂫居而成章,首福又皇。"

此爲第五節,爲孔子釋《乾》卦九四爻辭。

【彙校】

《集成》:"君子𦨵以自見","子"字原漏寫,小字補於"君"與"𦨵"之間。

【新校】

"无",陳廖釋"無",它本皆釋"无"。驗諸照片 ,顯爲"无"字。

"子曰"前墨點"•",與上節義同,也不具有劃分章節號作用,而是作爲一般句讀使用,或抄手隨意所點。

"竆",陳廖釋"窮",廖甲、丁甲、廖戊釋"竆",廖丙釋"竈",丁乙釋"舘"。觀諸照片,釋"郭"符合帛書原形。"郭"即"竆"。

兩"忘"字,張文釋"忩",它本皆作"忘"。觀諸照片 、,釋"忩"符合帛書原貌。"忩"同"忘",可逕釋爲"忘"。

"䂫",陳廖、張文、廖戊釋"靜",它本皆釋"䂫"。驗諸照片,釋"䂫"符合帛書原貌。

【集釋】

鄧球柏《白話》:《周易》説:"或𦨵在淵,无咎。"孔子説:總是跳個不停就必然凶惡。君子跳躍的目的是自我表現,修道的目的是爲了造就自我。君子貧窮時不忘記騰達,安穩時不忘記滅亡,靜居能成章,首先得到幸福而又光大。

趙建偉《疏證》:"道以自成"與《乾·文言》釋九四的"乾道乃革"相近。"成章",自成章法,謂與天地合德、與日月合明、與四時合序。"首"謂趨向。

"皇",大。

張政烺《校注》:首福又皇,首,讀爲受。又即有。皇,美也。

劉大鈞《續讀》:帛書以"恆躍"釋此爻,而《文言》則以"无恆"釋之。案《文言》釋此卦爻曰:"上下无常,非爲邪也,進退无恆,非離群也,君子進德修業,欲及時也,故无咎。"所謂"恆躍則凶"之"恆",即《衷》篇前文"萬物之義,不剛則不能動,不動則无功,恆動而弗中則[亡,此剛]之失也"。而《周易正義》釋"无恆"曰:"'進退无恆,非離群也'者,何氏云'所以進退无恆者,時使之然,非苟欲離群也'。何氏又云'言上下者,據位也。進退者,據爻也。所謂非離群者,言雖進退无恆,猶依群衆而行,和光俯仰,並同於衆,非是卓絕獨離群也。'"我們若依帛書之旨,所謂"進退无恆"者,"退"則如《衷》篇前文所云"'或躍在淵',隱[而]能靜也";"進"則如此處所云"恆躍則凶"。何以有此不同? 此即《文言》釋此爻之"乾道乃革",亦即何氏所釋"時使之然"也。所謂"君子躍以自見,道以自成"者,即《文言》所謂"君子進德修業,欲及時也"。"躍以自見"之"見",在此應讀爲"現";"道以自成"之"道",在此應讀爲"導"。"君子躍以自見,道以自成"者,即《文言》之"進德"也。"君子窮不忘達,安不忘亡,靜居而成章,首福又皇"者,即《文言》之"修業"也。由"君子躍以自見,道以自成。君子窮不忘達,安不忘亡"思之,于"靜居而成章"後,此"首福又皇"之"首"當讀爲"守"。《淮南子·說林訓》"兔走歸窟,狐死首邱"之"首",《文子·上德》作"守",即其證。故"首福又皇"當爲"守福有皇"。

王化平《讀》:"首福又皇",應讀爲"首福有皇"。"首"有向、朝着的意思,如《論語·鄉黨》:"疾,君視之,東首,加朝服,拖紳。""首福"就是朝向福禄;"皇"通"煌",輝煌之意,"有皇"與上文"成章"相呼應。

連劭名《易之義》:"靜居而成章,首福又皇",靜居指居中而不動。如北斗運而成四時,故云"成章"。首福如言元吉,《文選·東京賦》云:"祚靈主以元吉。"薛綜注:"吉,福也。"《風俗通·皇霸》云:"皇者,中也,光也,宏也。"《周易·坤》六五云:"黄裳,元吉。"《象》云:"黄裳元吉,文在中也。"

【新釋】

此孔子釋《乾》卦九四爻辭之義。

"或鸖在淵,无咎",《乾》九四爻辭,今本"鸖"作"躍"。"鸖"通"躍"。

"恆鸖則凶",九四爲《乾》上下卦之間,《文言》釋曰"上下无常""進退无恆""乾道乃革",或躍在上,或下在淵,故常躍不下則凶。

"君子鸖以自見","見"即"現",謂君子上躍以彰顯自身。

"道以自成","道"讀爲"導",謂導引以成就自己。

"精居而成章","精",即"靜"。"章",文采、美德。今本《周易》《坤》六三

"含章可貞",孔穎達曰:"章,美也。"此謂日常靜居以成就文彩、美德。"靜居而成章",即《文言》釋《乾》九四曰"進德"。

"首福又皇","首",學者或釋"向",或訓通"受""守"。今按:訓"首"爲"守"是,"首福"即"守福"。"皇",美。《詩·周頌·執競》"上帝是皇",毛傳:"皇,美也。"《廣雅·釋詁一》:"皇,美也。"《太玄·交》"喬喬皇皇",司馬光集注引陸曰:"喬、皇,休美皃。""首福又皇",即守福而得休美。

【今譯】

《周易·乾》九四説:"或躍在淵,无咎。"孔子説:"常躍不下則凶。君子上躍以彰顯自身,導引以成就自己。君子窮困時不忘記通達,平安時不忘記危亡,靜居以成就美德,守福而得休美。"

《易》曰:"翡蠿在天,利見大人。"子曰:"天之助□□□□何有亓□□□□□人,尉文而薄,齊明而達矣。此以剚名,孰能及之?"

此爲第六節,爲孔子釋《乾》卦九五爻辭。

【彙校】

《集成》:此處"曰天之助□"諸字帛書裝裱有重疊,其左方被掩蓋。其下據文字位置較張釋和其他諸家釋文增補兩缺文。"薄"字右下略殘,釋"溥"頗有理,不過從其右上頭部特徵看更可能應釋爲"薄"讀爲"溥"。"孰能及之","之"字原已全殘,據反印文(易傳襯頁-12)可定爲"之"。

【新校】

"翡",廖戊作"翡",它本皆作"翡"。驗諸照片,釋"翡"是。

"天之"暨其後兩字皆殘損左部,其"之",陳廖、廖丙、廖丁無釋,它本皆釋出。驗諸照片,釋"之"是。"之"後一字,廖丙、廖丁釋"凶",張文、于文釋"助",它本皆無釋。觀諸照片,此字殘損,與"凶"差別較大,釋"助"字。

"天之助"後,張文綴補一殘片,釋出"何有其"三字,廖戊、丁乙從之,"其"丁乙作"亓",它本無釋。按張文所釋是。

"人",張文釋出,廖戊、丁乙從之,它本無釋。按張文所釋是。

"溥",于文空缺,張文僅釋出"氵",陳廖釋出"溥",並存疑,它本皆釋"溥"。驗諸照片,《集成》説是,釋"薄"更妥。

"明",廖乙、廖丙、丁乙釋"明",它本皆釋"明"。驗諸照片,釋"明"是。

此孔子釋《乾》九五"飛龍在天,利見大人"爻辭。孔子所言"天之助□□□□□何有亓□□□□□人",闕文較多,其義不能詳知。但觀其遺文,當由天論及人,而由《乾》九五"利見大人","人"前闕文當爲"大"字,原文當作"天之助□□□□何有亓□□□□[大]人"。

【集釋】

鄧球柏《白話》：剸，與"專"同。《馬王堆漢墓帛書·稱》："聖人不爲始，不剸己，不豫謀，不爲得，不辭福，因天之則。"《周易》説："罪蠱在天，利見大人。"孔子説：天……文而溥，齊明而通達。這種專名，哪一個能占用……

趙建偉《疏證》："齊明"，中正賢明。"達"，通達。九五居中得正而位乎天德，所以説齊明而達。

丁四新《周易》："剸"，讀作"專"，擅也。《漢書》卷三十九《蕭何傳》："上以此剸屬何關中事。"顔師古《注》："剸，讀與專同。……此即言專聲之急上者也。""剸名"，即專名，獨擅聲名也。

劉大鈞《續讀》："罪龍[在天]，利見大人"以下一段缺字較多，只存"齊明而達矣。此以剸名，孰能及[乎]"。"齊明而達"之"齊"字，古有多種讀法，而"齊明"一詞亦有不同的解釋。一、《詩·小雅·甫田》："以我齊明，與我犧羊。"《毛詩正義》注曰："器實曰齊。"注"齊"字曰："本又作'齍'，又作'齏'，同音資。"並釋"齊明"曰："以用我器實之齊豐而明絜報。"二、《中庸》："齊明盛服，非禮不動。"此"齊明"之"齊"字讀爲"齋"，謂祭祀前齋戒沐浴盛服以示其誠。帛書此處"齊明而達"之"齊"，及《衷》篇前文"君子齊明好道"之"齊"字，顯然應讀"齋"字，而與《國語·楚語下》之"而又能齊肅衷正"之"齊肅"義同。"以此剸名"之"剸"與"專"字互通，今依上下文意讀之，顯然應作"專"字解。

連劭名《易之義》：《老子》第十章云："專氣至柔，能嬰兒乎？"專、一同義。專、精同義。《管子·心術下》云："形不正者德不來，中不精者心不治。"尹知章注："精，誠至之謂也。"

【新釋】

此孔子釋《乾》卦九五爻辭之義。

"罪蠱在天，利見大人"，《乾》九五爻辭。"罪蠱"，今本作"飛龍"。"罪"通"飛"，"蠱"通"龍"。

"天之助□□□□何有亓□□□□人"，因殘缺過甚，其義難詳。"人"，當謂大人。

"尉文而薄，齊明而達"，此句主語爲"大人"。"尉"讀爲"蔚"。今本《周易》《革》上六"君子豹變"，《象》曰："君子豹變，其文蔚也。"焦循《易章句》："蔚讀若尉。""尉文"即"蔚文"。"蔚"，盛貌。《文選·班固〈西都賦〉》："茂樹蔭蔚"，李善注引《蒼頡篇》曰："蔚，草木盛貌。"《廣雅·釋詁三》："蔚，數也。"王念孫疏證："蔚者，《衆經音義》卷七云：'蔚，文采繁數也。'"《漢書·敘傳下》:"多識博物,有可觀采,蔚爲詞宗,賦頌之首。"顔師古注:"蔚,文綵盛也。""蔚文"即富有文采。"薄"讀爲"溥"。"溥",廣大。《詩·大雅·公劉》"瞻彼溥原",鄭玄箋:"溥,廣也。"《禮記·中庸》"溥博淵泉",孔穎達曰:"溥,謂無不周徧。""蔚文而溥",謂富有文采而廣大博厚。"齊明而達",謂知慮敏捷而聰明徹達。

"此以剸名,孰能及之","剸",讀爲"專"。《漢書·司馬遷傳》"剸決於名",顔師古注:"剸,讀與專同。""剸名",丁四新認爲即專名,獨擅聲名,是。"孰",誰。《爾雅·釋詁上》:"孰,誰也。"郝懿行義疏:"孰、誰聲轉字通。""此以剸名,孰能及之",謂大人以此獨擅聲名,誰又能趕得上呢?

【今譯】

《周易·乾》九五説:"飛龍在天,利見大人。"孔子説:"……大人,富有文采而廣大博厚,齊肅明敏而聰明徹達。大人以此獨擅聲名,誰又能趕得上呢?"

《易》曰:"見羣蠱,无首。"子曰:"讓善之胃也。君子羣居,莫敢首,善而治,何詍亓和也?龍不侍光而僮,无階而登。□□人與蠱相以,何[不]吉之有?"此《鍵》之羊説也。

此爲第七節,爲孔子釋《乾》卦通九之辭。

【彙校】

《集成》:"詍"字原作 , 張釋隸定作"詍",其他諸家釋文多作"詍"。按秦漢文字中"疒"旁、"广"旁多亂,漢隸"疾"字不乏從"广"作之例,疑"詍"即"詍"字,此可讀爲"疾"或"嫉"。"羊説",張釋作"屰(逆)説",其他諸家多釋"羊"。今按:似以釋"羊"爲長。其形與"羊"形亦全合,而當時"屰"字恐已罕見單用者。

【新校】

"《易》曰:'見羣蠱,无首'",後當脱"吉",今本有之。觀下文"何[不]吉之有",疑書手漏抄"吉"。

"僮",廖甲、廖乙、廖丙、廖丁釋"爐",它文皆作"僮"。驗諸照片,釋"僮"是。

"无階而登"以下至"此鍵之羊説也",約殘缺十二字,張文綴補一殘片,釋補出"人與蠱相以何[不]吉之有"十字,廖戊、丁乙從之,它本無釋。按張文所釋補是。"人與蠱相以"前一字,丁乙補爲"耴",有理。

【集釋】

鄧球柏《白話》：乿："亂"字之訛。諅：假借爲"疾"，病。羊：細密，完備。後作"詳"。《太平御覽·獸部》引《春秋說題辭》云："羊者，詳也。"《馬王堆漢墓帛書·戰國縱橫家書·蘇秦獻書趙王章》："臣願王與下吏羊計某言而竺慮之也。"《周易》說："見群龍无首。"孔子說：這是讓善的意思。君子群居衆處的時候不要亂了頭領，善而治，哪還怕治理不好呢？龍不依恃光明而行動，沒有階梯而能登高……這就是《鍵》卦的詳細解說。

鄧球柏《校釋》：莫敢：不敢。

趙建偉《疏證》："讓善"，禮讓賢人。《乾·文言》釋用九說"天下治也"，李鼎祚《集解》說"此當三皇五帝禮讓之時，垂拱无爲而天下治矣"，與此說相近。"亂"，妄。"亂首"，妄爲首領。"善而治"謂完善自身而天下自然治理。"何疾其和也"："疾"，急疾、汲汲。"和"，治理，和諧。此言人人向善而自然治理，又何必汲汲於天下和諧之治呢。此"和"字出於《乾·象》的"保和太和"。"龍不待光而動，无階而登"：此《莊子》逍遥無待之境。從《易》曰：有名焉曰《乾》"至此，專論《乾》卦。其中兩次出現的墨點看來很隨意。其以"《易》曰：……子曰："的形式立說，但有些地方似乎缺少內在聯繫。

丁四新《周易》："善而治"，"而"，讀作"以"。"諅"，讀作"疾"。疾，憂慮，擔心。《論語·衛靈公》："君子疾末世而名不稱焉。""羊"，通"詳"。下《川》之羊說"之"羊"，亦讀爲"詳"。

劉大鈞《續讀》：帛書以"讓善之胃也"，釋乾卦用九"見群龍无首"。而今本《文言》釋用九之旨曰"乾元用九，乃見天則""乾元用九，天下治也"。《象》釋乾卦用九曰："'用九'，天德不可爲首也。"其大義與帛書略同。帛書又進一步釋"讓善"之旨曰："君子群居，莫敢首，善而治，何諅亓和也。"其義与《象》文"天德不可爲首也"同。"何諅亓和也"之"諅"與"疾"形近而通假，古"疾""嫉"二字互通。案《荀子·大略》："有亡而无疾。"楊倞注"疾與嫉同"，是其證。故"諅"字在此應解作"嫉"，爲"何嫉其和也"。

鄧立光《發微》："讓"，即禪讓，擇"善"而讓。

連劭名《易之義》：《尚書·堯典》云："允恭克讓。"鄭玄注："推賢尚善曰讓。"《說苑·至公》云："《易》曰：无首吉。此蓋人君之公也。夫以公與天下，其德大矣。推之於此，刑之於彼，萬姓之所載，後世之所則也。彼人臣之公，治官事則不營私家，在公門則不言貨利，當公法則不阿親戚，奉公舉賢則不避仇讎，忠於事君，仁於利下，推之以恕道，行之以不党，伊、吕是也。""善而治，何諅其和也？"《左傳·昭公十二年》云："供養三德爲善。"《荀子·彊國》云："善日者王，善時者霸。"楊倞注："善謂愛惜，不怠棄也。"愛惜謂嗇。《管子·小問》云:"夫牧民不知其疾則民疾。"尹知章注:"疾,謂憎嫌之。""龍不待光而動,无階而登",龍動於玄冥,《説文》云:"光,明也。"《淮南子·俶真》云:"能游冥冥者與日月同光。"《莊子·天運》云:"龍,合而成體,散而成章,乘雲氣而養乎陰陽。"天地常道,不可言説。《老子》第十四章云:"視之不見名曰夷,聽之不聞名曰希,搏之不得名曰微。此三者不可致詰,故混而爲一。"是知"不待光而動"即視之不見,"无階而登"即聽之不聞。

【新釋】

此孔子釋《乾》卦通九之辭。

"讓善之胃也。君子羣居,莫敢首,善而治","讓善","讓",禮讓。《大戴禮記·曾子立事》"進紹而不讓",王聘珍解詁:"讓,謂禮讓。"《論語·學而》"夫子溫良恭儉讓以得之",皇侃疏:"推人後己謂之讓。""善"讀爲"擅"。《韓非子·詭使》"所以善剬下也",王先慎集解:"《拾補》'善剬'作擅制。""擅"通"禪"。《荀子·儒效》"非擅也",楊倞注:"擅與禪同。"《荀子·正論》"堯舜擅讓",楊倞注:"擅與禪同。"《莊子·人間世》"求禪傍者",《釋文》:"禪,本亦作擅。""禪"爲讓義,《書·堯典》"讓于虞舜",孔安國傳:"遂禪之。"《釋文》:"禪,讓也。"故"讓善"即"讓禪",爲同義重複詞語,禮讓之義。按《文言》釋《乾》用九"見群龍无首吉"曰:"乾元用九,天下治也。"《周易集解》李鼎祚注《文言》此語曰:"此當三皇五帝禮讓之時,垂拱无爲而天下治矣。"故《衷》篇此言"讓善之胃也,君子群居,莫敢首,善而治",正爲"三皇五帝禮讓"之義,"善而治"亦當讀爲"禪而治",即禪讓而治。儒家有禪讓治理天下的思想。《論語·泰伯》載孔子曰:"巍巍乎,舜禹之有天下也,而不與焉!"又曰:"泰伯,其可謂至德也已矣。三以天下讓,民无得而稱焉。"郭店楚簡《唐虞之道》:"唐虞之道,禪而不傳。堯舜之王,利天下而弗利也,仁之至也。"即言此義。

"何詠亓和也","詠"讀爲"疾",擔心。

"龍不侍光而僮","侍"讀爲"待";"光"讀爲"廣",大義。王引之《經義述聞》卷一:"《易》言'光'者有二義,……有當訓爲廣大者,光之爲言猶廣也。《需》象辭'有孚光亨',光亨猶大亨也。《坤·彖傳》'含宏光大',《象傳》'知廣大也',《泰·象傳》'以光大也',《咸·象傳》'未廣大也',《涣·象傳》'廣大也',光大,猶廣大也。"《文言》"含萬物而化光",《周易集解》引干寶曰:"光,大也。""僮"讀爲"動"。"龍不侍光而僮",言龍不待大而動。

"无階而登","登",升。《周禮·夏官·羊人》"登其首",鄭玄注:"登,升也。"帛書《周易》《升》卦皆作《登》卦。《左傳·隱公五年》"不登於俎",孔穎達曰:"登訓爲升。""无階而登",即无階而升。

"□□人與蠪相以,何[不]吉之有",缺文疑爲"夫聖"或"夫大"。"蠪"即"龍","以"讀爲"似"。《象·明夷》"文王以之",《釋文》:"鄭、荀、向作似之。"《詩·邶風·旄丘》"必有以也",王先謙《三家義集疏》:"齊以作似。"《漢書·高帝紀上》"鄉者夫人兒子皆以君",顏師古注引如淳曰:"以,或作似。"《衷》篇此言"龍不待大而動,无階而升。夫聖(大)人與龍相似,何[不]吉之有",正李鼎祚言"垂拱无爲而天下治"之義。

"此《鍵》之羊説也","鍵"即"乾","羊"通"詳"。即《乾》之詳説也。

【今譯】

《周易·乾》通九曰:"見群龍,无首。"孔子説:"禮讓的意思。君子群居,不敢爲首,禪讓而治理天下,還用擔心和諧嗎?龍不待大而動,无階而升,聖人與龍相似,爲何不吉利?"以上是孔子對《乾》卦的詳細論説。

第七章

【説明】

從"子曰:《易》又名曰《川》",至"此《川》之羊説也",爲完整獨立一章。依篇中所言"此《川》之羊説也",可題爲"《坤》之詳説"章。此章乃抄自於已經佚失的孔子《易》説。其内容爲孔子詳細論説《坤》卦爻辭,其言説風格與今本《文言》相似。本章錯簡嚴重,部分内容本在下章,已移正於此。本章可分十一節。

子曰:"《易》又名曰《川》,雌道也,故曰'牝馬之貞',童獸也,川之類也。"

自此至"武夫昌慮,文人緣序"爲第一節,爲孔子論《坤》卦名以及卦辭"牝馬之貞"。

【新校】

"獸",丁甲、丁乙釋"獸",它本皆作"獸"。驗諸照片,釋"獸"符合帛書原貌。

【集釋】

鄧球柏《白話》:雌道:與雄道相對之道,柔道、地道、順道、妻道、臣道。孔子説:《周易》有個卦名叫《川》,講的是雌柔之道。所以卦辭有"牝馬之貞",講的是幼稚的野獸,《川》卦之類。

趙建偉《疏證》:"童",幼小。大爲陽,小爲陰,所以牝馬、童獸皆屬坤類,此即《説卦》"《坤》爲子母牛"之類。

鄧立光《實義》:"雌道""牝馬"皆取義柔順。"童獸"是幼小的獸,仍未長角,缺乏攻擊力,亦取義柔和、柔順。

丁四新《周易》:"獸",即"獸"字。童獸,小獸。

劉大鈞《續讀》:"易又名曰川"之"川",由前文"《易》曰又名焉曰鍵,鍵也者八卦之長也",知此"川"字乃指今本經卦坤,坤爲地,爲母,故稱"雌道也。

故曰'牝馬之貞',童獸也,川之類也"。由帛書"乾"卦作"鍵"字,知"鍵"即"健"也,因而"坤"卦帛書作"川"字,知"川"即"順"也,亦即《説卦》"乾,健也;坤,順也",故文中"雌道""童獸""牝馬之貞"等,皆釋其"順",故"川之類也"在此顯然讀作"順之類也"。

連劭名《易之義》:童讀爲重,《禮記·檀弓下》云:"與其鄰重汪琦往。"鄭玄注:"重,當爲童。"《吕氏春秋·貴生》云:"天下重物也。"高誘注:"重,大。"

【新釋】

"童獸","獸"即"獸"。"童"當爲雌義,"童獸"猶言"雌獸"。今本《大畜》六四"童牛之牿",《釋文》:"劉云:童,妾也。"《釋名·釋長幼》:"十五曰童,女子之未笄者亦稱之也。"是"童"亦指女性。"牝馬"爲雌獸,此處前言"雌道",後言"童獸",是"童獸"即雌獸。

"川之類",劉大鈞讀"川"爲"順",甚是。

【今譯】

孔子説:"《周易》有卦名爲《坤》,講的是雌道,所以説'牝馬之貞',是雌獸,屬於柔順之類。"

"是故良馬之類,廣前而景後,遂臧。尚受而順,下安而靖。外又美荆,則中又□□臧壽以□□乎,羿以來羣,文德也。"

【新校】

"景",張文、廖戊、丁乙、于文釋"景",它本皆作"景"。此字形爲 ,與帛書《經法》第三一行"玩好景好而不惑心"之"景" 、《周易》第四行"巧翔其景"之"景" 、《戰國縱橫家書》第一八九行"老婦持連而景"之"景" 相吻合,而與帛書"景"字 (《經法》〇七六)不類。故釋"景"是。

"靖",陳廖、張文、廖戊、丁乙、于文作"靜",它本皆作"靖"。驗諸照片,釋"靖"符合帛書原貌。

"荆",陳廖、廖丙、張文、廖戊、于文釋"刑",它本皆作"荆"。觀諸照片 ,釋"荆"符合帛書原貌。

"則中又"以下至"羣"殘缺,陳廖將第三十五、三十六行的一殘片,綴補於此,釋出"乎炅以來",廖甲、廖乙、廖丙、廖丁、丁甲從之。張文釋出"乎羿以來",廖戊、丁乙從之。于文釋出"乎羿以來"。張文又綴補殘片,釋出"臧壽以"三字,廖戊、丁乙從之。觀諸照片,釋"炅""羿"非,釋"羿"是。

"羣",廖甲、張文作"群",它本皆作"羣"。驗諸照片,釋"羣"符合帛書原貌。

【集釋】

鄧球柏《白話》：景：大。臧：善、美好。刑：通"形"。因此，好馬的區別，在于廣前而大後，于是就好，而且能接受人們的馴順，下安而靜，外形又美觀，則中又……乎昃以來群，文德也。

趙建偉《疏證》："廣前"，馬的前部寬廣。"景後"，馬的後臀碩大（景，大也）。上章論《乾》卦開端說龍，本章論《坤》卦開端說馬，與經文合。"遂臧"，因從於善。"尚"同"上"。"受"猶"承"。"來"，招徠。《說卦》《坤》爲衆，爲文，《象傳》"西南得朋，乃與類行"，"利西南，往得衆也"，所以此處説以文德招徠衆人。

鄧立光《實義》："廣前而景後"指馬的體態，廣則寬，而"景"義爲大，義指良馬的首尾皆寬大，才稱得上善。"文人"謂其人具有"文"的特質，即是具有坤德的人，坤德的內涵是有德行而秉性柔順，且能以此輔弼他人。這類修德者如果從政，自然上不犯亂，下而靜處。"文人"形態優美，此由涵養而至，即《孟子·盡心》所言"仁義禮智根于心。其生色也，睟然見于面，盎于背，施于四體，四體不言而喻"的意思。"文人"一旦得位行道，自然能表現政治人物的最高德性——謙德。"側以來群"謂禮賢下士，是求賢的基本條件。具備謙德的政治人格稱爲"文德"。

丁四新《周易》："景"，大也。《詩·周頌·潛》："以享以祀，以介景福。""尚"，通"上"。"荊"，即"刑"，通"形"。"來"，同"勑"，慰勞也。《孟子·滕文公上》："勞之來之。"《說文》段注："來，皆勑之省，俗作徠。"

張政烺《校注》：廣前而罝後遂臧，按《齊民要術》引《相馬經》："臆欲廣，……膺下要廣一尺以上，名曰挾尺，能久長。……尻欲多肉。"臧，善也。

劉大鈞《續讀》：帛書稱"良馬之類"爲"廣前而景後"，其"景"字實爲"勁"字之同音相借字。"廣前而景後"實乃"廣前而勁後"也。"廣前"乃指馬的前胸廣寬，猶如人之膀寬也；"景後"者乃指馬的後臀非常有勁，猶如人的下肢有力也。"遂臧"之"臧"字，案今本剝卦六二爻、六四爻"剝牀以辨""剝牀以膚"之"牀"，帛書本皆作"臧"字，可證此"臧"與"牀"字互通，而夬卦初九爻"壯於前趾，往不勝，爲咎"之今本"壯"字，帛本作"牀"字，此"牀""壯"互通之證，故"臧"字亦可與"壯"字互通。今再以此段文字之前後文意讀之，"遂臧"之"臧"字在此顯然應讀"壯"字，當無疑也。"遂臧"即"遂壯"而"尚受而順"也。

連劭名《易之義》：《太平御覽》卷八九六引馬援《銅馬相法》云："頰欲開而膺下欲廣一尺。"此爲"廣前"。"乎昇以來羣，文德也"，《爾雅·釋詁》云："昇，賜也。"來羣如言來王，《白虎通·號》云："君，羣也。"《逸周書·謚法》

云："從之成羣曰君。"君即王，《詩經·殷武》云："昔有成湯，自彼氐羌，莫敢不來享，莫敢不來王，曰商是常。"《論語·季氏》云："故遠人不服，則修文德以來之。"《詩經·江漢》云："矢其文德，洽此四國。"《左傳·襄公廿二年》云："兵之設久矣，所以威不軌而昭文德也。"

【新釋】

"良馬之類，廣前而圜後，遂臧"，此孔子言及古代良馬之相。馬王堆帛書有《相馬經》，專言相馬。① 《列子·說符篇》載伯樂曰："良馬可形容筋骨相也。"《衷》篇此即言良馬形容筋骨相。"廣前"，指良馬前胸寬廣。帛書《相馬經》謂良馬曰："損陝益廣，善走有力。……有朕有骨，而朕有肉章。肥不滅，瞿亦不亡，是胃大良。……馬有此節也，剛骨強，是胃大良。"《四庫全書》子部十二《齊民要術》卷六《養牛馬驢騾》曰："膺下欲廣一尺以上，名曰挾尺，能久走。""圜"讀"圓"，"圓"爲良馬之一相。帛書《相馬經》曰："四肉中度，方骨中巨，圜骨中規。"《莊子·徐无鬼》記徐无鬼曰："吾相馬，直者中繩，曲者中鉤，方者中矩，圓者中規，是國馬也。""圜後"，指良馬後臀渾圓。"臧"讀"藏"。古"臧""藏"通。《荀子·解蔽》"不以所已臧害所將受"，王先謙集解引郝懿行曰："臧，古藏字。"《楚辭·天問》"曜靈安臧"，朱熹集注："藏，與臧同。"帛書《相馬經》曰："前又盧首，後又從軌，中又臧保"，臧保即藏寶。"藏"，寶而藏之。《楚辭·七諫·沈江》"岩穴處而隱藏"，王逸注："士曰隱，寶曰藏。"帛書《相馬經》多言對良馬要寶而藏之，如："是胃良保（寶）……烏乎美哉，微而藏之。"

"尚受而順，下安而靜"，"尚"通"上"，疑指牝馬之背，"下"疑指牝馬之足；又疑"上"言牝馬行走，"下"言牝馬休止。帛書《相馬經》："上爲縣盧，下爲繆筋，力可以負山，足可以載雲。""受"，承。《吕氏春秋·本生》"其於物无不受也"，高誘注："受，猶承也。"《廣韻·有韻》："受，承也。""上受而順"，指牝馬行走大地，背承重物而柔順。今本《坤》卦《象傳》："坤厚載物，德合无疆，含弘廣大，品物咸亨。牝馬地類，行地无疆，柔順利貞。"正《衷》篇此義。"下安而靜"，指牝馬休止不行，安寧而靜處。今本《坤》卦《象傳》："安貞之吉，應地无疆。"正《衷》篇此義。

"外又美荆，則中又□□臧壽以□□乎"，"荆"即"刑"，通"形"。"中"謂内。此言牝馬外有美形，其内由於闕文不詳。

"畀以來羣"，"畀"讀爲"從"。《書·洪範》"不畀洪範九疇"，劉逢祿今古

---

① 馬王堆漢墓帛書整理小組《馬王堆漢墓帛書〈相馬經〉釋文》，《文物》1977年第8期，第17—22頁。

文集解:"《史記》羿作從。""來",歸。《左傳·文公七年》"其誰來之",杜預注:"來,猶歸也。"《玉篇·來部》:"來,歸也。""羣",指牝馬同類。《衷》篇此言順從而回歸牝馬同類。《坤》卦《彖傳》:"先迷失道,後順得常。西南得朋,乃與類行。"正此義。

"文德也",言牝馬表現出的文柔之德。

【今譯】

孔子說:"所以良馬之類,前胸寬廣,後臀渾圓,遂寶而藏之。牝馬行走大地,背承重物而柔順;休止不行,則安寧而靜處。外有美形,其内……順從而回歸牝馬同類,這是文柔之德啊。"

"是故文人之義,不侍人以不善,見亞墨然弗反,是胃以前戒後。武夫昌慮,文人緣序。"

【彙校】

《集成》:"弗"字上掩有一小帛片,未知其本來所在。

【集釋】

鄧球柏《白話》:墨:通"默"。因此,文人的仁義,不待别人以不善,見惡默然而不重蹈,這就叫以前戒後,武夫昌明思慮,文人循規蹈矩。

趙建偉《疏證》:"反"謂反省自身。此即《論語》所謂"見不賢而内自省"。"昌"同"倡",首倡。"慮",計議。"緣序"謂循其次第而接續之。即《文言》"承天而時行"。

鄧立光《實義》:因此,"文人"的意義是以善待人,見惡而自省,默識于心而不蹈覆轍,這稱爲"以前戒後",所謂前事不忘,後事之師是也。"武夫昌慮,文人緣序","武夫"指剛勇者,"昌"義爲善,"昌慮"即善謀,善謀則不莽;"緣"指依循,"緣序"指有序依循,"文人"處事,循序不悖,表達柔順的德性。剛者善謀不妄動,柔者亦順從不失序。

丁四新《周易》:"亞",通"惡"。帛書"惡"字,一般寫作"亞"。"墨",讀作"默"。"反",反復。"昌",讀作"倡"。"緣序",又見帛書《繆和》篇。《繆和》五六行:"古老蛛蝥作罔,今之緣序。""今之緣序",同篇五五行作"今之人緣序"。"緣"通"循","序"通"緒";"緣序"即"循緒"。又,武夫、文人是從陰陽、剛柔之義而言,非從職業的角度論之。故有武夫倡導思想,文人遵循其餘業之説。

張政烺《校注》:反,復。

劉大鈞《續讀》:"見亞墨然弗反"之"反"字,今由下文"是胃以前戒後"思之,此"反"字在此當讀作"返"。謂見惡行則默然弗返,這就是以前而戒後,不重蹈覆轍。所謂"武夫昌慮,文人緣序"者,《衷》篇在前文中對"文""武"之義已有明確界定:"故武之義保功而恆死,文之義保安而恆窮。""是故柔而不犹,然后文而能朕也;剛而不折,然而后武而能安也。""武夫昌慮"之"昌"即"倡"字,古"昌""倡"互假。《周禮·春官·樂師》:"凡軍大獻,教愷歌,遂倡之。"鄭注:"故書倡爲昌,鄭司農云:樂師主倡也,昌當爲倡,書亦爲倡。""文人緣序"之"緣"當讀爲"沿"。"緣""沿"二字古亦互用。《禮記·樂記》:"故明王以相沿也。"鄭注:"沿或作緣。"所謂"武夫倡慮"者,謂武夫要倡導經常思慮反省自己,看能否"保功而恆死"。所謂"文人緣序"者,謂文人要經常沿例而序定其品行操守,看能否"保安而恆窮"。

丁四新《數則》:帛書"緣序"訓同"循緒"。序,通緒,餘業、餘事也。緣,猶循也,皆有依從、仿效之義。"武夫昌慮,文人緣序",是説武剛之夫倡導謀慮,文柔之人遵循其餘業。開創與守成,各依其品性。

連劭名《易之義》:"是故文人之義",《詩經·江漢》云:"告于文人。"毛傳:"文人,文德之人。"文人與武夫對稱。《禮記·中庸》云:"寬柔以教,不報无道,南方之强也,君子居之。衽金革,死而不厭,北方之强也,而强者居之。"文人近於儒者,《説文》云:"儒,柔也,術士之稱。"文之柔順,指遵循天道,馬王堆帛書《經法·四度》云:"臣君當位謂之靜,賢不肖當位謂之正,動靜參于天地謂之文。誅〔罰〕當時,謂之武。"又云:"順者,動也,正也,事之根也。執道循理,必從本始,順爲經紀,禁伐當罪,必中天理。""武夫昌慮",《廣雅·釋詁一》云:"昌,始也。"《爾雅·釋詁》云:"慮,謀也。"今按:《周易·繫辭上》云:"乾知大始。"《周易·繫辭下》云:"知小而謀大。"虞翻注:"乾爲大謀。"前文云:"子曰:鍵六剛能方,湯武之德也。"是知"武夫昌慮"指革命之論。《孟子·梁惠王下》云:"《詩》云:王赫斯怒,爰整其旅,以遏徂莒,以篤周祜,以對天下。此文王之勇也。文王一怒而安天下之民。《書》云:天降下民,作之君,作之師。惟曰其助上帝,寵之四方,有罪无罪,惟我在,天下曷敢有越厥志?一人衡行於天下,武王恥之。此武王之勇也。而武王亦一怒而安天下之民。"《左傳·宣公十二年》云:"夫武,禁暴戢兵,保大定功,安民和衆,豐財者也。"《鶡冠子·近迭》云:"兵者,禮義忠信也。龐子曰:願聞兵義。鶡冠子曰:失道,故敢以賤逆貴。不義,故敢以小侵大。"桀紂失道,故湯武以賤逆貴,以小侵大。"文人緣序",《莊子·養生主》云:"緣督以爲經。"《釋文》引李注:"緣,順也。"順而從序,故曰緣序。《禮記·明堂位》云:"序,夏後氏之序也。"鄭玄注:"序,次序王事也。"《周易·坤》六三云:"或從王事,无成有終。"《象》云:"或從王事,知光大也。"《史記·陸賈列傳》云:"陸生時時前説稱《詩》《書》。高帝罵之，曰：乃公居馬上而得之，安事《詩》《書》？陸生曰：居馬上得之，寧可以馬上治之乎？且湯武逆取而順守之，文武並用，長久之術也。昔者吳王夫差、智伯極武而亡，秦任刑法不變，卒滅趙氏。鄉使秦已并天下，行仁義，法先聖，陛下安得而有之？高帝不懌而有慚色。"

于豪亮《繫辭》：墨然即默然、穆然，《文選・非有先生論》："於是吳王穆然。"注："穆猶默，靜思貌。"

【新釋】

"文人"，柔順之人。

"不侍人以不善"，"侍"讀爲"待"。《儀禮・士昏禮》"媵侍于户外"，鄭玄注："今文侍作待。"《荀子・正論》"五祀執薦者百人侍西房"，楊倞注："侍，或爲待也。""不侍人以不善"，即"不待人以不善"，待人以善也。

"見亞墨然弗反，是胃以前戒後"，"亞"同"惡"，"墨"通"默"，"胃"通"謂"。此言發現惡就能默然自省，不再重犯，這就是所謂以前戒後。按今本《繫辭》引孔子曰："顏氏之子，其殆庶幾乎？有不善未嘗不知，知之未嘗復行也。"與《衷》篇此義同。

"武夫昌慮，文人緣序"，"昌"通"倡"，先作之義。《禮記・檀弓上》"婦人倡踊"，鄭玄注："倡，先也。"《大戴禮記・禮三本》"萬物以倡"，孔廣森補注："倡，作也。""慮"指慮事。《左傳・宣公十一年》"使封人慮事"，杜預注："慮事，謀慮計功。"即圖謀功業也。"倡慮"，猶《大戴禮記・衛將軍文子》所言"先成其慮"，先其圖謀建立功業之義。"武夫倡慮"，言武夫性剛主動，善於預先謀劃建立功業，開闢事業。"緣序"，"緣"，學者讀爲"循"，是。《廣雅・釋詁四》："緣，循也。"王念孫疏證補正："《韓詩外傳》：緣理而行。《說苑・雜言篇》緣作循。""序"，趙建偉、鄧立光皆以爲次序之序，丁四新認爲通"緒"，余業、餘事。按丁說是。《說文・廣部》段玉裁注："序爲緒之假借字。"《爾雅序》"爾雅序"，邢昺疏："序，與緒音義同。"《逸周書・柔武》"維在文考之緒功"，朱右曾集訓校釋："緒，謂未竟之業。"《漢書・梅福傳》"欲以承平之法治暴秦之緒"，顏師古注："緒，謂餘業也。""文人緣序"，言文人性柔主靜，善於循其未竟之業順致其成。"武夫倡慮，文人緣序"，猶言武剛之夫開創，文柔之人守成。

【今譯】

孔子說："所以文柔之人的涵義，是待人以善，發現惡就能默然自省，不再重犯，這就是所謂以前戒後。武剛之夫先其圖謀開創事業，文柔之人循其餘業順致其成。"

《易》曰："先迷後得主。""學人胃也,何无主之又？天氣作□,寒暑不暴,亓寒不涷,亓暑不曷。"

此爲第二節,爲孔子以"災異"觀念釋《坤》卦辭"先迷後得主"。

【彙校】

《集成》："暴"字張釋僅隸定出上方的"日"和"共",下半空缺,同時又於旁批注"異"和"暴",並於"暴"字右上加叉。其他諸家釋文多作"異"。今按:釋"暴"無可疑,其形與帛書多見的用爲"暴"之字形同(如《繫辭》17下、《老子》乙本238下等,參看《文字編》二七六頁),嚴格講是對應於《説文》卷十下夲部的"暴"字(其下所謂"夲"寫作"夨"形,與秦漢簡帛"奏"字寫法之變化同例)。

【新校】

通觀此章文例,"學人胃也"前當脱"子曰"。

"天氣作"以下至"暑不曷"之間殘缺,陳廖將第三十五、三十六行的一殘片,綴補於此,釋出"其寒不凍其",廖甲、廖乙、廖丙、廖丁、丁甲從之,而"其"皆作"亓"。張文又綴補一殘片,釋出四字,前三字爲"寒暑不",後一字即《集成》所言,上部爲"異",下部空缺,廖戊、丁乙從之,而第四字皆作"異"。《集成》釋第四字爲"暴",即"暴"字。

【集釋】

鄧球柏《白話》:曷:假借爲"渴"。《周易》説:"先迷後得主。"指的是學習的過程,哪里有什麽先主存在？天氣作……冷天不冰凍,熱天不乾渴。

趙建偉《疏證》:"何先主之有":"先"謂先得。"曷",整理者讀作"渴"。按:似當讀作"喝"。"凍"謂傷於寒,"喝"謂傷於暑。《莊子·則陽》"凍者假衣於春,喝者反冬乎冷風"(王先謙《集解》"喝,傷暑也"),也是"凍""喝"對舉。

丁四新《周易》:"曷",讀作"喝"。《説文》:"喝,傷暑也。"《荀子·富國》:"使民夏不宛喝,冬不凍寒。"

劉大鈞《續讀》:"《易》曰'先迷後得主',學人胃也,何先主之又？"帛書將坤卦卦辭"先迷後得主"釋爲"學人胃也",帛書此處釋文於"學人胃也"後,又加了一句"何先主之又",正如我們在前文中所指出的:《象》釋坤卦"先迷後得主"曰"先迷失道,後順得常",《文言》注此曰"後得主而有常,含萬物而化光",所謂"後得主而有常"即《象》文之"後順得常"也,而帛書此文"何先主之又"的"先主",即《象》所云之"先迷失道也"。既已"先迷失道矣,故"何先主"之有也。

連劭名《易之義》：曷讀爲喝。
于豪亮《繫辭》：曷讀爲"渴"。

【新釋】

此孔子以"災異"觀念釋《坤》卦辭"先迷後得主"。

"《易》曰：'先迷後得主。'""學人冒也"，"學人"前，帛書脱"子曰"。"學"讀爲"覺"，《衷》篇上言"'君子先迷，後得主'，學人之胃也"，與此同。《論語·學而》"學而時習之"，皇侃疏："學，覺也，悟也。"《廣雅·釋詁四》："學，覺也。""學人"即"覺人"，使人覺悟。古有"災異"思想，認爲人君的美行和惡行能夠導致氣候的正常和異常。如果氣候發生異常，人君應該驚懼、反省、覺悟，以糾正惡行，回歸正道。《春秋繁露·必仁且智》："凡災異之本，蓋生於國家之失。國家之失乃始萌芽，而天出災害以遣告之；譴告之而不知變，乃見怪異以驚駭之；驚駭之尚不知畏恐，其殃咎乃至。"《白虎通義·災變》："天所以有災變何？所以譴告人君，覺悟其行，欲令悔過修德，深思慮也。"即《衷》篇"學人"之義。

"何无主之又"，"主"，指常道、常主。今本《坤》卦《彖傳》："先迷失道，後順得常。"是《彖傳》釋"主"爲"常"，指常道。常道即指天之常，與下文所言天之異相反。"何无主之又"，"又"即"有"，怎麼沒有常道呢？

"天氣作□，寒暑不暴，亓寒不凍，亓暑不曷"，缺文不詳何字。"暴"，《集成》讀爲"暴"，可從。"暴"，亂也。《孟子·公孫丑上》"無暴其氣"，趙岐注："暴，亂也。""寒暑不暴"，指冬夏氣候正常不亂，沒有發生災異，也即"其寒不凍，其暑不曷"。"曷"，鄧球柏讀爲"渴"，非；趙建偉、丁四新、連劭名讀爲"喝"，甚是。《説文》："喝，傷暑也。从日，曷聲。"是"曷""喝"聲同相假。《荀子·富國》"古人爲之不然，使民夏不宛（楊倞注：或曰，宛當爲奧。篆文宛字與奧字略相似，遂誤耳。奧，熱也）喝，冬不凍寒"，《春秋繁露·基義》"故寒不凍，暑不喝"，皆與《衷》篇"其寒不凍，其暑不曷"義同。"其寒不凍，其暑不曷"，即冬天不傷於寒，夏天不傷於暑。《書·洪範》"九疇"八曰"庶徵"，其曰："曰雨，曰暘，曰燠，曰寒，曰風。曰時五者來備，各以其敘，庶草蕃廡。……曰休徵：曰肅，時雨若；曰乂，時暘若；曰晢，時燠若；曰謀，時寒若；曰聖，時風若。"其美好徵驗"休徵"的"時燠若"即"其暑不曷"，"時寒若"即"其寒不凍"。

【今譯】

《周易·坤》卦辭説："先迷後得主。"〔孔子説〕："這是講使人覺悟的，怎麼沒有常道呢？天氣……冬、夏氣候正常不亂，冬天不傷於寒，夏天不傷於暑。（這就是常道啊。）"

《易》曰："履霜,堅冰至。"子曰："孫從之胃也。歲之義始於東北,成於西南。君子見始弗逆,順而保榖。"

此爲第三節,爲孔子以"慎始"之旨和古代"保傅"制度釋《坤》初六爻辭"履霜,堅冰至"。

【新校】

"榖",陳廖釋"靳",廖乙釋"榖",張文釋"穀",它本皆作"榖"。觀諸照片 ![字], 釋"榖"符合帛書原貌。

按此節爲孔子釋《坤》卦初六爻辭"履霜,堅冰至",下節爲孔子釋《坤》卦辭"東北喪崩,西南得崩,吉",依序當在下節之後。故疑此爲錯簡。

【集釋】

鄧球柏《白話》:《周易》説:"履霜堅冰至。"孔子説:講的是謙遜順從。年歲的意義,一年開始于東北,完成終結于西南。君子見始而不違背,順從而保平安。

趙建偉《疏證》:"《易》曰:履霜堅冰至。子曰:遜從之謂也":此與《坤·文言》"履霜,堅冰至,蓋言順也"同。"歲之義,始於東北,成於西南":此爲《説卦》"帝出乎震"的後天卦序,東北爲艮,爲立春;西南爲坤,立秋,物之生長始於春而成於秋。"君子見始弗逆,順而保靳":"始"謂"歲之義始於東北"的艮,艮爲險阻。"逆",迎。"靳"字從斤聲,可讀作"訢",謹敬之義。此言見險阻不要迎上前去,應順循其漸而保持謹敬。

丁四新《周易》:"孫",通"遜"。自"歲之義"至"成於西南",參見帛書《二三子》"歲……西南,溫始……寒始於……。"又,《説卦》:"艮,東北之卦也,萬物之所成終,而所成始也,故曰:成言乎艮。"與帛書之義不相雷同。"榖",通"穀"。《説文》:"穀,續也。百穀之總名。""榖",續也。

劉大鈞《續讀》:帛書解坤卦初六爻"履霜堅冰至"爲"孫從之胃也"。《象》釋此爻曰:"'履霜堅冰',陰始凝也;馴至其道,至'堅冰'也。"《周易集解》引《九家易》注曰:"馴猶順也。"而古"馴""孫"二字亦皆以訓順而互通。案《禮記·學記》"當其可之謂時,不陵節而施之謂孫",鄭注"孫,順也"。《説苑·建本篇》引《禮記》此句之"孫"作"馴",即其證。此義亦即《文言》所云"'履霜堅冰至',蓋言順也"之旨,"蓋言順也"即蓋言馴也,亦"蓋言孫也"。帛書又進一步釋"孫從之胃也"曰"歲之義,始於東北,成於西南"。何謂"歲之義"?考《春秋繁露·天地之行》曰"考陰陽所以成歲",《春秋繁露·天辨在人》曰"陰者,陽之助也;陽者,歲之主也",《春秋繁露·陰陽位》曰"陽氣始出東北而南行,就其位也;西轉而北入,藏其休也。陰氣始出東南而北行,亦就其位也；西轉而南入，屏其伏也"，此正是帛書"歲之義，始於東北，成於西南"之義。除如上所引外，《春秋繁露》其他如《循天之道》《陰陽終如》《天道二》等篇章中，對帛書此義亦有所釋，在此不一一引述了。筆者在拙著《今、帛、竹書〈周易〉綜考》之《帛書〈易傳〉探析》一文中曾指出："'卦氣'之說，絕非漢人孟、京所出，先秦早已有之！"帛書此段文字，即其證據之一也。此今文《易》所傳之"卦氣"說，在《淮南子·詮言訓》中亦有所傳："陽氣起於東北，盡於西南；陰氣起於西南，盡於東北，陰陽之始，皆調適相似。"此旨至東漢仍有傳，如《周易集解》引荀爽注《文言》"天玄而地黃"曰："天者陽，始於東北，故色玄也；地者陰，始於西南，故色黃也。"《春秋繁露》《淮南子》及荀爽注文，其與《象》《文言》釋此爻之旨相同，皆寓有順其天時而循歲之終始義，這點在《淮南子·齊俗訓》中亦有總結："故《易》曰'履霜堅冰至'，聖人之見終始微言！"所謂"聖人之見終始微言"，即帛書之"君子見始弗逆也"。以此知，《淮南子》中所含《易》旨，確爲西漢今文《易》之傳也。帛書所謂"順而保毅"之"毅"字，以其形近而可與"穀"字通假，而"穀"有善義。《詩·小雅·黃鳥》："此邦之人，不我肯穀。"毛傳："穀，善也。"鄭箋："云不肯以善道與我。"《論語·泰伯》："子曰：三年學不至於穀，不易得也。"何晏《集解》："孔子曰穀，善也，言人三歲不至於善，不可得，言必無也。"故帛書此"保毅"實即"保穀"，亦即"保善"，"順而保毅"即順天時而保善也。

連劭名《易之義》：八卦之中，艮位東北，坤位西南，《周易·說卦》云："艮，東北之卦也，萬物之所成終而所成始也。"又云："坤也者地也，萬物皆致養焉，故曰致役乎坤。"艮當丑寅之際，夏正建寅，天氣漸暖，寒意消。《淮南子·天文》云："以至於仲春二月之夕，乃收其藏而閉其寒，女夷鼓歌，以司天和，以長百穀禽鳥草木。"坤位未申之際，天運至此，暑氣消，寒氣起，萬物收，百穀熟，《左傳·哀公十六年》云："國人望君如望歲焉。"杜預注："歲，年穀也。"毅通穀，《詩經·四月》云："民莫不穀。"毛傳："穀，養也。"人生於中和，順受其正，故云"見始弗逆"。率性修道，故云"順而保毅"。

于豪亮《繫辭》：毅假作"穀"，善也。

【新釋】

"孫從之胃"，"孫"，讀爲"順"。《詩·大雅·文王有聲》"詒厥孫謀"，鄭玄箋："孫，順也。"《左傳·僖公十五年》"公曰不孫"，洪亮吉詁引《史記集解》服虔云："孫，順也。""孫從"，即"順從"。

"歲之義，始於東北，成於西南"，按《淮南子·詮言訓》曰："陽氣起於東北，盡於西南。陰氣起於西南，盡於東北。"是"始於東北，盡於西南"指一歲中陽氣的運行，而一歲中陰氣的運行是"起於西南，盡於東北"，故一歲完整的運行是始於東北,成於西南,終於東北。東北爲微陽之始,漸積而在西南成就暑熱。西南同時又是微陰之始,從西南開始,陰氣凝結爲霜,漸積而成就寒冷,而爲堅冰。儒家以陽爲善、陰爲惡,陽、陰二氣由微而著的過程,也是善、惡由微而著的過程。這個過程只要開始,就順積而成,不可逆轉,故上言"順從"。這就要求君子要特別謹慎地對待起始,故下言"君子見始弗逆,順而保毅"。今本《坤》卦《文言》即專言此義:"積善之家必有餘慶,積不善之家必有餘殃。臣弑其君,子弑其父,非一朝一夕之故,其所由來者漸矣,由辯之不早辯也。《易》曰'履霜,堅冰至',蓋言順也。"孔穎達疏曰:"蓋言順者,言此履霜堅冰至,蓋言順習陰惡之道,積微而不已,乃致此弑害。凡萬事之起,皆從小至大,從微至著,故上文善惡並言,今獨言弑君弑父有漸者,以陰主柔順,積柔不已,乃終至禍亂,故特於《坤》之初六言之。"《淮南子·詮言訓》亦言此旨曰:"陰陽之始,皆調適相似,日長其類,以侵相遠,或熱焦沙,或寒凝水,故聖人謹懼其所積。"《淮南子·齊俗訓》亦曰:"《易》曰'履霜堅冰至',聖人之見終始微言。"

"順而保毅","順",讀爲"慎"。今本《升》卦《象傳》"君子以順德",《釋文》:"順,本又作慎。"《禮記·禮器》"順之至也",《釋文》:"順,亦作慎。"《大戴禮記·哀公問五義》"言既順之",王聘珍解詁:"順,讀曰慎。""保",養。《說文·人部》:"保,養也。"《大戴禮記·主言》"如保子之見慈母也",王聘珍解詁:"保,養也。""毅",乳子。《集韻·厚韻》:"毅,乳子也。"《莊子·駢拇》"臧與穀,二人相與牧羊而俱亡其羊",《釋文》:"穀,崔本作毅,云:'孺子曰毅。'""順而保毅",即謹慎地保養乳子。古有"保傅"制度,言太子幼時,即選三公、三少,保其身體,傅之德義,導之教訓。《大戴禮記·保傅篇》曰:"昔者周成王幼,在襁褓之中,召公爲太保,周公爲太傅,太公爲太師。保,保其身體;傅,傅之德義;師,導之教訓,此三公職也。於是爲置三少,皆上大夫也,曰少保、少傅、少師。故孩提,三公三少固明孝仁禮義,以導習之也。逐去邪人,不使見惡行。於是比選天下端士、孝悌閑博有道術者,以輔翼之,使之與太子居處出入,故太子乃目見正事,聞正言,行正道,左視右視,前後皆正人。……《孔子》曰:'少成與天性,習貫之爲常。'是殷周所以長有道也。""保傅"制度之要,在"慎始"之義。《大戴禮記·保傅篇》特引《易》以明其理,其曰:"《易》曰:'正其本,萬物理。失之毫釐,差之千里。'《春秋》之元,《詩》之《關雎》,《禮》之《冠》《昏》,《易》之《乾》《巛》,皆慎始敬終云爾。"《衷》篇上言"'履霜,堅冰至',豫□□也",與此同義。

【今譯】

《周易·坤》卦初六說:"履霜,堅冰至。"孔子說:"這是講順從啊。一歲始於東北,成於西南。君子看到起始,知道不可違逆,故要謹慎地保養乳子。"

《易》曰:"東北喪崩,西南得崩,吉。"子曰:"非吉石也,亓□□要誠與賢之胃也。〔武〕人又柫,文人有輔。柫不橈,輔不絕,何不吉之又?"

此爲第四節,爲孔子以"保傅"制度釋《坤》卦辭"東北喪朋,西南得朋,吉"。

【彙校】

《集成》:"人"字張釋在擬補缺文中(其他諸家釋文擬補作"夫",誤),此據前新綴入小片所存殘形逕釋。

【新校】

"東北喪崩,西南得崩",帛書《周易》作"西南得朋,東北亡朋",今本《周易》亦作"西南得朋,東北喪朋",與此不同,疑爲書手誤書。

"要誠"二字殘缺,張文釋出,廖戊、丁乙从之,它本皆無釋。從殘留筆畫看,釋"要誠"可從。

兩"柫"字,陳廖、丁甲、張文、丁乙釋"柫",它本皆釋"拂"。驗諸照片 、 ,釋"柫"是。

"橈",陳廖、廖甲、廖乙、丁甲、張文、丁乙釋"橈",它本皆作"撓"。觀諸照片 ,釋"橈"是。

此釋《坤》卦辭"東北喪崩,西南得崩,安貞吉",省"安貞"。

此節內容,本當在上節之前,疑爲錯簡。

【集釋】

鄧球柏《白話》:柫:擊也。《周易》說:"東北喪崩,西南得崩,吉。"孔子說:不是吉利的石頭。其……講的是與賢。武夫有進攻的能力,文人有輔佐的能力,進攻而不屈折,輔佐而不斷絕,哪有不吉利的事情發生呢?

鄧球柏《校釋》:拂:同"弼",輔弼。

趙建偉《疏證》:"石"當借爲"所"(聲紐相近,韻部魚、鐸對轉),《莊子·外物》《釋文》"石本又作所"。此言喪朋之東北艮方非吉祥處所。"拂",搏擊赴敵。"輔"順輔。"不撓"說其堅強,"不絕"說其韌性。

鄧立光《實義》:"石"指厚聲,即洪渾的聲音。孔子認爲卦辭不是指吉祥之音("非吉石"),而是有關得賢的比喻。"武夫有制,文人有輔。""制"義爲刀擊,引申爲威武有勢,武夫指剛者。剛者威武有勢,而"文人"亦有所輔弼。

"拂不橈,輔不絕,何不吉之有?"是言威武而不屈折,輔弼而不斷絕,又怎會不吉呢?孔子是從政治方面理解坤卦卦辭,而"文""文德"皆是政治人物的德性。

丁四新《周易》:"崩",通"朋"。"石",通"是"。是,此也。"柫",同"拂",通"弼",矯正也。《孟子·告子下》:"入則無法家拂士,出則無敵國外患者,國恆亡。""文人有輔",輔拂之說,臣道也。

劉大鈞《續讀》:此"崩"即"朋"字之借。"子曰:非吉石也。亓□□□與賢之胃也"一句由於關鍵部分缺字,已難窺其詳旨,但由"與賢之胃也"及下文"[武夫]又拂,文人有輔。拂不橈,輔不絕,何不吉之又"思之,此"非吉石也"之"石"應讀"碩"。"石"與"碩"古字通,帛書《易經》剝卦上九爻"石果不食",今本作"碩果不食",即其證。"[武夫]又拂,文人有輔"之"拂""輔",在此有輔佐之義。案《晏子春秋·內篇雜上第五》:"是以內無拂而外無輔,輔拂無一人,諂諛者甚衆。""拂"還有矯正義。《鶡冠子·道端》"正言直行,矯拂王過",即其證。"拂不橈,輔不絕"者,即前文"故武之義保功而恆死,文之義保安而恆窮"也。"保功而恆死"即"拂不橈"也,"保安而恆窮"即"輔不絕"也。

連劭名《易之義》:艮東北爲鬼户爲死,故曰喪。坤西南人門爲生,故曰得。艮爲石,《漢書·五行志中之上》云:"石,陰類也。"艮爲死喪,故曰"非吉石也"。艮爲賢人,故曰"與賢"。《周易·頤·彖》云:"聖人養賢以及萬民。"虞翻注:"艮爲賢人。"《公羊傳·僖公十六年》云:"賣石於宋五。"范甯注:"石者,陰德之專者也。"石有陰德,故艮又爲賢人。石通碩,《文選·爲曹公作書孫權》云:"明棄碩交。"李善注:"碩與石古字通。"艮爲碩,《周易·蹇》上六云:"往蹇來碩。"虞翻注:"艮爲碩。"《詩經·簡兮》云:"碩人俁俁。"毛傳:"碩人,大德也。"

【新釋】

"非吉石也,亓□□要誠與賢之胃也","吉"讀爲"告"。《周禮·春官·大宗伯》"以吉禮事邦國之鬼神示",鄭玄注:"故書吉或爲告。"《禮記·緇衣》"尹吉曰",孔穎達曰:"吉,當爲告。"《讀書雜志·墨子第四·經說下》"吉之使智也",引之曰:"吉,當爲告。"今本《蒙》卦辭"初筮告,再三瀆,瀆則不告",帛書《周易》兩"告"作"吉",是其證。"石",讀爲"所"。《莊子·外物》"嬰兒生无石師而能言",《釋文》:"石師,一本作所師。"按"石"禪紐鐸韻,"所"生紐魚韻,聲母鄰紐,韻部對轉,聲近相假。"非吉石也",即"非告所也",不是告訴"東北""西南"等方所的。"要",得,求。《吕氏春秋·貴生》"所要輕也",高誘注:"要,得也。"《孟子·告子上》"以要人爵",趙歧注:"要,求也。""亓

□□要誠與賢之胃也"，雖有闕文，其義不能盡知，但《衷》篇上言"'東北喪朋，西南得朋'，求賢也"，此亦當言得賢無疑。

"[武]人又柫，文人有輔"，"柫"讀爲"拂"。"拂""輔"義近，皆爲輔弼之義，此言及古代"保傅"制度文武重臣對年幼君主的輔弼。《大戴禮記·保傅》記周代"保傅"制度："《明堂之位》曰：'篤仁而好學，多聞而道慎，天子疑則問，應而不窮者，謂之道。道者，導天子以道者也。常立于前，是周公也。誠立而敢斷，輔善而相義者，謂之充。充者，充天子之志也。常立于左，是太公也。絜廉而切直，匡過而諫邪者，謂之弼。弼者，拂天子之過者也。常立於右，是召公也。博聞強記，接給而善對者，謂之承。承者，承天子之遺忘者也。常立于後，是史佚也。'故成王中立而聽朝，則四聖維之，是以慮無失計，而舉無過事，殷周之前以長久者，其輔翼天子，有此具也。"《新書·保傅》亦講周代文武大臣之輔、拂君主曰："誠立而敦斷，輔善而相義者謂之輔。輔者，輔天子之意者也。常立于左，是太公也。潔廉而切直，匡過而諫邪者，謂之拂。拂者，拂天子之過者也。常立於右，是召公也。"《荀子·臣道》："有能抗君之命，竊君之重，反君之事，以安國之危，除君之辱，功伐足以成國之大利，謂之拂。"是"拂"以剛直方式匡君之過、安國之危，常拂君主之心，故爲武剛之夫所擅。"輔"乃以柔和方式，以善義輔佐君主，故爲文柔之人所長。

"柫不橈，輔不絕"，"橈"，折。《戰國策·魏策一》"撓棟而不辟者"，鮑彪注："撓，折。""絕"，斷。此指武剛之夫和文柔之人的輔佐能夠堅持長久，而不斷絕。按《衷》篇上言："故武之義保功而恆死，文之義保安而恆窮。是故柔而不刓，然後文而能勝也。剛而不折，然後武而能安也。""拂不撓"，即"剛而不折，然后武而能安也"。"輔不絕"，即"柔而不刓，然后文而能勝也"。

【今譯】

《周易·坤》卦辭說："東北喪朋，西南得朋，吉。"孔子說："這不是告訴人們方所的，是講得賢的。武人以剛直的方式匡正君主，文人以文柔的方式輔弼君主。無論是剛直還是文柔的方式，都能保持長久而不斷絕，怎麼能不吉利呢？"

《易》曰："直方大，不習，吉。"子曰："生文武也，雖強學，是弗能及之矣。"

此爲第五節，爲孔子釋《坤》卦六二爻辭。

【集釋】

鄧球柏《白話》：生：天性。《周易》說："直方大，不習，吉。"孔子說：這是天生的文武全才，雖然努力學習，也達不到這種天才。

鄧球柏《校釋》：生：天生，天性。

鄧立光《實義》：孔子對坤卦六二爻有所體會而言"性文武"，意爲生而即有"文"或"武"的品性，這些品性不能由勤勉學習而改變。……孔子所言有關人性中的"文""武"内容，是不能透過學習而改易或增益的，這顯然是德性的特徵，而非氣質的問題。

丁四新《周易》："生"，讀爲"性"。"生文武"至"弗能及之矣"，參見《孟子·告子上》公都子所述"或曰"内容："性可以爲善，可以爲不善。是故文武興，則民好善；幽厲興，則民好暴。"

劉大鈞《續讀》：此處引坤卦六二爻辭作"直方大，不習，吉"，今本則作"直方大，不習，无不利"，帛書《易經》與今本同。今又以"文武"之義釋之，由"雖强學，是弗能及之矣"及前文"□□□□于文武也"之"于"字思之，此文"生文武也"之"生"字，在此應讀作"性"，爲性文武也，正因其性有文武之質，故"雖强學，是弗能及之矣"。所謂"文"，即《文言》之"君子敬以直内"也；所謂"武"，即《文言》之"義以方外"也。此可作帛書確以"旁通"説《易》之又一證也。

丁四新《數則》："生文武"一句，也是闡發本篇文、武之義的。"生"，讀爲"性"；但是與《孟子·盡心上》所謂"堯舜性之"之"性"，含義並不相同。孟子主張"性善"之説，但又説"堯舜性之，湯武身之，五霸假之"，很顯然，前後二"性"字即使在《孟子》一書中也是不相同的。本篇"性文武"之語，是説聖人天生具有文、武的秉性，不需要學習得來。《衷》篇屢言"學人"之義，則與此"性文武"之天生聖人相對。《衷》篇下又云："本生（性）仁義，所以義（儀）剛柔之制也。"其所謂"本性仁義"，也是具體指天生聖人之本性是仁義的。由此而言，帛書《衷》篇的作者很可能持"人性有善有惡"的主張。《孟子·告子上》公都子所述"或曰：'性可以爲善，可以爲不善，是故文武興，則民好善；幽厲興，則民好暴'"，即屬於此列。總之，帛書《衷》篇的文武之説，是爲了論説個人的剛柔特性或性格的。順便指出，帛書《昭力》篇亦有"文人""武夫"之語，云"文人爲令，武夫用國。脩兵不解（懈），卒伍必固；權謀不讓，怨弗先昌（倡）"。其義當與《衷》篇同。文、武之説，不獨易傳類帛書有之，在帛書《經法》中也出現很多次，但都是從陰陽刑德理論而言之的。《經法·君正》："天有死生之時，國有死生之正（政）。因天之生也以養生，胃之文；因天之殺也以伐死，胃之武。[文]武並行，則天下從矣。……審於行文武之道，則天下賓矣。號令闔於民心，則民聽令。兼愛無私，則民親上。"《經法·六分》："文德廄於輕細，武刃於[罪人]，王之本也。"《經法·四度》："因天時，伐天毀,冒之武。武刃而以文隨其後,則有成功矣。用二文一武者王。"《經法·論約》:"始於文而卒於武,天地之道也。四時有度,天地之李也。日月星晨有數,天地之紀也。三時成功,一時刑殺,天地之道也。"關於"武刃",陳鼓應説:"'武刃',指武功,在此謂刑罰。"(見氏著《黄帝内經今注今譯》,臺灣商務印書館1995年,第143頁)魏啓鵬云:"刃借爲牣,《説文》:'牣,滿也。'參看《管子·霸言》:'兵威而不止,命曰武滿。'又云:'文武具滿,德也。'此句言君王之武功,征討邪惡,功蓋高山鉅野。"(見氏著《馬王堆漢墓帛書〈黄帝書〉箋證》,北京中華書局2004年,第36頁)魏説疑非,陳説近是。《管子·霸言》有"土滿""人滿""武滿"之"滿",謂滿盛而盈過之,非吉辭也,疑於帛書《六分》《四度》不同義。刃,宜訓爲刑殺。其實文德、武殺之説,正是帛書陰陽刑德理論的具體表現。《管子·版法解》:"版法者,法天地之位,象四時之行,以治天下。四時之形,有寒有暑,聖人法之,故有文有武。天地之位,有前有後,有左有右,聖人法之,以建經紀。春生於左,秋殺於右,夏長於前,冬藏於後。生長之事,文也;收藏之事,武也。是故文事在左,武事在右,聖人法之,以行法令,以治事理。"此文武之説,與《經法》諸篇類似。

連劭名《易之義》:"性文武也",生、性古同。《荀子·性惡》云:"不可學、不可事而在人者,謂之性。"《孟子·盡心下》云:"孟子曰:堯舜,性者也。湯武,反之也。動容周旋中禮者,聖德之至也。"《禮記·中庸》云:"性之德也,合外内之道,故時措之宜也。"堯舜之德發自本性,湯武反身修德。故性文武者與天合一,動靜皆宜。馬王堆帛書《經法·君正》云:"因天之生也以養生,謂之文。因天之殺也以伐死,謂之武。""雖强學是,弗能及之矣",天道爲是,《禮記·中庸》云:"天命之謂性,率性之謂道。"《荀子·勸學》云:"使目非是無欲見也。"楊倞注:"是,謂正道也。"《釋名·釋言語》云:"是,嗜也,人嗜樂之也。"人之本性,樂生惡死。郭店楚簡《君子》云:"是故君子之於言也,非從末流者之貴,窮源反本者之貴。苟不從其由,不反其本,雖强之,弗入矣。"人道爲言。君子學道,以身爲本。後天之學,不及源自本性。《周易·坤·文言》云:"直其正也,方其義也。君子敬以直内,義以方外,敬義立而德不孤,直方大,不習,无不利,則不疑其所行也。"

【新釋】

"直方大,不習,吉",《坤》卦六二爻辭,今本、帛本《周易》"吉"皆作"无不利",此當誤。"直方大",《周易》中本指地之象,孔子將此解讀爲人的德性。《坤》卦六二爲柔爻,孔子解讀爲柔之性,即下言"文"之德。"直方大",孔子解讀爲剛之性,即下言"武"之德。"習"爲古代卜筮術語,指兩次或兩次以上的筮占。"不習",《周易》中本指不多次筮占,孔子將此解讀爲不學習。

"生文武也","生",陳廖、鄧球柏、鄧立光、丁四新皆釋爲"性";"文武",皆以爲同《衷》篇前言"文人""武夫"之品性,劉大鈞亦持此觀點。按學者所言甚是,"生"當讀爲"性"。《荀子·勸學》"君子生非異也,善假於物也",《大戴禮記·勸學》"生"作"性"。"文"指《衷》篇前言"文德","武"指"武德"。《衷》篇前言"位天之道曰陰與陽,位地之道曰柔與剛,位人之道曰仁與義",以仁義的人道與陰陽的天道、柔剛的地道並列。與此不同,此章孔子乃以陰柔、陽剛之性界定人的文、武之性,即文、武之德,以陰柔爲文,陽剛爲武,認爲聖人具備陰柔、陽剛的完滿本性,即文、武的圓滿德性,一般人即使努力學習,也不能趕上他們。按此涉及孔子"性"的思想。《論語·陽貨》記孔子曰:"性相近也。"孔子認爲,每個人都具有先天之性,每個人的先天之性與別人相比,是相近的,但不是完全相同,而是有差別的。其中聖人的先天之性最爲圓滿,一般人的先天之性就差一些,沒有那麼圓滿。一般人通過後天的學習和修養,即使盡到最大努力,能全部實現自己的先天本性,但與聖人圓滿之性相比,還是有差距的,是不能等同的,是趕不上的。

【今譯】
《周易·坤》卦六二説:"平直、方正、廣大,不用第二次筮占,吉利。"孔子説:"聖人天生具有文柔、武剛的圓滿本性,一般人即使努力地學習,也不能趕上他們啊。"

《易》曰:"含章可貞,吉。""言美請之胃也。文人僮,小事時説,大[事]順成。知毋過數,而務柔和。"
此爲第六節,爲孔子釋《坤》卦六三爻辭。依文例,"言美請之胃也"前,當脱"子曰"。
【彙校】
丁四新《周易》:"含章可貞,吉",見《川》卦六三爻辭。"言"上,據文例,帛書抄脱"子曰"二字。
【新校】
丁四新認爲"言美請之胃也"前當脱"子曰"。甚是。
"大[事]順成"之"事",原爲書手抄脱,除于文外,諸家釋文據上言"小事"補,可從。
"僮",廖甲、廖乙、廖丙、廖丁釋"攄",它本皆作"僮"。驗諸照片 ^僮,釋"僮"符合帛書原貌。
"毋",廖丙、廖戊作"勿",張文作"母",它本皆作"毋"。觀諸照片 ^毋,

釋"毋"是，作"勿"誤。

【集釋】

鄧球柏《白話》：《周易》說："含章可貞，吉。"是美好的情感。文人行動，小事情高興，大事情順從成功，懂得太快的不足而恪守柔和。

趙建偉《疏證》："時"，時時。"說"，計議，進諫。"知"，知見、智慧。"過數"，過度。

鄧立光《實義》：當"文人"有所表現的時候，處理小事則開懷無私（"悦"則誠中形外，無所隱藏，故云開懷無私），處理大事則順從而有成。他們表現出"君子思不出其位"的智慧，而且專主柔和，柔和則能上下諧協，這是孔子所言君子"和而不同"的表現。

丁四新《周易》："請"，通"情"。"僮"，通"動"。"說"，通"悦"。

劉大鈞《續讀》：此"小事時說"之"時"，乃《象》文'含章可貞'，以時發也"之"時"，所謂"小事時說"，即遇事要到了可以說的時候再說。"知勿過數"之"知"當讀爲"智"，"數"當讀爲"速"，古"數""速"互通。《禮記·曾子問》："不知其已之遲數，則豈如行哉。"鄭注："數，讀爲速。"帛本《繫辭》"不疾而數，不行至"，今本作"不疾而速，不行而至"，是其證。"而務柔和"之"柔和"，古有安定、安撫之義。《國語·晉語四》："億寧百神，而柔和萬民。"韋昭注："柔，安也。"故此處"知勿過數而務柔和"，意在提醒文人，凡侍主智慧不要表達的過於迅捷外露，而務要以柔和的方式安撫應對。文人奉此而動，方可謂"含章可貞"矣。此即《文言》所謂"陰雖有美，含之以從王事，弗敢成也"之旨，亦是《文言》"地道也，妻道也，臣道也，地道无成而代有終也"之義。

連劭名《易之義》：郭店楚簡《性自命出》云："君子美其情，貴其義，善其節，好其容，樂其道，悦其教，是以敬焉。"《孟子·盡心下》云："充實之謂美。"朱熹《集注》云："力行其善，至於充滿而積實，則美在其中而無待於外矣。"《禮記·學記》云："當其可之謂時。"合於時宜，故云"小事時說"。《尚書·堯典》云："黎民於變時雍。"孔傳云："時，是也。"大事順成，順天命也。"知勿過數而務柔和"，《墨子·經上》云："知，接也。"《莊子·齊物論》云："其寐也魂交，其覺也形開，與接爲搆，日以心鬥。"《淮南子·原道》云："人生而靜，天之性也。感於物而後動，性之害也。物至而神應，知之動也。知與物接，而好憎生焉。好憎成形，而知誘於外，不能反己，天理滅矣。"數猶理與禮，《管子·霸言》云："固其數也。"尹知章注："數，猶理也。"《文選·晉武帝華林園集詩》云："不常厥數。"李善注："數，猶禮也。"柔和猶言和順。

【新釋】

"含章可貞，吉"，《坤》卦六三爻辭，"吉"今本和帛書《周易》皆無。

"美請之胃也"，"請"讀"情"，情實，指文柔之人所具有的美好的内在品性。《衷》篇前言"'含章可貞'，言美請也"，與此同。

"文人僮，小事時說"，"僮"通"動"，行事，此指文人事君。"時"，趙建偉訓爲"時時"，可商。"時"當通"待"。《歸妹》九四"歸妹愆期，遲歸有時"，王引之《經義述聞》卷一："時，當讀爲待。"《雜卦》"大畜，時也"，《經義述聞》卷一："時，當讀爲待。"《説文·日部》朱駿聲通訓定聲："時，叚借爲待。""説"，鄧球柏、鄧立光、丁四新皆認爲通"悦"，可商。劉大鈞釋"説"，甚是。"説"，當爲言説之義。"時説"，即待時而言。孔子認爲，小事待時而言，即《坤》卦"含章"之義。今本《坤》卦《象傳》釋六三曰："'含章可貞'，以時發也"，與《衷》篇"小事待説"義同。"以時發也"之"時"，亦當讀"待"。"以待發也"，即待時而發。孔穎達曰："内含章美之道，待時而發，是以時發也。"顯然，孔氏亦以"待"釋"時"。"大[事]順成"，大事循順而成就之，即上言"文人緣序"之義。

"知毋過數，而務柔和"，"知"，趙建偉釋爲知見、智慧，可商。"知"當訓交接。《禮記·樂記》"物至知知"，《經義述聞》卷十五："下知字，當訓爲接。言物至而知與之接也。《墨子·經篇》曰：知，接也。《莊子·庚桑楚篇》曰：知者，接也。古者謂相交接曰知，因而與人相交接亦謂之知。昭二十八年《左傳》：叔向一見籍蔑，遂如故知。言如故交也。《楚辭·九歌》：樂莫樂兮新相知。言新相交也。知與交同義。"《大戴禮記·主言》"故天下之君可得而知也"，俞樾《群經平議》："知猶交也。"《衷》篇此"知"，即指文人與君主之交接。"數"，劉大鈞讀爲"速"，甚是。按《爾雅·釋詁》："數，疾也。"《大戴禮記·曾子立事》："行無求數，有名。事無求數，有成。"盧辯注："數，猶促速。""知毋過數"，即"事無求數"，乃能有成。《論語·里仁》"子游曰：'事君數，斯辱矣。'"何晏集解："數，謂速數之數。"謂事君速促，則自取其辱。孔子此言文柔之人與君主交接，應對君主，不急促疾速，而是專力於柔和。"柔和"，寬舒、從容之義。《書·舜典》"柔遠能邇"，蔡沈集傳："柔，寬而撫之也。"杜預《春秋序》"優而柔之"，孔穎達曰："優、柔，俱訓爲安，寬舒之意也。"《論語·學而》"和爲貴"，朱熹集注："和者，從容不迫之意。""柔和"與"過數"反對，"柔和"即和緩也。孔子認爲《坤》六三"含章可貞，吉"，乃言文柔之人與君主交接，不會以疾迫的態度，而是以寬舒、和緩的方式應對。

【今譯】

《周易·坤》卦六三説："含章可貞，吉。"〔孔子説〕："這是講美好的内在品質啊。文柔之人事君，小事待時而言，大事循順而成就之。與君主交接，不急迫，不促狹，專以寬舒、和緩的方式應對。"

《易》曰："或從〔王〕事，无成，又冬。"子曰："言《詩》《書》之胃也。君子筍得亓冬，可必可盡也。"

此爲第七節，爲孔子釋《坤》卦六三爻辭。

【彙校】

趙建偉《疏證》："可必可盡也"：上"可"字疑衍。

丁四新《周易》："或從事，无成，又冬"，見《川》六三爻辭。"或從事"，通行本、帛書本經作"或從王事"，上二二行亦有"王"字。此處"王"字抄脱。"可必，可盡也"，自此上下，文意不相銜接。文本順序抄訛。

張政烺《校注》：或從事，坤六三"或從王事"，此脱王字。可必可盡也，上一可字衍。

【新校】

"或從〔王〕事，无成，有冬"，《坤》卦六三爻辭，今本有"王"，帛書脱，諸家釋文皆無補，《集成》據補，可從。

"筍"，廖乙、廖丁作"筍"，它本皆作"筍"。驗諸照片 ，釋"筍"是。

【集釋】

鄧球柏《白話》：筍：假借爲"苟"。《周易》説："或從王事，无成又冬。"孔子説：講的是詩書的事情。君子如果得到好結果，可能必然能夠盡終。"

趙建偉《疏證》："《易》曰：或從王事，无成有終。子曰：言詩書之謂也"，這幾句可譯爲：追隨君王做事而不敢佔有其功，這是詩書教導人具有敦厚美德的。"必"似讀爲"匪"或"不"（《詩·淇奧》《釋文》"匪，《韓詩》作邲"）。此言即便得其終（"終"猶"成"，成功）亦不可盡有之，因爲"地道無成而代有終"。

鄧立光《實義》：至于"无成有終"，孔子以爲反映了《詩》《書》的教化意義；《詩》《書》的效用在啓發智慧。修德君子做事有成果，而不爲己求功。這樣一定可以盡坤德之義（可必可盡）。

丁四新《周易》："筍"，通"苟"。苟，誠也。"冬"，讀作"終"。

劉大鈞《續讀》：《易》曰：或從事，无成又冬。"今本及帛本《易經》皆作"或從王事，无成有終"，顯然《衷》篇於此漏抄"王"字。孔子釋此爻爲"言詩書之胃也"，由此可知，孔子以爲詩書之旨，在使文人能做到"或從王事，无成有終"也。"君子筍得亓冬，可必可盡也。""筍"乃"苟"字，"可必可盡"之"必"當讀"畢"。案《禮記·月令》"寢廟畢備"，《吕氏春秋·仲春紀》作"寢廟必備"，高誘注曰"必，《月令》作畢，古通用"，是其證。

連劭名《易之義》:"君子苟得其終,可必可盡也",終指義,《周易·乾·文言》云:"知終終之,可與存義也。"郭店楚簡《性自命出》云:"道始於情,情生於性,始者近情,終者近義,知情者能出之,知義者能入之。"一心一意,竭力而爲,故曰可必可盡。

【新釋】

此孔子釋《坤》卦六三爻辭。

"或從〔王〕事,无成,有冬","王",帛書脱。"或"當讀爲"惑","冬"讀"終",爻辭言君子跟從君王做事,迷惑而没有成就,但能善終。

"言《詩》《書》之胃也",《衷》篇前言子曰"'或從王事,无成有冬',學而能發也",此子曰"《詩》《書》之胃也",實言"學《詩》《書》之謂也"。按《荀子·勸學》:"學惡乎始?惡乎終?曰:其數則始乎誦經,終乎讀《禮》。……故《書》者,政事之紀也;《詩》者,中聲之所止也。《禮》者,法之大分,類之綱紀也,故學至乎《禮》而止矣。"可見,《詩》《書》是古代學習的首要内容。《詩》《書》都有政事内容。《論語·陽貨》:"子曰:詩,可以興,可以觀,可以群,可以怨,邇之事父,遠之事君。"是學《詩》可以事君,而《書》爲政事之紀。但《詩》《書》都有"故而不切"(《荀子·勸學》)的特點:《詩》《書》多言先王故事,而不委屈切近於人,故學不成而從政,就會出現問題,如孔子所言:"誦《詩》三百,授之以政,不達;使於四方,不能專對。"(《論語·子路》)故孔子認爲,《坤》卦六三所言"惑從王事,无成",言君子跟從君王做事,迷惑而没有成就,是因爲學習《詩》《書》而没有通達的緣故。

"君子笱得亓冬,可必可盡也","笱",讀爲"苟"。《説文·艸部》:"苟,艸也。从艸,句聲。"《説文·句部》:"笱,曲竹捕魚笱也。从竹,从句,句亦聲。"是"笱""苟"聲同相假。"苟",若。《經傳釋詞》卷五:"苟猶若也。《易·繫辭》:苟非其人。""可",宜也。《後漢書·皇甫規傳》"今日立號雖尊可也",李賢注:"可,猶宜也。""必",劉大鈞讀爲"畢"。甚是。《墨子·大取》"三物必備",孫詒讓閒詁:"必與畢通。"《春秋繁露·陽尊陰卑》"至其功必成也",凌曙注引盧注:"必與畢通。""可必可盡",即宜畢宜盡。"畢"與"盡"同義。《爾雅·釋詁下》:"畢,盡也。"《儀禮·士喪禮》"畢塗屋",賈公彦疏:"畢,盡也。"此"可畢可盡",指宜盡《詩》《書》,應該把《詩》《書》學好、學通。按《象傳》:"或從王事,知光大也。""知(智)光(廣)大",即通達《詩》《書》的結果。孔子認爲,《坤》六三"有終",乃言君子若想得善終,應該把《詩》《書》學習到通達的程度。

【今譯】

《周易·坤》卦六三説:"惑從王事,无成,有終。"孔子説:"這是説學習

《詩》《書》啊。君子若想得善終,應該把《詩》《書》學到通達的地步。"

"君子言於无罪之外,不言於又罪之内,是胃重福。又口能斂之,无舌罪,言不當亓時,則閉慎而觀。"

此爲第八節,爲孔子釋《坤》六四之爻辭"䙷囊,无咎"。

【彙校】

李學勤《問題》:"又口能斂之"一段是錯簡,屬於《易之義》的"坤之詳説",應在第三十四行"不言於有罪之内"下面。

趙建偉《疏證》:"君子言於无罪之外,不言於有罪之内":兩句是釋説《坤》卦六四"括囊无咎"的,所以"《易》曰:利永貞"疑當作"《易》曰:括囊无咎"或"《易》曰:利永貞"前後有脱文。本章(從"子曰:《易》有名曰《坤》"至此)專論《坤》卦,但次序有誤,即下章的部分文字當移至本章。"又口能斂之,无舌罪,言不當其時則閉慎而觀":自此至"則文其信于"當緊接上章"是謂重福"之下,是繼續論述《坤》卦六四"括囊无咎"以下各爻的。

丁四新《周易》:"君子言於"至"是胃重福",似是解釋《川》卦六四爻辭的。又,在此段文本中,未見此爻辭的有關解釋,亦有脱文。

張政烺《校注》:又口能斂之,按此與上文不連貫,當是錯簡。

《集成》:陳來和李學勤都指出,自此"又口能斂之"至43上"文亓信于"一段爲錯簡,當移至此"不言於又(有)罪之内"之下;這段屬於《坤》之羊説",分別論述《坤》之六四、六五、上六爻辭,移動至此處後正與上文相接,後文爲論《坤》之用六的内容,亦正合;原被這段隔開的"以膿(體)天地之化"和"而達神明(明)之德也",在今本《繫辭下》中正好也相接。此説顯然極爲可信。爲便閲讀,今將其逕移正。

【新校】

學者皆指出"又口能斂之"至43上"文亓信于"一段爲錯簡,是正確的,關鍵是應移正於何處。陳來、李學勤認爲應移正至"不言於又(有)罪之内"之下,"是胃(謂)重福"之前,《集成》從之;趙建偉、丁四新認爲當移正至"是胃(謂)重福"之後。今按:前説非,後説是。"君子言於无罪之外,不言於又(有)罪之内",正是"重福":"言於无罪之外"是一福,"不言於又(有)罪之内"是另一福,正是雙重之福。因此,"是胃(謂)重福"與"君子言於无罪之外,不言於又(有)罪之内"文意、語氣一貫,不能斷開、隔斷。故"又口能斂之"至43上"文亓信于"一段當移正至"是胃(謂)重福"之後。

此節爲孔子釋《坤》六四之爻辭"䙷囊,无咎",以文例,前當脱"子曰"。

"言於无罪之外,不言於又罪之内",兩"於"字,陳廖作"于",它本皆作"於"。驗諸照片,釋"於"是。

【集釋】

鄧球柏《白話》:君子講話不觸犯法律,不講違背法律的話,這就叫做重視幸福。有嘴巴能夠不説話,就没有口舌的罪過,意思是講没有得勢的時候就閉口慎重地觀察分析,不隨便説話。

劉大鈞《續讀》:"君子言於无罪之外,不言於又罪之内,是胃重福。"此乃孔子教弟子爲仕的保身之道,這套純以保身爲要的"言"與"不言"標準,後世儒生恐有損孔子形象,故皆删去了。"是爲重福"之"重",當讀爲"種",古"重""種"互通。《詩·豳風·七月》"十月納禾稼,黍稷重穋",《釋文》云"重又作種",是其證。帛書此文之"種福",即《尚書》之"種德"也。《尚書·大禹謨》:"皋陶邁種德,德乃降,黎民懷之。"孔傳:"邁,行;種,布。"所謂《易》曰'括囊,无咎无譽',蓋言謹也",即帛書之"又口能斂之,无舌罪,言不當亓時則閉慎而觀"。《象》曰:"括囊无咎,慎不害也。"《周易集解》引盧氏曰:"慎言,則无害也。"此"慎不害"與帛書之"无舌罪,言不當亓時則閉慎而觀"當同師之教也。

連劭名《易之義》:重福,大福,《吕氏春秋·貴生》云:"天下重物。"高誘注:"重,大。"又《後漢書·吕强傳》李賢注:"重兼言累積也。"積德而得福。非常之世,不當其時,故謹慎而觀。言爲心聲,思無邪,故言無罪。

【新釋】

此孔子釋《坤》卦六四爻辭"聒囊,无咎","聒"今本作"括",扎緊之義。"括囊",《周易》中本指扎緊口袋,孔子解讀爲慎言。

"君子言於无罪之外,不言於又罪之内",謂君子並非一概不言,而是當言則言,不當言則不言。帛書《二三子問》:"《易》曰:'聒囊,橤咎橤譽。'……二厽子問曰:'獨無箴於聖人[之]口乎?'孔子[曰]:'聖人之言也,德之首也。聖人之有口也,猷地之有川浴也,財用所繇出也;猷山林陵澤也,衣食庶物[所]繇生也。聖人壹言,萬世用之。唯恐亓不言也,有何箴〈箴〉焉?'"此謂聖人言之,猶《衷》篇"君子言於无罪之外"。

"是胃重福","重"爲"再"。《楚辭·離騷》"又重之以修能",王逸注:"重,再也。"《吕氏春秋·審爲》"此之謂重傷",高誘注:"重,讀復重之重。""重福",雙重之福。"君子言於无罪之外",是一福。"不言於又罪之内",是另一福。

"又口能斂之,无舌罪,言不當亓時,則閉慎而觀",謂能慎言,無口舌之罪,是説時機不當,則閉口慎言而靜觀。

【今譯】

〔《坤》卦六四爻辭曰："括囊,无咎。"〕孔子説:"君子當不會獲罪時則言,會獲罪時則不言,就會獲得雙重之福。能慎言,无口舌之罪,是説時機不當,則閉口慎言而靜觀。"

《易》曰:"聒囊,无咎。"子曰:"不言之胃也。夫□□□,〔何〕咎之又?墨亦毋譽。君子美亓慎,而不自箸也,淵深而内亓華。"

此爲第九節,爲孔子釋《坤》卦六四爻辭。

【彙校】

《集成》:"夫"字原存頭部殘形,張釋作摹殘形未釋。按結合文意尚可定。"也"與"咎"字間諸家釋文多作缺文號。廖名春擬補作"〔不言,何〕咎之又"。按"不"字與殘形不合。"何"上之字殘存左側形,與"則"字相合。如此字確應釋爲"則",則斷句標點應改爲:"夫〔□〕□,則〔何〕咎之又(有)"。

【新校】

"聒囊,无咎",《坤》六四爻辭。觀下言"墨亦毋譽"云云,書手當漏抄"无譽"。

"聒",張文作"聒",它本皆作"聒",驗諸照片 ，釋"聒"是。

"无",陳廖作"無",它本皆作"无"。驗諸照片 ，顯爲"无"字。

"夫□□□,〔何〕咎之又",《集成》認爲又可斷句標點爲"夫□□,則〔何〕咎之又(有)",其缺文似可補爲"聒囊"。

【集釋】

鄧球柏《白話》:墨:假借爲"默"。《周易》説:"聒囊,无咎。"孔子説:這是不講話的意思。象口袋扎起來一樣不説話,哪來的灾咎呢? 默默無聞也不要榮譽,君子美其謹慎而不自我表現。深藏于淵而美其品德。

趙建偉《疏證》:"美"猶"貴"。《坤·文言》"无咎无譽,蓋言謹也"即此"默亦无譽,君子美其慎"之謂。"淵深而内其華":初、四爲"淵",故此以"淵深"釋《坤》卦六四爻辭。"内",納藏。

丁四新《周易》:"墨",通"默"。"墨亦毋譽",乃作者剛柔相濟、陰陽相匹思想的一種反映。"箸",同"著"。《川》卦六四爻辭所藴含的貴慎思想,見該爻辭《象傳》《文言傳》。

劉大鈞《續讀》:"黑亦毋譽"之"黑",在此讀爲"默"。今本《繫辭》"或默或語"之默,《釋文》云"默字或作嘿"。由默字或作嘿,知"黑"字亦可讀作"默"。惟"默亦毋譽",方可與下文"君子美亓慎而不自箸也,淵深而内亓華"

之旨相合。

連劭名《易之義》:"君子美其慎而不自著也",美同樂,《荀子·致仕》云:"美意延年。"楊倞注:"美意,樂意也。"不自著,不自我標榜。"淵深而內其華",內,收斂之義,《禮記·月令》云:"無不務內。"鄭玄注:"內,謂收斂入也。"

【新釋】

"䛅囊,无咎",《坤》卦六四爻辭,"䛅"今本《周易》作"括","䛅"通"括",扎之義。"括囊",《周易》中本指扎緊口袋,孔子解讀爲閉口不言。"无咎"後,今本《周易》有"无譽",下言"墨亦毋譽",故此當脱"无譽"。

"夫□□□,〔何〕咎之又",似可讀爲"夫䛅囊,則何咎之有",言扎上口袋,有什麽咎害呢?

"墨亦毋譽。君子美亓慎,而不自箸也,淵深而內亓華","墨"讀"默"。"美其慎",以慎言爲美。《象傳》"括囊无咎,慎不害也",與此義同。"箸"爲明。《荀子·王霸》"箸仁義",楊倞注:"箸,明也。"《列子·仲尼》"形物其箸",即形物著明。"淵"爲深。《左傳·襄公二十九年》"美哉,淵乎",杜預注:"淵,深也。""淵深"即深深。"內",讀爲"納"。《左傳》襄公二十七年:"內我者死。"《釋文》:"內,本又作納。"《孟子·滕文公下》:"閉門而不內。"朱熹集注:"內,與納同。""華",光華。《淮南子·墬形》"未有十日其華照下地",高誘注:"華,猶光也。"《書·舜典》"曰重華",蔡沈集傳:"華,光華也。""內亓華",即將光華納藏於內。此孔子釋《坤》六四"无譽":默然不語,不自我稱譽。君子以慎言爲美,而不自我昭顯,將光華納藏於內。

【今譯】

《周易·坤》卦六四説:"括囊,无咎,〔无譽〕。"孔子説:"這是講不言啊。扎上口袋,怎麽有咎害呢? 默然不語,不自我稱譽。君子以慎言爲美,而不自我昭顯,將光華納藏於內。"

《易》曰:"黄常,元吉。"子曰:"尉文而不發之胃也。文人內亓光,外亓龍,不以亓白陽人之黑,故亓文兹章。"

此爲第十節,爲孔子釋《坤》卦六五爻辭。

【集釋】

鄧球柏《白話》:《周易》説:"黄常元吉。"孔子説:光大文華而表露的意思。文人內修其光澤,外修其龍德,不因爲自己的潔白無瑕而去宣揚別人的污點,故其文辭憲章。

趙建偉《疏證》:"蔚",文采之盛,與《革·象》"其文蔚"的"蔚"同。"蔚文而不發"即《坤》六五小象"文在中也"的意思。"内",内斂、納藏。"光",鋒芒、智慧。"外",澹泊、遺忘。"龍"同"寵",榮譽。"白",優點。"陽",彰顯。"黑",短處。"其文滋彰"即《坤·文言》的"美之至也"。

鄧立光《實義》:孔子以"黃"爲五行土色,而點出中(内)的意思。"蔚"言薈聚,"蔚文"義爲德性薈聚,指德性深厚;"不發"指隱藏不顯,亦點出"中"。"文人"的生命,内裹充滿德性之光,外面如龍的變化多端而不失原則。"文人"潔身自愛,不以自己的高潔刻意反襯他人的缺點。至此,"文人"的德性(文)會更爲發煌。

丁四新《周易》:"尉",通"蔚"。蔚,有文采之貌。《革·象》:"君子豹變,其文蔚也。""龍",通"寵"。"陽",通"揚",顯揚,張揚。"兹",通"滋",形亦相近。兹,同滋。《説文》艸部:"兹,艸木多盛。"《説文》水部:"滋,益也。"

張政烺《校注》:外其龍,龍假作尨。通行本《説卦》:"震爲龍",鄭注:"尨取日出時色雜也。"《考工記·玉人》:"上公用龍",司農注:"尨謂雜色。"陽人之黑,陽,顯也。

劉大鈞《續讀》:《象》曰:"'黃裳元吉',文在中也。""文在中也"即帛書"尉文而不發"也。此句之"龍",在此讀爲"寵"。"文人内其光,外其寵",即《文言》釋此爻之"君子黄中通理,正位居體,美在其中"也。美至如斯,故"不以其白陽人之黑"("陽"字,在此讀"揚")。美至如斯,故"其文兹章"("章",在此讀"彰")。"其文兹彰"即《文言》"暢於四支,發於事業,美之至也"。

王化平《讀》:"文人内亓光"的"内"字有隱藏不露的意思,"龍"應通"尨",鄭玄注《周禮·考工記·玉人》"天子用全,上公用龍"引鄭司農云:"全,純色也。龍,當爲尨,尨謂雜色。"雜色寓意卑賤,是以"文人内其光,外其龍",意思是説文人擅長韜光養晦,藏智守拙。"陽"字在文中是動詞,應是顯現、揭露的意思。如《莊子·達生》:"仲尼曰:無入而藏,無出而陽,柴立其中央。"成玄英疏曰:"陽,顯也。"

連劭名《易之義》:能威能澤,即"外其龍"。《詩·蓼蕭》云:"既見君子,爲龍爲光。"鄭玄箋:"爲寵爲光,言天子恩澤光耀被及己也。"又《廣雅·釋言》云:"龍,彰也。"

【新釋】

"黃常,元吉",《坤》卦六五爻辭。"黃常",今本作"黃裳","常"通"裳"。

"尉文而不發之胃也","尉"讀爲"蔚",盛貌。《廣雅·釋詁三》:"蔚,數也。"王念孫疏證:"蔚者,《衆經音義》卷七云:'蔚,文采繁數也。'"《漢書·敘傳下》:"多識博物,有可觀采,蔚爲詞宗,賦頌之首。"顏師古注:"蔚,文彩盛也。""蔚文"即富有文采。"蔚文而不發",謂富有文采而不自我外顯。《象傳》"黃裳元吉,文在中也",與此義同。

"文人内亓光,外亓龍","龍",張政烺、王化平、于豪亮讀爲"龙",疑非。丁四新和劉大鈞讀爲"寵",甚是。按古文常以"龍""光"連言,"龍"皆訓爲"寵"。如《詩·小雅·蓼蕭》"既見君子,爲龍爲光",毛傳:"龍,寵也。"《後漢書·高彪傳》"冀一見龍光",李賢注:"龍,寵也。"《文選·曹植〈王仲宣誄〉》"爲光爲龍",李善注引毛萇曰:"龍,寵也。""寵",榮光。《詩·商頌·長髮》"何天之龍",鄭玄箋:"龍當作寵。寵,榮名之謂。"《師》卦《象傳》"承天寵也",鄭玄注:"寵,光耀也。"故"光""寵"義近。此言文柔之人内藏光華,自然外顯而有榮光。

"不以亓白陽人之黑,故亓文兹章","陽"通"揚"。《詩·王風·君子陽陽》"君子陽陽",陳奂傳疏:"陽即揚之假借。"《經籍籑詁》:"《左氏·昭廿五年》:次於陽州。《公羊》作揚州。""揚",顯揚。"白""黑",乃指文人之賢與衆人之愚。《後漢書·馮衍傳》"詳衆士之白黑",李賢注:"白黑,猶賢愚也。"《太玄·昆》"昆于黑",司馬光集注引宋衷曰:"黑,愚也。"此言"兹",通"滋"。《書·君奭》"天休兹至",孫星衍今古文注疏:"兹與滋通。"《墨子·尚同上》"其人兹衆,其所謂義者亦兹衆",孫詒讓閒詁引蘇云:"兹、滋古通用。"滋,益也。《左傳·昭公元年》"其虐滋甚",杜預注:"滋,益也。"《國語·周語上》"故能保世以滋大",韋昭注:"滋,益也。"此言不以己賢而揚衆人之愚,自己的文采更加彰顯。按《文言》"君子黃中通理,正位居體,美在其中而暢于四支,發於事業,美之至也",與《衷》篇"文人内其光,外其寵,不以其白揚人之黑,故其文滋章"義同。

【今譯】

《周易·坤》六五説:"黃裳,元吉。"孔子説:"這是講富有文采而不自顯。文柔之人内藏光華,自然外顯而有榮光,不以己賢而揚衆人之愚,自己的文采會更加彰顯。"

《易》曰:"□人既没,又爵□□行雖靖□居,亓德不忘。"

疑屬下第十二節,爲孔子釋《坤》通六之辭。

【彙校】

《集成》:"行雖靖"三字諸家釋文皆作缺文,此將其及下兩行"事章""得之"諸字所在小片新綴入此。此片原即裱於本頁右上角。又自帛書帛畫殘片一22新綴入一小長片,可補足"行"字左上角,再下行可補足"得"字右上角。有關釋文據以重訂。

【新校】

按此節疑爲孔子釋《坤》卦通六之語，依文例，"《易》曰"疑爲"子曰"之誤。此節疑爲錯簡，本當在下"《易》曰：'利永貞。'"後。

"易曰□□既没"之"曰"，陳廖無釋，它本皆釋出。觀諸照片，此字稍殘，爲"曰"無疑。

"既没"前一字，張文釋出右部"人"，它本皆無釋。《集成》釋爲"人"，可從。

"忘"，張文作"㤀"，它本皆作"忘"。驗諸照片 ，釋"㤀""忘"實同，可逕釋爲"忘"。

【集釋】

趙建偉《疏證》："居"，擁有。"忘"疑讀作"亡"。此二句似仍是論說《坤》六五"黃裳元吉"的。所謂"有爵""居德"似與《坤·文言》釋六五的"正位居體"相聯繫。

丁四新《周易》："忘"，讀作"亡"，喪亡。

連劭名《易之義》："居其德不忘"，《論語·述而》云："子曰：志於道，據於德，依於仁，游於藝。"朱熹《集注》云："據者，執守之意。德者，得也，得其道於心而不失之謂也。得之於心而守之不失，則始終惟一，而有日新之功矣。"《論語·子張》云："子夏曰：日知其所亡，月無忘其所能，可謂好學也已矣。"

【新釋】

"《易》曰"，當爲"子曰"。

"□人既没，又爵□□行雖䏝□居"，"□人"，疑爲"聖人"。"又爵□□行雖䏝□居"，其義難詳。

"亓德不忘"，"忘"，疑讀爲"亡"。"其德不亡"，疑釋《坤》通六之辭"利永貞"，利於永遠守正。

【今譯】

孔子說："聖人已經不存在，……其德不亡失。"

"蠱單于野，亓血玄黃。"子曰："耶人信弋！隱文且䏝，必見之胃也。蠱干變而不能去亓文，則文亓信于。"

此爲第十一節，爲孔子釋《坤》卦上六爻辭。

【新校】

依文例，"蠱單于野，亓血玄黃"前當有"易曰"，疑書手漏抄。

"蠱單于野"，"于"，廖甲作"於"，它本皆作"于"。驗諸照片 ，釋

"于"是。

"戔",陳廖、廖乙、廖丁、張文作"戔",于文作"哉",廖甲作"☷",它本皆作"戔"。觀諸照片 ,其左上从"才",故當釋"戔"。

"靗",陳廖、張文、廖戊、丁乙作"静",它本皆作"靗"。驗諸照片,釋"靗"符合帛書原貌。

"蠱七十變"之"蠱",張文作"龘",陳廖、廖甲、廖乙釋"龍",它本皆作"蠱"。觀諸照片,釋"蠱"可也。

"卋",陳廖、廖甲、廖乙、丁乙作"七十",廖丙、廖戊作"丰",廖丁作"早",張文、于文作"才",丁甲作"卋"。驗諸照片 ,此字爲"七""十"合文,釋"卋""七十"皆可。釋"早""才"誤。

【集釋】

鄧球柏《白話》:"蠱單于野,其血玄黄。"孔子說:聖人誠信啊!隱遁其文華而且安靜,必須出現的意思。龍經過七十種變化但不能去其文華,則文其信而通達神明的品德呀!

趙建偉《疏證》:"聖人信哉"即"信哉聖人",言誠然爲聖人。《二三子問》亦以"大人""聖人"釋"龍戰于野,其血玄黄"。"必見",其文采必然會顯現出來。此即《二三子問》的"其血玄黄者,見文也"。"則文其信于而達神明之德也":疑當於"則文其信于"讀斷。"于"同"歟"。此謂其文德信篤。

丁四新《周易》:"蠱"同"龍","單"通"戰"。"戔",通"哉"。《説文》:"戔,傷也。从戈才聲。"《説文》口部:"哉,言之閒也。从口戋聲。讀若埃。""于",通"芋"。《説文》:"大葉實根駭人,故謂之芋也。"段注:"凡于聲字,多訓大。"《詩·小雅·斯干》:"君子攸芋。"毛傳:"芋,大也。"孔疏:"君子于是居中,所以自光大也。"

劉大鈞《續讀》:"戔"乃"哉"字缺筆,帛書多有此類缺筆之字,如《要》篇之"紂乃无道"之"乃"即"乃"字。"隱文且靜,必見之胃也",即本篇前文所云"文而能達也",亦《二三子》所釋"'龍戰于野'者,言大人之廣德而下綏民也。'亓血玄黄'者,見文也。"所謂"聖人信哉",即《二三子》"聖人出法教以道民也,亦猶龍之文也,可胃玄黄矣"。亦《二三子》"此言大人之廣德而施教於民也。夫文之孝,采物畢存者,亓唯龍乎?德義廣大,法物備具者,[亓唯]聖人乎?"辨析此段文字,再次證明"龍戰于野"的"戰"字,帛書釋爲"闠"字也,此已于前文有述,今據此爻"隱文且靜,必見之胃也"而再辨之。下文"龍七十變而不能去亓文,則文亓信于",亦是對"龍闠于野"精義的進一步闡發也。"則文亓信于"之"于"字,古與"乎"字通。案《説卦》"戰乎乾",京氏《易》作

"戰于乾"。《莊子·人間世》"且幾有翦乎",《釋文》"翦乎,崔本作'前于'",皆其證。

連劭名《易之義》:"隱文且靜",隱指内情,隱文指誠意。七十,喻天道。《尚書·舜典》云:"以齊七政。"孔傳云:"七政,日月五星各異政。"《漢書·律曆志上》云:"七者,天地四時人之始也。"《説文》云:"七,陽之正也。"《春秋繁露·陽尊陰卑》云:"十者,天數之所止也。""文其信于",于,讀爲乎,《吕氏春秋·審應》云:"然則先王聖于。"高誘注:"于,乎也。"

【新釋】

"蠱單于畤,亓血玄黄",《坤》卦上六爻辭。"蠱",今本作"龍","蠱"通"龍"。"單",今本作"戰"。"單"讀爲"戰",交接之義。"畤"讀爲"野",今本作"野"。此爻辭言龍交接於野,流出的血爲青黄雜色。

"耶人信戈","耶"爲"聖"省,"信"爲用義。《左傳·僖公二十七年》"民未知信",孔穎達曰:"信是人之所用。"《廣韻·震韻》:"信,用也。""信"通"伸""申",皆有用義。《淮南子·氾論》"小節信而大略屈",高誘注:"信,用。"《文選·屈原〈離騷經〉》"雜申椒與菌桂兮",李周翰注:"申,用也。"《文選·左思〈魏都賦〉》"申之而有裕",張銑注:"申,猶用也。""聖人信哉",言聖人用行于世。帛書《二三子問》記孔子釋《坤》上六"龍戰于野,亓血玄黄"曰:"此言大人之廣德而施教於民也。……龍戰于野者,言大人之廣德而下綾(接)民也。"言大人交接民衆,施教於民,與《衷》篇義同。

"隱文且靖","文"指文德,"且"讀爲"而"。"靖"即"靜",鄧球柏釋爲安靜,疑非,當讀爲"情"。《禮記·表記》記孔子曰:"其君子……文而靜",鄭玄注:"靜,或爲情。"《禮記·樂記》:"樂由中出,故靜。"《經義述聞》卷十五:"靜,當讀爲情。情者,誠也,實也。樂由中出,故誠實無僞。古字靜與情通,《大戴禮·文王官人篇》'飾貌者不情',謂不誠實也,《逸周書·官人篇》情作靜。《逸周書》'情忠而寬',《大戴禮》情作靜。""隱文且靜",即隱文而情,言内隱文德,中心篤實。

"必見之胃也","必"讀爲"畢";"見"讀爲"現",盡現之義。此謂聖人内隱文德,中心篤實,自然會全部外顯出來。《二三子問》載孔子釋"其血玄黄"曰:"夫文之李,采物畢存者,亓唯龍乎?德義廣大,灋物備具者,[亓]唯聖人乎?……'亓血玄黄'者,見文也。聖人出灋教以道民,亦猷龍之文也,可胃'玄黄'矣,故曰'龍'。"其義與《衷》篇同。按《表記》記孔子之言"君子隱而顯",與《衷》篇"聖人信哉,隱文且情,畢現之謂也"義同。

"蠱丯變而不能去亓文","蠱"即"龍","文"指龍的文理、文章。"丯","七十"合文。龍多變,帛書《二三子問》引孔子之言曰:"龍大矣! 龍既能雲變,有(又)能蛇變,有(又)能魚變。鳶(飛)鳥正(征)虫(蟲),唯所欲化,而不失本刑(形),神能之至也。"《衷》篇此言龍七十變而不能除去文理。

"文亓信于","信"通"伸",引而伸之之義。《周禮·考工記·鮑人》"引而信之",孫詒讓正義:"信,與伸同。"《漢書·律曆志》"引者,信也",顏師古注:"信,讀曰伸。""于"爲語辭。"文亓信于",言龍的文理乃是由内在文德引伸而外顯的。

【今譯】

《周易·坤》上六説:"龍戰于野,其血玄黄。"孔子説:"這是講聖人施用於世啊,聖人内隱文德,中心篤實,自然會全部顯現出來。龍七十變而不能脱去文理,説明龍的文理乃是由内在文德引伸外顯的啊。"

《易》曰:"利永貞。"

此爲第十二節,爲孔子釋《坤》卦通六之辭。

【新校】

此引《坤》通六之辭,依上下文例,後當有孔子解讀之語。上言"《易》〈子〉曰:'□人既没,又爵□□行雖精□居,亓德不忘。'"爲孔子解讀《坤》卦通六之語,故疑本在此處。

【新釋】

"利永貞",《坤》卦通六之辭。《周易》中本指占問永久的事情有利,孔子解讀爲利於永遠守正。故孔子説"其德不忘",即堅持操守,其德不亡失。

此《川》之羊説也。

【新校】

"羊",張文作"芊",它本皆作"羊"。此字形作 。按帛書"羊""芊"寫法有時類似,如"羊"有時作:

《春秋事語》○二○   《十大經》一二九

"逆"字有作:

《陰陽五行》乙篇一○三   《經法》○○二   《經法》○○八

顯然,《衷》此字形與上述"羊"和"逆"之"芊"皆吻合,故釋"羊""芊"均可,但揆諸文義,釋"羊"最爲妥當。

【新釋】

"《川》之羊説","羊"讀爲"詳",即《坤》之詳説,言此章乃是孔子對《坤》卦的詳細解説。

第八章

【說明】

本章乃抄自於今本《繫辭》祖本,其内容與今本《繫辭下》第五章略同。本章本錯簡嚴重,從四十一行上"又口能斂之"至四十三行上"則文亓信于",其内容爲孔子釋《坤》卦之辭,屬於上第七章,已移正於上章"是胃重福"後至"《易》曰:'利永貞'"前,參見第七章説明。此章揭示《周易》卦、爻、辭體系之要義。

子曰:"夫《易》之要,可得而知矣。鍵、川也者,《易》之門户也。鍵,陽物也;川,陰物也。陰陽合德而剛柔有體,以體天地之化,而達神明之德也。"

【彙校】

丁四新《周易》:自"子曰易之要"至"以體天地之化",見通行本《繫辭》下傳:"子曰:《乾》《坤》,其《易》之門邪! 乾,陽物也;坤,陰物也。陰陽合德,而剛柔有體,以體天地之撰,以通神明之德。""天地之化"上一段文字與下一段文字文意不相銜接,文本順序當有訛誤。按照通行本《繫辭》下傳的順序,"子曰易之要"至"以體天地之化"一段文字應當下移,位于三七行"而達神明之德也"之前。

《集成》:"夫"字諸家釋文皆無,此據新綴入小片補。其字尚存頭部之形,結合文意可定。原帛已頗有錯位,故圖版上因要照顧到後文位置,此處位置略不合。

【新校】

"《易》之要可得而知矣",今本《繫辭下》無。

"《易》之門户",今本《繫辭下》作"《易》之門",與此不同。但《釋文》"本又作門户",可證古本當爲"門户",後脱誤。

"膿",今本《繫辭下》作"體"。

"化",今本《繫辭下》作"撰"。

"而達神明之德也",原在四十三行上,爲錯簡,移正於此"以體天地之化"之後,以符合原貌。

"明",陳廖、廖甲、廖丁、丁甲、廖戊作"明",它本皆作"明"。觀諸照片,釋"明"是。

【集釋】

鄧球柏《白話》:膿:膿的俗字,此處讀爲"體"。孔子說:《周易》的要領,可以明白了。《鍵》《川》兩卦,是《周易》的門户。《鍵》卦,代表陽物。《川》卦,代表陰物。陰陽兩種事物可以合德,而剛柔兩種性質具有本質區別,以體現天地的陰陽剛柔變化。

趙建偉《疏證》:"要",綱領性的大要,指上章《乾》《坤》之詳説。《要》篇的"夫子曰:吾好學而才聞要"的"要"所指可能與此同。"《乾》《坤》也者,《易》之門户也":這兩句與上章《乾》《坤》之詳説相銜接。但第一,此章部分文字與前面的論述文字迥異;第二,其中的部分文字次序有誤。另外,本章自此至結尾的部分文字與《繫辭下》六章相重合。"以體天地之化":《繫辭下》六章作"以體天地之撰,以通神明之德","撰"訓爲"作",與"化"義相同,謂用以表現天地化育之功。

丁四新《周易》:"膿","體"之異文。

劉大鈞《續讀》:《文言》釋坤六四爻云:"天地變化,草木蕃,天地閉,閑人隱。《易》曰'括囊,无咎无譽',蓋言謹也。"所謂"天地變化,草木蕃"者,即帛書"陰陽合德,而剛柔有膿,以膿天地之化"也。

連劭名《易之義》:易之要即易道。陽物、陰物猶言陽氣、陰氣。"陰陽合德而剛柔有體",合同和。合德爲中和。剛柔有體,猶如《周易·繫辭上》所云:"剛柔斷矣。"《墨子·經上》云:"體,分於兼也。"《周禮·天官·序官》云:"體國經野。"鄭玄注:"體,猶分也。"

【新釋】

此章揭示《周易》卦、爻、辭體系之要義。

"鍵、川也者,《易》之門户也","鍵、川"即"乾、坤",孔子以乾、坤爲《周易》之門户,乃言乾、坤兩卦爲《周易》的根本和卦爻體系的邏輯起點。

"鍵,陽物也",言乾爲純陽之象。

"川,陰物也",言坤爲純陰之象。

"陰陽合德而剛柔有體","陰陽"謂象,"剛柔"謂爻。"陰陽合德",言純陰之坤與純陽之乾相互交合,形成六子卦,再由八卦重合而成六十四卦。"剛柔有體","體"今本作"體"。按古文字"肉""骨"作形旁常通用,如胳骼、股骰、胲骸、臍臍,皆義同而形旁通用。"體""軆"亦屬此例,形旁通用而義同。"剛柔有體",即"剛柔有軆"。"軆"謂卦體,言剛爻與柔爻迭合爲卦體。孔子認爲,由乾、坤交合而成《周易》卦爻體系,體現了天地的變化,故言"以體天地之化"。帛書之"化",今本作"撰",韓康伯、《九家易》釋數,《本義》訓事,營爲之義。按帛書《繫辭》:"是故闔户胃之川,辟門胃之鍵,一闔一辟胃之變,往來不窮胃之迵。"今本《繫辭》作:"是故闔户謂之坤,辟户謂之乾,一闔一辟謂之變,往來不窮謂之通。"故《衷》篇之"化"即《繫辭》之"變",今本作"撰"當誤。

"而達神明之德也","神明"即"神明",亦即"明神",天神也。《詩·大雅·雲漢》:"敬恭明神,宜無悔怒。"《左傳·僖公二十八年》:"癸亥王子虎盟諸侯于王庭,要言曰:'皆獎王室,無相害也。有渝此盟,明神殛之!'"此言與神祇之德相通達。

【今譯】

孔子説:"《周易》的要旨我們可以知道。乾、坤是《周易》的根本和起點。乾卦爲純陽之象,坤卦爲純陰之象。純陰之坤與純陽之乾相互交合,形成六十四卦,剛爻與柔爻迭合形成卦體,從而體現天地的變化,通達神明的德性。"

"亓辯名也,襍而不伐,於指《易》,[亓]衰世之僮與?"

【新校】

"辯名",今本《繫辭下》作"稱名"。

"於",陳廖、廖甲作"于",它本皆作"於"。驗諸照片,釋"於"是。

"易"後一字殘缺,張文補"其",丁乙從之,補"亓",《集成》從之。它本皆無補。今按:此缺文可補爲"辭",謂《周易》卦爻辭。

"僮",廖甲、廖乙、廖丙、廖丁作"㠉",它本皆作"僮"。驗諸照片,釋"僮"符合帛書原貌。

"[亓]衰世之僮與",今本《繫辭下》作"其衰世之意邪"。

【集釋】

鄧球柏《白話》:伐:假借爲"越"。其辯名也,雜而不越,于稽考《周易》……衰敗之世的行動與?

趙建偉《疏證》:"于"同"於"。"指"同"旨",意旨。"易",簡易、平易。"其辯名也……于旨易"與下文"其稱名也……其旨簡"相對爲文。

丁四新《周易》:"襍",即"雜"。"指",通"稽"。"僮",疑讀爲"動"。

張政烺《校注》：於指易〔其衰〕世之僅與，韓本作"於稽其類其衰世之意邪"。稽、指音同致異。帛書無其字，類與易字相當（兩字音比較接近），意、僅形近致異。一說，於指屬上讀，韓本其類二字與易相當。

劉大鈞《續讀》：帛書"辯名"，今本作"稱名"，義無大的不同。帛書"於指易□"，與今本"於稽其類"以音近而義通。帛書"衰世之動與"，今本《繫辭下》此句作"其衰世之意邪"，與帛本稍有不同，但義無大礙。

連劭名《易之義》：辯名有正名之義。越、過同義。"雜而不越"當指禮制，有尊卑上下等級之差。"於指易，其衰世之僅與"，指，名之所指。易，簡易。

于豪亮《繫辭》："雜而不伐於指"，通行本作"雜而不越，於稽其類，其衰世之意邪"，"指"字誤為"稽"字，又多出"其類"二字，後人遂以"於稽"二字屬下讀，雖亦可通，終不如帛書之明白曉暢。

【新釋】

"亓辯名也"，即下言"當名辯物"，"名"謂卦名，"物"謂外物，言創作《周易》者寫定的卦爻辭，與外在物類相當。

"襍而不伐"，"襍"，今本《繫辭下》作"雜"，"襍"通"雜"。《管子·立政》"散民不敢服襍采"，戴望新校："宋本襍作雜。"《說文·衣部》朱駿聲通訓定聲："襍，今隸作雜。""伐"，假為"越"，今本《繫辭下》作"越"。《說文·戈部》朱駿聲通訓定聲："伐，叚借為越。""雜而不越"，言卦爻辭雖雜碎，但不逾越其類。孔穎達疏："《易》之爻辭，多載細小之物，若'見豕負塗'之屬，是雜碎也。辭雖雜碎，各依爻辭所宜而言之，是不相逾越也。"

"於指《易》，〔亓〕衰世之僅與"，"於"，發語詞。"指"，今本《繫辭下》作"稽"。"指""稽"同為脂母疊韻，音近相假。"稽"，考也。以上下文意，"易"後應有"辭"字，故當補"辭"，而刪掉"亓"。疑原文當作"於指《易》〔辭〕，衰世之僅與"。"於指《易》〔辭〕"，即考察《周易》卦爻辭之意。"衰世"，指殷商之末，紂王與周文王之時。按帛書《要》曰："文王仁，不得亓（其）志，以成亓（其）慮。紂乃（仍）无道，文王作，諱而辟（避）咎，然後《易》始興也。"《衷》下言："《易》之]興也，於中故（古）乎？作《易》者，亓（其）又（有）患憂與？"今本《繫辭下》曰："《易》之興也，其當殷之末世，周之盛德耶？當文王與紂之事耶？"即言其意。"僅"，讀為"動"。孔子認為，稽考《周易》卦爻辭，可以看出它反映了衰世的動變。

【今譯】

孔子說："《周易》卦名與物類相當，卦爻辭雖繁雜瑣碎，但不逾越其類。考察《周易》的卦爻辭，似乎反映了衰世的動變吧？"

"《易》之事,章[往而察]來者也,徴顯贊絶。巽而恆當,當名辯物,正言巽辭而備。本生仁義,所以義剛柔之制也。亓稱名也少,亓取類也多,其指𨳡,亓辤文,亓言𥶑而中,亓事隱而單。因齋人行,明[失]得之[報]。"

【彙校】

《集成》:"《易》之事,章[往而察]來者也",諸家釋文皆據韓本擬補作"《易》[彰往而察]來者也",從位置看僅補"彰往而察"四字字數不夠。此據前注新綴兩小片重訂釋文,較諸家所補多出"之事"二字。"得之"二字諸家釋文皆作擬補缺文中,今據前注新綴小片逐釋。

【新校】

"易"以下至"來"之間有一殘片,陳廖釋出"而",廖甲、廖乙釋出"不""不用而"四字,廖丙、張文皆發現此殘片原在別處,而誤置於此,故不釋,而據今本《繫辭下》"夫《易》彰往而察來",補"彰往而察"四字,廖丁、丁甲、廖戊皆從之,丁甲補"亓彰往而察"五字。按細觀照片,"易"以下至"來"之間空間,約容六字,故《集成》新綴重訂爲"之事,章[往而察]"六字,可從。"《易》"上,今本《繫辭下》有"夫"字,"章[往而察]來者也",今本《繫辭下》無"者也"二字。

"徴顯贊絶。巽而恆當,當名辯物,正言巽辭而備",今本《繫辭下》差異較多,作:"而微顯闡幽。開而當名辨物,正言斷辭則備矣。"

"本生仁義,所以義剛柔之制也",今本《繫辭下》無。

"少",今本《繫辭下》作"小"。"多",今本《繫辭下》作"大"。"指""𨳡",今本《繫辭下》作"旨""遠"。

"𥶑",廖甲、廖乙、廖丙作"幽",它本皆釋"曲"。此字形爲▨。按帛書"幽"作:

▨《周易》〇〇四　　▨《要》〇一七

"曲"作:

▨《經法》〇〇一　　▨《老子》甲本一三六

▨《戰國縱橫家書》一二一

此字形與"曲"吻合,故釋"曲"符合帛書原貌。

"亓事隱而單",今本《繫辭下》作"其事肆而隱"。

"齋",廖甲、廖乙、廖丙釋"齋",它本皆作"齋"。驗諸照片▨,釋"齋"符合帛書原貌,"齋"同"齋",釋"齋"即可。"因齋人行",今本《繫辭下》作"因二以濟民行",《衷》篇無"二以"兩字。

"明",廖乙、廖丙、廖戊、丁乙釋"明",它本皆作"明"。驗諸照片，釋"明"是。

【集釋】

鄧球柏《白話》：生：讀爲"性"。閒：讀爲"簡"。賷：讀爲"濟"。《周易》……目的是幫助人們弄清楚過去不清楚的東西，以便作爲借鑒，幫助人們預測未來，使不明顯的明顯，使隱蔽的公開，巽順而長久恰當，當名辯物，正言巽辭而均備于《周易》。本性仁義所作所爲都以仁義爲準則，是剛柔相濟的原則。《周易》用的概念很少，但囊括的事類却很多，其目的簡明，其言辭文華，其話語婉轉而中肯，其事情隱約而簡單。用來幫助人們行動，使人們懂得如何明辨是非善惡得失等問題。

趙建偉《疏證》："所以義（儀）剛柔之制也"："儀"，衡量、確定。"其稱名也少，其取類也多"："少""多"《繫辭下》六章作"小""大"，同。謂其指稱事物之概念有限而其取喻之事類却無限。"其辭文"：謂其詞語講究。"言曲而中"：語言委屈而合于事理。"隱而單"："單"當讀爲"闡"，明白。"因濟人行，明失得之報"："因"，以。"濟"，助。"行"，用（《國語·吴語》注"行猶用也"）。"報"，應驗。

丁四新《周易》："贊"，通"纘"。《説文》："纘，繼也。""辯"，通"辨"。"巽"，讀作"選"。選，選擇，裁斷。"辤"，即"辭"。"本生"，即"本性"。下"義"字，通"儀"。儀，儀節，規範。這裏作動詞用。"指"通"旨"，"閒"通"簡"。"單"，通"亶"。亶，誠也，實也。"賷"，通"濟"，"人"同"民"。

張政烺《校注》：贊絶，韓本作闡幽。上文"[幽]贊於神明"，見韓本《説卦》，注："幽，深也。贊，明也。"闡幽與贊絶義近。巽而恆當，當名辯物，正言巽辤，而備本生仁義所以義剛柔之制也，韓本作"開而當名，辯物正言，斷辭則備矣"。巽，讀爲譔（亦作撰、篹），與開義近。韓本脱"恆當"二字。巽斷音近，"巽辭"韓本作"斷辭"。本生以下十二字韓本無，當是衍文。《廣雅·釋詁四》："撰，定也。"其稱名也少，少，韓本作小。少小義近。其取類也多，多，韓本作大。多大義近。其指閒，韓本作"其旨遠"。閒，疏遠，與遠義同。其事隱而單，韓本作"其事肆而隱"。《説文》："肆，極陳也。""單，大也。"單，古或讀同實，與肆音義俱近。又按古者曲與肆對言，此處當依韓本作其事單而隱。因齎人行明[失得之報]，韓本作"因貳以濟民行以明失得之報"，帛書脱"貳以"二字。

劉大鈞《續讀》："本生仁義，所以義剛柔之制也。"帛本此段文字在今本《繫辭》中不見，疑被今本《繫辭》整理者删去矣！"本生仁義"之"生"，在此讀爲性。"所以義剛柔之制也"之"義"，在此應讀爲"宜"，古"義""宜"互通。

《象》釋旅卦上九爻曰"其義焚也",《釋文》云"一本作'宜其焚也'",是其證。帛書"丌稱名也少,丌取類也多",今本《繫辭》此句作"其稱名也小,其取類也大",然由帛書下文"丌指閒,丌辭文,丌言幽而中,丌事隱而單,因齋人行"考之,當以帛本"丌稱名也少,丌取類也多"爲是。帛書"丌指閒"應是"其旨簡",古"閒""簡"互通。案《莊子·天運》"食於苟簡之田",《釋文》云"司馬本'簡'作'閒'。"正因"其旨簡,其辭文",故"丌稱名也少"。"丌事隱而單"之"單"字,應讀爲"闡"字。今本作"其事肆而隱",王弼注:"事顯而理微也。"帛書作"丌事隱而單",當爲理闡而事隱,其義與今本略有不同。"因齋人行"之"齋"字爲"濟"。帛書《衷》篇前文有"既齋"卦,即今本既濟卦,此即"齋"爲"濟"之明證。又因"丌言幽而中,丌事隱而闡,因濟人行,明失得之報",故"丌取類也多"也。

連劭名《易之義》:"微顯贊絕","微"是道之别名,馬王堆帛書《老子》乙本云:"視之而弗見,名之曰微。"贊,佐助。絕、斷同義,《廣雅·釋詁一》云:"絕,斷也。""巽而恆當,當名辯物,正言巽辭而備",巽、順同義,當、中同義。巽而恆當即順天休命。正言如正名。"所以義",義同儀,《釋名·釋典藝》云:"儀,宜也,得事宜也。""其稱名也少,其取類也多",以八經卦象萬物,以少喻多。"其事隱而單",《淮南子·天文》高誘注:"單,讀明揚之明。"單可讀爲闡,今按:《説文》云:"闡,開也。從門,單聲。《易》曰:闡幽。""因濟人行",人行即人道,指仁義。

于豪亮《繫辭》:"微顯贊絕"之贊假作纘,《詩·七月》"載纘武功",傳:"纘,繼也。""巽而恆當",巽假作撰,《廣雅·釋詁四》:"撰,定也。""辨物正言",《漢上易傳》:"辨陰陽之物,正吉凶之辭。""巽辭而備",巽亦訓爲定,謂定之以卦辭爻辭,而《易》於是乎備。此數句帛書與通行本有出入,亦以帛書本爲勝。"本生仁義,所以義剛柔之制也"一語,通行本無。此言仁義本乎易,而以剛柔之節爲法。"其指間",間,疑假爲簡。"其事隱而單",單假作闡,明也。"因齋人行",齋假作濟,謂因以濟人之行。通行本作"因貳以濟民行",亦不如帛書之明白曉暢。

【新釋】

"《易》之事,章[往而察]來者也,微顯贊絕",言《周易》筮占神妙的功能。"彰往而察來",謂借助占筮,可彰顯以往,察知未來。"徵",《集成》讀爲"微",可從。"微顯",言通過占筮,隱微之事可以顯現。"贊絕",今本作"闡幽",即《衷》上言"幽贊於神明而生占"之義,謂溝通隔絕的人神關係。"贊",導引使通。《國語·周語上》"太史贊王",韋昭注:"贊,導也。"《文選·夏侯湛〈東方朔畫贊〉》"幽贊以知來",呂向注:"贊,猶通也。""絕",斷。《釋名·釋言語》"絕,截也",王先謙《疏證補》引王先慎曰:"絕之本義爲絲之斷,引申爲凡割斷之統稱。"《說文·糸部》:"絕,斷絲也。""贊絕",斷者使通,言通過占筮,使隔絕的人與神再相溝通。按古有"絕地天通"之事。《書·呂刑》:"(上帝)乃命重、黎,絕地天通,罔有降格。"孔傳:"重即羲,黎即和。堯命羲、和世掌天地四時之官,使人神不擾,各得其序,是謂絕地天通。言天神無有降地,地民不至於天,明不相干。""絕地天通",言隔絕天神和地民的交通,即隔絕人與神的溝通。《國語·楚語》以楚昭王與觀射父的問答詳載此事:"昭王問於觀射父曰:'《周書》所謂重、黎實使天地不通者,何也?若無然,民將能登天乎?'對曰:'非此之謂也。古者民神不雜。民之精爽不攜貳者,而又能齊肅衷正,其智能上下比義,其聖能光遠宣朗,其明能光照之,其聰能聽徹之,如是則明神降之,在男曰覡,在女曰巫。是使制神之處位次主,而爲之牲器時服,而後使先聖之後之有光烈,而能知山川之號、高祖之主、宗廟之事、昭穆之世、齊敬之勤、禮節之宜、威儀之則、容貌之崇、忠信之質、禋潔之服,而敬恭明神者,以爲之祝。使名姓之後,能知四時之生、犧牲之物、玉帛之類、采服之儀、彝器之量、次主之度、屏攝之位、壇場之所、上下之神、氏姓之出,而心率舊典者,爲之宗。……及少皞之衰也,九黎亂德,民神雜糅,不可方物。夫人作享,家爲巫史,無有要質。……顓頊受之,乃命南正重司天以屬神,命火正黎司地以屬民,使復舊常,無相侵瀆,是謂絕地天通。'"言古之通神者爲巫、覡、祝、宗等專職人員,一般民衆則無此權利。後少皞時人人通神,造成混亂,顓頊乃命重、黎分掌神、民之事,隔絕了一般民衆與神的溝通。

"巽而恆當,當名辯物,正言巽辭而備",言創作《周易》者如何寫定卦爻辭。"巽而恆當","巽",丁四新讀作"選",張政烺讀爲"撰"。揆諸文義,當讀爲"撰",撰述寫定之義。《楚辭·招魂》"結撰至思",洪興祖補注:"撰,述也。"《廣雅·釋詁四》:"撰,定也。""恆",極也。"巽而恆當",即撰而極當,言創作《周易》者寫定卦爻辭,極爲恰當。"當名辯物","名"謂卦名,"物"謂外物,言創作《周易》者將萬事萬物分類,與六十四卦卦名對應。"正言巽辭","巽"讀爲"撰","言""辭"謂卦爻辭。"正言撰辭",言正定六十四卦卦爻辭。

"本生仁義,所以義剛柔之制也","本生",即"本性"。"義"通"儀"。《管子·君臣上》"量實義美匡請所疑",《集校》引張文虎云:"義,儀之借字。""儀",表也。《管子·禁藏》"法者天下之儀也",尹知章注:"儀,謂表也。"《荀子·君道篇》"君者儀也,儀正而景正",《經義述聞·左傳上·表儀》王引之按:"儀,即表也。"此爲動詞,表現。"制",度也。《國語·越語下》"必有以知天地之恆制",韋昭注:"制,度也。"此謂文王本性仁義,所以能夠表現剛柔之度。按《史記·周本紀》載文王之仁義曰："西伯曰文王，篤仁，敬老，慈少。禮下賢者，日中不暇食以待士，士以此多歸之。"載文王之剛柔曰："西伯陰行善，諸侯皆來決平。……明年，伐犬戎。明年，伐密須。明年，敗耆國。明年，伐邘。明年，伐崇侯虎。"即此義。

"丌稱名也少，丌取類也多"，"名"謂卦名，"類"謂事類。《周易》所稱卦名只有六十四個，是謂"少"。卦爻辭所攝取事類繁多，是謂"多"。

"其指間，丌辤文"，"指"，今本《繫辭下》作"旨"。"指"，意也。《管子·侈靡》"承從天之指"，尹知章注："指，意也。"《大戴禮記·保傅》"知義理之指"，即知義理之意。"間"，遠也。《淮南子·俶真》"則丑美有間矣"，高誘注："間，遠也。"今本《繫辭下》作"遠"，其義同。孔穎達疏："其旨遠者，近道此事，遠明彼事，是其旨意深遠。""其辭文"，言卦爻辭富於文飾。

"丌言豐而中，丌事隱而單"，"豐"，本當作"曲"。"單"讀爲"闡"。按《禮記·樂記》"嘽諧慢易繁文簡節之音作，而民康樂"，《漢書·禮樂志》"嘽"作"闡"。《太玄·盛·次五》"提禍撣撣"，司馬光集注："朱本撣撣作闡闡。"是"單""嘽""撣""闡"皆以單音而相假。"闡"，著明。杜預《春秋序》"其微顯闡幽"，孔穎達曰："闡，謂著明。""其言曲而中"，言卦爻辭雖委曲婉轉，而能切中其旨。"其事隱而闡"，謂所占之事本爲幽隱，而終得顯明。

"因齎人行，明[失]得之[報]"，"齎"通"濟"。《莊子·列禦寇》"萬物爲齎送"，《釋文》："齎，本或作濟。"《衷》篇前言"既齎"卦，即今本"既濟"。此言《周易》可濟助人之行爲，明瞭失與得的報應。

【今譯】

孔子説："《周易》占筮之事，可彰顯以往，察知未來，顯現隱微之事，溝通隔絶的人神關係。創作《周易》者寫定卦爻辭，極爲恰當。他將萬事萬物分類，與六十四卦卦名對應，進而正定六十四卦卦爻辭，使之完備。文王本性仁義，所以能夠表現剛柔之度。《周易》所稱説卦名雖少，但其所攝取事類繁多。《周易》旨意深遠，其辭富於文飾。《周易》之辭委曲婉轉，但能切中其旨。所占之事本爲幽隱，而終得顯明。《周易》可濟助人之行爲，明瞭失與得的報應。"

第九章

【説明】

本章乃抄自於今本《繫辭》祖本,與今本《繫辭下》第六章略同,其内容主要爲"三陳九卦",並抄録有已經佚失的孔子"《易》説",可分五節。

《易》之]興也,於中故乎?作《易》者,亓又患憂與?

此爲第一節,言《周易》的成書時間和創作者的心理狀態。

【新校】

"易之"二字處有一殘片,廖甲、廖乙釋出"亓"字。按此殘片本在别處,乃誤置於此,故它本皆無釋,而據今本《繫辭下》"《易》之興也",補"易之",甚是。

"於"上,今本《繫辭下》有"其"字。

"故",廖丙、廖戊釋"古",它本皆作"故"。驗諸照片 故,顯爲"故"字。"故",今本《繫辭下》作"古"。

"亓又患憂與",今本《繫辭下》作"其有憂患乎"。

【集釋】

鄧球柏《白話》:《周易》熱的興起,在中古時代嗎?創作《周易》的作者有憂患意識嗎?

丁四新《周易》:"故",通"古"。

連劭名《易之義》:中和爲易之起源,故曰"中故"。知天命即中故。"中故"猶言"中古"。患、疾同義。

【新釋】

"《易》之]興也"至"《涣》以行權也",在今本《繫辭下》第六章。

"《易》之]興也,於中故乎","《易》之興",謂《周易》卦爻辭之寫定。"故",今本《繫辭下》作"古","故""古"通。《管子·侈靡》"尊鬼而守故",《集校》引丁士涵云:"本篇云:法故而守常。故與古通。"《墨子·明鬼下》"故聖王",孫詒讓閒詁:"故當爲古。""中古",謂殷末,即《衷》上言"於指《易》〔辭〕,〔亓〕衰世之僮與"之"衰世"。

"作《易》者",謂文王。按今本《繫辭下》:"《易》之興也,其當殷之末世,周之盛德耶?當文王與紂之事耶?"《史記·周本紀》:"(文王)其囚羑里,蓋益《易》之八卦爲六十四卦。"《漢書·藝文志》:"至於殷周之際,紂在上位,逆天暴物,文王以諸侯順命而行道,天人之占可得而効。於是重《易》六爻,作上下篇。"即言文王被紂王囚於羑里,而演作《周易》。

"亓又患憂與","亓"讀爲"其","又"讀爲"有"。按《彖傳·明夷》"以蒙大難,文王以之",言文王遭遇囚禁大難,而心懷憂患,即此義也。

【今譯】

《周易》卦爻辭的寫定,大約在殷末之時吧?作《周易》卦爻辭的人大概有憂患吧?

上卦九者,贊以德而占以義者也。《履》也者,德之亞也;《嗛》也者,德之秎也;《復》也者,德之本也;《恆》也者,德之固也;《損》也者,德之脩也;《益》〔也〕者,德之譽也;《困》也者,德之欲也;《井》〔也〕者,德之地也;《渙》也者,德〔之〕制也。

此爲第二節,爲一陳九卦。

【彙校】

趙建偉《疏證》:"《渙》"應爲"《巽》","巽"字因形近而訛爲"渙",兩卦卦畫亦相近。

丁四新《周易》:"制"上,脱"之"字。

張政烺《校注》:渙也者德制也,韓本作"巽德之制也"。帛書脱"之"字。

《集成》:"《益》〔也〕者","者"字諸家釋文皆在擬補缺文中,前新綴入小長片上尚存其殘形,此逕釋。

【新校】

"上卦九者,贊以德而占以義者也",今本《繫辭下》無。

"《履》也者","履"上,今本《繫辭下》有"是故"二字。"也者",今本《繫辭下》無,下諸"也者",亦皆無。

"亞",陳廖、廖甲、廖乙、廖丁、張文作"基",廖丙、丁甲、于文作"亞",廖戊、丁乙作"亞"。觀諸照片,釋"亞""亞"均可,二者實同,可逕釋爲"亞"。"亞",今本《繫辭下》作"基"。

"秎",陳廖、廖甲、廖乙、廖丁釋"秎",廖丙僅釋出左部"禾"旁,它本皆釋

"秄"。觀諸照片[圖],此字左部爲"禾",故釋"秄"是。"秄",今本《繫辭下》作"柄"。

"譽",今本《繫辭下》作"裕"。

"欲",今本《繫辭下》作"辨"。

"丼〔也〕者","丼",丁乙釋"丼",它本皆作"井"。觀諸照片[圖],釋"丼"符合帛書原貌。"也",原脱,依文例補。

"渙",今本《繫辭下》作"巽"。

"德〔也〕制也",之,原脱,依文例補。

【集釋】

鄧球柏《白話》：秄：禾名,引申爲好結局。下面九卦,是贊德、占義的示範。《履》卦象徵品德修養的基礎；《嗛》卦象徵品德修養的碩果(象禾苗嘉穗惠人一樣)；《復》卦象徵品德修養的根本；《恆》卦象徵品德修養的堅定性；《損》卦象徵品德修養的可塑性；《益》卦象徵品德修養的榮譽；《困》卦象徵品德修養的要求；《井》卦象徵品德修養的境界；《渙》卦象徵品德修養的機制。

趙建偉《疏證》："上"同"尚",義猶重要。言《易》中重要的卦有九個。"贊"同"闡","贊德"即闡明其德性。"占"謂"斷","占義"即評斷其義理。贊德是言其性,占義是論其理。"一陳"是"贊以德","二陳""三陳"是"占以義"。"秄"音假爲"柄"。"《益》也者,德之譽也"："譽"讀作"裕"。"困也者,德之欲也"："欲"同"穀",《詩·桑柔》毛傳"穀,窮也",言《困》卦是講君子之德處窮困之時。下文"《困》窮而達"正承此"《困》,德之窮"而説。

廖伯娥《思想》："柄""秄"雙聲疊韻,且同爲揚聲韻尾,音可通假。

丁四新《九則》："占"係所謂的推衍之辭,或者説"占"將卦之"德"與"義"連接起來："德"是卦義的本體,"義"從作用的角度對卦義作了更進一步的推衍。既然"義"是由"德"生衍出來的,當然前者就可以被概括成後者,所以在帛書《衷》中,我們同樣看到作者對於"德"的强調:從"筮""數"之"占"到"德"之"占",這是孔門易學的根本精神。

丁四新《周易》："上",疑爲"下"字之訛。一説,作"上"不誤,高妙之義。"贊",明也。《漢書·叙傳》："總百氏,贊篇章。"顔師古《注》："贊,明也。""至","基"之異文。"嗛",通"謙"；通行本《繫辭》作"謙"。"秄",通"柄"。《儀禮·士冠禮》："賓受醴于户東,加柶面枋。"《周禮·春官·內史》："内史掌王之八枋之法。""脩",通"修"。"譽"通"裕"。"欲",需求。

劉大鈞《續讀》：帛書"益[也者,德]之譽也",此"譽"字當爲今本"益,得之裕也"之"裕"的同音相假字。"困也者,德之欲也"之"欲",在此當讀作"容"。頤卦六四爻"虎視眈眈,其欲逐逐",帛本作"虎視眈眈,其容笛笛",是其證。今以德容困,有容乃可辨,此旨正與今本"困,德之辨也"互應。

連劭名《易之義》:上卦即善卦,《周禮·大司馬》云:"上地食者參之二。"鄭玄注:"上地謂肥美田也。"贊,讀爲讚,《釋名·釋典藝》云:"稱人之美曰讚。讚,纂也。纂集其美而敘之也。"

于豪亮《繫辭》:"上卦九者",指履、謙等九卦而言。贊,明也。占,告也。"履也者,德之基也"至"渙也者,德〔之〕制也"一段,蓋即所謂"贊以德"者。

【新釋】

"上卦九者,贊以德而占以義者也","上",趙建偉認爲同"尚",鄧球柏、丁四新疑爲"下"字之訛。今按:今本《繫辭下》此二句作"是故",以引起下文,"下卦九者"與此功能同,故"上"當爲"下"之誤。"贊以德而占以義者",猶言以德贊之,以義占之。《衷》篇此言及"贊""占""德""義",涉及孔子易學思想根本精神,在帛書《要》篇中有詳細闡述,其載孔子曰:"《易》我後亓(其)祝卜矣,我觀亓(其)德義耳也。幽贊而達乎數,明(明)數而達乎德,又[仁]□者而義行之耳。贊而不達於數,則亓(其)爲之巫。數而不達於德,則亓(其)爲之史。史巫之筮,鄉(嚮)之而未也,始(恃)之而非也。後世之士疑丘者,或以《易》乎?吾求亓(其)德而已(已),吾與史巫同涂(途)而殊歸者也。君子德行焉求福,故祭祀而寡也;仁義焉求吉,故卜筮而希(稀)也。祝巫卜筮亓(其)後乎?""贊""占"爲祝、宗、巫、史等古代神職人員溝通鬼神、預知吉凶的行爲,其要旨是祈求鬼神,將人之命運主動權託付於鬼神。孔子則要求在此種神事行爲中賦予、充實人文德性、實踐義理的內容,其核心是將人之命運掌握在自己手裏,以人之行爲求取福、吉。其具體做法,是在研讀《周易》卦名以及卦辭和爻辭中,體會或體貼出其中所蘊涵的人之修養中所需要的德性内涵和行爲義理,故言"贊以德而占以義者",即以德贊之、以義占之也。"贊",求也。"贊以德",即求其德。下面從"《履》也者,德之至也"至"《渙》也者,德〔之〕制也",爲今本《繫辭下》所謂"三陳九卦"之一陳。從一陳九卦中,即"贊以德",從九卦中體會其德。

"《履》也者,德之至也","至","基"之古文。《集韻·之韻》:"基,古作至。"馬國翰《玉函山房輯佚書·目耕帖·書六》:"日足利學所藏唐以前《古文尚書·太甲》基作至。"按《履》卦主言"履虎尾""咥人"之象,可體貼"小心行走"之義。"履",帛書《周易》又作"禮",故於《履》卦可觀履禮之德。"《履》也者,德之基",乃言贊《履》卦,可明德行之初基。

"《嗛》也者,德之枋也","嗛",今本作"謙"。"嗛""謙"古通。"枋",即"枋",古通"柄",今本作"柄"。《儀禮·士冠禮》"加柶面枋",鄭玄注:"今文枋爲柄。"《儀禮·士昏禮》"皆南枋",鄭玄注:"今文枋爲柄。"《說文·木部》

段玉裁注："《禮》《周官》皆以枋爲柄，古音方聲丙聲同在十部也。"《謙》卦上地下山，爲山下於地之象，可體貼出自下自小之義、自卑尊人之德。"柄"，所以持也。"《謙》也者，德之柄"，乃言贊《謙》卦，可明行德必持謙之義。孔穎達疏今本曰："言爲德之時，以謙爲用。是謙爲德之柄，猶斧刃以柯柄爲用也。"即此義。

"《復》也者，德之本也"，《復》卦爲一陽來復之象，可體貼出復返陽剛正道之義。故言贊《復》卦，可明復返正道爲德行之根本。

"《恆》也者，德之固"，《恆》，雷風相與、長久之象。觀《恆》卦，可體貼出恆久之義。此言贊《恆》卦，可明德行宜堅固之義。孔穎達疏今本曰："爲德之時，恆能執守，始終不變，則德之堅固，故爲德之固也。"即此義。

"《損》也者，德之脩也"，《損》，其山益高、其澤愈下之象。觀《損》卦，可體貼出虧損、減損之義。《象傳·損》："山下有澤，《損》，君子以懲忿窒欲。"言減損忿欲。"脩"，通"修"，養也。"德之修"，猶德之養。減損忿欲，即爲德行之養。孔穎達疏今本曰："行德之時，恆自降損，則其德自益而增新。故云：'損，德之修也。'"此言贊《損》卦，可明德行之養。

"《益》[也]者，德之譽也"，"譽"，今本作"裕"。按下言"《益》，長裕而與"，故"譽"通"裕"。"裕"，寬大也。《象傳·益》："風雷《益》，君子以見善則遷，有過則改。"遷善改過，則其德寬大。故曰："《益》也者，德之裕也。"此言贊《益》卦，可明德行之寬大。

"《困》也者，德之欲也"，"欲"，求也，需求。"德之欲"，猶言德之需。"欲"，今本《繫辭下》作"辨"，《集解》本作"辯"。鄭玄注："辯，別也。遭困之時，君子固窮，小人窮則濫，德于是別矣。"《困》爲澤無水之象，象徵人所處窮困之境。《論語·衛靈公》："(孔子)在陳絕糧，從者病，莫能興。子路慍見曰：'君子亦有窮乎？'子曰：'君子固窮，小人窮斯濫矣。'"處窮困之時，君子能固守道德，堅持操守，小人因無操守則無所不爲。因此身處困境，更需堅守道德。此言贊《困》卦，可明德行之必需。

"《井》[也]者，德之地也"，"也"，帛書脱，據文例補。《井》，改邑不改井，不變其所之象。孔穎達疏今本曰："井是所居之常處，能守處不移，是德之地也。言德亦不移動也。"此言贊《井》卦，可明德行之守處不移。

"《渙》也者，德〔之〕制也"，"之"，帛書脱，據文例補。"制"，裁斷，決斷。《説文·刀部》："制，裁也，从刀从未。"王筠句讀："制，引伸之爲凡斷制之通名。"《禮記·表記》曰："義者天下之制。"猶言義爲天下之裁斷。《渙》，風行水上，批離解散之象。適此散釋之時，君子當以義裁斷，散難釋險，以建功立德。故言贊《渙》卦，可明德行之裁斷。

【今譯】

以下九卦,皆可以德贊之,以義占之。贊《履》卦,可明德行之初基。贊《謙》卦,可明德行之柄持。贊《復》卦,可明德行之根本。贊《恆》卦,可明德行之堅固。贊《損》卦,可明德行之修養。贊《益》卦,可明德行之寬大。贊《困》卦,可明德行之必需。贊《井》卦,可明德行之不移。贊《渙》卦,可明德行之裁斷。

是故占曰:《履》,和而至;《嗛》,尊而光;《復》,少而辨於物;《恆》,久而弗厭;《損》,先難而後易;《益》,長裕而與;《宋〈困〉》,竆而達;《井》,居元所而遷;《渙》,[比]而救。

此爲第三節,爲二陳九卦。

【彙校】

張政烺《校注》:恆久而弗厭,久,韓本作雜,帛書義長。益長裕而與,韓本作"益長裕而不設"。按上文言"益[也者]德之譽也",則此處與當讀爲譽,韓本設字當是詍字之誤(見《繫辭》"聖人設卦觀象繫辭焉",帛書設作詍,是詍、設互譌之謬),不詍即譽也。□□而救,韓本作"巽稱而隱"。帛書此段巽皆作渙,缺字當作"渙比"。

《集成》:"渙"字諸家釋文皆在擬補缺文中。其字尚完整存於前所新綴入小長片。

【新校】

"是故占曰"四字,今本《繫辭下》無。

"尊",丁甲作"奠",張文作"尊",丁乙作"尊",它本皆作"奠"。驗諸照片,釋"尊"符合帛書原貌。"尊",今本《繫辭下》作"尊"。

"少",今本《繫辭下》作"小"。

"久",今本《繫辭下》作"雜"。

"厭",廖乙作"厭",它本皆作"厭"。驗諸照片,此字形作"厭",即"厭"字,釋"厭"即可。

"與",今本《繫辭下》作"不設"。

"宋",爲"困"之形誤。今本《繫辭下》作"困",是。

"竆",陳廖釋"窮",廖甲、丁甲、廖戊釋"竆",張文釋"宎",廖乙、廖丁、張文釋"𡪄",廖丙作"窟",丁乙作"躬"。細觀照片,釋"竆"是。

"井",丁乙釋"井",它本皆作"井"。觀諸照片,釋"井"符合帛書原貌。

"比"殘缺,陳廖、廖甲、廖乙無補,廖丙始據上下文"渙"卦以及今本《繫辭下》"巽稱而隱"而補"稱",廖丁、丁甲、廖戊、丁乙皆從之,張文據下"渙而不救",補"比"。今按:補"稱"是,補"比"非。下孔子曰"渙而不救,則比矣","不救"則"比",此言"救",怎能是"比"呢? 又,此言"《渙》,□而救",是從正面講《渙》卦之義,而"渙而不救,則比矣",是從《渙》卦反面講,"比"爲阿黨之義,爲貶義,故補"比"不通,廖丙補"稱"是。

【集釋】

鄧球柏《白話》:奠:讀爲"尊"。因此,占義説:《履》卦象徵在和諧的環境中達到理想境界;《嗛》卦象徵在尊重別人的過程中自己也得到光大;《復》卦象徵陽剛雖少但與陰柔具有本質區別;《恆》卦象徵永久而不衰退;《損》卦象徵先困難而後容易;《益》卦象徵長久富裕而與人共享;《困》卦象徵窮困然後通達;《井》卦象徵居其所而遷;《渙》卦象徵……而救。

趙建偉《疏證》:"《履》和而至":"和",和悦、柔和。"至",謂通過和悦達到修養道德的目的。"《恆》久而不厭":即"久而不已"。此言《恆》卦是講長守美德而無窮已之時。"久"與"德之固"的"固"相照(《漢書·禮樂志》集注"久,固也")。"《益》長裕而與":"與",給予。若從《易之義》,則《繫辭》"《益》長裕而不設"的"不"涉"而"形抄衍。"《渙》(《巽》)□□□而救":《説文》"救,止也"。謂有所權衡,知時而止。

丁四新《九則》:帛書《衷》與今傳本《繫辭》"三陳九卦"的一段文本有重大的不同,特別是它先以"贊以德而占以義"總起九卦,然後又以"是故占曰"承啟前後文本的情況,很可能説明今傳本《繫辭》是被後人整飾過的。

丁四新《周易》:所謂"占",就是在前者的基礎上作進一步的推衍、發揮。"奠",即"尊"字。"小"通"少"。"與",疑讀作"舉"。"竆",即"窮"。

劉大鈞《讀〈衷〉篇》:這些釋卦的文句格式與上面的"德之"句式不同,但與帛書之"復之卦,留□而周,所以人背也;无孟之卦,有罪而死,无功而賞,所以甾,故□;余之卦歸而强,士靜也","大壯,小腫而大從","大蓄,兑而誨","隋之卦,相而能戒也","均之卦,足而知余","觀之卦,盈而能乎□",文句格式相同,只是復、无孟、余、隋、均、觀諸卦之文句中多了"之卦"二字,不如《繫辭》的文字更爲簡潔、練達。

劉大鈞《續讀》:帛本"是故占曰"一句,今本無,與前文"上卦九者,贊以德而占以義者也"一樣,可能皆本着孔子在《要》中所言"史巫之筮,鄉之而未也,好之而非也"的精神,被後世整理者刪削掉了。"是故履以果行"之"果",今本作"和","果""和"二字恐以音近而互假。以此知《象》釋蒙卦曰"君子以果行育德"之果行,亦可作"和行"也。帛書"益以興禮",今本作"益以興利",蓋"禮""利"以同音而可互假,然由《衷》篇上文"損以遠害"考之,今本作"益以興利"其義爲確。帛書"困以辟咎也",今本作"困以寡怨",案"寡怨"自可"避咎",二者之義並無大的不同。

【新釋】

"是故占曰",即上言"占以義",猶言以義占之。

此節爲今本《繫辭下》所謂"三陳九卦"之二陳。

"《履》,和而至","至",到也。言占《履》卦,可明和順履禮,而達到目的之義。

"《嗛》,尊而光","尊"即"尊",今本《繫辭下》作"尊"。"尊"讀爲"撙","光"讀爲"廣"。按《彖傳·謙》"《謙》,尊而光",《經義述聞》卷二:"尊讀撙節退讓之撙。尊之言損也,小也。光之言廣也,大也。尊而光者,小而大。夫撙節退讓,君子之所以爲謙,故謙之德曰尊。《繫辭傳》曰'謙尊而光,謙以制禮',《曲禮》曰'君子恭敬,撙節退讓以明禮',其義一而已矣。"此言占《謙》卦,可明撙節退讓,而德行廣大之義。

"《復》,少而辨於物","少",當從今本《繫辭下》讀爲"小","少""小"古通用。《禮記·少儀》"少儀第十七",《釋文》:"少,猶小也。"《楚辭·九章·抽思》"少歌曰",舊注:"少,一作小。""辨",別也。《復》爲一陽來復之象,其一陽甚爲微小。觀《復》卦,可體會微動之幾。按帛書《要》"夫子曰":"顔氏之子,亓庶幾乎!見幾,又不善,未嘗弗知。知之,未嘗復行之。《易》曰:'不遠復,无蒀悔,元吉。'""不遠復,无蒀悔,元吉",乃《復》之初九爻辭,孔子認爲《復》卦表"幾"之義。今本《繫辭下》:"幾者,動之微,吉之先見者也。"幾爲變動之微,能夠預先呈現事物的吉凶趨向。故言占《復》卦,可明動變之幾雖極爲微小,但能辨別未來吉凶善惡趨向之義。

"《恆》,久而弗厭","久",今本《繫辭下》作"雜"。作"雜"誤,當從帛書作"久"。《經義述聞》卷二:"《恆》,久而不厭。荀爽曰:'夫婦雖雜居,不厭之道也。'孔穎達曰:'言《恆》卦雖與物雜碎並居,而常執守其操,不被物之厭薄也。'引之謹按:自《乾》《坤》而外,皆剛柔雜居之卦,不當於《恆》言雜也。"其說是。《象傳·恆》:"恆,久也。天地之道,恆久而不已也。日月得天而能久照,四時變化而能久成,聖人久于其道而天下化成。"是其證。故占《恆》卦,可明長久堅持操守而不厭倦之義。

"《損》,先難而後易",韓康伯注:"刻損以修身,故先難也。身修而無患,故後易也。"孔穎達疏今本曰:"先自減損,是先難也。後乃無患,是後易也。"此言占《損》卦,可明先難而後易之義。

"《益》,長裕而與","與",施予也。《逸周書·謚法》"愛民好與曰惠",孔晁注:"與,謂施也。"《周禮·春官·大卜》"三曰與",鄭玄注引鄭司農云:

"與,謂予人物也。"《禮記·內則》"不敢私與",朱彬訓纂引吳幼清曰:"與,謂以物遺人也。"按《象傳·益》曰:"《益》,損上益下,民說无疆。自上下下,其道大光。天施地生,其益无方。"故占《益》卦,可明長養充裕而施予於人之義。

"《宋〈困〉》,窮而達","宋"爲"困"之訛。"窮"即"窮"。"達",今本《繫辭下》作"通","達""通"古通用。《經籍籑詁·曷韻》:"《書·禹貢》'達于河',《史記·夏本紀》《漢書·地理志》作'通于河'。《書·禹貢》'達于淮泗',《漢書·地理志》作'通于淮泗'。《禮記·中庸》'五者天下之達道也',《漢書·公孫弘傳》作'五者天下之通道也'。《書·顧命》'用克達殷集大命',漢石經'達'作'通'。""達""通"義同。《儀禮·士昏禮》"下達納采",鄭玄注:"達,通也。""《困》,窮而達",孔穎達疏曰:"于困窮之時,而能守節,使道通行而不屈也。"此言占《困》卦,可明身處困境而守節致通之義。

"《井》,居亓所而遷",孔穎達疏今本曰:"言《井》卦居得其所,恆住不移,而能遷其潤澤,施惠於外也。"朱熹本義:"《井》,不動而及物。"按《井》卦辭"改邑不改井",故言"居其所"。《象傳》"木上有水,《井》,君子以勞民勸相",即"遷其潤澤,施惠於外"。此言占《井》卦,可明居所不移而施惠於外之義。

"《渙》,[比]而救":補"比"非,當補"稱"。"稱",揚也。《書·洛誥》"公稱丕顯德",孫星衍《尚書今古文注疏》:"稱者,揚也。"《大戴禮記·曾子立事》"不稱懼惕之言",王聘珍解詁:"稱,揚也。""稱",謂稱揚天命。今本《繫辭下》"《巽》,稱而隱",韓康伯釋"稱"曰:"稱揚命令。"此謂稱揚天帝之命令。"救",劉大鈞讀爲"鳩",是也。"救""鳩"古通用。《書·堯典》"共工方鳩僝功",《說文·人部》引"鳩"作"救"。"鳩",聚也。《爾雅·釋詁下》:"鳩,聚也。"《左傳·昭公十七年》"鳩民者也",杜預注:"鳩,聚也。"按《渙》卦《象傳》曰:"風行水上,《渙》,先王以享於帝立廟。"《集解》引荀爽曰:"謂受命之王,收集散民,上享天帝,下立宗廟也。"故此言占《渙》卦,可明稱揚天命而鳩聚散民之義。

【今譯】

因此可以義占此九卦:占《履》卦,可明和順履禮,而達目的之義。占《謙》卦,可明撙節退讓,而德行廣大之義。占《復》卦,可明動變之幾雖極爲微小,但能辨別未來吉凶善惡趨向之義。占《恆》卦,可明長久堅持操守而不厭倦之義。占《損》卦,可明先難而後易之義。占《益》卦,可明長養充裕而施予於人之義。占《困》卦,可明身處困境而守節致通之義。占《井》卦,可明居所不移而施惠於外之義。占《渙》卦,可明稱揚天命而鳩聚散民之義。

是故《履》以果行也,《嗛》以制禮也,《復》以自知也,《恆》以一德也,《損》以遠害也,《益》以與〈興〉禮也,《困》以辟咎也,《井》以辯義也,《渙》以行權也。

此爲第四節,爲三陳九卦。

【彙校】

趙建偉《疏證》:"《渙》(《巽》)以行權也":"巽"字,《易之義》仍訛作"渙"。

張政烺《校注》:是故履以果行也,韓本果作和。果和音近致異。益以與履也,韓本作"益以興利"。與、興形近,履、利音同,致異。韓本義長。渙以行權也,韓本作"巽以行權",無以下十字。按上文"巽德之制也""巽稱而隱",帛書作"渙也者德制也""□□而救",由此可見,原文蓋作渙,韓本改爲巽,並删末一句。

【新校】

"是故",今本《繫辭下》無。"果",今本《繫辭下》作"和"。各句之"也",今本《繫辭下》皆無。

"與",陳廖、廖甲、廖乙、廖丙、廖丁作"興",它本皆作"與"。觀諸照片,釋"與"是。"與禮",今本《繫辭下》作"興利"。"與",當爲"興"之形誤。"禮""利"音同相假。"《益》以興利"與上言"《損》以遠害"對文,故"與禮",當從今本作"興利"。

"辟咎",今本《繫辭下》作"寡怨"。

"丼",丁乙釋"丼",它本皆作"井"。觀諸照片,釋"丼"符合帛書原貌。

"辯",今本《繫辭下》作"辨","辯""辨"古通。

"渙",今本《繫辭下》作"巽"。按今本《繫辭下》"《巽》,德之制""《巽》,稱而隱""《巽》以行權",帛書《衷》作"《渙》也者,德〔之〕制也","《渙》,〔稱〕而救",及"《渙》以行權也","巽"本當作"渙",今本誤。

【集釋】

鄧球柏《白話》:因此,《履》卦,以行必果爲特點;《嗛》卦作爲制定禮儀的出發點;《復》卦,作爲自我人性復歸的象徵;《恆》卦,象徵品德修養一以貫之;《損》卦告誡人們修身遠害;《益》卦用來作爲推行禮儀的方式;《困》卦告誡人們如何處理困難避免災咎;《井》卦告誡人們辨別義禮;《渙》(《巽》)卦告誡人們如何使用權力。

趙建偉《疏證》:"《履》以果行也":"果",當借爲"和"。"《困》以避咎也":與《困》卦卦辭"大人吉,无咎"相合。

丁四新《周易》:"與",疑讀爲"舉"。"辟",通"避"。

劉大鈞《讀〈衷〉篇》：今本《繫辭・下》再釋履、謙等九卦曰："履以和行，謙以制禮，復以自知，恆以一德，損以遠害，益以興利，困以寡怨，井以辨義，巽以行權。"其文句格式與上兩次對九卦卦義的說明不同，而此種文句格式，帛書《衷》篇所釋諸卦的文字中亦有且完全相同。如《衷》篇曰"大壯以卑陰也，歸妹以正女也"，即是。由于帛卷殘缺《衷》篇所釋之卦及釋卦之文字不少已難以考見，但損卦尚留兩字作"損以……"，知亦以此文句格式釋卦義也。

故仔細考察今本《繫辭・下》及《衷》篇"三陳九卦"章分別以"履，德之基也""履，和而至"及"履，以和行"共三種文句格式對此九卦分別作了三次闡釋，而《衷》篇前文闡解諸卦卦義的文字也是使用的這三種文句格式，重要的是它們使用這三種文句格式的前後順序亦完全相同。

今以帛書《衷》篇前文所釋諸卦文字對比《衷》篇後文及今本《繫辭・下》的"三陳九卦"文字，我們可以得出如下結論：

其一，最初應該存在許多以這三種句式解卦的文字，"三陳九卦"章當是相關人物取其中的九卦而刪節修訂發揮之，而絕不會是相反。原因有二：一、帛書《衷》篇前文的大段文字意在釋《周易》諸卦之卦名卦義，由保留下來的文字考之，至少講到了三十六卦的卦名或卦義，作者一一講去，但文字句式不夠嚴整，給人雜亂之感。而《衷》篇後文及今本《繫辭・下》的"三陳九卦"章則以相同的文句格式和相同的文句使用次序，講了九個卦，層次更爲分明、意義更爲深刻。二、由留存的文字來看，帛書《衷》篇前文至少以"得之"句式前後講解了十幾卦的卦名卦義，這些文字豐實自然，而《衷》篇後文及今本《繫辭》"三陳九卦"部分雖以"德之"句式講了履、謙等九卦卦義，但《周易》六十四卦中很多卦的卦義恐怕用"德之"句式很難講通，故帛書本之"得之"的"得"字應是本字，而今、帛本"三陳九卦"中"德之"的"德"只是"得"的通假字。此恐是孔子的後傳弟子爲防"後世之士疑丘"，本著孔子"吾求亓德"的精神，從六十四卦中選取九卦卦義可以"得""德"通假者而以"德之"釋之。此亦是"三陳九卦"部分較《衷》篇前文所釋諸卦文字晚出之證。

其二，據上面的推論，我們可以斷定帛書《衷》篇是一篇解《易》文字的編選，且編選的內容存在一個先後的演變過程，《衷》篇前文所釋諸卦文字較早，而後文"三陳九卦"部分係由前文所釋諸卦文字的原初文獻而編纂成章。

其三，雖然帛書《衷》篇和今本《繫辭・下》中都有内容基本相同的"三陳九卦"，但比較觀之，前者應早于後者。因爲：首先，今本《繫辭・下》"三陳九卦"的文字較之《衷》篇更爲洗練。如初陳履、謙等九卦，《衷》篇作"履也者，德之基也；謙也者，德之枋也……"，而今本《繫辭・下》則爲"履，德之基也。

謙,德之柄也……",後者無"也者"二字,文句更爲簡捷、明瞭。其次,《衷》篇在"履也者,德之基也"一句前有"上卦九者,贊以德而占以義者也"一句(案此處稱履、謙等九卦爲"上卦",顯然是説這九卦較之其他諸卦意義爲"上",此正可作上文所論履、謙等九卦乃是由諸多釋卦文字編選而來的佐證),爲今本《繫辭·下》所無,又《衷》篇在"履,和而至"一句前有"是故占曰",也不見于今本《繫辭》,而"上卦九者,贊以德而占以義者也"一句可以説是對"三陳九卦"的一個概括,下文"是故占曰"與之相呼應。出現這種不同,當是今本《繫辭》以《衷》篇"三陳九卦"部分爲底本作了删改,而不是《衷》篇以今本《繫辭》"三陳九卦"章爲底本作了增補。由此亦可知,今本《繫辭》的成書要晚于帛書《衷》篇。

【新釋】

此節爲今本《繫辭下》所謂"三陳九卦"之三陳。

"《履》以果行","果",果决也。《論語·雍也》"由也果",何晏《集解》引包咸曰:"果,謂果敢决斷。"《玉篇·木部》:"果,果敢也。"《履》言履禮,宜果决而行。

"《謙》以制禮",孔穎達疏今本曰:"性能謙順,可以裁制於禮。"

"《復》以自知",《集解》引虞翻曰:"有不善,未嘗不知,故自知也。"即上言"《復》,少而辯於物"之義。

"《恆》以一德",孔穎達疏今本曰:"恆能始終不移,是純一其德也。"即上言"《恆》也者,德之固也""《恆》,久而弗厭"之義。

"《損》以遠害",孔穎達疏今本曰:"自降損修身,無物害己,故遠害也。"

"《益》以與禮",當從今本《繫辭下》作"《益》以興利"。孔穎達疏今本曰:"既能益物,物亦益己,故興利也。"

"《困》以辟咎","辟"讀爲"避","辟""避"古通。《書·金縢》"我之弗辟",蔡沈集傳:"辟讀爲避。"《周禮·地官·調人》"辟諸海外",孫詒讓正義:"辟即避之叚字。""咎",災也。《説文·人部》:"咎,災也。"《大戴禮記·曾子立孝》:"咎故不生",即災不生。"避咎",猶言避災。按上言"《困》也者,德之欲也","《困》,窮而達",故能避災。

"《井》以辯義",今本《繫辭下》作"辨","辯""辨"古通。孔穎達疏今本曰:"井能施而無私,則是義之方所,故辨明於義也。"

"《渙》以行權",今本《繫辭下》作"《巽》以行權",韓康伯曰:"權反經而合道。"《集解》引《九家易》曰:"人君政教,進退擇利,而爲權也。《春秋傳》曰:'權者,反於經,然後有善者也。'""權",變也。《逸周書·命訓》"行之以權",朱右曾集訓校釋:"通變之謂權。""行權",即施行權變。按《渙》爲渙散之義,

《衷》上言"《涣》,稱而救",又有鳩集之義,是《涣》集"散"與"鳩"相反之義於一身,是權變也。《衷》上言鳩集涣散之民衆,下言"涣而不救,則比矣",要求涣散朋比之群黨,是"散"與"鳩"皆有善合道,故曰"《涣》以行權"。

【今譯】

是故《履》卦教人果決而行,《謙》卦教人裁制於禮,《復》卦教人自知善惡,《恆》卦教人純一其德,《損》卦教人遠離災害,《益》卦教人興起利益,《困》卦教人避開災禍,《井》卦教人辨明道義,《涣》卦教人施行權變。

子曰:"涣而不救,則比矣。"

此爲第五節,引孔子論《涣》卦。

【集釋】

鄧球柏《白話》:孔子說:《涣》而不救,就達到比的境界了。

趙建偉《疏證》:此與前文"《涣》……而救"一致。《繆和》釋《涣》卦"涣其群"爲"散其群黨",並說"夫群黨朋……比(周)相譽,以奪君明",可見《易之義》可能確本作"涣"而非"巽"字的訛寫。"涣而不救則比"是說《涣》卦講論君主不行使權力制止(救,止也)群黨則小人將比周爲奸。

劉大鈞《續讀》:帛書"涣也者,德制也",今本作"巽,德之制也"。案今本《繫辭上》"制而用之謂之法,利用出入,民咸用之謂之神",依此義而觀《彖》釋巽卦"重巽以申命,剛巽乎中正而志行",《象》釋巽卦"隨風巽,君子以申命行事",惟因"制而用之謂之法,利用出入,民咸用之謂之神",故《彖》謂"重巽以申命",《象》謂"君子以申命行事"。今以《彖》《象》此義考之,今本《繫辭》作"巽以行權"似乎是對的。今本《繫辭》之三陳九卦中,其餘八卦皆與帛本同,唯此巽卦帛本一律作"涣"卦。且夫今、帛本對巽卦、涣卦之釋,曰"德制"曰"行權"亦皆同,惟帛本釋涣卦曰"[稱]而救",而今本釋巽卦則曰"稱而隱",一"救"一"隱",其義顯然不同。帛本又在"涣以行權"之後,特別強調了孔子的一句話:"子曰:涣而不救,則比矣",再次突出了涣卦的"救"義,因而引起筆者對此義的高度重視。而今本《繫辭》整理者,恰恰又將孔子釋涣卦這樣一句重要的話刪去了,這就更使人懷疑了。細考《周易集解》《經典釋文》及《周易正義》諸書,尚可偶得漢人今文《易》之餘緒也。《彖》釋涣卦"'涣亨',剛來而不窮,柔得位乎外而上同;'王假有廟',王乃在中也;'利涉大川',乘木有功也"。《周易正義》釋此段曰:"'涣亨'"者,疊經文,略舉名德也。'剛來而不窮,柔得位乎外而上同'者,此就九二剛德居險,六四得位從上,釋所以能散險難而致亨通,乃至'利涉大川,利貞'等也。二以剛德來居險中,而不窮於險,四以柔順得位於外,而上與五同。內剛無險困之難,外柔無違逆之乖,所以得散釋險而通亨,建立宗廟而祭享,利涉大川而克濟,利以正道而鳩民也。"《正義》此段文字要在釋九二剛德居險而能"散釋險難而通亨""利涉大川而克濟",終致"利以正道而鳩民也"。《正義》此說當得之當時尚存之漢人今文《易》義也。"利以正道而鳩民也"之"鳩",在此當讀作"救",蓋"鳩""救"古可互假。案《尚書·堯典》"共工方鳩僝功",《說文》人部釋"僝"曰:"虞書曰'旁救僝功'",段玉裁注曰"《堯典》作方鳩者,古文《尚書》也",是其證。今由《正義》用"利以正道而鳩民"釋渙卦《彖》文,知帛書之"[渙稱]而救""渙而不救,則比矣"等渙卦今文《易》義,魏晉乃至隋唐恐仍有傳也。另一條證據是《集解》引荀爽釋《象》"風行水上,渙,先王以享於帝立廟"曰:"謂受命之王,收集散民,上享天地,下立宗廟也。"荀氏此所謂"受命之王,收集散民",恐亦得之"[渙稱]而救","渙而不救,則比矣"。其"上享天地,下立宗廟",恐亦"渙也者,德制也"之教也。《正義》釋渙卦卦義曰:"蓋渙之爲義,小人遭難,離散奔進而逃避也,大德之人,能於此時建功立德,散難釋險,故謂之爲渙。"帛書釋渙卦之"渙而不救,則比矣"之"比"字,在此應讀爲"避"。"大德之人,能於此時建功立德,散難釋險",即"[渙稱]而救"也。"小人遭難,離散奔進而逃避也",即"渙而不救,則比矣"。"比"與"避"古可互假,我們知道,"比"亦"庇"。《周禮·春官·世婦》"比其具",《釋文》"比本亦作庇"。而"庇""避"亦可互通。《繫辭》"上棟下宇,以待風雨",《文選·魏都賦》李注引"待"作"避",而《魯靈光殿賦》張注引"待"作"庇",是其證。故"避"與"比"亦可互假。帛書此段文字,與今本《繫辭》的不同是:一、在三陳九卦中帛本取渙卦,有離散險難之義;今本取巽卦,有"卑順不違其令,命乃行也"之義,其餘八卦今、帛本相同。二、今本不取"救"義,而取"隱"義釋巽卦,且刪去所有孔子以救釋渙卦的文字,以此知這種不同,乃後世儒生爲保功名而又一次改字讀經之所爲也。棄離散險難之"救"而取卑順不敢違命之"隱",當在大一統有了明主天斷之後,而絕非"謂受命之王,收集散民"之時也。故今本《繫辭》整理者,絕不會於"巽以行權"後,再説出"子曰:巽而不救,則比矣"這種帶有指責意味的話來。但渙卦之救義仍然有傳,賴《正義》所存之古義,方知帛本作渙卦爲確也。

連劭名《易之義》:《論語·八佾》云:"女弗能救。"何晏《集解》引馬注:"救,猶止也。"《周禮·地官·序官》有"司救",鄭玄注:"救,猶禁也。以禮防禁人之過也。"《儀禮·聘禮記》云:"禽羞俶獻比。"鄭玄注:"比,放也。"《吕氏春秋·審分》云:"無使放悖。"高誘注:"放,縱也。"

【新釋】

"子曰","子",當爲孔子。

"渙而不救,則比矣",此論《渙》卦之義。"救",通"鳩",鳩集。"比",阿黨,偏黨。《國語·齊語》:"謂之下比",韋昭注:"比,阿黨也。"《論語·爲政》:"君子周而不比",何晏《集解》引孔安國曰:"阿黨爲比。"朱熹《四書集注》:"比,偏黨也。"此言民衆渙散而不鳩集,則比阿黨。按帛書《繆和》記呂昌問先生曰:"今《易·渙》之六四曰'渙亓(其)羣(群),元吉',此何胃(謂)也?"其子(孔子)曰:"夫渙者,散;元者,善之始也;吉者,百福之長也。夫羣(群)黨俑(朋)族□誰,以□□□□;比周相譽,以奪君眀(明),此古亡國敗家之法也,眀(明)君之所行罰也,將何'元吉'之又(有)矣!……眀(明)王耶(聖)君之治亓(其)臣也不然。立爲荆(刑)辟,以散亓(其)羣(群)黨;執(設)爲賞慶酎(爵)列,以勸亓(其)下。羣(群)臣、黔首、男女,夫人渴(竭)力盡知,歸心於上,莫敢俑(朋)黨。侍(恃)君而生,將何求於人矣?亓(其)曰'渙亓(其)羣,元吉',不亦宜乎?"孔子釋"渙"爲"散亓群黨",以免"群黨朋族""比周相譽",與《衷》篇此義同。

【今譯】

孔子曰:"民衆渙散而不鳩集,則朋比阿黨。"

第十章

【説明】

本章乃抄自於今本《繫辭》祖本,與今本《繫辭下》第七章略同。

《易》之爲書也難前,爲道就與〈䙴〉。變僮而不居,周流六虛,上下无常,岡柔相易也,不可爲典要,唯變所次。

【彙校】

張政烺《校注》:難前,韓本作"不可遠"。兩者義近,蓋有意改。就與,韓本作"屢遷"。就屢音近,與遷形近,致異。韓本優。

《集成》:"變"字原全殘,諸家釋文皆作擬補缺文。其右上角殘點尚存於前新綴入小片,故此逕釋。

【新校】

"難前",今本《繫辭下》作"不可遠"。

"《易》之爲書也難前"與"不可爲典要"之"爲"字,廖乙、張文、廖戊作"為",它本皆作"爲"。驗諸照片,釋"爲"是。

"與",陳廖、丁甲釋"䙴",廖甲作"遷",廖乙作"邊",廖丙作"䙴",廖戊作"䙴",張文、丁乙作"與",廖丁無釋。細觀照片,釋"與"是,當爲"䙴"字形誤。"就與",今本作"屢遷"。"䙴",古"遷"字。"屢遷"上,今本《繫辭下》有"也"字。

"變僮而不居","變"字殘缺,陳廖、廖甲、廖乙無釋,廖丙據今本《繫辭下》"變動不居",而補"變",它本略同,張文補"变"不妥。《集成》據殘形逕釋,可從。

"僮",廖甲、廖乙、廖丙、廖丁作"㠉",它本皆作"僮"。驗諸照片,釋"僮"是。"僮",今本《繫辭下》作"動","僮""動"古通。

"變僮而不居",今本《繫辭下》無"而"字。

"岡柔相易也","岡",張文作"冈",于文作"岡",其他諸家皆作"剛"。觀諸字形釋"罔"是。"也",今本《繫辭下》無。

"次",今本《繫辭下》作"適"。

【集釋】

鄧球柏《白話》:前:遠,引申爲捨弃。䙴:遷,變遷。僮:運動。《周易》這部書,是很難捨弃的一部書,它的總原則是變化原則……運動但不確定,周流六虛,上下没有常規,陽剛與陰柔相互變易,不可以作爲典要,只有變化存在。

趙建偉《疏證》:"前"讀爲"贊",明(《説卦》韓康伯曰:"贊,明也")。"就",因也(《小爾雅·廣詁》)、隨也(《史記·五帝紀》索隱"就時猶逐時"),謂隨物而變、因事而遷。又"就"亦可訓爲"善"(《儀禮·既夕禮》注)。"次",處也(《國語·魯語》注)。

丁四新《周易》:"䙴"讀作"遷"。"僮",通"動"。"次",處也。

張政烺《校注》:次,韓本作"適"。音近假借。

劉大鈞《續讀》:帛本之"難前",今本作"不可遠",大義略同。

連劭名《易之義》:"易之爲書也難前",前、先義通。《老子》第六十七章:"吾有三寶,持而寶之。一曰慈,二曰儉,三曰不敢爲天下先。"《淮南子·原道》云:"先者難知而後者易爲攻也,先者上高而後者攀之,先者蹞下則後者蹶之,先者隤陷則後者以謀,先者敗績則後者違之。由此觀之,先者則後者之弓矢質的也,猶錞之與刃,刃犯難而錞無患者,何也?以其托於後位也!"

于豪亮《繫辭》:帛書"唯變所次",《書·泰誓中》"王次于河朔",僞孔傳:"次,止也。"

《集成》:"次"與"適"難稱"音近假借","次"字義本通。

【新釋】

此節提揭《易》之變易。

"《易》之爲書也難前",言《周易》卦爻辭。"難",説也。《吕氏春秋·樂成》"書盡難攻中山之事也",高誘注:"難,説也。"《史記·五帝本紀》"存亡之難",司馬貞索隱:"難,猶説也。""前"讀爲"剪",義爲淺。"前""剪"古通。《周禮·春官·巾車》"木路前樊鵠纓",鄭玄注:"前,讀爲緇剪之剪。剪,淺黑也。"《釋文》:"前作剪,淺也。""難前",即論説淺顯。此言《周易》之爲書,其卦爻辭論説淺近,並不難懂,與今本《繫辭下》"《易》之爲書也不可遠"義近。

"爲道就與〈䙴〉",言《易》道之變易。"就",因也。《小爾雅·廣詁》:"就,因也。"《詩·周頌·訪落》"將予就之",馬瑞辰傳箋通釋:"就,當訓因。""與"爲"䙴"之訛,"䙴"讀爲"遷",移也。《左傳·襄公二十八年》"使無遷也",杜預注:"遷,移也。"今本《繫辭下》"吉凶以情遷",孔穎達曰:"遷,謂遷移。"此言《周易》之爲道,因隨遷改,推移變化。

"變僮而不居",言卦之氣動。"變僮而不居","僮"讀爲"動"。"居",止也。《吕氏春秋·慎人》"手足胼胝不居",高誘注:"居,止也。"《素問·平人氣象論》"死心脈來,前曲後居",王冰注:"居,不動也。"高亨《周易大傳今注》:"不居猶不停也。"此言陰陽之氣變動,不恆居一個卦體,而是不斷流動到另一個卦體。如氣生一陽爲《復》卦,變至二陽爲《臨》卦,動至三陽爲《泰》卦,乃至四陽爲《大壯》,五陽爲《夬》,六陽爲《乾》。又如氣生一陰爲《姤》,變至二陰爲《遯》,動至三陰爲《否》,乃至四陰爲《觀》,五陰爲《剥》,六陰爲《坤》等等。

"周流六虚",《集解》引虞翻曰:"六虚,六位也。"李道平疏:"六虚,謂六爻之位也。""六虚",謂卦體初、二、三、四、五、上之六位。孔穎達曰:"周流六虚者,言陰陽周遍,流動在六位之虚。六位言'虚'者,位無本體,因爻始見,故稱'虚'也。"此言陰陽之氣周流於卦體六爻之位。

"上下无常,岡柔相易也",言爻之易位。"岡"讀爲"剛"。"易",交換也。《荀子·正名》:"易者以一易一。"楊倞注:"易,謂以物相易。"《慧琳音義》卷四十三"易處",注引顧野王云:"易,謂交換也。""剛"謂剛爻,"柔"謂柔爻。此言剛爻、柔爻或上或下,没有常態,相互交換其位。此當謂"卦變",即一卦體剛柔兩爻互換其位,而變爲另一卦。按《象傳》屢言"剛""柔""上""下""往""來",即言"卦變"。如《象·蠱》"《蠱》,剛上而柔下",言《泰》卦初九與上六互換其位,剛上而柔下,而成《蠱》;《象·噬嗑》"《噬嗑》,柔得中而上行",言《否》卦初六與九五互換其位,柔上而剛下,而成《噬嗑》。又如《屯》卦六二、九五互易,變爲《臨》卦;若初九、六二互易,則變爲《坎》卦等等。

"不可爲典要",韓康伯注:"不可立定準也。"孔穎達疏:"不可为典常要会也。""要",約也。《吕氏春秋·本味》"聖人之道要矣",高誘注:"要,約也。"《釋名·釋形體》:"要,約也,在體之中,約結而小也。"即約束之義。《書·禹貢》"五百里要服",孔穎達曰:"要者,約束之義。""典要",即典常約束,亦即規則之義。此言不可定立準則。

"唯變所次","次",止。于豪亮説是。"唯變所次",即唯變所止。此言唯有變化是《周易》之歸止。

【今譯】

《周易》之爲書,其卦爻辭論説淺近。《周易》之爲道,因隨遷改,推移變化。陰陽之氣變動而不停止,周流於卦爻之六位。剛爻、柔爻或上或下,没有常態,相互交換其位。不可定立準則,只有以變易爲歸宿。

出入又度,外内{内}皆瞿。又知患故,无又師保,而親若父母。印衞亓辝,楑度亓方,无又典尚。后非亓人,則道不虚[行]。无德而占,則《易》亦不當。

【彙校】

丁四新《周易》:"外内内皆瞿",下"内"字,衍文。"无",通行本《繫辭》作"既"。作"无"是。

張政烺《校注》:外内内皆瞿,衍一内字,韓本作"使知懼"。㠯率其辝,㠯,殘字,韓本作初。楑度其方,韓本作"而揆其方"。无有典尚,无,韓本作既。旡、无形近致異,无字義長。上文"上下无常,剛柔相易也,不可爲典要,唯變所適",則作"无"字是。

于豪亮《繫辭》:帛書"无又典尚",通行本作"既有典常"。案:上文言"上下无常,剛柔相易也,不可爲典要"。則是"无有典常",不當言"既有典常"。疑通行本亦本作"无有典常","无"字或誤書爲"旡",而"旡"與"既"音義俱近(《方言》六"台、既,旡也"是其證),遂誤爲"既"字,當以帛書本爲是。

《集成》:"外内{内}皆瞿",此亦因抄寫換行而誤衍。

【新校】

"印"字右部殘,張文僅摹其形,作"㠯",它本皆釋"印"。觀諸照片,此字形右部殘。從其殘存筆畫看,釋"印"是。"印",今本《繫辭下》作"初"。

"衞",陳廖作"率",張文作"衞",丁甲、丁乙作"衞",它本皆作"衞"。細觀照片,釋"衞"或"衞"實同,釋"衞"即可。

"无又典尚",今本作"既有典常"。丁四新、張政烺、于豪亮説是,帛書作"无"是,本當作"无"。"无"寫作"旡","旡"又誤作"既",故今本《繫辭下》誤爲"既"。

"后",陳廖作"後",它本皆作"后"。驗諸照片,此字形爲𠨍,顯爲"后"字。

"則道不"以下至"无德"之間殘缺,陳廖、廖甲、廖乙認爲有四字,據今本《繫辭下》"道不虚行",補前兩字爲"虚行",它本皆認爲是兩字,僅補"虚行"。觀諸照片,從此處空間看,僅可容兩字,《集成》逕釋"虚",補"行",可從。

【集釋】

鄧球柏《白話》:瞿:假借爲"懼"。楑:假借爲"揆"。出入有定則,外内都懼怕,又懂得憂患的原因,没有師保而親如父母,印率其辝,測量其方法,又没有典型的常規,後來的人如果不是一個真正的易學家,那麽道就不會虚行……品德壞的人去占問《周易》,那麼《周易》也不會給他好的回答。

鄧球柏《校釋》:楑:假借爲"揆",估量,揣測。

趙建偉《疏證》:"出入有度,外内皆瞿":"出入",六爻的往返(《楚辭·國殤》"出不入兮往不返","出入"與"往返"換文同義)。"外内",上下卦的組合。"瞿",當爲"蒦"字之訛,讀作"矱"(《周禮·鄉大夫》《釋文》"矱,又作瞿"),與"度"同義。《詩·小雅·楚茨》"禮儀卒度,笑語卒獲"("獲"即"矩矱"之"矱"),正是"度""矱"對舉。此論六爻及外内卦變動,是就其理而言,其皆有法度規矩。"印",驗,按驗(《一切經音義》"印,驗也")。"率",統計、比較。"无有典常":"无"疑是"既"之缺訛,"既"同"即",訓爲"則"。"[后](苟)无德而占,則《易》亦不當":此承上句"苟非其人"而説,言苟非有德之人,則即便占用《易》卦亦不準確。

丁四新《周易》:"瞿",讀作"懼"。"无又師保","又"通"有",通行本《繫辭》作"有"。"衛",從"衛"省,即"率"字。"辤",同"辭"。"楑"通"揆"。"无""尚",通行本《繫辭》作"既""常"。作"无"是。"尚"通"常"。"后",通"苟",通行本《繫辭》作"苟"。

劉大鈞《續讀》:帛書"外内内皆瞿",今本作"外内使知懼"。帛書之"外内"義與今本同,其"内皆瞿"之"内"在此當讀爲"退"。今本巽卦初六"進退利武人之貞"之"退"字,帛書《易經》寫作"内",是其證。帛書之"外内退皆懼"與今本之"外内使知懼"義無大歧。帛書"印衛亓辤,楑度亓方",今本作"初率其辭而揆其方"。帛書"衛"即今本"率"字。帛書之"后非其人",今本作"苟非其人"。案《玉篇》言部第九十釋"詬"字曰"亦作詢",可知古從"句"從"后"之字多可互假。今本姤卦,帛本作"狗",竹書作"敏",即其證。故帛書之"后非其人",實即今本之"苟非其人"。帛書"无德而占,則《易》亦不當"一句,我們在前文已指出,孔子在《要》中明言"《易》,我後亓祝卜矣",故此等語句皆被今本《繫辭》整理者刪除。今本《繫辭》整理者不但刪除了這些文字,還對與其有關的部分文字作了修改,如帛書"后非其人"前句曰"无有典尚",今本《繫辭》將此句改爲"既有典常",其義截然不同。

連劭名《易之義》:"无德而占,則易亦不當",《賈子·道德説》云:"《易》者,察人之循德之理與弗循而占其吉凶。"《左傳·僖公五年》云:"臣聞之,鬼神非人實親,惟德是依。故《周書》曰:皇天無親,惟德是輔。"又云:"民不易物,惟德繄物。如是則非德,民不知,神不享矣。神所憑依,將在德矣。"

【新釋】

"出入又度,外内{内}皆瞿",今本《繫辭下》作"其出入以度,外内使知懼。""又",通"有"。"外內內",下"內"字,當爲衍文,本當作"外內皆懼"。"瞿",通"懼"。《禮記・檀弓下》"公瞿然失席曰",《釋文》:"瞿,本又作懼。"《文選・嵇康〈與山巨源絕交書〉》"雖瞿然自責",舊校:"五臣本作懼字。"《漢書・惠帝紀贊》"聞叔孫通之諫則懼然",顏師古注:"懼,讀若瞿。"此句文義古奧,衆說紛紜,約有三解:

(一)虞翻曰:"出乾爲外,入坤爲內,日行一度,故出入以度。出陽知生,入陰懼死,使知懼也。"按此以"月體納甲說"釋之,如李道平所疏:"月三日出震,爲出乾。十六日退巽,爲入坤。出震明在外,是出乾爲外也。入巽明在內,是入坤爲內也。六十卦三百六十爻,爻當一日,法日月之行度,故出入以度。爻變雖无典要,常依日月消息,出入陰陽,而死生分焉。出陽謂出震,出震爲生明,故出陽知生。入陰爲入巽,至坤爲死魄,故入陰懼死。"

(二)韓康伯曰:"明出入之度,使物知外內之戒也。出入猶行藏,外內猶隱顯。《遯》以遠時爲吉,《豐》以幽隱致凶,《漸》以高顯爲美,《明夷》以處昧利貞,此外內之戒也。"潘孟旂曰:"《易》雖不可爲典要,而其出入往來皆有法度,而非妄動也。故卦之內外,皆足以使人知懼。"蔡清曰:"卦爻所說者,皆利用出入之事。其出入也,皆必以其法。法者,事理當然之則也。使人入而在內,出而在外,皆知有法而不敢妄爲,是使知懼也,知懼必以度。"此皆以人事義理釋之。

(三)朱震曰:"其出入云者,以一卦內外言之,兩體也。出者,自內之外往也。入者,自外之內來也。以是度外內之際,而觀消息盈虛之變,出處進退之理,使知戒懼。"吳澄曰:"言人事之動亦當如卦畫之變也。出謂升上,入謂降下。外者上也,內者下也。卦畫之出而外、入而內者,皆以其度。或一體自易,或二體互易。六子八辟之所變,各二卦。《泰》《否》二辟之所變,各九卦。如度之分寸,各有界限,不可僭差。人事之或出或入,亦必如卦畫之出入以度。其出入動循禮法,使出而在外,入而在內之時,惕然知所畏懼。"來知德曰:"出入以卦言,即下文外內也。出者,自內而之外往也。入者,自外而之內來也。度者,法度也。言所繫之辭,其出入外內,當吉則吉,當凶則凶,當悔則悔,當吝則吝,各有一定之法度,不可毫釐移易。"此皆以內卦、外卦釋之。

按"出入又度,外內皆懼",其義當有兩層:一言卦之內外移易變動,一言人事之戒懼。以卦言之,"外"謂外卦,"內"謂內卦,"出"謂由內卦至外卦,"入"謂由外卦至內卦。"出入有度",謂由內卦移易至外卦,或由外卦移易至內卦,皆有數度。"外內皆懼",謂內卦和外卦,皆使人有所戒懼。以人事言之,乃言人之出入內外,皆有法度,而知戒懼。

"又知患故,无又師保,而親若父母",今本《繫辭下》作"又明於憂患與故,无有師保,如臨父母"。今本與帛書,其義稍有別。"故",因也。《素問·長刺論》"刺筋力爲故",張志聰《黄帝内經素問集注》:"故者,因也。"干寶釋今本《繫辭下》曰:"言易道以戒懼爲本,所謂懼以終始,歸无咎也。雖无師保切磋之訓,其心敬戒,常如父母之臨己者也。"朱震曰:"又明於己之所當憂患,與所以致憂患之故,无有師保教訓而嚴憚之,有如父母親臨而愛敬之,見聖人之情也。"李光地曰:"上文言'出入以度',則人知畏懼,嚴憚之如師保,及觀其示人憂患之故,懇切周盡,使聞之者,不知嚴憚而但感慈愛,此聖人之情,所以爲至也。"此言又能明瞭患難之原故,虽无師保之教训,但感受如父母之慈爱。

"印銜亓辤,楑度亓方,无又典尚","印",今本《繫辭下》作"初"。"印"疑爲"初"之形誤,當以今本作"初"爲是。"銜",今本《繫辭下》作"率","銜"即"率"。"楑",今本《繫辭下》作"揆"。"楑""揆"音義皆同相假。《説文·木部》:"楑,度也。""尚",今本《繫辭下》作"常","尚""常"通。王引之《經義述聞》卷七《肆皇天弗尚》:"尚,古讀若常,字亦通作常。《史記·衛綰傳》'劍尚盛,未嘗服也'。《漢書》尚作常。《漢書·賈誼傳》'尚憚以危爲安,以亂爲治',賈子《宗首篇》尚作常。"韓康伯釋今本曰:"能循其辭以度其義。"孔穎達曰:"率,循也。揆,度也。方,義也。言人君若能初始依循其《易》之文辭,而揆度其《易》之義理。"侯果曰:"率,脩。方,道也。言脩《易》初首之辭,而度其終末之道。""初率亓辤,揆度亓方,无又典常",言初循《易》之爻辭,揆度《易》之義理,没有固定之典常。

"后非亓人,則道不虚[行]","后",今本《繫辭下》作"苟"。"后""苟"侯部疊韻,故音近相通。古從"后"與從"句"之字多相通,如"姤"通"狗",《姤》上九"姤其角",帛書《周易》"姤"作"狗"。又如"垢"通"詢",《老子》七十八章"受國之垢,是謂社稷主",帛書《老子》乙本"垢"作"詢"。當讀爲"苟"。孔穎達釋今本曰:"若苟非通聖之人,則不曉達易之道理,則易之道不虚空得行也。言有人則易道行,若无人則易道不行。无人而行,是易道虚行也。"崔覲曰:"言易道深遠,若非聖人,則不能明其道。故知易道不虚而自行,必文王然後能弘也。""苟非亓人,則道不虚[行]",言若非聖人,易道不會憑空流行。

"无德而占,則《易》亦不當",此句今本《繫辭下》無。按上言"上卦九老,贊以德而占以義者也",強調以德贊之,以義占之;又帛書《要》孔子強調讀《易》要"觀其德義",故此言若无德而占,則用《易》亦不當。

【今譯】

或出或入，皆有法度。或內或外，皆知戒懼。又能明瞭患難之原故，雖无師保，但能感受父母般慈愛。初循《易》之爻辭，揆度《易》之義理，沒有固定之典常。若非聖人，易道不會憑空流行。若无德而占，則用《易》亦不當。

第十一章

【説明】

本章分兩部分，前部分與今本《繫辭下》第九章前部分略同，估計當抄錄自今本《繫辭》的祖本。後部分則以"子曰"或"《易》曰"的方式，引用今本《繫辭下》第九章後部分，其文字亦有與今本《繫辭》不同者，當源自今本《繫辭》的祖本。

《易》之義，贊始要冬以爲質，六肴相襍，唯侍物也。是故亓下難知，而上易知也；本難知也，而末易知也。本則初如疑之，敬以成之，冬而无咎。

【彙校】

《集成》："是故亓下難知"，"難知"上諸家釋文皆據韓本擬補"其初"或"亓初"二字。按湘博本於此綴入一"亓下"兩字小片（原裱於帛書帛畫殘片－14），可信。"下"正與"上"對言；"亓（其）下"從其字形特徵看應位於行末；反印文（易傳襯頁－12）"亓"字已難辨，"下"字之右下角長筆尚頗明顯，斷非"初"字。皆可證。

【新校】

"始要"二字殘缺，丁甲補出二字，它本皆僅釋出"始"；"要"，陳廖補爲"反"，廖甲、廖乙、廖丙、廖丁、廖戊無補，丁甲補出，張文、丁乙皆釋出。細觀照片，此二字全殘，當以補出爲妥。

"爲"，廖乙、張文、廖戊作"為"，它本皆作"爲"。驗諸照片，釋"爲"是。

"襍"，陳廖、廖甲、廖乙、廖丁、丁甲作"雜"，它本皆作"襍"。細觀照片，釋"襍"是。

《集成》釋出"亓下難知"之"亓下"，所言"殘片－14"見《集成》（壹）第66頁，"易傳襯頁－12"見《集成》（壹）第54頁。

"本則初如疑之"之"本"殘缺，張文釋出，廖戊、丁乙補出，它本皆無釋。

觀諸照片，其殘存筆畫與上"本難知也"之"本"字形吻合，故《集成》逕釋"本"是。

【集釋】

鄧球柏《白話》：反：復。肴：爻。《周易》這部書的意義，告訴人們從事物的始終入手探討事物的本質，六爻相互組成一卦，只有對應的事物。因此初爻難以知曉，上爻容易明白，本質難以知曉，現象容易認識。那麽初爻如疑之，敬以成之，最終沒有災咎。

趙建偉《疏證》："贊始"，探明事物之開始。"反終"，反求事物之終局。"質"，實質、本質。"時物"，隨其時位元不同而分辨其不同事理（《周易淺述》釋爲"隨其時而辨其物"）。"是故其初難知而上易知"："初"，初爻。初爻象事物幾微之時，故難知。"上"，上爻。上爻象事物彰顯之時，故易知。"□則初如疑（擬）之"："如"當爲"始"字形訛，"始"讀爲"辭"。"初辭"，初爻爻辭。"擬"，擬測一卦所象事物之全過程。"敬以成之"："敬"當作"卒"，猶上文之"上"，指上爻爻辭。"成"，定、判定，指判定全卦的終局。

丁四新《周易》："唯侍物也"，"時""侍"，皆讀作"待"。"如"，乃也。

張政烺《校注》：辭與始古音近通假，疑帛書如是始字之誤，當從韓本作"初辭擬之"。

劉大鈞《續讀》：帛本"六爻相雜，唯侍物也"，今本《繫辭》作"六爻相雜，唯其時物也"，由《彖》釋乾卦"大明終始，六位時成"考之，帛書"唯侍物也"之"侍"當讀作"時"，其義應依今本《繫辭》作"時物"。帛書"本難知也，而末易知也"，今本《繫辭》刪節簡化爲"本末"也。帛書"□則初如疑之，敬以成之，冬而无咎"，今本《繫辭》爲"初辭擬之，卒成之終"。帛書之"疑"字，應讀作"擬"，即今本"初辭擬之"之"擬"也。因爲前文已講的很清楚："是故［亓初］難知，而上易知也；本難知也，而末易知也。"正因其初難知，故要擬議其始。由"《易》之義贊始□冬以爲質"考之，則"□則初如疑之"當爲"易則初如擬之"也。

連劭名《易之義》："六爻相雜，唯侍物也"，原始要終爲質，六爻相雜爲文。侍通時，《白虎通·四時》云："時，期也。陰陽消息之期也。"《釋名·釋天》云："時，期也。物之生死各應節期而止也。"《素問·六元正紀大論》云："雨乃時降。"王冰注："應順天常，不愆時候，謂之時雨。"故"時物"者，指順應天常，必然發生之事，如《周易·序卦》所論。《禮記·中庸》云："性之德也，合外内之道，故時措之宜也。"鄭玄注："時措，言得其時而用也。"時物即時措之宜。侍亦可讀爲待，《漢書·翼奉傳》云："今陛下明聖虛靜以待物至，萬物雖衆，何聞不諭？"《禮記·樂記》云："人生而靜，天之性也。感于物而動，性之欲也。物至知知,然後好惡形焉。"質文成天地之道,物至能應,然後好惡不失。馬王堆帛書《黃帝·十大經》云:"萬物羣至,我无不能應。""是故[亓初]難知而上易知也,本難知也而末易知也",《周禮·太卜》云:"凡國大貞。"鄭玄注:"貞之爲問,問於正者。必先正之,乃從問焉。"占卜前必先判斷所問事項是否合於正義,故曰其初難知。天爲上,皇天無親,惟德是輔,故曰上易知也。貴以賤爲本,《禮記·中庸》云:"大畏民志,此謂知本。"故曰本難知也。

【新釋】

"《易》之義",今本作"《易》之爲書也",其義稍有不同。此言《周易》之義理。

"贊始要冬以爲質","贊",今本《繫辭下》作"原"。"贊",見也。今本《說卦》"幽贊於神明而生蓍",荀爽曰:"贊,見也。"《說文·貝部》:"贊,見也。""贊始",即見始。"冬",今本作"終","冬""終"古通。"贊始要終",與上言"觀始反終"義同。韓康伯釋今本曰:"質,體也。卦兼終始之義也。"孔穎達曰:"言《易》之爲書,原窮其事之初始,《乾》初九'潛龍勿用',是原始也。又要會其事之終末,若上九'亢龍有悔',是要終也。言《易》以原始要終,以爲體質也。此'潛龍''亢龍',是一卦之始終也。諸卦亦然,若《大畜》初畜而後通,皆是也。亦有一爻之中原始要終也。故《坤》卦之初六'履霜,堅冰至','履霜'是原始,'堅冰至',是要終也。"此言觀見初始,要會終末,以爲卦之體質。

"六肴相襍,唯侍物也","肴",今本《繫辭下》作"爻"。"肴""爻"通,当以今本为正。"襍",今本《繫辭下》作"雜"。"襍""雜"古通。朱駿聲《說文通訓定聲》:"襍,今隸作雜。"《管子·立政》"散民不敢服襍采",戴望校正:"宋本襍作雜,凡全書襍字仿此。""侍",今本《繫辭下》作"時"。"侍""時"音同相通,當以今本爲正。虞翻注今本曰:"陰陽錯居稱雜。時陽則陽,時陰則陰,故唯其時物。"韓康伯曰:"爻各存乎其時。物,事也。"孔穎達曰:"一卦之中,六爻交相雜錯,唯各會其時,唯各主其事。若《屯》卦初九'盤桓利居貞',是居貞之時,有居貞之事。六二'屯如邅如',是乘陽屯邅之時,是有屯邅之事也。"此言一卦六爻交錯雜居,唯各會其時,唯各主其事。

"是故亓下難知,而上易知也","是故",今本《繫辭下》無。"下",今本《繫辭下》作"初"。孔穎達疏今本曰:"其初難知者,謂卦之初始,起於微細,始擬議其端緒,事未顯著,故難知也。其上易知者,其上謂卦之上爻,事已終極,成敗已見,故易知也。"此言卦之下爻事物隱微,故難知。卦之上爻事物彰著,故易知。

"本難知也,而末易知也",今本《繫辭下》作"本末也",當爲脱誤,故當以帛書爲是。此句與上句同義,"本"即"初","末"即"上"。言本始難知,末終易知。

"本則初如疑之,敬以成之,冬而无咎",今本《繫辭下》作"初辭擬之,卒成之終"。兩相比較,今本當有脱誤,以帛書本爲優。張政烺認爲:"疑帛書如是始字之誤。"甚是。"如"當爲"始"之形誤,"始"通"辭"。《老子》二章"萬物作焉而不辭",帛書《老子》乙本"辭"作"始",傅本"辭"作"爲始","爲"字衍。故帛書"初如",即今本"初辭"。"疑"通"擬"。《漢書·何武王嘉師丹傳贊》"疑於親戚",顏師古注:"疑,讀曰擬。"《淮南子·俶真訓》"於是博學以疑聖",王念孫《讀書雜志》:"疑,讀曰擬。"當以今本作"擬"爲正。"冬"通"終"。"本則初如疑之",乃覆釋上文"亓下難知""本難知也"。"終而无咎",乃覆釋上文"而上易知也""而末易知也"。"敬以成之",乃言始終之間,宜勤敬不懈,即今本《乾》九三所謂"君子終日乾乾,夕惕若厲"之義。此言本始則初爻之辭擬議之,勤敬以成就之,方能終而无咎。

【今譯】

《周易》之義理,在於觀見初始,要會終末,以爲卦體。一卦六爻交錯雜居,唯各會其時,唯各主其事。卦之初爻事物隱微,故難知。卦之上爻事物彰著,故易知。本始難知,末終易知。本始則初爻之辭擬議之,勤敬以成就之,方能終而无咎。

《易》[曰]:"□□□□脩道,鄉物巽德,大明在上,正亓是非,則□人不□□與。□□□□疑占,危戈!□□不當。疑德占之,則《易》可用矣。"

自此至終爲本章後部分,可分五節,爲引用《繫辭》或孔子論《易》之語。所引《繫辭》,與今本《繫辭下》第九章略同。

此爲第一節。

【彙校】

《集成》:"則"與"危戈(哉)"間張釋作"□人不□與□筮占"。廖名春作"[非亓中爻]不[備]。□□□□占",丁四新作"[非中爻]不[備]。□□□□□占"。今按:"則"下兩字尚存殘形,顯與"非亓"或"非中"皆不合。此略從張釋,並據文字位置在"不"跟與之間添加一缺文號,"與"跟"筮"之間添加三個缺文號。"人"字上殘字疑爲"无"字。"疑"字張釋作"筮",與殘筆不合。其他諸家釋文皆作缺文號。下行新綴入一小片略補出其左下角筆畫後,結合文意可定爲"疑"字。

【新校】

"脩道"前殘缺,張文釋出"昜"字,並補"曰",丁乙補"昜",它本皆無釋。《集成》逕釋"昜",可從。

"明",陳廖、廖甲、廖丁、丁甲、張文作"明",它本皆作"明"。觀諸照片,釋"明"符合帛書原貌。

"戈",陳廖、廖乙、廖丁作"戈",廖甲作"哉",它本皆作"戈"。按此字形爲𢦏,當爲"戈"字。

【集釋】

鄧球柏《白話》:鄉:向,面對。巽:撰,引申爲認識。……修道,面向事物認識事物的本質,大明在上,正其是非,則……占,危險啊!……不當,疑德占之,那麼《周易》可以使用了。

趙建偉《疏證》:"鄉物巽德":"鄉"疑讀爲"相",觀察(《禮記·祭義》"饗者,鄉也",鄭注"饗或作相")。"物"指爻畫。"巽"讀爲"撰"。"撰德",確定卦德(《廣雅·釋詁四》"撰,定也")。

丁四新《周易》:"鄉物巽德","鄉",通"嚮""向",趨向。《說卦》:"巽,入也。"入,合也。"戈",通"哉"。"疑",通"擬",準也,齊也。擬德,齊於德,與"巽德"義近。

劉大鈞《續讀》:帛書之"鄉物巽德,大明在上,正亓是非",今本《繫辭》刪"大明在上",而曰"若夫雜物撰德,辯是與非"。《釋文》釋"撰"字曰:"撰,鄭作'算'"。而"算"字又作"筭"。《爾雅·釋詁下》"算,數也",《釋文》釋此曰"算字又作筭"。今本巽卦之巽,帛本作筭。可證,帛本以巽作筭。據巽卦九二"巽在床下,用史巫紛若",九三"頻巽,吝",上九"巽在床下,喪其資斧"等爻辭之義,皆可證"巽"字應讀爲"筭"也。《釋文》所云"鄭作算",即鄭作筭也,當是鄭玄以今古文遍注群經時,取今文易義釋《繫辭》此句作"雜物算德"也。今本《繫辭》改"鄉物"爲"雜物",以"巽""撰"可以互假而改"巽德"爲"撰德",刪去帛書"大明在上",改"正亓是非"爲"辯是與非"。通讀此段文字而思其上下文義,此"巽德"之"巽"字,當依鄭玄作"算"爲是。"鄉物巽德"之"鄉",在此應讀作"享"。古"饗""享"可以互用,而《禮記·祭儀》"饗者,鄉也",故"鄉"與"享"亦可互用。所謂"享物",亦即《禮記·郊特牲》之"和聚萬物而索饗之也"。若"鄉物"讀作"享物",則"巽德"應依鄭玄而作"算德"也。"大明在上",案《彖》釋乾卦云"大明終始,六位時成",今本《繫辭》有"日月之道,貞明者也",帛本《繫辭》作"日用之行,上明者"。故帛書此處之"大明在上",即帛書《繫辭》之"上明者也",乃至享物算德而拜日月也,更可證帛書

"鄉物巽德"應爲享物算德。今本改"鄉物"爲"雜物",刪"大明在上",改"正亓是非"爲"辯是與非",其要皆在刪去下文"□□□□占,危弋！□□不當,疑德占之,則《易》可用矣！"正如前文所辨,今本《繫辭》整理者將帛本凡與"占"有關的内容,皆刪除之,故今本在刪去如上内容後,補充以"噫,亦要存亡吉凶,則居可知矣"。《正義》孔疏釋"居可知矣"爲"謂平居自知,不須營爲也"。所謂"不須營爲",即不須占筮也,"營爲"指筮法中"四營而成易,十有八變而成卦"之爲也。帛本"疑德占之"之"疑",如同前文"□則初如疑"之"疑",皆讀作"擬"。以擬德占之而享物算德互應,以示易之用正在"算德""擬德",夫惟算擬其德,則"《易》可用矣"！

連劭名《易之義》:"鄉物",鄉讀爲嚮,《荀子·勸學》云:"君子如嚮。"楊倞注:"嚮與響同。"《漢書·董仲舒傳》云:"如景鄉之應形聲也。"《漢書·藝文志》云:"其受命也如嚮。"顏師古《集注》:"嚮與響同。"巽通順。大明爲日,馬王堆帛書《黃帝·立命》云:"允地廣裕,吾類天大明。""疑德占之",疑,讀爲凝。《荀子·王制》云:"慮以王命,全其力,凝其德。"楊倞注:"凝,定也。"占卜前要做出合道義的決定,故曰凝德占之。

【新釋】

"《易》[曰]:□□□□□脩道",今本無。此言"《易》曰"當與下"《易》曰"形式同,爲引《繫辭》之語。"脩",通"修"。

"鄉物巽德",今本作"若夫雜物撰德"。"鄉",鄧球柏讀爲"向",趙建偉讀爲"相",丁四新認爲通"向",劉大鈞認爲通"享"。按"鄉"通"享"是。《墨子·尚賢中》"則天鄉其德",孫詒讓《墨子閒詁》:"鄉,當讀爲享。"《管子·國蓄》"有功利不得鄉",《管子集校》引宋翔鳳云:"鄉,亦通享。""鄉物",即"享物"。趙建偉訓"物"爲爻畫,甚是。按今本曰"雜物",上言"六爻相襍,唯侍物也",故"物"乃謂一卦之六爻。"享物",即享用六爻,使用爻畫之義。"巽",趙建偉讀爲"撰",丁四新訓爲"合",劉大鈞以今本《巽》卦中"巽",帛書皆作"筭","筭"即"算",而證"巽"當讀爲"算",甚是。今本"雜物撰德",《釋文》:"撰,鄭作算,云數也。"亦證"巽"當訓"算"。孔穎達疏今本曰:"雜聚天下之物,撰數衆人之德。"是亦釋"撰"爲數。故"巽德",即"算德",亦即算數其德。"德",當謂卦德。《説卦》:"乾健也,坤順也,震動也,巽入也,坎陷也,離麗也,艮止也,兌説也。"即言卦德。"享物算德",言享用爻畫,算數卦德。乃謂筮占。

"大明在上",今本《繫辭下》無。"明",即"明"。《禮記·禮器》:"大明生於東,月生於西。"鄭注:"大明,日也。"按今本《彖·乾》曰:"大明終始,六位時成。"言光照一卦初至上爻,六個爻位以時而成,乃謂一卦六個爻位。故此言"大明在上",亦當與此同義,謂六個爻位。

"正亓是非",今本《繫辭下》作"辯是與非",其義相近,言正定六爻之是與非也。

"則□人不□□與",今本《繫辭下》無。因殘缺,其義難詳。

"□□□□疑占,危弋!□□不當",今本《繫辭下》無。按上言"无德而占,則《易》亦不當",下言"疑(擬)德占之,則《易》可用矣",此似謂不以德義而筮占,是危險的,這樣使用《周易》是不恰當的。

"疑德占之,則《易》可用矣",今本《繫辭下》無。"疑",丁四新、劉大鈞皆讀爲"擬",是。"疑""擬"通。"疑"亦可訓"儗"。《禮記·儒行》"不敢以疑",朱彬《禮記訓纂》:"疑,與儗同,比也。"《漢書·食貨志下》"人徒之費疑於南夷",顏師古注:"疑,讀爲儗。儗,謂比也。"是"疑""擬""儗"古通用,皆訓爲比。"擬德",即比德,謂筮占中須同時觀其德義。上言"是故无德疑(擬)占,危哉!《易》亦不當",從反面講。此言"疑(擬)德占之,則《易》可用矣",乃從正面説。此謂筮占中必須同時觀德,這樣才可以使用《周易》。

【今譯】

《易》曰:"……修學《周易》之道,享用爻畫,算數卦德。太陽在上,光照一卦六爻之位,要正定其是非,……不觀德義而筮占,是危險的,這樣使用《周易》是不恰當的。筮占中必須同時觀德,這樣才可以使用《周易》。"

子曰:"知者觀亓緣辤,而説過半矣。"

此爲第二節。

【集釋】

鄧球柏《白話》:緣辭:彖辭,卦辭。孔子說:智慧的人,只要觀察分析卦辭,就能達到事半功倍的效果。

趙建偉《疏證》:"彖辭",卦爻辭(鄭玄注引師説謂指"爻卦之辭"。《易之義》"渙〈巽〉之彖辭,武而知安",這是就《巽》卦初六爻辭"進退武人之貞"而説,可見秦漢之際亦稱爻辭爲"彖辭")。"説",《周易》所陳説的理論。

丁四新《周易》:"緣",通"彖"。

連劭名《易之義》:説、解義同。今本《周易·繫辭下》云:"智者觀其彖辭,則思過半矣。"思通辭,《左傳·僖公廿二年》云:"天維顯思。"杜預注:"思,猶辭也。"《禮記·表記》云:"故仁者之過易辭也。"鄭玄注:"辭,猶解説也。"

【新釋】

此引孔子言,乃示讀《易》之要。

"緣",今本《繫辭下》作"彖"。《說文‧糸部》:"緣,衣純也。从糸,彖聲。"故"緣""彖"音同相通,當以今本爲正。"辤",今本《繫辭下》作"辭"。"辤"通"辭"。"彖辤",《釋文》:"馬云:'彖辭,卦辭也。'鄭云:'爻辭也。'師說:'通謂爻卦之辭也。'"按此爲孔子言,故此"彖辤"當謂文王所繫卦辭。

"而説",今本《繫辭下》作"則思",其義不同。孔穎達疏今本曰:"彖辭,謂文王卦下之辭。言聰明知達之士,觀此卦下彖辭,則能思慮有益以過半矣。""説",論説。此孔子言,智達之士觀其卦辭,則論説超過一半了。

【今譯】

孔子説:"智達之士觀其卦辭,則論説超過一半了。"

《易》曰:"二與四同[功異位,亓善不同。二]多譽,四多瞿,近也。"近也者,嗛之胃也。

此爲第三節。

【新校】

"功異立"三字殘缺,陳廖、廖乙、廖丁據今本《繫辭下》補"功而異位",廖甲補"功而异位",丁甲補"功而異立",廖丙、張文補"功異位",廖戊、丁乙補"功異立"。觀諸照片,此處空間當容三字,又"位"帛書寫作"立",故補"功異立"較妥。

【集釋】

鄧球柏《白話》:瞿:假借爲"懼"。嗛:謙。《周易》説:第二爻與第四爻的作用功能相同,因爲它們都是陰柔之位,但處的位置不一樣,二在下卦,四在上卦,其美善之處也不同,第二爻多贊譽的筮辭,第四爻多畏懼的筮辭,因第四爻接近第五爻君尊的位置。接近君位,就應該謙虛謹慎。

趙建偉《疏證》:這幾句的意思是二與四同爲柔位,陰柔功能相同,所以説"同功"。二處下卦中位,四處上卦初位,所以説"異位"。"善",好。在這裏兼好壞而言。二居下卦中位,多有美譽;四處上卦初位,多有戒懼。四之所以多懼,因爲近逼於五。也正因近逼於五,所以要謙卑。自此之下,有三處"《易》曰",這説明:其一,"二與四同功而異位"等等既然被《易之義》徵引作"《易》曰",則説明今本《繫辭》的這段文字雖然晚於帛本《繫辭》,但早於《易之義》的寫作,並已取得近於"經"的地位。其二,從"近也者,謙之謂也"可以猜測《易之義》的性質是對《繫辭》的推演發揮。

丁四新《周易》:這一段引文,與通行本《繫辭》同,而《衷》引作"《易》曰",可證《繫辭》在《衷》前已經成篇。下兩段"《易》曰"文字,説同此。"瞿",讀作

"懼"。"嗛",通"謙"。

【新釋】

"《易》曰"二字,今本無。丁四新認爲,《衷》引"《易》曰",可證《繫辭》在《衷》前已經成篇,甚是。按本章乃抄自於今本《繫辭》的祖本,故其"《易》曰",实謂"《繫辭》曰"。下兩"《易》曰",與此同。

"二與四同[功異立,亓善不同","立",今本《繫辭下》作"位"。"立""位"古通,當以今本爲正。按下言"三與五同功異位,亓過不同",此言"二與四同功異位,亓善不同",二句正爲互文,故"善"實謂"善過":"善",即下言"二多譽";"過",即下言"四多懼"。韓康伯注今本曰:"同陰功也。有内外也。"朱熹《本義》:"同功,謂皆陰位。異位,謂遠近不同。"此言二、四皆陰位,但其遠近不同,二處内卦,四處外卦,故其善過不同。

"二]多譽,四多瞿,近也","瞿",今本《繫辭下》作"懼"。"瞿",讀爲"懼"。"瞿""懼"古通。韓康伯注今本曰:"二處中和,故多譽也。位逼於君,故多懼也。"朱熹《本義》:"四近君,故多懼。"此言二處中位,故多榮譽。四多畏懼,因爲接近五君之位的緣故。

"近也者,嗛之胃也",今本《繫辭下》無。此對"近"的解釋。"嗛",通"謙"。今本《謙》卦之"謙"字,帛書本皆作"嗛"。《釋文》:"子夏作嗛,云:嗛,謙也。""胃",讀爲"謂"。此言因爲四爻位接近於君,多畏懼,故要謙卑謹慎。

【今譯】

《易》曰:"二、四皆陰,但内外遠近異位,其善吉不同。二多榮譽。四多畏懼,因爲接近五君之位的緣故。"所謂"近",謙卑之謂也。

《易》曰:"柔之爲道也,不利遠[者]。亓要无咎,用柔若[中]也。"

此爲第四節。

【彙校】

李學勤《問題》:按所謂"易曰二與四""易曰三與五",是指經文中的爻位,而"易曰:柔之爲道……"的"易曰"當爲"子曰"之誤,這從上文的體例是不難推知的。

丁四新《周易》:"[用]柔若[中]也",通行本《繫辭》作"其用柔中也",《校勘記》:"古本'中'上有'得'字。"作"其用柔中",意不明,作"用柔若中"是。

【新校】

"咎亓用"三字殘缺,廖甲釋出"咎用",廖乙釋出"咎用",廖丁、丁甲補"咎用",廖丙、廖戊、丁乙補"咎亓用"。觀諸照片,此處當容三字,故補"咎亓用"較妥。

【新釋】

"《易》曰",今本《繫辭下》無。"《易》曰",实謂"《繫辭》曰"。李學勤認爲"易曰"當爲"子曰"之誤,非。

"柔之爲道也,不利遠〔者〕",此承上"四多懼",言柔之爲道,不利置於外卦四位之遠處,乃謂柔爻不利置於四位。

"亓要无咎,用柔若〔中〕也","用柔若〔中〕也",今本《繫辭下》作"其用柔中也",帛書脱"中"。此承上"二多譽",言其要會在无咎,其用柔在二之中位也。乃謂柔爻應置於二之中位,方能无咎。

【今譯】

《易》曰:"柔之爲道,不利置於外卦四位之遠處。其要會在无咎,其用柔在二之中位。"

《易》曰:"三與五同功異立,亓過〔不同,三〕多凶,五多功,□之等。要危岡□□☒。"《衷》二千

此爲第五節。

【彙校】

丁四新《周易》:"亓過〔不同〕",通行本《繫辭》無,疑脱。"衷",文末所記篇題。"二千",篇末所記字數。篇題"衷",與正文末字空一字格,而與"二千"兩字連寫。

張政烺《校注》:〔易〕曰三與五同功異位,韓本無"易曰"二字。其喎□,疑是"其過也"三字,韓本無。過字左部缺,下一字僅存橫畫微末,或是缺兩字。□之等□也,韓本作"貴賤之等也",與此缺字位置不合。其要危岡□□,韓本作"其柔危其剛勝邪"。按帛書此行下部無字,蓋此篇止于此。原當有尾題及字數,因殘破已無可考。

廖名春《字數》:二千字數有誤。如果是"四千"誤成了"二千",……所缺少的九百字,可以用脱文來解釋。一般來説,書手抄書,多抄的可能少,而少抄的可能大。將別的書的內容大量地抄進《衷》篇,對於書手來説,是不願意的,太累人了。而少抄一點,偷工減料,是人之常情。我們在帛書易傳諸篇中,大段的衍文,從未發現。而脱文,則非常多。因此,《衷》篇原有四千字,也是很有可能的。"四"也還是可以寫爲"三"的。《説文·四部》:"三,籕文四。""三"爲"四"之本字,從甲骨文到西周金文"四"字都寫作"三"。甲文前四·二九·五、盂鼎等都是如此。春秋晚期金文方有異文出現,而戰國文字

"四"仍有寫作"三"的。由此看來,帛書《衷》篇顯然不是原作,當係抄本。而其祖本所記字數當爲"三千"。所以,從帛書《衷》篇的形制和內容考察,我懷疑原記字數"二千"很可能是"三千"之誤。

《集成》:張注批注"查與字","與"旁又寫一"共"字。今按:此係因"與"字上半本已有殘損,此行開頭"曰三"二字所在小片裝裱又向下有錯位,致"與"字頭部被掩蓋,看起來略似"共"字。"□之等",張釋作"[貴賤]之等□[也]"。諸家釋文擬補"貴賤"二字皆同。"功"與"之等"之間缺字位置確實僅能容一字,且尚略有殘點。"五多功"以下張釋作"[貴賤]之等□[也。其]要危岡(剛)[勝邪]",丁四新作"[貴賤]之等[也。亓柔危,亓剛朕邪]",廖名春略同。今按:釋文主要從張釋,但略有修正。"要危岡"三字所在小片係張釋新綴(原裱於帛書帛畫殘片-14),但從其釋文看似原綴合位置有誤。此片連有下行"之道地之"四字,係屬於《要》篇1上者;張釋於《要》篇1上此"之道地之"之上多出"□德□"三字,係出於誤綴一小片,致使此行本片亦相應地往下拉了約三字位置(即位於50上"易曰二"諸字的左側)。今將其往上改綴於"過半矣"諸字左側,"危"字正與右側兩殘筆密接;"要"之上殘筆應該就是"等"字末筆,"等"與"要"之間並無缺文。"衷"字在現斷開帛片的下半部分開頭,其上還有一個多字位置的空白。其上至上半現存文字間約還有十一二字殘失。"二千"與"衷"之間距離只略大於一般字距。

【新校】

"不同"殘缺,陳廖、廖甲、廖乙、張文無補,廖丙據上文"亓善不同",補"不同",它本皆從之。按廖丙所補是。

"衷二千","衷"爲篇題,"二千"爲字數,原殘缺,故陳廖、張文皆無釋,廖甲從一殘片找到此三字(見右圖),但沒識出,在釋文後注曰:"最後三字尚未識出。疑一爲篇題之字,二爲所記字數之文。"故陳廖、張文、廖甲皆稱此篇爲"易之義"。廖乙釋出此字爲"衷",其字數爲"二千",改稱篇名爲"衷",標出其字數爲"二千",它本皆從之。

帛書《衷》篇共五十一行,實際字數約三千五百餘字,而此書"二千",頗使人疑惑。我們認爲"二千"很可能是

圖九

"三千"之訛,"三"即"四"。《衷》篇原可能有四千字,抄手漏抄約四百多字,故現存約三千五百餘字。因此"二千"當爲"三千"之誤。

【集釋】

鄧球柏《白話》:《周易》說:第三爻與第五爻都是陽剛爻位,它們的作用

相同，但位置不一樣，第三爻大多數是凶，第五爻大多數是有功，有貴賤的等級區別……。

趙建偉《疏證》：三與五同爲剛位，陽剛功能相同，所以説"同功"。三處下卦之上位，五處上卦之中位，所以説"異位"。"其過□□"與上文"其善不同"相對。此當作"其遇[不同]"。"過"爲"遇"字之訛（"過"與"遇"在今本及帛本《繫傳》中常常互訛），遭遇、境遇。三居下卦之極，故多凶；五居一卦尊貴之中位，故多功。五之多功，三之多凶，是貴賤等差不同的緣故。

【新釋】

"《易》曰"，今本《繫辭下》無。其"《易》曰"，实谓"《繫辭》曰"。

"三與五同功異立，亓過[不同]"，"亓過[不同]"，今本《繫辭下》無。按上言"二與四同功異位，其善不同"，此言"三與五同功異位，亓過不同"，二句爲互文，故帛書本是，今本當脱"亓過不同"。其"過"，實謂"善過"："過"，即下言"三多凶"；"善"，即下言"五多功"。此言三與五皆陽位，但其所處內外不同，故其過善不同。

"[三]多凶，五多功，□之等"，"□之等"，今本《繫辭下》作"貴賤之等"，疑缺文本作"貴賤"，有脱文。三處下卦之極，又失中，故多凶邪。五處上卦之中，故多功。五爲貴，三爲賤，即貴賤之等也。

"要危岡□□囗"，今本《繫辭下》無。"岡"疑讀爲"剛"。因殘缺，其義難詳。

【今譯】

《易》曰："三與五皆陽位，但其所處內外不同，故其過善不同。三多凶邪，五多功绩，这是由于贵贱等级不同。……"

帛書《衷》篇實録

【説明】帛書斷裂爲上下兩部分，以"上"表示每一行的上部分，以"下"表示下部分。

一行　■子曰易之義誶陰與陽六畫而成章曲句焉柔正直焉剛六剛无柔是胃大陽此天［之義也□］上☑□□□方六柔无剛此地之義也天地相衒氣味相取陰陽流荊剛下

二行　柔成禮萬物莫不欲長生而亞死會佥者而台作易和之至也是故鍵［□□］□九亓義高尚□上☑義沽下就地之道也用六贛也用九盈也盈而剛故易曰直下

三行　方大不習吉也因不習而備故易曰見羣蠱无首吉也是故鍵者得之陽［也川者］得之陰也朎者上［得］之隋也［嬬者得］之畏也容者得之疑也師者得之我也比者得□也小蓄者□之下

四行　未□也履者誘之巳行也益者上下交矣婦者陰陽姦矣下多陰而紑［□□］之卦□］□□辨女請［□上也］復之卦留□［□］□而周所以人絫也无孟之卦有罪而死无功而賞所以嗇故下

五行　也余之卦歸而强士詩也嬬成西己而□□見台而知未騰朕也容失諸己［□□□□□］□［□□上□］奇心而朣既［□］昭遠也大有之卦孫位也大牀小朣而大從余知患也大蓄弆而誦下

六行　［也］隋之卦相而能戒也恆［□］財而无□［□］順從而知畏晉先爭而後☑上［□□□］能害未□説和説而知畏謹者得之代荊也家人者得処也丼者得之徵下

七行　也均者［得］☑慧也容者得辨也登者得□□於☑上瞿也兼之卦共而從於不登均之卦足而知余林之卦自誰不先瞿觀之卦盈而能平下

八行　齎之卦善近而☑剝之卦草□□亓善富於正誘而□於□□□□□上□至學而好□岐乎□□也大過之卦不忠身失量故曰慎而侍也筮閳絫紀恆言不下

九行	已容獄凶得也勞之☐列誘也☐☐☐☐也☐者得之守也☐☐☐☐上是故☐以☐☐也☐以法行也損以☐[☐也☐]以☐☐也大牀以卑☐也歸妹以正女也下
一〇行	既齋者高余比貧☐☐也此易之☐☐☐☐能謀也師之卦☐☐☐☐☐上也大過。涉所以問埮也子曰師之長[子]☐也☐之☐☐[所]下
一一行	以禁咎也子曰☐☐多陰而寡陽☐多陽而寡陰二者同女有夫士☐☐☐☐☐上所以教謀也檣如秋如所以辟怒[也]☐☐☐☐☐下
一二行	☐☐也・子[曰]蹇之王臣反故也中[復之☐☐☐☐也上嫣]之不遬脩☐也易曰辰驚百[里]☐下
一三行	☐所以爲戒也☐☐苣日者所[以]☐復也☐上[☐☐☐☐]耵君☐下
一四行	☐[所]以知民也易曰頤之虎視[朊之]毋虞者皆☐上☐下
一五行	☐其賞也[鼎]之折足[☐☐☐☐]所以☐上☐下
一六行	☐☐☐上☐下
一七行	☐[☐☐]吉此之胃也☐[☐]☐[☐]☐[☐☐☐☐]爲物辯☐上☐☐以容人之隱壯而不能[☐☐☐☐]易曰下
一八行	高上亓德不事王公凶此之胃也不來則不足以難☐☐上[☐☐]☐[☐☐]引☐[☐☐]☐仳[☐☐]☐[☐芳]于西山而吉此之胃也不☐[☐☐☐☐]難男下
一九行	而不☐訒則危親傷仳[☐]易曰何校則凶屨校則吉此之胃也子曰五行者迊☐☐☐☐☐☐上☐☐☐☐用不可學者也唯亓人而巳矣易亓和☐此五言之本也耵[人]之[作易也]☐下
二〇行	贊於神明而生占也參天兩地而義數也觀變於陰陽而立卦也發揮於剛柔而[生肴也]和上順於道德而理於義也竆理盡生而至於命也[耵人之作易將以]☐生命[之]理也是故位下
二一行	天之道曰陰與陽位地之道曰柔與剛位人之道曰仁與義兼三財兩之六晝而成卦分陰分陽[迭]上用[柔]剛故易六晝而爲章也天地定立山澤[通氣]火水相射靁風相槫八卦相厝數下
二二行	往者順知來者逆故易達數也子曰萬物之義不剛則不能僮不僮則无功恆僮而弗中則亡上[此]剛之失也不柔則不。靜。則不安久靜不僮則沈此柔之失也是故鍵之炕龍壯之觸蕃下
二三行	句之离角鼎之折足鄭之虛盈五繇者剛之失也僮而不能靜者也

	川之牝馬小蓄之密雲句之含上章漸之繩婦肫之泣血五繇者陰
	之失也靜而不能僮者也是故天之義剛建僮發下
二四行	而不息亓吉保功也無柔救之不死必亡僮陽者亡故火不吉也地
	之義柔弱沈靜不僮亓吉［保］上安也无剛文之則窮賤遺亡重陰
	者沈故水不吉也故武之義保功而恆死文之義下
二五行	保安而恆窮是故柔而不朸然后文而能朕也剛而不折然而后武
	而能安也易曰直方大不［習］上吉言耴［人］之屯於文武也此易
	贊也子曰鍵六剛能方湯武之德也榗蠱勿用者匿也下
二六行	見蠱在田也者德也君子冬日鍵鍵用也夕沂若厲无咎息也或鱷
	在淵隱［而］能靜也䍐蠱上在天見於上也炕龍有怨高而爭也羣
	龍无首文而耴也川六柔相從順文之至也君下
二七行	子先迷後得主學人之胃也東北喪崩西南得崩求賢也履霜堅冰
	至豫□□也直方大［不］上習語□□□［也］含章可貞言美請也
	聒囊无咎語无聲也黃常元吉有而弗發也下
二八行	龍單于壓文而能達也或從王事无成有冬學而能發也易曰何校
	剛而折也嗚嗛也者柔而□上［也掾之用］黃牛文而知朕矣渙之
	緣辟武而知安矣川之至德柔而反於方鍵之至德下
二九行	剛而能讓此鍵川之厽說也子曰易之用也段之无道周之盛德也
	恐以守位敬以㝩事知以辟患□上□□□□□文王之危知
	史說之數書孰能辯焉易曰又名焉曰鍵鍵也者八卦下
三〇行	之長也九也者六肴之大也爲九之狀浮首兆下蛇身僂豐亓爲龍
	類也夫蠱下居而上達者［也］上☑□□□□□而成章在下爲榗
	在上爲炕人之陰德不行者亓陽必失類易下
三一行	曰潛龍勿用亓義潛清勿使之胃也子曰廢則不可入於謀朕則不
	可與戒忌者不可與親繳［者］上不可予事易曰潛龍勿用炕龍有
	怨言亓過也物之上捌而下絕者不久大立必多亓下
三二行	咎易曰炕蠱有怨大人之義不實於心則不見於德不單於口則不
	澤於面能威能澤胃之蠱易［曰］上見龍在田［利］見大人子曰君
	子之德也君子齊明好道日自見以侍用也見男則下
三三行	僮不見用則靜易曰君子冬日鍵鍵夕沂若厲无咎·子曰知息也
	何咎之有人不淵不鱷則不見□□上淵不鋦不用而反居□□□
	易曰或鱷在淵无咎·子曰恆鱷則凶君子鱷以自見道以自下
三四行	成君子窮不忘達安不忘亡靜居而成章首福又皇易曰䍐蠱在天
	利見大人子曰天之助□□□上□□何有亓□□□□□□人尉

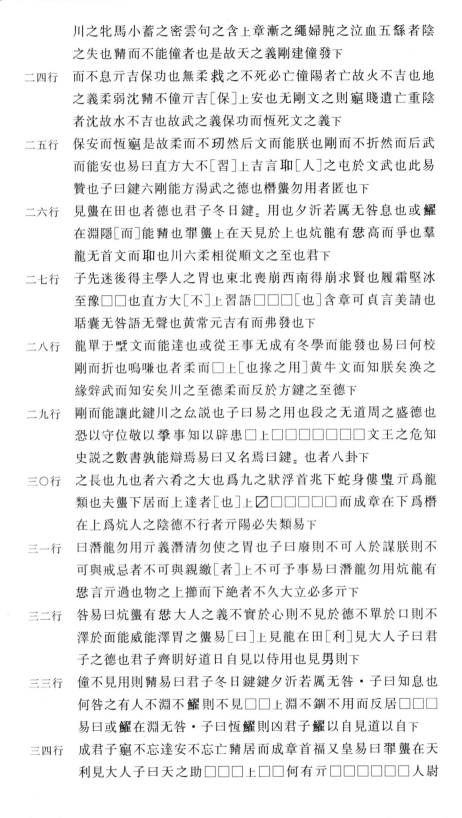

文而薄齊明而達矣此以剬名孰能及之易曰見羣下

三五行　蠱无首子曰讓善之胃也君子羣居莫敢首善而治何詇亓和也龍不侍光而僅无階而登□上□人與蠱相以何[不]吉之有此鍵之羊說也子曰易又名曰川雌道也故曰牝馬之貞下

三六行　童獸也川之類也是故良馬之類廣前而𦣞後遂臧尚受而順下安而鞲外又美荆則中又□□上臧壽以□□乎畀以來羣文德也是故文人之義不侍人以不善見亞墨然弗下

三七行　反是胃以前戒後武夫昌慮文人緣序易曰先迷後得主學人胃也何无主之又天氣作□上寒暑不暴亓寒不凍亓暑不曷易曰履霜堅冰至子曰孫從之胃也歲之義下

三八行　始於東北成於西南君子見始弗逆順而保毅易曰東北喪崩西南得崩吉子曰非吉石也亓□上□要誠與賢之胃也[武]人又柫文人有輔柫不橈輔不絕何不吉之又易曰直方大不習下

三九行　吉子曰生文武也雖強學是弗能及之矣易曰含章可貞吉言美請之胃也文人僅小事時說大[事]上順成知毋過數而務柔和易曰或從事无成又冬子曰言詩書之胃也君子笱得亓下

四〇行　冬可必可盡也君子言於无罪之外不言於又罪之內是胃重福易曰利永貞此川之羊說也子曰上夫易之要可得而知矣鍵川也者易之門户也鍵陽物也川陰物也陰陽合德而剛柔有體下

四一行　以體天地之化又口能斂之无舌罪言不當亓時則閉慎而觀易曰聒囊无咎子曰不言之胃也夫上□□□[何]咎之又墨亦毋譽君子美亓慎而不自箸也淵深而内亓華易曰黃常元吉子下

四二行　曰尉文而不發之胃也文人内亓光外亓龍不以亓白陽人之黑故亓文茲章易曰□人既没又爵□□上行雖鞲□居亓德不忘蠱單于野亓血玄黃子曰耴人信弋隱文且鞲必見之胃也下

四三行　蠱亓變而不能去亓文則文亓信于而達神明之德也亓辯名也袾而不伐於指易[亓]衰世之僅與易上之事章[往而察]來者也徵顯贊絕巽而恆當=名辯物正言巽辭而備本生仁義所下

四四行　以義剛柔之制也亓稱名也少亓取類也多其指閒亓辭文亓言曲而中亓事隱而單因齋人行明[失]上得之[報易之]興也於中故乎作易者亓又患憂與上卦九者贊以德而占以義者下

四五行　也履也者德之至也嗛也者德之枋也復也者德之本也恆也者德之固也損也者德之脩也益[也]上者德之譽也困也者德之欲也井者德之地也渙也者德制也是故占曰履和而至下

四六行　嗛萆而光復少而辨於物恆久而弗厭損先難而後易益長裕而與
　　　　宋竆而達丼居亓所而遷上渙[比]而救是故履以果行也嗛以制
　　　　禮也復以自知也恆以一德也損以遠害也益以與下

四七行　禮也困以辟咎也丼以辯義也渙以行權也子曰渙而不救則比矣
　　　　易之爲書也難前爲道就與上變僮而不居周流六虛上下无常岡
　　　　柔相易也不可爲典要唯變所次出入又度外内下

四八行　内皆瞿又知患故无又師保而親若父母印衛亓辥樸度亓方无又
　　　　典尚后非亓人則道不虛[行]上无德而占則易亦不當易之義贊
　　　　始要冬以爲質六肴相襟唯侍物也是故亓下下

四九行　難知而上易知也本難知也而末易知也本則初如疑之敬以成之
　　　　冬而无咎易[曰]□□□□上□脩道鄉物異德大明在上正亓是
　　　　非則□人不□□與□□□□疑占危戈□□不下

五〇行　當疑德占之則易可用矣子曰知者觀亓緣辥而説過半矣易曰二
　　　　與四同[功異位亓善不同二]上多譽四多瞿近。也。者嗛之胃也
　　　　易曰柔之爲道也不利遠[者]亓要无咎用柔若也易下

五一行　曰三與五同功異立亓過[不同三]多凶五多功□之等要危岡
　　　　□□□上衷二千下

帛書《衷》篇勘校復原

　　子曰:"《易》之義誶陰與陽,六畫而成章,乽句焉柔,正直焉剛。六剛无柔,是胃大陽,此天[之義也。]□☒□□□方。六柔无剛,此地之義也。天地相衕,氣味相取。陰陽流荆,剛柔成禮。萬物莫不欲長生而亞死。會厽者而台作《易》,和之至也!是故《鍵》[□□]□九,亓義高尚□☒義沽下就,地之道也。用六贛也,用九盈也。盈而剛,故《易》曰'直方大,不習,吉'也。因'不習'而備,故《易》曰'見羣蠱,无首,吉'也。是故《鍵》者,得之陽[也。《川》者],得之陰也。《肫》者,[得]之隋也。[《嬬》者,得]之畏也。《容》者,得之疑也。《師》者,得之栽也。《比》者,得□也。《小蓄》者,□之未□也。《履》者,誘之已行也。《益〈泰〉》者,上下交矣。《婦》者,陰陽姦矣,下多陰而紙[□]。《□》之卦□]□□辨,女請[□也]。《復》之卦留□[□]□而周,所以人絫也。《无孟》之卦有罪而死,无功而賞,所以嗇故也。《余》之卦歸而強,士詩也。《嬬》,成西己而□□,見台而知未,騰朕也。《容》,失諸己[□□□□□□□□□□]奇心而朣,既[□]昭遠也。《大有》之卦,孫位也。《大牀》,小朣而大從。《余》,知患也。《大蓄》,瓫而誧[也]。《隋》之卦,相而能戒也。《恆》,[□]財而无□。[《□》],順從而知畏。《晉》,先爭而後☒[□□□]能害未□。《説》,和説而知畏。《謹》者,得之代邯也;《家人》者,得处也;《丼》者,得之徵也;《均》者,[得]☒慧也。《容》者,得辨也。《登》者,得□□於☒瞿也。《兼》之卦,共而從於不登。《均》之卦,足而知余。《林》之卦,自誰不先瞿?《觀》之卦,盈而能平。《[未]齊》之卦,善近而☒。《剝》之卦,草□□亓善富於正誘而□於□□□□□至,學而好□,叚乎□□也。《大過》之卦,不忠身失量,故曰慎而侍也。《筮閒》絫紀,《恆》言不巳,《容》獄凶得也。《勞》之☒列誘也。□□□□也。□者,得之守也。□□□□。是故《□》以□也,《□》以法行也,《損》以□[□也,《□》]以□□也,《大牀》以卑□也,《歸妹》以正女也。《既齊》者,高余比貧☒□□也,此《易》之□□□□□能誧也。《師》之卦,□□□□□也。《大過》'過涉',所以問塗也。"子曰:"《師》之'長[子],☒也。《□》之'□□',[所]以禁咎也。"子曰:

"☐《☐》[多陰而寡陽,《☐》]多陽而寡陰,二者同,女有夫,士☐☐☐☐☐,所以教謀也。'榕如秋如',所以辟怒[也]。☐☐☐☐☐☐☐也。"子[曰]:"《蹇》之'王臣',反故也。《中[復]之'☐☐',☐☐也。《嬬》之'不遬',脩☐也。《易》曰'辰驚百[里]',☐☐所以爲戒也。☐☐'苣曰'者,所[以]☐復也。☐[☐☐☐]耶君☐☐[所]以知民也。《易》曰《頤》之'虎視'、[《肫》之]'毋虞'者,皆☐☐☐其賞也。[《鼎》]之'折足',[☐☐☐]所以☐☐☐☐☐[☐☐]吉,此之胃也。☐[☐]☐[☐]☐[☐☐☐☐☐]爲物辯☐☐以容人之隱壯而不能[☐☐☐]。《易》曰:'高上亓德,不事王公,凶',此之胃也。不來則不足以難☐☐[☐☐]☐[☐☐]弘☐[☐☐]☐仞[☐☐]☐'☐[芳]于西山'而'吉',此之胃也。不☐[☐☐☐☐]難。男而不☐訕則危,親傷仞[☐]。《易》曰'何校'則'凶','屢校'則吉,此之胃也。"子曰:"五行者辺☐☐☐☐☐☐☐☐☐☐☐用,不可學者也,唯亓人而已矣。《易》亓和☐,此五言之本也。"

耶[人]之[作《易》也],☐贊於神明而生占也,參天兩地而義數也,觀變於陰陽而立卦也,發揮於剛柔而[生肴也],和順於道德而理於義也,窮理盡生而至於命也。[耶人之作《易》,將以]☐生命[之]理也。是故位天之道曰陰與陽,位地之道曰柔與剛,位人之道曰仁與義。兼三財兩之,六畫而成卦。分陰分陽,[迭]用[柔]剛,故《易》六畫而爲章也。天地定立,山澤[通氣],火水相射,靁風相槫,八卦相盾。數往者順,知來者逆,故《易》達數也。

子曰:"萬物之義,不剛則不能僮,不僮則无功,恆僮而弗中則亡,[此]剛之失也。不柔則不鞽,不鞽則不安,久鞽不僮則沈,此柔之失也。是故《鍵》之'炕龍',《壯》之'觸蕃',《句》之离角,《鼎》之'折足',《鄷》之'虛盈',五繇者,剛之失也,僮而不能鞽者也。《川》之'牝馬',《小蓄》之'密雲',《句》之'含章',《漸》之'繩婦',《肫》之'泣血',五繇者,陰之失也,鞽而不能僮者也。是故天之義,剛建僮發而不息,亓吉保功也。無柔栽之,不死必亡。僮陽者亡,故火不吉也。地之義,柔弱沈鞽不僮,亓吉[保]安也。无剛文之,則竊賤遺亡。重陰者沈,故水不吉也。故武之義保功而恆死,文之義保安而恆竊。是故柔而不㓷,然后文而能朕也。剛而不折,然{而}后武而能安也。《易》曰:'直方大,不[習],吉。'言耶[人]之屯於文武也。"此《易贊》也。

子曰:"《鍵》六剛能方,湯武之德也。'榕蠱勿用'者,匿也。'見蠱在田'也者,德也。'君子冬日鍵鍵',用也。'夕沂若,厲,无咎',息也。'或鑩在淵',隱[而]能鞽也。'翟蠱在天',見於上也。'炕龍有慇',高而爭也。'羣龍无首',文而耶也。《川》六柔相從順,文之至也。'君子先迷,後得主',學人之胃也。'東北喪崩，西南得崩'，求賢也。'履霜，堅冰至'，豫□□也。'直方大，[不]習'，語□□□[也]。'含章可貞'，言美請也。'聒囊，无咎'，語无聲也。'黃常，元吉'，有而弗發也。'龍單于堅'，文而能達也。'或從王事，无成有冬'，學而能發也。《易》曰'何校'，剛而折也。'嗚嗛'也者，柔而□[也。《掾》之'用'黃牛'，文而知朕矣。《涣》之緣辟，武而知安矣。《川》之至德，柔而反於方。《鍵》之至德，剛而能讓。"此《鍵》《川》之公說也。

子曰："《易》之用也，段〈殷〉之无道，周之盛德也。恐以守位，敬以孨事，知以辟患。□□□□□□文王之危知，史說之數書，孰能辯焉？"

《易》〈子〉曰："〔《易》〕又名焉曰《鍵》。《鍵》也者，八卦之長也。'九'也者，六肴之大也。爲'九'之狀，浮首兆下，蛇身僂豊，亓爲龍類也。夫蠱，下居而上達者[也]。☒□□□□□而成章。在下爲'楷'，在上爲'炕'。人之陰德不行者，亓陽必失類。"《易》曰"潛龍勿用"，亓義潛清勿使之胃也。子曰："廢則不可入於謀，朕則不可與戒，忌者不可與親，繳[者]不可予事。《易》曰'潛龍勿用''炕龍有悔'，言亓過也。物之上擶而下絶者，不久大立，必多亓咎。《易》曰：'炕蠱有悔。'大人之義不實於心，則不見於德；不單於口，則不澤於面。能威能澤，胃之蠱。"《易》[曰]："見龍在田，[利]見大人。"子曰："君子之德也。君子齊明好道，日自見以侍用也。見男則僅，不見用則鞾。"《易》曰："君子冬日鍵鍵，夕沂〈泥〉若，厲，无咎。"子曰："知息也，何咎之有？人不淵不鰩，則不見□。□淵不鋼，不用而反，居□□□。"《易》曰："或鰩在淵，无咎。"子曰："恆鰩則凶。君子鰩以自見，道以自成。君子窺不忘達，安不忘亡，鞾居而成章，首福又皇。"《易》曰："辠蠱在天，利見大人。"子曰："天之助□□□□何有亓□□□□□人，尉文而薄，齊明而達矣。此以剬名，孰能及之？"《易》曰："見羣蠱，无首。"子曰："讓善之胃也。君子羣居，莫敢首，善而治，何謏亓和也？龍不侍光而僅，无階而登。□□人與蠱相以，何[不]吉之有？"此《鍵》之羊說也。

子曰："《易》又名曰《川》，雌道也，故曰'牝馬之貞'，童獸也，川之類也。是故良馬之類，廣前而瞏後，遂臧。尚受而順，下安而鞾。外又美荆，則中又□□臧壽以□□乎，畀以來羣，文德也。是故文人之義，不侍人以不善，見亞墨然弗反，是胃以前戒後。武夫昌慮，文人緣序。"《易》曰："先迷後得主。"〔子曰〕："學人胃也，何无主之又？天氣作□，寒暑不暴，亓寒不凍，亓暑不曷。"《易》曰："履霜，堅冰至。"子曰："孫從之胃也。歲之義始於東北，成於西南。君子見始弗逆，順而保毅。"《易》曰："東北喪崩，西南得崩，吉。"子曰："非吉石也，亓□□要誠與賢之胃也。[武]人又栿，文人有輔。栿不橈，輔不絶，何不吉之又？"《易》曰："直方大，不習，吉。"子曰："生文武也，雖强學，是弗能及之矣。"《易》曰:"含章可貞,吉。"〔子曰〕:"言美請之胃也。文人僮,小事時説,大[事]順成。知毋過數,而務柔和。"《易》曰:"或從〔王〕事,无成,又冬。"子曰:"言《詩》《書》之胃也。君子笱得亓冬,可必可盡也。"〔《易》曰〕:"聑囊,无咎。"子曰:"君子言於无罪之外,不言於又罪之内,是胃重福。又口能斂之,无舌罪,言不當亓時,則閉慎而觀。"《易》曰:"聑囊,无咎,〔无譽〕。"子曰:"不言之胃也。夫□□□,[何]咎之又?墨亦毋譽。君子美亓慎,而不自箸也,淵深而内亓華。"《易》曰:"黃常,元吉。"子曰:"尉文而不發之胃也。文人内亓光,外亓龍,不以亓白陽人之黑,故亓文兹章。"《易》曰:"□人既没,又爵□□行雖鞼□居,亓德不忘。"〔《易》曰〕:"蠱單于埜,亓血玄黃。"子曰:"耶人信戈!隱文且鞼,必見之胃也。蠱卞變而不能去亓文,則文亓信于。"《易》曰:"利永貞。"此《川》之羊説也。

子曰:"夫《易》之要,可得而知矣。鍵、川也者,《易》之門户也。鍵,陽物也;川,陰物也。陰陽合德而剛柔有體,以體天地之化,而達神明之德也。亓辯名也,襍而不伐,於指《易》,[亓]衰世之僮與?《易》之事,章[往而察]來者也,徹顯贊絶。巽而恆當,當名辯物,正言巽辤而備。本生仁義,所以義剛柔之制也。亓稱名也少,亓取類也多,其指閒,亓辤文,亓言豐而中,亓事隱而單。因齋人行,明[失]得之[報]。"

《易》之]興也,於中故乎?作《易》者,亓又患憂與?上〈下〉卦九者,贊以德而占以義者也。《履》也者,德之巠也;《嗛》也者,德之枋也;《復》也者,德之本也;《恆》也者,德之固也;《損》也者,德之脩也;《益》[也]者,德之譽也;《困》也者,德之欲也;《井》〔也〕者,德之地也;《渙》也者,德〔之〕制也。是故占曰:《履》,和而至;《嗛》,尊而光;《復》,少而辨於物;《恆》,久而弗厭;《損》,先難而後易;《益》,長裕而與;《宋〈困〉》,竆而達;《井》,居亓所遷;《渙》,[比]而救。是故《履》以果行也,《嗛》以制禮也,《復》以自知也,《恆》以一德也,《損》以遠害也,《益》以與〈興〉禮也,《困》以辟咎也,《井》以辯義也,《渙》以行權也。子曰:"渙而不救,則比矣。"

《易》之爲書也難前,爲道就與〈屢〉。變僮而不居,周流六虚,上下无常,岡柔相易也,不可爲典要,唯變所次。出入又度,外内〈内〉皆瞿。又知患故,无又師保,而親若父母。印銜亓辤,樴度亓方,无又典尚。后非亓人,則道不虚[行]。无德而占,則《易》亦不當。

《易》之義,贊始要冬以爲質,六肴相襍,唯侍物也。是故亓下難知,而上易知也;本難知也,而末易知也。本則初如疑之,敬以成之,冬而无咎。

《易》[曰]:"□□□□□脩道,鄉物巽德,大明在上,正亓是非,則□人不□□與。□□□□疑占,危戈!□□不當。疑德占之,則《易》可用矣。"子曰:"知者觀亓緣辤,而説過半矣。"《易》曰:"二與四同[功異位,亓善不同。二]多譽,四多瞿,近也。"近也者,嗛之胃也。《易》曰:"柔之爲道也,不利遠[者]。亓要无咎,用柔若〔中〕也。"《易》曰:"三與五同功異立,亓過[不同,三]多凶,五多功,□之等。要危罔□□☒《衷》二千

附　錄

一、《衷》篇已發表的十種釋文

第一種　《易之義》釋文

[陳松長、廖名春發表於《道家文化研究》第三輯(馬王堆帛書專號),頁429—433,上海:上海古籍出版社,1993年8月。書中簡稱"陳廖"]

　　子曰:易之義誰(唯)陰與陽,六畫而成章。曲句焉柔,正直焉剛。六剛無柔,是謂大陽,此天[之義也。]□□□□□□□□□□方。六柔無剛,此地之義也。天地相衛(率),氣味相取,陰陽流刑(形),剛一行柔成□。萬物莫不欲長生而亞(惡)死,會心者而台(以)作易,和之至也。是故鍵(乾)□□□□□□□□□□□□義沽下就,地之道也。用六贛(坎)也,用九盈也。盈而剛,故易曰"直二行方大,不習,[吉]"也。因不習而備,故易曰"見羣龍无首,吉"也。是故鍵(乾)者得□□□□□□□□□□□□□□□□□畏也。容(訟)者,得之疑也。師者,得之栽也。比者,得鮮也。小蓄(畜)者,[得]之三行未□也。履者,謑之□行也。益者,上下交矣。婦(否)者,[陰]陽姦矣。下多陰而紑(?)□□□□□□□□□□□□□□□而周,所以人背(?)也。無孟(妄)之卦,有罪而死,无功而賞,所以嗇(?),故四行□。□之卦,歸而強士諍(?)也。嫣(需)□□□□□□□□知未騰勝也。容失諸□□□□□□□□□□□遠也。大有之卦,孫(遜)位也。大牀(壯),小腫(動)而大從,□□□也。大蓄(畜),兌而誨五行[也]。隋(隨)之卦,相而能戒也。□□□□□□□□□□□□无爭而後(?)☒者,得☒說,和說而知畏。謹(艮)者,得之代邢也。家[人]者,得處也。井者,得之徹六行也。均(姤)者,□□□□□□□□□□□□□□也。豐者,得☒之卦,草木(?)☒

而從于不壹(?)。均(姤)之卦,足而知余(?)。林(臨)之卦,自誰(推)不先瞿(懼)。觀之卦,盈而能乎(虛)。七行齋(晉?)之卦,善近而□□□□□□□□□□□□□其□絕(?)誘也。☒乎□□□□□□□□忠身失量,故曰慎而侍(待)也。筮(噬)閘(嗑)紫紀,恆言不八行已,容(訟)獄凶得也。勞之□易□者□行也。損以□也。大牀(壯),以卑陰也。歸妹,以正女[也]。九行既齋(濟)者,亨余比貧□而知路,凡□埣也。子曰:□十行□禁□也。子曰:□既窮□而□[晉]如秋(愁)如",所以辟(避)怒□十一行□□□□"[不]事王[侯]",□□之謂也。不求(?)則不足以難□。易曰□十二行□□□□則危,親傷□□。[易]曰"何校"則凶,"屨(履)校"則吉,此之謂也。子曰:五行□□□□□□□□□□□□用,不可學者也,唯其人而已矣。然其利(?)□□□□□□□□□□□□十三行贊於神明而生占也,參天兩地而義數也,觀變於陰陽而立卦也,發揮於[剛]柔而[生爻也,和順於道德]而理於義也。窮理盡生(性)而至於命□□□□□□□□□□理也。是故位(立)十四行天之道曰陰與陽,位(立)地之道曰柔與剛,位(立)人之道曰仁與義。兼三財(才)兩之,六畫而成卦。分陰分陽,[迭用柔剛,故]易六畫而爲章也。天地定立(位),[山澤通氣],火水相射,雷風相樽(薄),八卦相厝(錯)。數十五行往者順,知來者逆,故易達數也。子曰:萬物之義,不剛則不能僮(動),不僮(動)則無功,恆僮(動)而弗中則□,[此剛]之失也。不柔則不靜,不靜則不安,久靜不僮(動)則沈,此柔之失也。是故鍵(乾)之"炕(亢)龍",壯之"觸蕃(藩)",十六行句(姤)之離角,鼎之"折足",鄭(豐)之虛盈,五繇者,剛之失也,僮(動)而不能靜者也。川(坤)之"牝馬",小蓄(畜)之"密雲",句(姤)之[適(蹢)]屬(躅),[漸]之繩(孕)婦,肫(屯)之"泣血",五繇者,陰之失也,靜而不能僮(動)者也。是故天之義剛建(健)僮(動)發十七行而不息,其吉保功也。無柔栽(救)之,不死必亡。僮(重)陽者亡,故火不吉也。地之義柔弱沈靜不僮(動),其吉[保安也,無]剛□之,則窮賤遺亡。重陰者沈,故水不吉也。故武之義保功而恆死,文之義十八行保安而恆窮。是故柔而不狂(?枉),然後文而能勝也;剛而不折,然而後武而能安也。易曰"直方大,不[習,吉]"□□□之屯於文武也,此易贊也。子曰:鍵(乾)六剛能方,湯武之德也。"潛龍勿用"者,匿也。十九行"見蠱(龍)在田"也者,德也。"君子冬(終)日鍵(乾)鍵(乾)",用也。"夕沂(惕)若厲,無咎",息也。"或躍(躍)在淵",隱[而]能靜也。"翟(飛)蠱(龍)[在天]",□而上也。"炕(亢)龍有悔",高而爭也。"群龍無首",文而耶(聖)也。川(坤)六柔相從順,文之至也。君二十行子"先迷後得主",學人之謂也。"東北喪崩(朋),西南得崩(朋)",求賢也。"履霜堅冰至",豫□□也。"直方大，[不習，吉，]□□□[也]。“含章可貞”，言美請（情）也。“聒（括）囊，無咎”，語無聲也。“黄常（裳）元吉”，有而弗發也。二十一行“龍單（戰）于野”，文而能達也。“或從王事，无成有冬（終）”，學而能發也。易曰“何校”，剛而折也。“嗚嗛（謙）”也者，柔而□[也]。[遯之]“黄牛”，文而知勝矣。渙之緣（彖）辭，武而知安矣。川（坤）之至德，柔而反於方；鍵（乾）之至德，二十二行剛而能讓。此鍵（乾）川（坤）之厽（參）説也。子曰：易之用也，段（殷）之无道，周之盛德也。恐以守功，敬以承事，知（智）以辟（避）患，□□□□□□□□文王之危知，史説（?）之數書，孰能辯焉？易曰（按此字衍）又（有）名焉曰鍵（乾）。鍵（乾）也者，八卦二十三行之長也。九也者，六肴（爻）之大也。爲九之狀，浮首兆（頫）下，蛇身僂曲，其爲龍類也。夫龘（龍），下居而上達者□□□□□□□□□□□而成章。在下爲橬（潛），在上爲炕（亢）。人之陰德不行者，其陽必失類。易二十四行曰“潛龍勿用”，其義潛清勿使之謂也。子曰：廢則不可入於謀，勝則不可與戒。忌者不可與親，繳□□□□□□□。[易]曰“潛龍[勿用]”，“炕（亢）龍有悔”，言其過也。物之上擮（盛）而下絶者，不久大立（位），必多其二十五行咎。易曰“炕（亢）龘（龍）有悔”，大人之義不實于心，則不見于德；不單于口，則不澤于面。能威能澤，謂之龘（龍）。易[曰“見龍在田，利]見大人”，子曰：君子之德也。君子齊明好道，日自見以待用也。見男（用）則二十六行僮（動），不見用則靜。易曰：“君子冬（終）日鍵（乾）鍵（乾），夕沂（惕）若厲，無咎”。·子曰：知息也，何咎之有？人不淵不䆁（躍）則不見□□□□□□□反居其□□。易曰“或䆁（躍）在淵，無咎”。·子曰：恆䆁（躍）則凶。君子䆁（躍）以自見，道以自二十七行成。君子窮不忘達，安不忘亡，靜居而成章，首福又（有）皇。易曰：“罪（飛）龘（龍）在天，利見大人”，子曰：天□□□□□□□□□□□□□□□□□□□文而溥（?），齊明而達矣。此以剸（專）名，孰能及□？易曰“見群二十八行龘（龍）无首”，子曰：讓善之謂也。君子群居莫耴（亂）首，善而治，何誎其和也？龍不侍（待）光而僮（動），無階而登，□□□□□□□□□□□□□□□，此鍵（乾）之羊（詳）説也。子曰：易又（有）名曰川（坤），雌道也。故曰“牝馬之貞”，二十九行童獸也，川（坤）之類也。是故良馬之類，廣前而景後，遂臧，尚受而順，下安而靜，外又（有）美刑（形），則中又（有）□□□□□□□□□乎戾以來羣，文德也。是故文人之義，不侍（待）人以不善，見亞（惡）墨（默）然弗三十行反，是謂以前戒後，武夫昌慮，文人緣序。易曰“先迷後得主”，學人謂也，何先主之又（有）？天氣作□□□□□□□□□□，其寒不涑（凍），其暑不曷（渴）。易曰“履霜堅冰至”，子曰：孫（遜）從之謂也。歲之義，三十一行始于東北，成于西南。君子見始弗逆，順而保新。易曰：“東北喪崩（朋），西南得崩（朋），吉。”子曰：非吉石也。其□□□與賢之謂也。[武夫]又(有)柫(拂),文人有輔,柫(拂)不橈(撓),輔不絕,何不吉之又(有)？易曰:"直方大,不習,三十二行吉",子曰:生(性)文武也,雖強學,是弗能及之矣。易曰"含章可貞,吉",言美請(情)之謂也。文人僅(動),小事時説,大[事]順成,知勿過數而務柔和。易曰:"或從事,無成又(有)冬(終)"。子曰:言詩書之謂也。君子笱(苟)得其三十三行冬(終),可必可盡也。君子言于无罪之外,不言于又(有)罪之内,是謂重福。易曰"利[永]貞",此川(坤)之羊(詳)説也。子[曰]:易之要,可得而知矣。鍵(乾)川(坤)也者,易之門户也。鍵(乾),陽物也;川(坤),陰物也。陰陽合德而剛柔有體(體),三十四行以朧(體)天地之化。又(有)口能斂之,无舌罪,言不當其時則閉慎而觀。易曰"聒(括)囊,無咎",子曰:不言之謂也。□□□□[何]咎之又(有)？墨(默)亦毋譽,君子美其慎而不自箸(著)也。淵深而内其華。易曰"黄常(裳)元吉",子三十五行曰:尉(蔚)文而不發之謂也。文人内其光,外其龍,不以其白陽人之黑,故其文玆(滋)章(彰)。易□□□既没,又(有)爵□□□□□居其德不忘,"蠱(龍)單(戰)于野,其血玄黄",子曰:即(聖)人信戈(哉)！隱文且靜,必見之謂也。三十六行龍七十變而不能去其文,則文其信于(按此字衍)而達神明之德也。其辯名也,雜而不伐(越),于指(稽)易□,衰世之僅〈意〉與？易□□□□□而[察]來者也。微顯贊絕,異而恆當,當名辯物,正言巽辭而備。本生(性)仁義,所三十七行行以義(儀)剛柔之制也。其稱名也少,其取類也多,其指閒(簡),其辭文,其言曲而中,其事隱而單。因齋(濟)人行,明[失得之報。易之]興也,於中故(古)乎？作易者,其又(有)患憂與？上卦九者,贊以德而占以義者三十八行也。履也者,德之基也。嗛(謙)也者,德之柄也。復也者,德之本也。恆也者,德之固也。損也者,德之脩也。益[也者],德之譽也。困也者,德之欲也。井者,德之地也。渙者,德制也。是故占曰履,和而至;三十九行嗛(謙),奠(尊)而光;復,少而辨于物;恆,久而弗厭;損,先難而後易;益,長裕而與;宋〈困〉,窮而達;井,居其所而遷;[渙],□□而救。是故履,以果(和)行也;嗛(謙),以制禮也;復,以自知也;恆,以一德也;損,以遠害也;益,以興四十行禮也;困,以辟(避)咎也;井,以辯義也;渙,以行權也。子曰:渙而不救,則比矣。易之爲書也難前,爲道就䝁(遷),□□□僅(動)而不居,周流六虛,上下無常,剛柔相易也,不可爲典要,唯變所次,出入又(有)度,外内四十一行内(按此字衍)皆瞿(懼),又知患故,无又(有)師保而親若父母。印率其辭,楑(揆)度其方,无又(有)典常。后(苟)非其人,則道不[虛行]。□□无德而占,則易亦不當。易之義,贊始[反]冬(終)以爲質,六肴(爻)相雜,唯侍(時)物也。是故[其初]四十二行難知而上易知也,本難知也而末易知也。□則初如疑(擬)之,敬以成之,冬(終)而无咎。□□□□□□□□脩道,鄉物巽德,大明在上,正其是非,則□□□□□□□□占,危戈(哉)。□□不四十三行當,疑德占之,則易可用矣。子曰:知者觀其緣(彖)辭而説過半矣。易曰:二與四[功而異位,其善不同,二]多譽,四多瞿(懼),近也。近也者,嗛(謙)之謂也。易曰:柔之[爲道,不利遠者,其]要无[咎,其用]柔若[中也。易]四十四行曰:三與五同功異立(位),其過□□,[三]多凶,五多功,[貴賤]之等☒四十五行

第二種　帛書《易之義》釋文

[廖名春發表於《國際易學研究》第一輯,頁 20－25,北京:華夏出版社,1995 年 1 月。書中簡稱"廖甲"]

■子曰:易之義評陰與陽,六畫而成章。曲句焉柔,正直焉剛。六剛无柔,是胃大陽,此天[之義也。]□□□□□□□□□□方。六柔无剛,此地之義也。天地相衛,氣味相取,陰陽流荆,剛 1 行柔成□。萬物莫不欲長生而亞死,會□老而台作易,和之至也。是故鍵□□□□□□□□□□□□義沾下就,地之道也。用六,贛也;用九,盈也。盈而剛,故易曰"直 2 行方大,不習,吉"也。因不習而備,故易曰"見群龍无首,吉"也。是故鍵老,得[之]□□□□□□□□□畏。容老,得之疑也。師老,得之栽也。比老,得□也。小蓄老,[得]之 3 行未□也。履老,諈之行也。益老,上下交矣。婦老,[陰]陽姦矣。下多陰而紤□□□□□□□□□□□□□而周,所以人背也。无孟之卦,有罪而死,无功而賞,所以갬,故 4 行□。余之卦歸而強,士靜也。嫣□□□□□□知未騰朕也。容,失諆□□□□□□□□□□□□遠也。大有之卦,孫位也。大床,小腫而大從,□□□也。大蓄,兑而誹 5 行[也]。隋之卦,相而能戒也。□□□□□□□□□□无爭而□□□□□□□□□□□説,和説而知畏。謹老,得之代阩也。家[人]老,得处也。井老,得之徹 6 行也。姁老,□□□□□□□□□□□□□也。豊老,得□□□□□□□□□□□□□□□而從於不壹。均之卦,足而知余。林之卦,自誰不无瞿。觀之卦,盈而能乎。7 行賫之卦,善近而□□□□□□□□□□□□□□□□□□□□□□□□□□□□忠身失量,故曰慎而侍也。筮闐紫紀,恆言不 8 行已,容獄凶得也。勞之[卦]□□□□□□□□□□□□□□□□□□□□□□□

□□□行也。損,以□□也。大床,以卑陰也。歸妹,以正女也。9行既瞽
考,高余比貧□□□□□□□□□□□□□□□□□□□□□□□□□
□□□□□□□□□□□□□□□埵也。子曰:□□□□□□□□□□
□□□□□□10行□禁□也。子曰:□□□□□□□□□□□□□□□□
□□□□□□□□□□□□□□□□□□□□□□□□□"[晉]如秋
如",所以辟怒[也]。□□□□□□□□□□□11行□□□□"[不]事王
矣",□□之胃也。不求則不足難□□□□□□□□□□□□□□□□
□□□□□□□□□□□□□□□□易曰□□□□□□□□□□□□
□12行□□□□則危,親傷□□。[易]曰"何校"則凶,"屢校"則吉,此之胃
也。子曰:五行□□□□□□□□□□□用,不可學考也,唯亓人而已矣。
然亓利□□□□[昔考聖人之作易也,幽]13行贊於神明生占也,參天兩地
而義數也。觀變於陰陽而立卦也,發揮於剛柔而[生爻也,和順於道德]而理
於義也,窮理盡生而至於命[也,將以順性命之]理也。是故位14行天之道
曰陰與陽,位地之道曰柔與剛,位人之道曰仁與義。兼三財兩之,六畫而成
卦。分陰分陽,[迭用柔剛,故]易六畫爲章也。天地定立,[山澤通氣],火水
相射,雷風相榑,八卦相磨。數15行往考順,知來考逆,故易達數也。子曰:
萬物之義,不剛則不能擴,不擴則无功,恆擴而弗中則□,[此剛]之失也。不
柔則不靜,不靜則不安,久靜不擴則沈,此柔之失也。是故鍵之"炕龍",壯
之"觸蕃",16行句之離"角",鼎之"折足",鄧之虛盈,五繇考,剛之失也,靜
而不能擴考也。川之"牝馬",小蓄之"密雲",句之"[適]屬",[漸]之繩婦,
肫之"泣血",五繇考,陰之失也,靜而不能擴考也。是故天之義剛建擴發17
行而不息,亓吉保功也。無柔栽之,不死必亡。擴陽考亡,故火不吉也。地之
義柔弱沈靜不擴,亓吉[保安也。无]剛文之,則竊賤遺亡。重陰考沈,故水
不吉也。故武之義保功而恆死,文之義18行保安而恆竊。是故柔而不犹,
然后文而能朕也;剛而不折,然后武而能安也。易曰"直方大,不[習,吉]"
□□□之屯於文武也,此易贊也。子曰:鍵六剛能方,湯武之德也。"潛龍勿
用"考,匿也。19行"見龍在田"也考,德也。"君子冬日鍵鍵",用也。"夕沂
若,厲,无咎",息也。"或躍在淵",隱[而]能靜也。"罪龍[在天]",□而上
也。"炕龍有悔",高而爭也。"群龍无首",文而耻也。川六柔相從順,文之
至也。"君20行子""先迷後得主",學人之胃也。"東北喪崩,西南得崩",求
賢也。"履霜,堅冰至",豫□□也。"直方大,不[習,吉]",□□□[也]。"含
章可貞",言美請也。"聒囊,无咎",語无聲也。"黃常,元吉",有而弗發也。
21行"龍單于野",文而能達也。"或從王事,无成有冬",學而能發也。易曰
"何校",剛而折也。"鳴嗛"也考,柔而□[也]。[遯之]"黃牛",文而知朕矣。

渙之緣辭,武而知安矣。川之至德,柔而反於方;鍵之至德,22行剛而能讓。此鍵川之三說也。子曰:易之用也,段之无道,周之盛德也。恐以守功,敬以承事,知以辟患,□□□□□□文王之危知,史說之數書,孰能辯焉?易曰又名焉曰鍵。鍵也者,八卦23行之長也。九也者,六肴之大也。爲九之狀,浮首兆下,蛇身僂曲,亓爲龍類也。夫蠱,下居而上達者□□□□□□□□而成章。在下爲"榙",在上爲"炕"。人之陰德不行者,亓陽必失類。易24行曰:"潛龍勿用",亓義潛清勿使之胃也。子曰:廢則不可入於謀,朕則不可與戒。忌者不可與親,繳□□□□□□。[易]曰"潛龍勿[用]","炕龍有悔",言亓過也。物之上擔而下絕者,不久大立,必多亓25行咎。易曰"炕蠱有悔",大人之義不實於心,則不見於德;不單於口,則不澤於面。能威能澤,胃之蠱。易[曰:"見龍在田,利]見大人。"子曰:君子之德也。君子齊明好道,日自見以侍用也。見男則26行擄,不見用則靜。易曰:"君子冬日鍵鍵,夕沂若,厲,无咎。"子曰:知息也,何咎之有?人不淵不鼉則不見□□□□□□反居亓□□。易曰:"或鼉在淵,无咎。"•子曰:恆鼉則凶。君子鼉以自見,道以自27行成。君子窮不忘達,安不忘亡,靜居而成章,首福又皇。易曰:"翟蠱在天,利見大人。"子曰:天之□□□□□□□□□□□□文而溥,齊明而遠矣。此以剌名,孰能及[乎]?易曰:"見群28行蠱无首。"子曰:讓善之胃也。君子群居,莫敢首,善而治,何詵亓和也?龍不侍光而擄,无階而登,□□□□□□□□□□,此鍵之羊說也。子曰:易又名曰川,雌道也。故曰"牝馬之貞",29行童獸也,川之類也。是故良馬之類,廣前而景後,遂臧,尚受而順,下安而靜,外又美荊,則中又□□□□□□□□乎,旻以來群,文德也。是故文人之義,不侍人以不善,見亞墨然弗30行反,是胃以前戒後,武夫昌慮,文人緣序。易曰"先迷後得主",學人胃也,何先主之又?天氣作□□□□□□□,亓寒不凍,亓暑不曷。易曰:"履霜,堅冰至。"子曰:孫從之胃也。① 歲之義31行始於東北,成於西南。君子見始弗逆,順而保毅。易曰:"東北喪崩,西南得崩,吉。"子曰:非吉石也。亓□□□□與賢之胃也。[武夫]又拂,文人有輔。拂不橈,輔不絕,何不吉之又?易曰:"直方大,不習,32行吉。"子曰:生文武也,雖強學,是弗能及之矣。易曰:"含章可貞,吉。"言美請之胃也。文人擄,小事時說,大[事]順成,知毋過數而務柔和。易曰:"或從事,无成又冬。"子曰:言詩書之胃也。君子笱得亓33行冬,可必可盡也。君子言於无罪之外,不言於又罪之内,是胃重福。易曰:"利[永]貞。"此川之羊說也。子[曰]:易之要,

---

① 原注:此處有錯簡,"天氣作"至此,應移至下文"何不吉之又"後。

可得而知矣。鍵川也老，易之門户也。鍵，陽物也；川，陰物也。陰陽合德而剛柔有體，34 行以體天地之化，又口能斂之，无舌罪，言不當亓時則閉慎而觀。易曰："聒囊，无咎。"子曰：不言之胃也。□□□□[何]咎之又？墨亦毋譽，君子美亓慎而不自箸也。淵深而内亓華。易曰："黄常，元吉。"子 35 行曰：尉文而不發之胃也。文人内亓光，外亓龍，不以亓白陽人之黑，故亓文兹章。易曰□□既没，又爵□□□□□居亓德不忘。"蠿單於野，亓血玄黄。"子曰：卲人信㠯！隱文且靜，必見之胃也。36 行龍七十變而不能去亓文，則文亓信于。① 而達神明之德也。亓辯名也，褋而不伐，于指易□，衰世之嬧與？易□□不□不用而[察]來老也。微顯贊絶，巽而恆當，當名辯物，正言巽辭而備。本生仁義，所 37 行以義剛柔之制也。亓稱名也少，取類也多，亓指閒，亓譬文，亓言幽而中，亓事隱而單。因寶人行，明[失得]何□？亓□興也，於中故乎？作易考，亓又患憂與？上卦九考，贊以德而占以義者 38 行也。履也考，德之基也。嗛也者，德之柄也。復也考，德之本也。恆也考，德之固也。損也考，德之脩也。益[也考，德]之譽也。困也者，德之欲也。井考，德之地也。涣也者，德制也。是故占曰：履，和而至；39 行嗛，奠而光；復，少而辨於物；恆，久而弗厭；損，先難而後易；益，長裕而與；困，窮而達；井，居亓所而遷；[涣]，□□□而救。是故履，以果行也；嗛，以制禮也；復，以自知也；恆，以一德也；損，以遠害也；益，以興 40 行禮也；困，以辟咎也；井，以辯義也；涣，以行權也。子曰：涣而不救，則比矣。易之爲書也，難前，爲道就遷。□□□嬧而不居，周流六虚，上下无常，剛柔相易也，不可爲典要，唯變所次，出入又度，外内 41 行内皆瞿，又知患故，无又師保而親若父母。卬衛亓辭，楑度亓方，无又典尚，后非亓人，則道不[虚行]。□□无德而占，則易亦不當。易之義贊始□冬以爲質，六肴相雜，唯侍物也。是故[亓初] 42 行難知而上易知也，本難知也而末易知也。□則初如疑之，敬以成之，冬而无咎。□□□□□□□□□□□□脩道，鄉物巽德，大明在上，正亓是非，則[非亓中爻]不[備]。□□□□□占，危哉！□□不 43 行當，疑德占之，則易可用矣。子曰：知老觀亓緣辭而説過半矣。易曰：二與四同[功而異位，其善不同，二]多譽，四多瞿，近也。近也老，嗛之胃也。易曰：柔之爲道也，不利遠[老，其]要无咎，用柔若[中也。易] 44 行曰：三與五同功異立，亓過□□，[三]多凶，五多功，[貴賤]之等□□□□□□□□□□□□□□□◿② 45 行

---

① 原注：此處有錯簡，從"又口能斂之"至此，應移至上文"不言於又罪之内"後。
② 原注：此處有殘缺，最後三字尚未識出。疑一爲篇題之字，二爲所記字數之文。

第三種　馬王堆帛書《衷》

[廖名春發表於《續修四庫全書》第一册,頁 29—35,上海:上海古籍出版社,1995 年。書中簡稱"廖乙"]

■子曰:易之義評隆與陽,六畫而成章。曲句焉柔,正直焉剛。六剛无柔,是胃大陽,此天[之義也。]□□□□□□□□□□方。六柔无剛,此地之義也。天地相銜,氣味相取,隂陽流刑,剛一行柔成□。萬物莫不欲長生而亞死,會□者而台作易,和之至也。是故鍵□□□□□□□□□□□□□□□義沾下就,地之道也。用六,贛也;用九,盈也。盈而剛,故易曰"直二行方大,不習,吉"也。因不習而備,故易曰"見羣龍无首,吉"也。是故鍵𠯁,得[之]□□□□□□□□□□□□□□畏。容𠯁,得之疑也。師𠯁,得之栽也。比𠯁,得□也。小蓄𠯁,[得]之三行未□也。履𠯁,誰之行也。益𠯁,上下交矣。婦𠯁,[陰]陽姦矣。下多陰而紓□□□□□□□□□□□□□而周,所以人背也。无孟之卦,有罪而死,无功而賞,所以甾,故四行□。余之卦歸而强,士靜也。嫣□□□□□□知未騰𦠠也。容,失諓□□□□□□□□□□□□□□□遠也。大有之卦,孫位也。大牀,小腫而大從,□□□也。大蓄,兑而誨五行[也]。隋之卦,相而能戒也。□□□□□□□□无爭而□□□□□□□□□□□□□□□説,和説而知畏。謹𠯁,得之代阩也。家[人]𠯁得処也。井𠯁,得之徹六行也。朐𠯁,□□□□□□□□□□□□□□也。豐𠯁,得□□□□□□□□□□□□□□□□而從於不壹。均之卦,足而知余。林之卦,自誰不无瞿。觀之卦,盈而能乎。七行齎之卦,善近而□□□□□□□□□□□□□□□□□□□□忠身失量,故曰慎而侍也。筮闐紫紀,恆言不八行已,容獄凶得也。勞之[卦]□□□□□□□□□□□□□□□□□□□□□□行也。損,以□□也。大牀,以卑隆也。歸妹,以正女也。九行既齎𠯁,高余比貧□□□□□□□□□□□□□□□□□□□□□□垛也。子曰:□□□□□□□□□—○行□禁□也。子曰:□□□□□□□□□□□□□□□□□□□□□□□□"[晉]如秋如",所以辟怒[也]。□□□□□□□□——行□□□□"[不]事王矦",□□之胃也。不求則不足難□□□□□□

□□□□□□□□□□□□□□□□□□□□□□□□□□□□易曰□□□□□□□□□□□□□□□□□□□一二行□□□□則危，親傷□□。[易]曰"何校"則凶，"屢校"則吉，此之胃也。子曰：五行□□□□□□□□□用，不可學耂也，唯亓人而已矣。然亓利□□□□□[昔者聖人之作易也，幽]一三行贊於神明生占也，參天兩地而義數也，觀變於陰陽而立卦也，發揮於剛柔而[生爻也，和順於道德]而理於義也，窮理盡生而至於命[也，將以順性命之]理。是故位一四行天之道曰陰與陽，位地之道曰柔與剛，位人之道曰仁與義。兼三財兩之，六畫而成卦。分陰分陽，[迭用柔剛，故]易六畫為章也。天地定立，[山澤通氣]，火水相射，雷風相榑，八卦相磨。數一五行往耂順，知來耂逆，故易達數也。子曰：萬物之義，不剛則不能䑓。不䑓則无功，恆䑓而弗中則□，[此剛]之失也。不柔則不靜，不靜則不安，久靜不䑓則沈，此柔之失也。是故鍵之"炕龍"，壯之"觸蕃"，一六行句之离"角"，鼎之"折足"，鄷之虛盈，五繇耂，剛之失也，䑓而不能靜耂也。川之"牝馬"，小蓄之"密雲"，句之"[適]屬"，[漸]之"繩""婦"，肫之"泣血"，五繇耂，陰之失也，靜而不能䑓耂也。是故天之義剛建䑓發一七行而不息，亓吉保功也。無柔救之，不死必亡。䑓陽耂亡，故火不吉也。地之義柔弱沈靜不䑓，亓吉[保安也。無]剛文之，則窮賤遺亡。重陰耂沈，故水不吉也。故武之義保功而恆死，文之義一八行保安而恆窮。是故柔而不狀，然后文而能朕也；剛而不折，然后武而能安也。易曰"直方大，不[習，吉]"□□□之屯於文武也，此易贊也。子曰：鍵六剛能方，湯武之德也。"潛龍勿用"耂，匿也。一九行"見蠱在田"也耂，德也。"君子冬日鍵鍵"，用也。"夕沂若，厲，无咎"，息也。"或鑼在淵"，隱[而]能靜也。"翟蠱[在天]"，□而上也。"炕龍有悔"，高而爭也。"羣龍无首"，文而耴也。川六柔相從順，文之至也。"君二〇行子""先迷後得主"，學人之胃也。"東北喪崩，西南得崩"，求賢也。"履霜，堅冰至"，豫□□也。"直方大，不[習，吉]"，□□□也。"含章可貞"，言美請也。"聒囊，无咎"，語无聲也。"黃常，元吉"，有而弗發也。二一行"龍單于野"，文而能達也。"或從王事，无成有冬"，學而能發也。易曰"何校"，剛而折也。"鳴嗛"也耂，柔而□[也]。[遯之]"黃牛"，文而知朕矣。渙之緣辟，武而知安矣。川之至德，柔而反於方；鍵之至德，二二行剛而能讓。此鍵川之𠫊說也。子曰：易之用也，段之无道，周之盛德也。恐以守功，敬以承事，知以辟患，□□□□□□□文王之危，知史記(?)之數書，孰能辯焉？易曰又名焉曰鍵。鍵也耂，八卦二三行之長也。九也耂，六肴之大也。為九之狀，浮首兆下，蛇身僂曲，亓為龍類也。夫蠱，下居而上達耂□□□□□□□□而成章。在下為"瞀"，在上為"炕"。人之陰德不行耂，亓陽必失類。易二四行曰"潛龍勿用",亓義潛清,勿使之胃也。子曰:廢則不可入於謀,朕則不可與戒。忌考不可與親,繳□□□□□□。[易]曰"潛龍勿[用]","炕龍有悔",言亓過也。物之上撼而下絕考,不久大立,必多亓二五行咎。易曰"炕蠱有悔",大人之義不實於心,則不見於德;不單於口,則不澤於面。能威能澤,胃之蠱。易[曰:"見龍在田,利]見大人。"子曰:君子之德也。君子齊明好道,日自見以侍用也。見男則二六行壚,不見用則鞼。易曰:"君子冬日鍵鍵,夕泝若,屬,无咎。"子曰:知息也,何咎之有?人不淵不矍,則不見□□□□□反居亓□□。易曰:"或矍在淵,无咎。"●子曰:恆矍則凶。君子矍以自見,道以自二七行成。尹子郭不忘達,安不忘亡,鞼居而成章,首福又皇。易曰:"罪蠱在天,利見大人。"子曰:天之□□□□□□□□□□□□□□文而溥,齊明而達矣。此以剌名,孰能及[乎]?易曰:"見羣二八行蠱无首。"子曰:讓善之胃也。君子羣居,莫敢首,善而治,何諜亓和也?龍不侍光而壚,无階而登,□□□□□□□□□□□□,此鍵之羊説也。子曰:易又名曰川,雌道也。故曰"牝馬之貞",二九行童獸也,川之類也。是故良馬之類,廣前而景後,遂臧,尚受而順,下安而鞼,外又美荊,則中又□□□□□□乎,戾以來羣,文德也。是故文人之義,不侍人以不善,見亞墨然弗三〇行反,是胃以前戒後,武夫昌慮,文人緣序。易曰"先迷後得主",學人胃也,何先主之又?天氣作□□□□□□□,亓寒不凍,亓暑不曷。易曰:"履霜,堅冰至。"子曰:孫從之胃也。① 歲之義三一行始於東北,成於西南。君子見始弗逆,順而保穀。易曰:"東北喪崩,西南得崩,吉。"子曰:非吉石也。亓□□□□與賢之胃也。[武夫]又拂,文人有輔。拂不橈,輔不絕,何不吉之又?易曰:"直方大,不習,三二行吉。"子曰:生文武也,雖强學,是弗能及之矣。易曰:"含章可貞,吉。"言美請之胃也。文人壚,小事時説,大[事]順成,知毋過數而務柔和。易曰:"或從事,无成又冬。"子曰:言詩書之胃也。君子筍得亓三三行冬,可必可盡也。君子言於无罪之外,不言於又罪之内,是胃重福。易曰:"利[永]貞。"此川之羊説也。子[曰]:易之要,可得而知矣。鍵川也考,易之門户也。鍵,陽物也;川,陰物也。陰陽合德而剛柔有體,三四行以體天地之化,又口能斂之,无舌罪,言不當亓時則閉慎而觀。易曰:"聒囊,无咎。"子曰:不言之胃也。□□□□[何]咎之又?墨亦毋譽,君子美亓慎而不自箸也。淵深而内亓華。易曰:"黄常,元吉。"子三五行曰:尉文而不發之胃也。文人内亓光,外亓龍,不以亓白陽人之黑,故亓文兹章。易曰□□既没,又爵□□□□□居亓德不忘。"蠱單于野,亓血玄黄。"子曰:耼人信

---

① 原注:此處有錯簡,"天氣作"至此應移至下文"何不吉之又"後。

戋!隱文且靜,必見之胃也。三六行龍七十變而不能去亓文,則文亓信于。①
而達神明之德也。亓辯名也,襍而不伐,於指易□,衰世之艫與?易□□不
□不用而[察]來芼也。微顯贊絶,巽而恆當,當名辯物,正言巽辤而備。本
生仁義,所三七行以義剛柔之制也。亓稱名也少,取類也多,亓指閒,亓辤
文,亓言幽而中,亓事隱而單。因贔人行,明[失得]何□?亓□興也,於中故
乎?作易芼,亓又患憂與?上卦九芼,贊以德而占以義者三八行也。履也
芼,德之基也。嗛也者,德之秎也。復也芼,德之本也。恆也芼,德之固也。
損也芼,德之脩也。益[也者,德]之譽也。困也者,德之欲也。井芼,德之地
也。渙也芼,德制也。是故占曰:履,和而至;三九行嗛,奠而光;復,少而辨
於物;恆,久而弗猒;損,先難而後易;益,長裕而與;困,窮而達;井,居亓所而
遷;[渙],□□□而救。是故履,以果行也;嗛,以制禮也;復,以自知也;恆,
以一德也;損,以遠害也;益,以興四○行禮也;困,以辟咎也;井,以辯義也;
渙,以行權也。子曰:渙而不救,則比矣。易之為書也,難前,為道就遷。
□□□艫而不居,周流六虛,上下无常,剛柔相易也,不可為典要,唯變所次,
出入又度,外内四一行内皆瞿,又知患故,无又師保而親若父母。印衛亓辤,
椄度亓方,无又典尚,后非亓人,則道不[虛行]。□□无德而占,則易亦不
當。易之義贊始□冬以為質,六肴相雜,唯侍物也。是故[亓初]四二行難知
而上易知也,本難知也而末易知也。□則初如疑之,敬以成之,冬而无咎。
□□□□□□□□脩道,鄉物巽德,大明在上,正亓是非,則[非亓中爻]不
[備]。□□□□□□占,危戋!□□不四三行當,疑德占之,則易可用矣。
子曰:知芼觀亓緣辤而説過半矣。易曰:二與四同[功而異位,其善不同,二]
多譽,四多瞿,近也。近也芼,嗛之胃也。易曰:柔之為道也,不利遠[者,其]
要无咎,用柔若[中也。易]四四行曰:三與五同功異立,亓過□□,[三]多
凶,五多功,[貴賤]之等□□□□ □□□□□□□□□衷二千四
五行

第四種　馬王堆帛書《衷》

[廖名春發表於《易學集成》(三),頁3036－3042,成都:四川大學出版
社,1998年9月。書中簡稱"廖丙"]

子曰:易之義評陰與陽,六畫而成章。曲句焉柔,正直焉剛。六剛无柔,
是胃大陽,此天[之義也]。□□□□□□見台□□□方。六柔无剛,此地之

---

① 原注:此處有錯簡,從"又口能斂之"至此,應移至上文"不言於又罪之内"後。

義也。天地相衝,氣味相取,陰陽流刑,剛1行柔成□。萬物莫不欲長生而亞死,會□者而台作易,和之至也。是故鍵□九□□高尚□□,[天之道也。川]順從而知畏兌,義沾下就,地之道也。用六,贛也;用九,盈也。盈而剛,故易曰直2行方,大,不習,吉也。因不習而備,故易曰見羣龍无首,吉也。是故鍵耂得[之陽也,川耂]得之陰也,肫耂[得之]□也,蒙耂得之]隋也,[嬬者得之]畏也,容耂得之疑也,師耂得之栽也,比耂得□也,小畜耂[得]之3行未□也,履耂諈之行也,益耂上下交矣,婦耂[陰]陽姦矣。下多陰而絑□□□□□□□辨女散□□□□;復之卦留□而周,所以人背也;无孟之卦有罪而死,无功而賞,所以甾,故4行□;余之卦歸而强,士靜也;嬬□□□□□□知未騰朕也;容失諸□□□□□□□□□□奇□而臚咎,□遠也;大有之卦孫位也;大㑀小腫而大從,□□□也;大蓄兌而詽5行[也]。隋之卦相而能戒也;□□□□□□□□□□无爭而□□□□□□□□□□□周□□說,和說而知畏。謹耂得之代阱也,家[人]耂得处也,井耂得之徹6行也,姁耂□□□□□□□□□□□□□□也,豐耂得□□□□□□瞿也,兼之卦□□□於不壹,均之卦足而知余,林之卦自誰不无瞿?觀之卦盈而能乎,7行賚之卦善近而□□□□□□□□□□□□□□而□□□□□□□□忠身失量,故曰慎而侍也。筴閘紫紀,恆言不8行已,容獄兌得也。勞之[卦]□□□□□□□□□□□□□□□□□□故以□□□□行也。損以□□□也;大㑀以卑陰也;歸妹以正女也;9行既賚耂高余比貧□□□□□□□□□□□□□□□□□□□□□過;過,涉所以□㻌也。子曰:□□□□□□□[所]10行以禁咎也。子曰:□□□□□□□□□□□□□□□□□□所以教謀也。楢如秋如,所以辟怒[也]。□□□□□□□□□□□□□□□□□11行□□□□□□[不]事王矦,□之畏也。不求則不足難□□□□□□□□□□□□□□□邀脩□□□□□易曰□□□□□□□□□□□□□□12行□□□□則危,親傷□□□曰何校則凶,屨校則吉,此之畏也。子曰:五行□□□□□□□□□□不可學耂也,唯亓人而已矣。□亓利□□□□□。[昔者聖人]之[作易也,幽]13行贊於神明而生占也,参天兩地而義數也。觀變於陰陽而立卦也,發揮於剛柔而[生爻也],和順於道德而理於義也,竆理盡生而至於命[也,將以順性]命[之]理也。是故位14行天之道曰陰與陽,位地之道曰柔與剛,位人之道曰仁與義。兼三才兩之,六畫而成卦。分陰分陽,[迭用柔剛。故]易六畫而爲章也。天地定立,[山澤通氣],火水相射,雷風相榑,八卦相厝。數 15 行往者順,知來者逆,故易達數也。子曰:萬物之義,不剛則不能蟷,不蟷則无功,恆蟷而弗中則[亡,此剛]之失也。不柔則不靜,不靜則不安,久靜不蟷則沈,此柔之失也。是故鍵之炕龍,壯之觸蕃,16 行句之離角,鼎之折足,酆之虛盈,五鯀者,剛之失也,蟷而不能靜者也。川之牝馬,小蓄之密雲,句之[適]屬,[漸]之繩婦,旽之泣血,五鯀者,陰之失也,靜而不能蟷者也。是故天之義剛建蟷發 17 行而不息,亓吉保功也。無柔栽之,不死必亡。蟷陽者亡,故火不吉也。□之義柔弱沈靜不蟷,亓吉[保安也,无]剛文之,則竀賤遺亡。重陰者沈,故水不吉也。故武之義保功而恆死,文之義 18 行保安而恆竀。是故柔而不犰,然后文而能朕也;剛而不折,然而后武而能安也。易曰:直方,大,不[習,吉]。□□□□□於文武也,此易贊也。子曰:鍵六剛能方,湯武之德也。楮龍勿用者,匿也。19 行見蠱在田也者,德也。君子冬日鍵鍵,用也。夕沂若,厲无咎,息也。或鼉在淵,隱[而]能靜也。羿蠱[在天],□而上也。炕龍有愳,高而爭也。羣龍无首,文而聑也。川六柔相從順,文之至也。君 20 行子先迷後得主,學人之畏也。東北喪崩,西南得崩,求賢也。履霜,堅冰至,豫□□也。直方,大,不[習,吉],□□□[也]。含章可貞,言美請也。聒囊,无咎,語无聲也。黃常,元吉,有而弗發也。21 行龍單于野,文而能達也。或從王事,无成,有冬,學而能發也。易曰何校,剛而折也。鳴嗛也者,柔而□[也。遜之]黃牛,文而知朕矣。渙之緣辤,武而知安矣。川之至德,柔而反於方;鍵之至德,22 行剛而能讓。此鍵川之台說也。子曰:易之用也,段之无道,周之盛德也。恐以守功,敬以承事,知以辟患,□□□□□□文王之危,知史記之數書,孰能辯焉?易曰又名焉鍵。鍵也者,八卦 23 行之長也。九也者,六肴之大也。爲九之狀,浮首兆下,蛇身僂曲,亓爲龍類也。夫蠱,下居而上達者□□□□□□□□而成章。在下爲楮,在上爲炕。人之陰德不行者,亓陽必失類。易 24 行曰潛龍勿用,亓義潛清勿使之胃也。子曰:廢則不可入於謀,朕則不可與戒。忌者不可與親,繳[者]不可予事。易曰潛龍勿[用],炕龍有愳,言亓過也。物之上擽而下絶者,不久大立,必多亓 25 行咎。易曰炕龍有愳。大人之義不實於心,則不見於德;不單於□,則不澤於面。能威能澤,胃之蠱。易[曰]:見龍在[田,利]見大人。子曰:君子之德也。君子齊明好道,日自見以侍用也。見男則 26 行蟷,不見用則靜。易曰:君子冬日鍵健,夕沂若,厲,无咎。子曰:知息也,何咎之有?人不淵不鼉,則不見□□□□□□反居亓□□。易曰:或鼉在淵,无咎。子曰:恆鼉則凶,君子鼉以自見,道以自 27 行成。君子竀不忘達,安不忘亡,靜居而成章,

首福又皇。易曰:羣蠱在天,利見大人。子曰:天□凶□□□□□□□□
□□□□□文而溥,齊明而達矣。此以剸名,孰能及[乎]? 易曰:見羣 28 行
蠱无首。子曰:讓善之胃也。君子羣居,莫敢首,善而治,何誺亓和也? 龍
不侍光而爐,无階而登,□□□□□□。此鍵之羊説也。子
曰:易又名曰川,雌道也。故曰牝馬之貞,29 行童獸也,川之類也。是故良馬
之類,廣前而景後,遂臧,尚受而順,下安而靖,外又美刑,則中又□□□
□□□□□乎,昃以來羣,文德也。是故文人之義不侍人以不善,見亞墨然
弗 30 行反,是胃以前戒後,武夫昌慮,文人緣序。易曰先迷後得主,學人胃
也,何先主之又? 天氣作□□□□□□□,亓寒不凍,亓暑不曷。易曰:履
霜,堅冰至。子曰:孫從之胃也。歲之義 31 行始於東北,成於西南。君子見
始弗逆,順而保毄。易曰:東北喪崩,西南得崩,吉。子曰:非吉石也,亓
□□□□與賢之胃也。[武夫]又拂,文人有輔,拂不撓,輔不絕,何不吉之
又? 易曰:直方,大,不習,32 行吉。子曰:生文武也,雖強學,是弗能及之矣。
易曰:含章可貞,吉。言美請之胃也。文人爐,小事時説,大[事]順成,知勿
過數而務柔和。易曰:或從事,无成,又冬。子曰:言詩書之胃也。君子笱得
亓 33 行冬,可必可盡也。君子言於无罪之外,不言於又罪之内,是胃重福。
易曰:利永貞。此川之羊説也。子[曰]:易之要可得而知矣。鍵川也者,易
之門户也。鍵,陽物也;川,陰物也。陰陽合德而剛柔有體,34 行以體天地之
化,又口能斂之,无舌罪,言不當亓時則閉慎而觀。易曰:聒囊,无咎。子曰:
不言之胃也。□□,[何]咎之又? 黑亦毋譽,君子美亓慎,而不自箸也,淵深
而内亓華。易曰:黃常,元吉。子 35 行曰:尉文而不發之胃也。文人内亓
光,外亓龍,不以亓白陽人之黑,故亓文兹章。易曰□□既没,又爵□□□居
亓德不忘。蠱單于野,亓血玄黃。子曰:耵人信戈! 隱文且精,必見之胃也。
36 行蠱卡變而不能去亓文,則文亓信于。而達神明之德也。亓辯名也襍而
不伐,於指易□,衰世之爐與? 易[彰往而察]來者也,微顯贊絕,巽而恆當,
當名辯物,正言巽辤而備。本生仁義,所 37 行以義剛柔之制也。亓稱名也
少,亓取類也多,亓指閒,亓聲文,亓言幽而中,亓事隱而單。因齊人行,明
[失得之報。易]興也,於中古乎? 作易者,亓又患憂與? 上卦九者,贊以
德而占以義者 38 行也。履也者,德之至也;嗛也者,德之和也;復也者,德之
本也;恆也者,德之固也;損也者,德之脩也。益[也者,德]之譽也;困也者,
德之欲也;井者,德之地也;渙也者,德制也。是故占曰:履和而至,39 行嗛奠
而光,復少而辯於物,恆久而弗厭,損先難而後易,益長裕而與,困窮而達,井
居亓所而遷,[渙稱]而救。是故履以果行也,嗛以制禮也,復以自知也,恆以
一德也,損以遠害也,益以興 40 行禮也,困以辟咎也,井以辯義也,渙以行權

也。子曰：渙而不救，則比矣。易之爲書也，難前，爲道就䦇。[變]㠪而不居，周流六虛，上下无常，剛柔相易也，不可爲典要，唯變所次。出入又度，外內 41 行 内皆䎽。又知患故，无又師保，而親若父母。印銜亓辤，楑度亓方，无又典尚，后非亓人，則道不[虛行]。无德而占，則易亦不當。易之義贊始□冬以爲質，六肴相襍，唯侍物也。是故[亓初] 42 行 難知，而上易知也；本難知也，而末易知也。□則初如疑之，敬以成之，冬而无咎。□□□□□□□脩道，鄉物異德，大明在上，正亓是非，則[非亓中爻]不[備]。□□□□占，危弋！□□不 43 行 當，疑德占之，則易可用矣。子曰：知耂觀亓緣辤而説過半矣。易曰：二與四同[功異位，亓善不同，二]多譽，四多瞿，近也。近也耂，嗛之胃也。易曰：柔之爲道也，不利遠[者，亓]要无[咎，亓用]柔若[中]也。易 44 行 曰：三與五同功異立，亓過[不同，三]多凶，五多功，[貴賤]之等□□□□□□□□□□□□□衷二千 45 行

第五種　帛書《衷》釋文

[廖名春發表於《帛書〈易傳〉初探》，頁 272－277，臺北：文史哲出版社，1998 年 11 月。書中簡稱"廖丁"]

子曰：易之義誶陰與陽，六畫而成章。曲句焉柔，正直焉剛。六剛无柔，是胃大陽，此天[之義也。]□□□□□□見台而□□□方。六柔无剛，此地之義也。天地相衡，氣味相取，陰陽流刑，剛—行柔成□。萬物莫不欲長生而亞死，會□者而台作易，和之至也。是故鍵□九□□高尚□□，[天之道也；川]從而知畏兌，義沾下就，地之道也。用六，贛也；用九，盈也。盈而剛，故易曰"直二行方，大，不習。吉"也。因不習而備，故易曰"見羣龍无首，吉"也。是故鍵耂，得[之陽也；川耂]，得之陰也；肫耂，[得之]□□也；蒙耂得之隋也；[嬬耂，得之]畏也；容耂，得之疑也；師耂，得之裁也；比耂，得□也；小蓄耂，[得]之三行未□也；履耂，謕之行也；益耂，上下交矣；婦耂，[陰]陽姦矣。下多陰而紑□□□□□□辨女散□□□□。復之卦留□而周，所以人背也。无孟之卦，有罪而死，无功而賞，所以紿，故四行□。余之卦歸而强，士静也。嬬□□□□□□□知未騰塍也。容，失諸□□□□□□□□□□□□□奇□而㠪，咎□遠也。大有之卦，孫位也。大牀，小腫而大從，□□□也。大蓄，兌而姆五行[也]。隋之卦，相而能戒也。□□□□□□□□□□□□无爭而□□□□□□□□□□□□周□□説，和説而知畏。謹耂，得之代阱也。家[人]耂，得　也。井耂，得之徹六行也。姁耂，□□□□□□□□□□也。豐者，得□□□□□

□□□□□瞿也。兼之卦□□□於不壹。均之卦,足而知余。林之卦,自誰不无瞿?觀之卦,盈而能乎。七行齋之卦,善近而□□□□□□□□□□□□□□□□□而□□□□□□□□□忠身失量,故曰慎而侍也。筮閒紫紀,恆言不八行已,容獄凶得也。勞之[卦]□□□□□□□□□□故以□□□□行也,損以□□□□□也。大㳄,以卑陰也。歸妹,以正女也。九行既齋耂,高余比貧□□□□□□□□□□□□□□過過涉所以□涂也。子曰:□□□□□□□□□□□□[所]一〇行以禁咎也。□□□□□□□□□□□□□□□□所以教謀也。"櫅如秋如",所以辟怒[也]。□□□□□□□□□□□□一一行□□□□"[不]事王矦",□□之胃也。不求則不足難□□□□□□□□□□□□□□□□□邀脩□□□□□□易曰□□□□□一二行□□□□則危,親傷□□□曰"何校"則凶,"屨校"則吉,此之胃也。子曰:五行□□□□□□□□□□,不可學耂也,唯亓人而已矣。□亓利□□□□□[昔者聖人之作易也,幽]一三行贊於神明而生占也,參天兩地而義數也,觀變於陰陽而立卦也,發揮於剛柔而[生爻也,和順於道德]而理於義也,窮理盡生而至於命[也,將以順性]命[之]理也。是故位一四行天之道曰陰與陽,位地之道曰柔與剛,位人之道曰仁與義。兼三才兩之,六畫而成卦。分陰分陽,[迭用柔剛,故]易六畫而爲章也。天地定立,[山澤通氣],火水相射,雷風相榑,八卦相厝。數一五行往耂順,知來耂逆,故易達數也。子曰:萬物之義,不剛則不能㙹,不㙹則无功,恆㙹而弗中則[亡,此剛]之失也。不柔則不靜,不靜則不安,久靜不㙹則沈,此柔之失也。是故鍵之"炕龍",壯之"觸蕃",一六行句之离"角",鼎之"折足",鄭之虛盈,五䌛耂,剛之失也,㙹而不能靜耂也。川之"牝馬",小蓄之"密雲",句之"[適]屬",[漸]之"繩婦",朒之"泣血",五䌛耂,陰之失也,靜而不能㙹耂也。是故天之義剛建㙹發一七行而不息,亓吉保功也。無柔栽之,不死必亡。㙹陽耂亡,故火不吉也。□之義柔弱沈靜不㙹,亓吉[保安也。无]剛文之,則窮賤遺亡。重陰耂沈,故水不吉也。故武之義保功而恆死,文之義一八行保安而恆窮。是故柔而不犹,然后文而能朕也;剛而不折,然后武而能安也。易曰"直方,大,不[習,吉]"□□□□□於文武也,此易贊也。子曰:鍵六剛能方,湯武之德也。"潛龍勿用"耂,匿也。一九行"見龖在田"也耂,德也。"君子冬日鍵鍵",用也。"夕沂若,㡀,无咎",息也。"或䰤在淵",隱[而]能靜也。"翟䰤[在天]",□而上也。"炕龍有悔",高而爭也。"羣龍无首”,文而耴也。川六柔相從順,文之至也。“君二〇行子”“先迷後得主”,學人之胃也。“東北喪崩,西南得崩”,求賢也。“履霜,堅冰至”,豫□□也。“直方,大,不[習,吉]”,□□□[也]。“含章可貞”,言美請也。“珤囊,无咎”,語无聲也。“黃常,元吉”,有而弗發也。二一行“龍單于野”,文而能達也。“或從王事,无成有冬”,學而能發也。易曰“何校”,剛而折也。“鳴嗛”也老,柔而□[也]。邎之“黃牛”,文而知朕矣。渙之緣辪,武而知安矣。川之至德,柔而反于方;鍵之至德,二二行剛而能讓。此鍵川之丛説也。子曰:易之用也,叚之无道,周之盛德也。恐以守功,敬以承事,知以辟患,□□□□□□文王之危,知史記之數書,孰能辯焉?易曰又名焉曰鍵。鍵也老,八卦二三行之長也。九也者,六肴之大也。爲九之狀,浮首兆下,蛇身僂曲,兀爲龍類也。夫蠱,下居而上達老□□□□□□□□□而成章。在下爲“榙”,在上爲“炕”。人之陰德不行老,兀陽必失類。易二四行曰“潛龍勿用”,兀義潛清,勿使之胃也。子曰:廢則不可入於謀,朕則不可與戒。忌老不可與親,繳[老]不可予事。易曰“潛龍勿[用]”,“炕龍有悔”,言兀過也。物之上指而下絶老,不久大立,必多兀二五行咎。易曰:“炕蠱有悔。”大人之義不實於心,則不見於德;不單於口,則不澤於面。能威能澤,胃之蠱。易[曰]:“見龍在[田,利]見大人。”子曰:君子之德也。君子齊明好道,日自見以侍用也。見男則二六行壚,不見用則鞲。易曰:“君子冬日鍵鍵,夕沂若,厲,无咎。”子曰:知息也,何咎之有?人不淵不鱹,則不見□□□□□反居兀□□。易曰:“或鱹在淵,无咎。”子曰:恆鱹則凶。君子鱹以自見,道以自二七行成。君子窮不忘達,安不忘亡,鞲居而成章,首福又皇。易曰:“罪蠱在天,利見大人。”子曰:天□凶□□□□□□□□□文而溥,齊明而達矣。此以剌名,孰能及[乎]?易曰:“見羣二八行蠱无首。”子曰:讓善之胃也。君子羣居,莫敢首,善而治,何諕兀和也?龍不侍光而壚,无階而登,□□□□□□□□□,此鍵之羊説也。子曰:易又名曰川,雌道也。故曰“牝馬之貞”,二九行童獸也,川之類也。是故良馬之類,廣前而景後,遂臧,尚受而順,下安而鞲,外又美刑則中又□□□□□乎,戾以來羣,文德也。是故文人之義,不侍人以不善,見亞墨然弗三〇行反,是胃以前戒後,武夫昌慮,文人緣序。易曰“先迷後得主”,學人胃也,何先主之又?天氣作□□□□□□□。兀寒不凍,兀暑不暍。易曰:“履霜,堅冰至。”子曰:孫從之胃也。① 歲之義三一行始於東北,成於西南。君子見始弗逆,順而保穀。易曰:“東北喪崩,西南得崩,吉。”子曰:非吉石也。兀□□□□與賢之胃也。

---

① 原注:此處有錯簡,"天氣作"至此應列於下文"何不吉之又"後。

［武夫］又拂，文人有輔。拂不撓，輔不絶，何不吉之又？易曰："直方，大，不習，三二行吉。"子曰：生文武也，雖强學，是弗能及之矣。易曰："含章可貞，吉。"言美請之胃也。文人㿝，小事時説，大［事］順成，知毋過數而務柔和。易曰："或從事，无成又冬。"子曰：言詩書之胃也。君子笱得亓三三行冬，可必可盡也。君子言於无罪之外，不言於又罪之内，是胃重福。易曰："利［永］貞。"此川之羊説也。子［曰］：易之要，可得而知矣。鍵川也考，易之門户也。鍵，陽物也；川，陰物也。陰陽合德而剛柔有軆，三四行以軆天地之化，又口能斂之，无舌罪，言不當亓時則閉慎而觀。易曰："舐囊，无咎。"子曰：不言之胃也。□□［何］咎之又？墨亦毋譽，君子美亓慎而不自箸也，淵深而内亓華。易曰："黃常，元吉。"子三五行曰：尉文而不發之胃也。文人内亓光，外亓龍，不以亓白陽人之黑，故亓文兹章。易曰□□既没，又爵□□□居亓德不忘。"蠪單于野，亓血玄黃。"子曰：耶人信戈！隱文且羴，必見之胃也。三六行蠪早變而不能去亓文，則文亓信于。① 而達神明之德也。亓辯名也，襍而不伐，於指易□，衰世之㿝與？易［彰往而察］來考也。微顯贊絶，巽而恆當，當名辯物，正言巽辤而備。本生仁義，所三七行以義剛柔之制也。亓稱名也少，亓取類也多，亓指閒，亓辤文，亓言曲而中，亓事隱而單。因齋人行，明［失得之報，易之］興也，於中故乎？作易考，亓又患憂與？上卦九考，贊以德而占以義者三八行也。履也考，德之基也。嗛也者，德之秝也。復也考，德之本也。恆也考，德之固也。損也考，德之脩也。益［也者，德］之譽也。困也者，德之欲也。井考，德之地也。渙也考，德制也。是故占曰：履，和而至；三九行嗛，奠而光；復，少而辯於物；恆，久而弗厭；損，先難而後易；益，長裕而與；困，竆而達；井，居亓所而遷；［渙，稱］而救。是故履以果行也，嗛以制禮也；復以自知也；恆，以一德也；損，以遠害也；益，以興四○行禮也；困，以辟咎也；井，以辯義也；渙，以行權也。子曰：渙而不救，則比矣。易之爲書也，難前，爲道就　　。［變］㿝而不居，周流六虚，上下无常，剛柔相易也，不可爲典要，唯變所次，出入又度，外内四一行内皆瞿，又知患故，无又師保而親若父母。印衛亓辤，楑度亓方，无又典尚，后非亓人，則道不［虛行］。无德而占，則易亦不當。易之義贊始□冬以爲質，六肴相雜，唯侍物也。是故［亓初］四二行難知而上易知也，本難知也而末易知也。□則初如疑之，敬以成之，冬而无咎。□□□□□□□□脩道，鄉物巽德，大明在上，正亓是非，則［非亓中爻］不［備］。□□□□占，危戈！□□不四三行當，疑德占之，則易可用矣。子曰：知考觀亓緣辤而説過半矣。易曰：二與四同［功而異位，其善

---

① 原注：此處有錯簡，從"又口能斂之"至此，應移至上文"不言於又罪之内"後。

不同,二]多譽,四多瞿,近也。近也者,嗛之胃也。易曰:柔之爲道也,不利遠[者,其]要无[咎,用]柔若[中]也。易四四行曰:三與五同功異立,亓過[不同,三]多凶,五多功,[貴賤]之等□□□□□□□□□□□□□。衷二千四五行

第六種　衷

[丁四新發表於《儒藏》(精華編)281册,頁263—283,北京:北京大學出版社,2007年4月。書中簡稱"丁甲"]

■子曰:"《易》之義誶陰與陽,六畫而成章。曲句焉柔,正直焉剛。六剛无柔,是胃大陽,此天[之義也]。一行上□□□□□見台而□□□方。六柔无剛,此地之義也。天地相衛,氣味相取,陰陽流荆,剛一行下柔成攻。萬物莫不欲長生而亞死,會心老而台作《易》,和之至也。是故《鍵》□九□□高尚□□,[天二行上之道也。《川》]順從而知畏兑,義沽下就,地之道也。用六,贛也;用九,盈也。盈而剛,故《易》曰"直二行下方大,不習,吉"也。因不習而備,故《易》曰"見羣龍无首,吉"也。是故《鍵》老,得[之陽也;《川》老],得之陰也;《肫》老,[得之]□[也;三行上《蒙》老,得之]隋也;[《嬬》老,得之]畏也;《容》老,得之疑也;《師》老,得之栽也;《比》老,得䏩也;《小蓄》老,[得]之三行下未□也;《履》老,諈之□行也;《益》老,上下交矣;《婦》老,[陰]陽姦矣。下多陰而經□□□□辨女□□□四行上□□□□。《復》之卦,留□而周,所以人紫也。《无孟》之卦,有罪市死,无功而賞,所以畄,故四行下□。《余》之卦,歸而强,士諍也。《嬬》□□□□□□□□□知,未騰朕也。《容》,失諸□□□□□□□□□五行上□□□奇□而腫,□□遠也。《大有》之卦,孫位也。《大牀》,小腫而大從,□□□也。《大蓄》,兑而誨五行下[也]。《隋》之卦,相而能戒也。□□□□□□□□□□□无爭而□□□□□□□□□□六行上□□□□□□□□説,和説而知畏。《謹》老,得之代駢也。《家[人]》老,得処也。《井》老,得之徹六行下也。《均》老,[得之]□□□□□□□□□□□□□□□也。《豐》老,得[之]□□□□□□□□□□□七行上瞿也。《兼》之卦,□□□□於不壹。《均》之卦,足而知余。《林》之卦,自誰不先瞿。《觀》之卦,盈而能乎。七行下《齌》之卦,善近而□□□□□□□□□□□□□□□□□□八行上□□□□□□□□□□□□□□□□忠身失量,故曰慎而侍也。《筮闐》紫紀,《恆》言不八行下已,《容》獄凶得也,勞之□□□□□□□□□□□□九行上□□□□□□。《故》,以□□□□□行也,《損》以□□也。《大

妹》,以卑陰也。《歸妹》,以正女也。九行下《既齊》考,高余比貧□□□□
□□□□□□□□□□□□□□□□□□□一〇行上□□□□□《[大]
過》"過涉",所以□埮也。子曰:□□□□□□□□□□□□□□□□□,
[所]一〇行下以禁咎也。子曰:□□□□□□□□□□□□□□□□
□□□□□□□一一行上□□□□□□,所以教諆也。"楢如秋如",所以
辟怒[也]。□□□□□□□□□□□□□□□□□一一行下□□□□。
"[不]事王矦",□□之胃也。不求則不足難□□□□□□□□□□□
□□□□□□□一二行上□□□邀脩□□□□□也。《易》曰□□□□
□□□□□□□□□一二行下□□□□則危,親傷□□□曰"何校"則
凶,"履校"則吉,此之胃也。子曰:五行□□□□□□一三行上□□□
□□用,不可學考也,唯亓人而已矣。□亓利□□□□□[昔考,耵人之作
《易》也,幽]一三行下贊於神明而生占也,參天兩地而義數也,觀變於陰陽而
立卦也,發揮於[剛]柔而[生爻也,一四行上和順於道德]而理於義也,窮理盡
生而至於命[也。昔考,耵人之作《易》也,將以順生]命[之]理也。是故位一
四行下天之道曰陰與陽,位地之道曰柔與剛,位人之道曰仁與義。兼三財兩
之,六畫而成卦。分陰分陽,[迭一五行上用柔剛,故]《易》六畫而爲章也。天
地定立,[山澤通氣],火水相射,雷風相榑,八卦相厝。數一五行下往考順,知
來考逆,故《易》達數也。"子曰:"萬物之義,不剛則不能僮,不僮則无功,恆僮
而弗中,則[亡,一六行上此剛]之失也。不柔則不精,不精則不安,久精不僮
則沈,此柔之失也。是故《鍵》之炕龍,《壯》之'觸蕃',一六行下《句》之离角,
《鼎》之'折足',《鄷》之虛盈,五繇考,剛之失也,僮而不能精考也。《川》之
'牝馬',《小蓄》之'密雲',《句》之'[適]屬',一七行上[《漸》]之繩婦,《胹》之
'泣血',五繇考,陰之失也,精而不能僮考也。是故天之義,剛建僮發一七行
下而不息,亓吉保功也;無柔栽之,不死必亡。僮陽考亡,故火不吉也。地之
義,柔弱、沈精、不僮,亓吉[保一八行上安也;无]剛文之,則窮賤遺亡。重陰
考沈,故水不吉也。故武之義,保功而恆死;文之義,一八行下保安而恆窮。
是故柔而不抉,然后文而能朕也;剛而不折,然而后武而能安也。《易》曰:
'直方大,不一九行上[習,吉]。'□□□□於文武也。"此《易贊》也。子曰:
"《鍵》六剛能方,湯武之德也。'潛龍勿用'考,匿。一九行下'見蠱在田'也
考,德也。'君子冬日鍵鍵',用也。'夕沂若,厲,无咎',息也。'或䰝在淵',
隱[而]能精也。'罪蠱二〇行上[在天]',□而上也。'炕龍有慧',高而爭也。
'羣龍无首',文而耵也。《川》六柔相從順,文之至也。'君二〇行下子先迷,
後得主',學人之胃也。'東北喪崩,西南得崩',求賢也。'履霜,堅冰至',豫
□□也。'直方大,[不二一行上習]',□□□□也。'含章可貞',言美請

也。'聒囊，无咎'，語无聲也。'黃常，元吉'，有而弗發也。二一行下'龍單于野'，文而能達也。'或從王事，无成有冬'，學而能發也。《易》曰'何校'，剛而折也。'鳴嗛'也老，柔而二二行上□[也。《掾》之]'黃牛'，文而知朕矣。《渙》之緣辤，武而知安矣。《川》之至德，柔而反于方。《鍵》之至德，二二行下剛而能讓。此《鍵》《川》之厽説也。"子曰："《易》之用也，殷之无道，周之盛德也。恐以守功，敬以承事，知以辟患，二三行上□□□□□□文王之危，知史記之數書，孰能辯焉？《易》曰又名焉曰《鍵》。鍵也者，八卦二三行下之長也。九也者，六肴之大也。爲九之狀，浮首兆下，蛇身僂曲，亓爲龍類也。夫螷，下居而上達者，二四行上□□□□□□□□□而成章。在下爲'㮅'，在上爲'炕'。人之陰德不行者，亓陽必失類。《易》二四行下曰'潛龍勿用'，亓義潛清，勿使之胃也。"子曰："廢則不可入於謀，朕則不可與戒。忌者不可與親，繳二五行上[者]不可予事。《易》曰'潛龍[勿用]''炕龍有悔'，言亓過也。物之上擖而下絕者，不久大立，必多亓二五行下咎。《易》曰'炕龍有悔'，大人之義不實於心，則不見於德；不單於口，則不澤於面。能威能澤，胃之蠱。"《易》二六行上[曰]："見龍在[田，利]見大人。"子曰："君子之德也。君子齊明好道，日自見以侍用也。見男則二六行下僮，不見用則靜。《易》曰：'君子冬日鍵鍵，夕沂若，厲，无咎。'"●子曰："知息也，何咎之有？人不淵、不鼉，則不見二七行上□□□□□□，反居亓□□。《易》曰：'或鼉在淵，无咎。'"●子曰："恆鼉則凶。君子鼉以自見，道以自二七行下成。君子竆不忘達，安不忘亡，靜居而成章，首福又皇。"《易》曰："罪螷在天，利見大人。"子曰："天之□□二八行上□□□□□□□□□□□文而溥，齊明而達矣。此以剌名，孰能及[乎]？"《易》曰："見羣二八行下螷无首。"子曰："讓善之胃也。君子羣居，莫敢首，善而治，何詇亓和也？龍不侍光而僮，无階而登，二九行上□□□□□□□□。"此《鍵》之羊説也。子曰："《易》又名曰《川》，雌道也，故曰'牝馬之貞'。二九行下童獸也，川之類也。是故良馬之類，廣前而景後，遂臧。尚受而順，下安而靜，外又美刑，則中又三○行上□□□□□乎，艮以來羣，文德也。是故文人之義，不侍人以不善，見亞，墨然弗三○行下反，是胃以前戒後。武夫昌慮，文人緣序。"《易》曰"先迷後得主"，學人胃也。何无主之又？天氣作三一行上□□□□□□□□，亓寒不凍，亓暑不曷。《易》曰："履霜，堅冰至。"子曰："孫從之胃也。歲之義，三一行下始于東北，成於西南。君子見始弗逆，順而保穀。"《易》曰："東北喪崩，西南得崩，吉。"子曰："非吉石也。亓三二行上□□□與賢之胃也。[武夫]又栿，文人有輔。栿不橈，輔不絕，何不吉之又？"《易》曰："直方大，不習，三二行下吉。"子曰："生文武也，雖強學，是弗能及之矣。"《易》曰："含章可貞，吉。""言美請之胃也。文人僅,小事時説,大[事]三三行上順成,知毋過數而務柔和。"《易》曰:"或從事,无成,又冬。"子曰:"言《詩》《書》之胃也。君子笱得元三三行下冬,可必,可盡也。君子言於无罪之外,不言於又罪之内,是胃重福。《易》曰:'利[永]貞。'"此《川》之羊説也。子[曰]:三四行上"《易》之要,可得而知矣。《鍵》《川》也者,《易》之門户也。鍵,陽物也;川,陰物也。陰陽合德而剛柔有體,三四行下以體天地之化。"又口能斂之,无舌罪;言不當元時,則閉慎而觀。《易》曰:"聒囊,无咎。"子曰:"不言之胃也。三五行上□□[何]咎之又?墨亦毋譽,君子美元慎而不自箸也,淵深而内元華。"《易》曰:"黃常,元吉。"子三五行下曰:"尉文而不發之胃也。文人内元光,外元龍,不以元白陽人之黑,故元文兹章。"易曰:□□既没,又爵三六行上□□□□居元德不忘。"蠱單于野,元血玄黃。"子曰:"耴人信弋!隱文且精,必見之胃也。三六行下蠱干變而不能去元文,則文元信于。"而達神明之德也。元辯名也,襍而不伐。於指《易》□,衰世之僅與?《易》,三七行上[彰往而察]來考也。微、顯、贊、絶,巽而恆當;當名辯物,正言巽辤而備。本生仁義,所三七行下以義剛柔之制也。元稱名也少,元取類也多;其指閒,元辤文;元言曲而中,元事隱而單。因齎人行,明三八行上[失得之報]。[《易》之]興也,於中故乎?作《易》考,元又患憂與?上卦九考,贊以德而占以義者三八行下也。《履》也者,德之至也;《嗛》也者,德之枋也;《復》也者,德之本也;《恆》也者,德之固也;《損》也者,德之脩也;《益》三九行上[也者,德]之譽也;《困》也者,德之欲也;《井》考,德之地也;《涣》也者,德制也。是故占曰:《履》,和而至;三九行下《嗛》,尊而光;《復》,少而辨於物;《恆》,久而弗厭;《損》,先難而後易;《益》,長裕而與;《宋》,竆而達;《井》,居元所而遷;四○行上[《涣》,稱]而救。是故《履》以果行也,《嗛》以制禮也,《復》以自知也,《恆》以一德也,《損》以遠害也,《益》以與四○行下禮也,《困》以辟咎也,《井》以辯義也,《涣》以行權也。子曰:"涣而不救,則比矣。"《易》之爲書也難前,爲道就罿。四一行上[變]僅而不居,周流六虚,上下无常,剛柔相易也:不可爲典要,唯變所次。出入又度,外内四一行下内皆罿,又知患故,无又師保,而親若父母。印銜元辤,楑度元方,无又典尚。后非元人,則道不四二行上[虚行]。无德而占,則《易》亦不當。《易》之義,贊[始要]冬以爲質,六肴相雜,唯侍物也。是故[元初]四二行下難知,而上易知也;本難知也,而末易知也。□則初如疑之,敬以成之,冬而无咎。□□□□□□四三行上□□脩道,鄉物巽德,大明在上,正元是非,則[非中肴]不[備]。□□□□□占,危弋!□□不四三行下當,疑德占之,則《易》可用矣。子曰:"知考觀元緣辤,而説過半矣。"《易》曰:"二與四同[功而異立,元善不同:二]四四行上多譽,四多罿,近也。"近也考,嗛之胃也。《易》曰:"柔之爲道也,不利遠[者。亓]要无[咎,用]柔若[中]也。"《易》四四行下曰:"三與五同功異立,亓過[不同:三]多凶,五多功,[貴賤]之等[也。亓柔危,亓剛朕邪。"□□□□□□□。四五行上衷二千四五行下

第七種 《易之義》釋文

[張政烺發表於《馬王堆帛書〈周易〉經傳校讀》,頁 137－144,北京:中華書局,2008 年 4 月。書中簡稱"張文"]

　　1 子曰:易之義,誶陰與陽,六畫而成章。九(?)句焉柔,正直焉剛。六剛无柔,是胃(謂)大陽。此天之義也。□□□□,□□□□,□□□方,六柔无剛,此地之義也。天地相衡(率),氣味相取,陰陽流荆,剛2柔成□,萬物莫不欲長生而亞(惡)死。會品(三)者而台(始)作易,和之至也,是故鍵(乾)忍也。□□□□□□□□□,[天之道也。]義沾下就,地之道也。用六贛(坎)也。用九,盈也。盈而剛,故易曰"直3方大,不習",□也,因不習而備,故易曰見群龍无首,吉也。是故《鍵》(乾)者得之□也川者得之□也屯者得之□也蒙者得之畏也,《容》(訟)者得之疑也,《師》者得之救(救)也。《比》者得之□也。《小蓄》(畜)者[得]之4未□也,《履》者誘之□行也,《益》者上下交矣,《婦》(否)者□易(陽)姦矣,下多陰而紉[上多陽而]□□□□□□□□□□而周,所以人絶也。《无孟》(妄)之卦有罪而死,无功而賞,所以甾故□[過之卦不(?)]5也,《余》(豫)之卦歸面强士詩也,《嬬》(需)[之卦]□[而]□□[也]□[之卦]知未騰朕也,《容》失諸□[也]。[子曰]□□□□□□□遠也,《大有》之卦孫位也,《大牀》(壯)小膧而大從,《余》知□也,《大蓄》(畜)兑而誨6□隋(隨)之卦相而能戒也,《恆》[之卦]□□□□□□□曰先爭而後□□[戒也]□□□□□□□□□□說(兑),和說而知畏謹者,得之代阱也,《家人》者得处也,《井》者得之微7也,《均》(姤)者[得之]□□西己而□□□□□□□□□□□也,《登》(升)者得之也。易曰頤之卦□□□□□□□□而從今(於)不《彙》。《均》(姤)之卦足而知《余》(豫)。《林》(臨)之卦自誰不先瞿。觀之卦盈而能平,8《齋》(濟)之卦,善近而財而无□見台而□□□□□□□□其善富□也。□也鼎之折足□□□□□□□□　夊乎□□□□□□□□其忠身失量,故曰慎而侍也,《筮》(噬)閘(嗑)》絶紀恆言不9已,容(訟)獄凶得也,勞之□□,順從而知畏,□□□□□□□□□□□□□□□□□□□□□□□□□□□□□□□□□□以行也,《損》以□也,《大牀》(壯)以□□也,《歸妹》以正女也,10《既齋》(濟)者高,《余》(豫)《比》貧□□□《隋》也,□□□也,此

□□□□□□□□□□□□□□□□□□□□□□□□□□□□□□□□□□
埵也。子曰☑11以禁□也。子曰□□《復》之卦留□□□□□□□□
□□□□□□□□□□□□□□□□□□□□□□□□□□［晉］如秋
如,所以辟怒☑12□□□□□□□奇心而朣,《既齋》□□□□□
□□□□□□□□□□□□□□□□□□□□□□□□□也,易曰,
［辰］驚［百里］☑害未☑1☑2高上其［德不］事王公□［此］之胃（謂）［也大來
（?）］則［不］足以難☑3而不□言則從親傷亻□［易］曰："何校則凶,屨校則
吉",此之胃（謂）也。子曰："五行者亠□□□□□□□□□□用不
可學者也,唯其人而已矣,易其禾□□□□［昔者聖人］之［作易也幽］4贊於
神明,而生占也。参天兩地,而義（倚）數也。觀變於陰陽,而立卦也。發揮
於剛柔而［生爻也。和順於道］德而理於義也。郭（窮）理盡生（性）而至於命
也。［昔者聖人之作易也將以順性］命［之］理也。是故位（立）5天之道,曰
陰與陽。位（立）地之道,曰柔與剛。位（立）人之道,曰仁與義。兼三財（才）
兩之。六畫而成卦,分陰分陽［迭用柔］剛,故易六畫而為章也。天地定立
（位）,［山澤通氣］,火水相射,雷風相槫（薄）,八卦相厝（錯）,數6往者順,知
來者德,故易達數也。"子曰:萬物之義,不剛則不能僮（動）,不僮（動）則无
功,恆僮（動）而［弗］中則□,［此剛］之失也。不柔則不靜,不靜則不安,久靜
不僮（動）則沈,此柔之失也。是故鍵（乾）之炕（亢）龍,壯之觸蕃（藩）,7句
（姤）之离（離）角,鼎之折足,鄷（豐）之虛盈,五繇者剛之失也,僮（動）而不能
靜者也。川（坤）之牝馬,小蓄（畜）之密雲,句（姤）之［女壯］,［漸］之繩（孕）
婦,肫（屯）之泣血,五繇者陰之失也,靜而不能僮（動）者也。是故天之義,剛
建（健）僮（動）發8而不息,其吉保功也。無柔栽（救）之,不死必囚,僮（重）
陽者囚,故火不吉也。地之義,柔弱沈靜不僮（動）,其吉［保安也。無］剛
［正］之,則郭（窮）賤遺囚,重陰者沈,故水不吉也。故武之義,保功而恆死,
文之義,9保安而恆郭（窮）。是故柔而不㓕,然后文而能朕（勝）也。剛而不
折,然而后武而能安也。易曰:"直方大不［習］□□□□之屯（?）於文武也,
此易贊也。子曰:鍵（乾）六剛能方,湯武之德也。潛龍勿用者,匿也。10"見
龍在田"也者,德也。"君子冬（終）日鍵鍵（乾乾）",用也。"夕沂若厲无咎",
息也。"或鑃（躍）在淵",隱［而］能靜也。"罪龍［在天］,□［而］□也。"炕
（亢）龍有悔",高而爭也。"群龍无首",文而耶（聖）也。川（坤）六柔相從順,
文之至也。"君11子先迷後得主",學人之胃（謂）也。"東北喪崩（朋）,西南
得崩（朋）"求賢也。"履霜堅冰至"豫□□也。直方大［不習］□□□□,
□□□也。"含章可貞"言美請（情）也。"聒（括）囊无咎"語无聲也。"黃常
（裳）元吉"有而弗發也。12"龍單（戰）于野",文而能達也。"或從王事,无成

有冬(終)",學而能發也。"易曰:"何校",剛而折也。鳴嗛(謙)也者,柔而[刕也]。□□黃牛,文而知朕(勝)矣。渙之緣(彖)辤,武而知安矣。川(坤)之至德柔而反於方,鍵之至德13剛而能讓,此鍵(乾)川(坤)之品説也。子曰:易之用也,段〈殷〉之无道,周之盛德也。恐以守亻(位),敬以承事,知以辟患,□□□□□□文王之危,知史託(?)之數,書,孰能辯焉。易〈子〉曰:"又名焉曰鍵(乾),鍵(乾)也者,八卦14之長也。九也者,六肴(爻)之大也。爲九之狀,浮首兆下,蛇身僂曲,其爲龍類也。夫龖下居而上達者,□□□□□□[六畫]而成章。在下爲櫹(潛),在上為炕(亢),人之陰德不行者,其陽必失類。易15曰:"潛龍勿用",其義潛清勿使之胃(謂)也。子曰:廢則不可入於謀,朕(勝)則不可與戒忌者,不可與親,繳[也]□□□[易]曰:"潛龍勿[用]","炕龍有悔",言其過也。物之上撇而下絕者,不久六立(位)必多其16咎。易曰:"炕(亢)龍有悔。"大人之義,不實於心則不見於德,不單於口則不澤於面,能威能澤,胃(謂)之龍。易[曰飛龍在天,利]見大人。子曰:君子之德也。君子齊明好道,日自見以侍(待)用也。見勇則17僮(動),不見用則靜。易曰:"君子冬(終)日鍵(乾)鍵(乾),夕泝(惕)若,厲无咎。"・子曰:知息也,何咎之有?人不淵不鼉(躍)則不見□,□淵不□不用而反,居□□□。易曰:"或鼉(躍)在淵,无咎。"・子曰:恆鼉(躍)則凶。君子鼉(躍)以自見,道以自18成。君子郭(窮)不佥達,安不佥亾,靜居而成章,首(受)福又(有)皇(煌)。易曰:"罪(飛)龖在天,利見大人。"子曰:"天之助□□□何有其□□□□□人尉文而氵,齊明而達矣。此以剸名,孰能及□。易曰:"見群19龍无首。"子曰:讓善之胃(謂)也。君子群居,莫敢首善而治,何誄其和也。龍不侍(待)光而僮(動),无階而登,□□人與龖相以何[不]吉之有此鍵(乾)之屰(逆)説也。子曰:易又(有)名曰川(坤),雌道也。故曰"牝馬之貞"。20童獸也,川(坤)之類也。是故良馬之類,廣前而覉(圓)後,遂臧。尚(上)受而順,下安而靜,外又美刑(形),則中又(有)□□□□臧壽以□□乎界以來群,文德也。是故文人之義,不侍(待)人以不善,見亞(惡),墨(默)然弗21反,是胃(謂)以前戒後。武夫昌(倡)慮,文人緣序。易曰:"先迷後得主",學人胃(謂)也,何无主之又(有)?天氣作□□□□□寒暑不異其寒不涷,其暑不曷(暍)。易曰"履霜堅冰至"。子曰:孫(遜)從之胃(謂)也。歲之義,22始於東北,成於西南,君子見始弗逆,順而保教。易曰:"東北喪朋,西南得朋,吉。"子曰:"非吉石也,其□□□要誠與賢之胃(謂)也。[武人]又(有)栿(弼),文人有輔,栿(弼)不橈,輔不絕,何不吉之又(有)。"易曰"直方大,不習,23吉。"子曰:生文武也,雖強學是,弗能及之矣。易曰:"含章可貞,吉",言美請(情)之胃(謂)也。文人僮(動),小事時説,大[事]順成,知母過數,而務柔和。易曰:"或從事,无成又(有)冬(終)。"子曰:言詩書之胃(謂)也。君子笱(苟)得其 24 冬(終)可必可盡也。君子言於无罪之外,不言於又(有)罪之內,是胃(謂)重福。易曰"利[永]貞",此川(坤)之芇(逆)説也。子曰:易之要,可得而知矣。鍵(乾)川(坤)也者,易之門户也。鍵(乾),陽物也。川(坤),陰物也。陰陽合德,而剛柔有膛,25 以膛天地之化。又(有)口能斂之,无舌,罪,言不當其時,則閉慎而觀。易曰"聒(括)囊无咎"。子曰:不言之胃(謂)也。□□□□[何]咎之又(有)。墨(默)亦毋譽,君子美其慎而不自箸也,淵深而內其華。易曰:"黃常(裳)元吉。"子 26 曰:尉(蔚)文而不發之胃(謂)也。文人内其光,外其龍,不以其白,陽人之黑,故其文兹章(彰)。易曰:"□[人]既沒,又(有)爵□□□□居,其德不忿。"蠱單(戰)于野,其血玄黃。"子曰:耴(聖)人信戋(哉),隱文且静,必見之胃(謂)也。27 龍才變,而不能去,其文則文,其信于而達神明之德也。其辯名也,襟而不伐(越),於指易[其衰]世之僮與?易[彰往而察]來者也微顯贊絶,巽而恆當,當名辯物,正言巽辤而備,本生仁義,所 28 以義,剛柔之制也。其稱名也少,其取類也多,其指閒,其辤文,其言曲而中,其事隱而單,因齎(濟)人行明[失得之報易之]興也,於中故(古)乎?作易者其又(有)患憂與?上卦九者贊以德而占以義者 29 也。履也者德之基也,嗛(謙)也者德之枋(柄)也,復也者德之本也,恆也者德之固也,損也者德之脩也,益[也者]德之譽(裕)也,困也者德之欲也,井者德之地也,渙也者德制也,是故占曰履和而至,30 嗛(謙)尊而光,復少而辨於物,恆久而弗(不)厭,損先難而後易,益長裕而與,閑〈困〉窮而達,井居其所而遷,[渙比]而救,是故履以果行也,嗛(謙)以制禮也,復以自知也,恆以一德也,損以遠害也,益以與 31 禮也,困以辟咎也,井以辯義也,渙以行權也。子曰:渙而不救則比矣。易之為書也難前,為道就(屢)與〈遷〉,[變]僮(動)而不居,周流六虚,上下无常,囦(剛)柔相易也。不可為典要,唯變所次(適)。出入又度,外内 32 内皆瞿(懼),又知患故,无又(有)師保,而親若父母,曰衒(率)其辤,楑(揆)度其方,无又(有)典尚(常),后(苟)非其人則道不[虚行],无德而占,則易亦不當。易之義,贊(原)始要冬(終)以為質,六肴(爻)相襟,唯侍(時)物也,是故[其初]33 難知,而上易知也,本難知也,而末易知也本則初如疑之,敬以成之,冬(終)而无咎。易[曰]□□□□脩道鄉物,巽德大明,在上正其是非,則丶人不□與□□□筮占,危弋(哉)□□不 34 當疑德,占之,則易可用矣。子曰:知者觀其緣(彖)辤,而説過半矣。易曰,二與四同[功異位,其善不同,二]多譽四多瞿(懼)□近也,近也者嗛(謙)之胃(謂)也易曰,柔之为道也不利遠[者,其]要无[咎,其用]柔若(中)[也易]35

曰三[与]五同功異立(位),其舀□□[三]多凶五多功貴賤之等□[也其]要危岡(剛)[勝邪]

第八種　帛書《衷》釋文

[廖名春發表於《帛書〈周易〉論集》,頁 381－386,上海:上海古籍出版社,2008 年 12 月。書中簡稱"廖戊"]

■子曰:"《易》之義誶陰與陽,六畫而成章。曲句焉柔,正直焉剛。六剛无柔,是胃大陽,此天[之義也]。□□□□□□見台而□□方。六柔无剛,此地之義也。天地相衛,氣味相取,陰陽流刑,剛 1 行柔成涅。萬物莫不欲長生而亞死,會心者而台作《易》,和之至也。是故《鍵》□□□九□□,高尚□□,[天之道也。《川》]順從而知畏兌,義沾下就,地之道也。用六,贛也;用九,盈也。盈而剛,故《易》曰'直 2 行方,大,不習,吉'也。因不習而備,故《易》曰'見羣龍无首,吉'也。是故《鍵》者,得[之陽也;《川》者],得之陰也;《肫》者,[得之難也;《蒙》者,得之]隋也;[《嬬》者,得之]畏也;《容》者,得之疑也;《師》者,得之栽也;《比》者,得鮮也;《小蓄》者,[得]之 3 行未雨也;《履》者,譁之□行也;《益》者,上下交矣;《婦》者,[陰]陽姦矣,下多陰而紎閉也。[《剥》之卦剥床以]辨,女散[陽而盛也];《復》之卦留[止]而周,所以人紫也;《无孟》之卦有罪而死,无功而賞,所以奝,故 4 行[災];《余》之卦歸而強,士諍也;《嬬》□□□□□□知,未騰朕也;《容》,失諸□□□□□□□□□□奇而僅咎,□遠也;《大有》之卦孫位也;《大牀》小腫而大從,《余》□□也;《大蓄》兌而曩 5 行[也];《隋》之卦相而能戒也;□□□□□□无爭而□□□□□□□□□□□周□□説,和説而知畏。《謹》者,得之代阱也;《家[人]》者,得処也;《井》者,得之徹 6 行也;《姤》者,[得之]□□□□□□□□□□也;《豐》者得[之]□□□□□□□□□瞿也。《兼》之卦□□□於不壹,《均》之卦足而知余,《林》之卦自誰不无瞿?《觀》之卦盈而能乎,7 行《齋》之卦善近而□□□□□□□□□□□□而□□□□□□□忠身失量,故曰慎而侍也。《筮閘》紫紀,《恆》言不 8 行已,《容》獄兌得也。勞之[卦]□□□□□□□□□□□□□□□□□□□□故以□□□□□□行也。《損》以□□□□□□也;《大牀》以卑陰也;《歸妹》以正女也;9 行《既齋》者高余比貧□□□□□□□□□□□□□□□《[大]過》過涉,所以□埱也。"子曰:"□□□□□□□□

□□□□□[所]10行以禁咎也。"子曰:"□□□□□□□□□□□□□□□□□□□□□□□□□□'[晉如,摧如]',所以敎謀也。'楷如秋如',所以辟怒[也]。□□□□□□□□□□□□□□□11行□□□□'[不]事王侯',□□之胃也。不求則不足難□□□□□□□□□□□□□□□□□□遂脩□□□□□□。《易》曰:'[辰]驚[百里,不喪匕鬯',此之胃也。]子曰]:"□□12行□□□□則危,親傷□□。《[易]》曰'何校'則凶,'屨校'則吉,此之胃也。"子曰:"五行□□□□□□□□□□用,不可學者也,唯亓人而已矣。□亓利□□□□□。[昔者聖人]之[作《易》也,幽]13行贊於神明而生占也,參天兩地而義數也,觀變於陰陽而立卦也,發揮於剛柔而[生爻也,和順於道德]而理於義也,窮理盡生而至於命[也。昔者聖人之作《易》,將以順性]命[之]理也。是故位14行天之道曰陰與陽,位地之道曰柔與剛,位人之道曰仁與義。兼三才兩之,六畫而成卦。分陰分陽,[迭用柔剛。故]易六畫而為章也。天地定立,[山澤通氣],火水相射,雷風相榑,八卦相磨。數15行往者順,知來者逆,故《易》達數也。"子曰:"萬物之義,不剛則不能僮,不僮則无功,恆僮而弗中則[亡,此剛]之失也。不柔則不靜,不靜則不安,久靜不僮則沈,此柔之失也。是故《鍵》之'炕龍',《壯》之'觸蕃',16行《句》之'离角',《鼎》之'折足',《鄷》之'虛盈',五繇者,剛之失也,僮而不能靜者也。《川》之'牝馬',《小蓄》之'密雲',《句》之'[適]屬',《[漸]》之'繩婦',《胀》之'泣血',五繇者,陰之失也,靜而不能僮者也。是故天之義,剛建僮發17行而不息,亓吉保功也。无柔救之,不死必亡。僮陽者亡,故火不吉也。[地]之義,柔弱沈靜不僮,亓吉[保安也。无]剛文之,則窮賤遺亡。重陰者沈,故水不吉也。故武之義,保功而恆死;文之義,18行保安而恆窮。是故柔而不抉,然後文而能朕也;剛而不折,然而后武而能安也。《易》曰:'直方,大,不[習],吉。'□□□□□於文武也。"此《易》贊也。子曰:"《鍵》六剛能方,湯武之德也。'潛龍勿用'者,匿也。19行'見蠱在田'也者,德也。'君子冬日鍵鍵',用也。'夕沂若,屬无咎',息也。'或鑵在淵',隱[而]能静也。'翡蠢[在天]',□而上也。'炕龍有悬',高而爭也。'羣龍无首',文而耴也。《川》六柔相從順,文之至也。'君20行子先迷後得主',學人之胃也。'東北喪崩,西南得崩',求賢也。'履霜,堅冰至',豫□□也。'直方,大,不[習,吉]',□□□[也]。'含章可貞',言美請也。'秳囊,无咎',語无聲也。'黃常,元吉',有而弗發也。21行'龍單于野',文而能達也。'或從王事,无成,有冬',學而能發也。《易》曰'何校',剛而折也。'嗚嗛'也者,柔而□[也。《避》之'黃牛',文而知朕矣。《渙》之緣辯,武而知安矣。《川》之至德,柔而反於方;

《鍵》之至德,22行剛而能讓。"此《鍵》、《川》之厷説也。子曰:"《易》之用也,殷之无道,周之盛德也。恐以守功,敬以承事,知以辟患,□□□□□□□文王之危,知史記之數書,孰能辯焉?《易》曰又名焉《鍵》。鍵也者,八卦23行之長也。九也者,六肴之大也。為九之狀,浮首兆下,蛇身僂曲,亓為龍類也。夫疊,下居而上達者,□□□□□□□□□而成章。在下為'楷',在上為'炕'。人之陰德不行者,亓陽必失類。《易》24行曰'潛龍勿用',亓義潛清,勿使之胃也。"子曰:"廢則不可入於謀,朕則不可與戒。忌者不可與親,繳[者]不可予事。《易》曰'潛龍勿[用]'、'炕龍有悔',言亓過也。物之上撼而下絕者,不久大立,必多亓25行咎。《易》曰'炕龍有悔'。大人之義不實於心,則不見於德;不單於口,則不澤於面。能威能澤,胃之疊。"《易》[曰]:"見龍在[田,利]見大人。"子曰:"君子之德也。君子齊明好道,日自見以侍用也。見男則26行僮,不見用則靜。"《易》曰:"君子冬日鍵鍵,夕沂若,厲,无咎。"子曰:"知息也,何咎之有?人不淵不䲷則不見,□淵不□,不用而反居亓□□。"《易》曰:"或䲷在淵,无咎。"子曰:"恆䲷則凶,君子䲷以自見,道以自27行成。君子竆不忘達,安不忘亡,靜居而成章,首福又皇。"《易》曰:"翡疊在天,利見大人。"子曰:"天之□□□□何有其□□□□□□人尉文而溥,齊明而達矣。此以制名,孰能及[乎]?"《易》曰:"見羣28行疊无首。"子曰:"讓善之胃也。君子羣居,莫敢首,善而治,何諛亓和也?龍不侍光而僮,无階而登,□□人與疊相以,何[不]吉之有?"此《鍵》之羊説也。子曰:"《易》又名曰《川》,雌道也。故曰'牝馬之貞',29行童獸也,川之類也。是故良馬之類,廣前而畏後,遂臧。尚受而順,下安而靜,外又美刑,則中又□□□□臧壽以□乎,畀以來羣,文德也。是故文人之義,不侍人以不善,見亞,墨然弗30行反,是胃以前戒後。武夫昌慮,文人緣序。"《易》曰:"先迷後得主。""學人胃也,何无主之又?天氣作□□□□寒暑不異,亓寒不凍,亓暑不曷。"《易》曰:"東北喪崩,西南得崩,吉。"子曰:"非吉石也,亓□□要誠與賢之胃也。[武夫]又拂,文人有輔。拂不撓,輔不絕,何不吉之又?"《易》曰:"履霜,堅冰至。"子曰:"孫從之胃也。歲之義31行始於東北,成於西南。君子見始弗逆,順而保穀。"易曰:"直方,大,不習,32行吉。"子曰:"生文武也,雖強學,是弗能及之矣。"《易》曰:"含章可貞,吉。""言美請之胃也。文人僮,小事時説,大[事]順成,知勿過數而務柔和。"《易》曰:"或從事,无成,又冬。"子曰:"言《詩》、《書》之胃也。君子笱得亓33行冬,可必可盡也。君子言於无罪之外,不言於又罪之內,是胃重福。"《易》曰:"利永貞。"此《川》之羊説也。又口能斂之,无舌罪,言不當亓時則閉慎而觀。"《易》曰:"聒囊,无咎。"子曰:"不言之胃也。[不言,何]咎之又?墨亦毋譽,君子美亓慎,而不自箸也,淵深而內亓華。"《易》曰:"黃常,元吉。"子35行曰:"尉文而不發之胃也。文人內亓光,外亓龍,不以亓白陽人之黑,故亓文茲章。""蠱單于野,亓血玄黃。"子曰:"耴人信戋!隱文且靜,必見之胃也。36行蠱夆變而不能去亓文,則文亓信于。"《易》曰□□既没,又爵□□□居,亓德不忘。子[曰]:"《易》之要可得而知矣。《鍵》、《川》也者,《易》之門户也。鍵,陽物也;川,陰物也。陰陽合德而剛柔有體,34行以體天地之化,而達神明之德也。亓辯名也,襍而不伐,於指《易》□,衰世之僮與?《易》[彰往而察]來者也,微顯贊絶,巽而恆當,當名辯物,正言巽辤而備。本生仁義,所37行以義剛柔之制也。亓稱名也少,亓取類也多,其指閒,亓辤文,亓言曲而中,亓事隱而單。因齌人行,明[失得之報。《易》之]興也,於中古乎?作《易》者,亓又患憂與?上卦九者,贊以德而占以義者38行也。《履》也者,德之至也;《嗛》也者,德之枋也;《復》也者,德之本也;《恆》也者,德之固也;《損》也者,德之脩也;《益》[也者,德]之譽也;《困》也者,德之欲也;《井》者,德之地也;《渙》也者,德制也。是故占曰:《履》,和而至;39行《嗛》,奠而光;《復》,少而辯於物;《恆》,久而弗厭;《損》,先難而後易;《益》,長裕而與;《宋》,竆而達;《井》,居亓所而遷;[《渙》,稱]而救。是故《履》以果行也,《嗛》以制禮也,《復》以自知也,《恆》以一德也,《損》以遠害也,《益》以與40行禮也,《困》以辟咎也,《井》以辯義也,《渙》以行權也。子曰:"渙而不救,則比矣。"《易》之為書也,難前,為道就罌。[變]僮而不居,周流六虛,上下无常,剛柔相易也,不可為典要,唯變所次。出入又度,外内41行内皆瞿。又知患故,无又師保,而親若父母。印衛亓辤,楑度亓方,无又典尚,后非亓人,則道不[虚行]。无德而占,則《易》亦不當。《易》之義,贊始□冬以為質,六肴相襍,唯侍物也。是故[亓初]42行難知,而上易知也;本難知也,而末易知也。[本]則初如疑之,敬以成之,冬而无咎。□□□□□□□脩道,鄉物巽德,大明在上,正亓是非,則[非中爻]不[備]。□□□□占,危戋!□□不43行當,疑德占之,則《易》可用矣。子曰:"知者觀亓緣辤,而説過半矣。"《易》曰:"二與四同[功異立,亓善不同。二]多譽,四多瞿,近也。"近也者,嗛之胃也。《易》曰:"柔之為道也,不利遠[者,亓]要无[咎,亓用]柔若[中]也。"《易》44行曰:"三與五同功異立,亓過[不同,三]多凶,五多功,[貴賤]之等[也。亓柔危,亓剛朕邪]?"□□□□□□□□衷二千45行

第九種 衷

[丁四新發表於《楚竹簡與漢帛書〈周易〉校注》之"附錄",頁521—526,上海:上海古籍出版社,2011年。書中簡稱"丁乙"]

■■子曰:"《易》之義誶陰與陽,六畫而成章。曲句焉柔,正直焉剛。"六剛无柔,是胃大陽,此天[之義也]。一行上□□□□□□見台而□□□方。六柔无剛,此地之義也。天地相衞,氣味相取,陰陽流荆,剛一行下柔成□,萬物莫不欲長生而亞死。會众者而台作《易》,和之至也。是故《鍵》□□九□友高尚□□,[二行上天之道也。《川》]順從而知畏兇,義沽下就,地之道也。用六,贛也;用九,盈也。盈而剛,故《易》曰"直二行下方大,不習,吉"也。因不習而備,故《易》曰"見羣龍无首,吉"也。是故《鍵》者,得[之陽也;《川》者],得之陰也;《肫》者,[得之難也;三行上《蒙》者,得之]隋也;[《嬬》者,得之]畏也;《容》者,得之疑也;《師》者,得之裁也;《比》者,得鉼也;《小蓄》者,[得]之三行下未内也;《履》者,諱之力行也;《益》者,上下交矣;《婦》者,[陰]陽姦矣,下多陰而紆[閉也。《剝》之以]辨,女散□□四行上□□□□。《復》之卦,留□而周,所以人紫也。《无孟》之卦,有罪而死,无功而賞,所以畜,故四行下[災]。《余》之卦,歸而强,士諍也。《嬬》□□□□□□□□知,未騰朕也。《容》,失諸□□□□□□□□□五行上□□□奇心而膧,□□遠也。《大有》之卦,孫位也。《大牀》,小膧而大從;《余》,□□□也。《大蓄》,兑而詷 五行下[也]。《隋》之卦,相而能戒也。《恆》[之卦],□□□□□□□先爭而後□□□□□□六行上□□□□□□説,和説而知畏。《謹》者,得之代阱也。《家[人]》者,得処也。《井》者,得之徹六行下也。《均》者,[得之]□□□□□□□□□□也。《登》者,得[之]□□□ □□□□七行上瞿也。《兼》之卦,□□□從於不豐。《均》之卦,足而知余。《林》之卦,自誰不先瞿?《觀》之卦,盈而能乎;七行下《齎》之卦,善近而□□□□□□□□□□□亓善富□□□□□八行上□□□□□乎□□□□□□□亓忠身失量,故曰慎而侍也。《筮閒》紫紀,《恆》言不八行下已,《容》獄凶得也。勞之□□□□□□□□□□□□□九行上□□□□□□□□□。《故》以□□□□行也,《損》以□□也。《大牀》,以卑陰也。《歸妹》,以正女也。九行下《既齎》者,高余比貧□□□□□□□□□□□□□□□□□□一〇行上□□□□□《[大]過》"過涉",所以□埮也。子曰:"□□□□□□□□□□□□□□□,[所]一〇行下以禁咎也。"子曰:□□□□□□□□□□□□□□□ 一一行上 □□□□□□,所以教謀也。"楃如秋如",所以辟怒[也]。□□□□□□□□□□□□一一行下□□□。"[不]事王公",[亓此]之胃也。不求則不足以難□□□□□□□□□□□□□一二行上□□□邀脩□□□□□□也。《易》曰:"[辰]驚[百里,不喪匕鬯。"此之胃也。子曰]："□□一二行下□□□□則危,親傷□□[《易》]曰'何校'則凶,'履校'則吉,此之胃也。"子曰:"五行者□□□□□□□十三行上□□□□□用,不可學者也,唯亓人而巳矣。《易》亓[利]□□□□□[昔者,即人]之[作《易》也,幽]一三行下贊於神明而生占也,參天兩地而義數也,觀變於陰陽而立卦也,發揮於[剛]柔而[生爻也,一四行上和順於道德]而理於義也,舘理盡生而至於命[也。昔者,即人之作《易》也,將以順生]命[之]理也。是故位一四行下天之道曰陰與陽,位地之道曰柔與剛,位人之道曰仁與義。兼三財兩之,六畫而成卦。分陰分陽,[迭一五行上用柔剛,故]《易》六畫而爲章也。天地定立,[山澤通氣],火水相射,雷風相榑,八卦相厝。數一五行下往者順,知來者逆,故《易》達數也。"子曰:"萬物之義,不剛則不能僮,不僮則无功,恆僮而弗中則[亡,一六行上此剛]之失也。不柔則不靜,不靜則不安,久靜不僮則沈,此柔之失也。是故《鍵》之'炕龍',《壯》之'觸蕃',一六行下《句》之'离角',《鼎》之'折足',《鄷》之'虛盈',五繇者,剛之失也,僮而不能靜者也。《川》之'牝馬',《小蓄》之'密雲',《句》之'[適]屬',一七行上《漸》之'繩婦',《肫》之'泣血',五繇者,陰之失也,靜而不能僮者也。是故天之義,剛建僮發一七行下而不息,亓吉保功也;無柔救之,不死必亡。僮陽者亡,故火不吉也。地之義,柔弱、沈靜、不僮,亓吉[保一八行上安]也;[无]剛文之,則舘賤遺亡。重陰者沈,故水不吉也。故武之義,保功而恆死;文之義,一八行下保安而恆舘。是故柔而不切,然后文而能朕也;剛而不折,然而后武而能安也。《易》曰:'直方大,不一九行上[習,吉]。'□□□□於文武也。"此《易》贊也。子曰:"《鍵》六剛能方,湯武之德也。'潛龍勿用'者,匿也。一九行下'見蠪在田'也者,德也。'君子冬日鍵鍵',用也。'夕沂若,厲,无咎',息也。'或鑋在淵',隱[而]能靜也。'罪蠪二○行上[在天]',□而上也。'炕龍有悔',高而爭也。'羣龍无首',文而耴也。《川》六柔相從順,文之至也。'君二○行下子先迷,後得主',學人之胃也。'東北喪崩,西南得崩',求賢也。'履霜,堅冰至',豫□□也。'直方大,[不二一行上習]',□□□□[也]。'含章可貞',言美請也。'聒囊,无咎',語無聲也。'黃常,元吉',有而弗發也。二一行下'龍單于野',文而能達也。'或從王事,无成有冬',學而能發也。《易》曰'何校',剛而折也。'鳴嗛'也者,柔而二二行上□[也]。《掾》之'黃牛',文而知朕矣。《渙》之緣辟,武而知安矣。《川》之至德,柔而反於方。《鍵》之至德,二二行下剛而能讓。此《鍵》、《川》之厽說也。"子曰:"《易》之用也,叚之无道,周之盛德也。恐以守功,敬以承事,知以辟患,二三行上□□□□□□□文王之危,知史記之數書,孰能辯焉?《易》曰又名焉曰鍵。鍵也者,八卦二三行下之長也。九也者,六肴之大也。爲九之狀,浮首兆下,蛇身傴曲,亓爲龍類也。夫蠱,下居而上達者,二四行上□□□□□□□□而成章。在下爲'楷',在上爲'炕'。人之陰德不行者,亓陽必失類。《易》二四行下曰'潛龍勿用',亓義潛清,勿使之胃也。"子曰:"廢則不可入於謀,朕則不可與戒。忌者不可與親,繳二五行上[者]不可予事。《易》曰'潛龍勿[用]'、'炕龍有悬',言亓過也。物之上撕而下絶者,不久大立,必多亓二五行下咎。《易》曰'炕龍有悬',大人之義不實於心,則不見於德;不單於口,則不澤於面。能威能澤,胃之蠱。"《易》二六行上[曰]:"見龍在[田,利]見大人。"子曰:"君子之德也。君子齊明好道,日自見以侍用也。見男則二六行下僮,不見用則靜。《易》曰:'君子冬日鍵鍵,夕沂若,厲,无咎。'"●子曰:"知息也,何咎之有?人不淵、不鱷則不見,□二七行上淵不□,不用而反居亓□□。《易》曰:'或鱷在淵,无咎。'"●子曰:"恆鱷則凶。君子鱷以自見,道以自二七行下成。君子舘不忘達,安不忘亡,靜居而成章,首福又皇。"《易》曰:"羅蠱在天,利見大人。"子曰:"天之□□二八行上□何有亓□□□□□人尉文而溥,齊明而達矣。此以剌名,孰能及[乎]?"《易》曰:"見羣二八行下蠱无首。"子曰:"讓善之胃也。君子羣居,莫敢首,善而治,何誅亓和也? 龍不侍光而僮,无階而登,[卽]□二九行上人與蠱相以,何[不]吉之有?"此《鍵》之羊説也。子曰:"《易》又名曰《川》,雌道也,故曰'牝馬之貞'。二九行下童獸也,《川》之類也。是故良馬之類,廣前而羀後,遂臧。尚受而順,下安而靜,外又美荆,則中又三〇行上臧壽以□□乎,畀以來羣,文德也。是故文人之義,不侍人以不善,見亞,墨然弗三〇行下反,是胃以前戒後。武夫昌慮,文人緣序。"《易》曰:"先迷後得主。""學人胃也。何无主之又? 天氣作,三一行上寒暑不異□,亓寒不凍,亓暑不曷。"《易》曰:"履霜,堅冰至。"子曰:"孫從之胃也。歲之義,三一行下始於東北,成於西南。君子見始弗逆,順而保毅。"《易》曰:"東北喪崩,西南得崩,吉。"子曰:"非吉石也。亓三二行上要,誠與賢之胃也。[武夫]又柄,文人有輔。柄不橈,輔不絶,何不吉之又?"《易》曰:"直方大,不習,三二行下吉。"子曰:"生文武也,雖强學,是弗能及之矣。"《易》曰:"含章可貞,吉。""言美請之胃也。文人僮,小事時説,大[事]三三行上順成,知勿過數而務柔和。"《易》曰:"或從事,无成,又冬。"子曰:"言《詩》、《書》之胃也。君子笴得亓三三行下冬,可必、可盡也。君子言於无罪之外,不言於又罪之内,是胃重福。"《易》曰:"利[永]貞。"此《川》之羊説也。子[曰]:三四行上"《易》之要,可得而知矣。《鍵》、《川》也者,《易》之門户也。鍵,陽物也;《川》,陰物也。陰陽合德而剛柔有體,三四行下以體天地之化。"又口能斂之,无舌罪;言不當亓時,則閉慎而觀。《易》曰:"括囊,无咎。"子曰:"不言之胃也。三五行上[不言,何]咎之又? 墨亦毋譽,君子美亓慎而不自箸也,淵深而内亓華。"《易》曰:"黄常,元吉。"子三五行下曰:"尉文而不發之胃也。文人内亓光,外亓龍,不以亓白陽人之黑,故亓文兹章。"《易》曰:□□既没,又爵三六行上□□□□居亓德不忘。"蠱單于野,亓血玄黄。"子曰:"耴人信戈!隱文且静,必見之胃也。三六行下蠱七十變而不能去亓文,則文亓信于。"而達神明之德也。亓辯名也,襍而不伐。於指《易》,[亓]衰世之僮與?《易》三七行上[亓彰往而察]來者也。微顯贊絕,巽而恆當;當名辯物,正言巽辤而備。本生仁義,所三七行下以義剛柔之制也。亓稱名也少,亓取類也多;其指閒,亓辤文;亓言曲而中,亓事隱而單。因齎人行,明三八行上[失得之報。《易》之]興也,於中故乎?作《易》者,亓又患憂與?上卦九者,贊以德而占以義者三八行下也。《履》也者,德之亞也;《嗛》也者,德之枋也;《復》也者,德之本也;《恆》也者,德之固也;《損》也者,德之脩也;《益》三九行上[也者,德]之譽也;《困》也者,德之欲也;《井》者,德之地也;《渙》也者,德制也。是故占曰:《履》,和而至;三九行下《嗛》,尊而光;《復》,少而辨於物;《恆》,久而弗厭;《損》,先難而後易;《益》,長裕而與;《宋》,舘而達;《井》,居亓所而遷;四○行上[《渙》,稱]而救。是故《履》以果行也,《嗛》以制禮也,《復》以自知也,《恆》以一德也,《損》以遠害也,《益》以與四○行下禮也,《困》以辟咎也,《井》以辯義也,《渙》以行權也。子曰:"渙而不救,則比矣。"《易》之爲書也難前,爲道就與。四一行上[變]僮而不居,周流六虛,上下无常,剛柔相易也;不可爲典要,唯變所次。出入又度,外内四一行下内皆瞿,又知患故,无又師保,而親若父母。印衒亓辤,楑度亓方,无又典尚,后非亓人,則道不[虛四二行上行]。无德而占,則《易》亦不當。《易》之義,贊始要冬以爲質,六肴相襍,唯侍物也。是故[亓初]四二行下難知,而上易知也;本難知,而末易知也。[本]則初如疑之,敬以成之,冬而无咎。[《易》]□□□□□四三行上□□脩道,鄉物巽德,大明在上,正亓是非,則[非亓中肴]不[備]。□□□□□占,危戈!□□不四三行下當,疑德占之,則《易》可用矣。子曰:"知者觀亓緣辤,而說過半矣。"《易》曰:"二與四同[功異立,亓善不同:二]四四行上多譽,四多瞿,近也。"近也者,嗛之胃也。《易》曰:"柔之爲道也,不利遠[者。亓]要无[咎,亓用]柔若[中]也。"《易》四四行下曰:"三與五同功異立,亓過[不同:三]多凶,五多功,[貴賤]之等[也]。亓柔危,亓剛朕邪!"□□□□□□□□。四五行上衷二千四五行下

第十種　繫辭

[于豪亮發表於《馬王堆帛書〈周易〉釋文校注》,頁125-133,上海:上海古籍出版社,2013年。書中簡稱"于文"。于文把《衷》篇歸入帛書《繫辭》

的一部分，作爲《繫辭》三下、四上、下］

子曰：易之義，誶陰與陽，六畫而成章。九句焉柔，正直焉剛。六剛无柔，是胃（謂）大陽。此天［之義也］。□□□□□□□□方，六柔无剛，此地之義也。天地相率，氣味相取，陰陽流刑，剛柔成□，萬物莫不欲長生而亞（惡）死，會品者而台作。易，和之至也，是故鍵（乾）□□□□□□□□□義沽下就，地之道也。用六贛（坎）也，用九盈也。盈而剛，故易曰：直方大，不習□也，因不習而備，故易曰：見羣龍无首吉也。是故鍵（乾）者，得之□□□□□□正誘而□□□□□畏也，容（訟）者，得之疑也，師者，得之栽（仇）也，比者，得［之□］也，小蓄（畜）者，［得］之未也，履者，□之□行也，益者，上下交矣，婦（否）者□易姦矣，下多陰而紑□□□□□□者，得之守也□瞿也，兼之卦□□而周所以入綳也。无孟（妄）之卦，有罪而死，無功而賞，所以番故□。《余》（豫）之卦，歸面强士□也，嬬（需）□□□□□知未騰朕也，容失諸□□□能誨也，□□之□□□□而□□□遠也，大有之卦，孫位也，大牀（壯）小朣（動）而大從□□□也，大蓄（畜）尧而誨［也］，隋之卦，相而能戒也，□□□之至□□□□□□先爭而後□□□□□同女□□□□□□□□□是故□以□□說，和說而知畏，謹者得之代阱也。家人者，得處也。井者，得之微也。均（姤）者□□□□□□□□□容者得□□□□也，登者，得之□□□□□也中□□□□過過涉所□□從於不豐。均（姤）之卦足而知余，林（臨）之卦自誰不无瞿（懼），觀之卦盈而能乎？齎（濟）之卦善近而□□□□□見台而□之卦草□□□□其□□□九□義高尚□□□□□所以教謀也楢□乎□□□□□□□□□□□□□□□□□□□□□□□□□□□□□忠身失量。故曰：慎而侍也，筮閒綳紀，恆言不已，容獄凶得也，勞之□順從而知畏□□誘也□□□□□□得之陰也，肶者□□□□□□□□□□□□□□□□□□□□□□□□行也損以□大牀（狀）以□□也，歸妹以正女也，既齎（濟）者高余比貧□□隋也□□□也此易□者□□□□□□□辯女請毋虞□者□□□□□□□□□□□□□□□□□□□□□□□□□□□□□□□□禁□也子曰□□□□□□□□□□□□□□……□□不事王侯□□之胃（謂）也□□□□足以難□□□□□□□□□□□□□□□□□用布可學者也唯其人而已矣□□□□□□則從覗傷□□□曰何校則凶，屢（屨）校則吉，此之胃（謂）也。子曰：五行者，□□□□□□□□［昔者聖人之作易也，幽］贊於神明而生占也，参天兩地而義數也，觀變於陰陽而立卦也，發揮於［剛］柔而［生爻（爻）也，和順於道］德而理於義也，窮理盡生（性）而至於命也，[昔者聖人之作易也，將以順生(性)命[之]理也，是故位天之道曰陰與陽，位地之道曰柔與剛，位人之道曰仁與義，兼三財(才)[而]兩之，六畫而成卦，分陰分陽，[迭用柔]剛，故易六畫而爲章也。天地定立(位)，[山澤通氣]，火水相射，雷風相榑，八卦相昔(錯)，數往者順，知來者逆，故易達數也。子曰：萬物之義，不剛則不能僮(動)，不僮(動)則無功，恆僮(動)而弗中則上□，[此剛]之失也。不柔則不靜，不靜則不安，久靜不僮(動)則沈，此柔之失也。是故鍵(乾)之炕(亢)龍，壯之觸蕃，句(姤)之離角，鼎之折足，鄷(豐)之虛盈，五繇者，剛之失也，僮(動)而不能靜者也。川(坤)之牝馬，小蓄(畜)之密雲、句(姤)之□□、漸之繩(孕)婦、肫(屯)之泣血，五繇者，陰之失也，靜而不能僮(動)者也。是故天之義，剛建(健)僮(動)發而不息，其吉保功也。無柔戕(仇)之不死必亡。僮(動)陽者亡，故火不吉也。地之義柔弱，沈靜不僮(動)，其吉[保安也。無]剛文之，則窮賤遺亡。重陰者沈，故水不吉也。故武之義保功而恆死，文之義保安而恆窮，是故柔而不劦，然后文而能朕(勝)也；剛而不折，然而后武而能安也。易曰：直方大不[習]，□□□之屯於文武也，此易贊也。子曰：鍵(乾)六剛能方，湯武之德也。"潛龍勿用"者，匿也。"見龍在田"也者，德也。"君子冬(終)日鍵(乾)鍵(乾)"，用也。"夕沂(惕)若屬，无咎"，息也。"或躍(躍)在淵"，隱[也。僮(動)]能靜也。"罪(飛)龍[在天]"，□□□□也。"炕(亢)龍有悔"，高而爭也。"羣龍无首"，文而耴(聖)也。川(坤)六柔相從順，文之至也。"君子先迷後得主"，學人之胃(謂)也。"東北喪崩(朋)，西南得崩(朋)"，求賢也。"履霜堅冰至"，豫□□□也。"直方大，不[習]"，[无不利]。"[含章]可貞"，言美請(情)也。"聒(括)囊无咎"，語無聲也。"黃常(裳)元吉"，有而弗發也。"龍單(戰)于野"，文而能達也。"或從王事，无成有冬(終)"，學而能發也。易曰"何校"，剛而折也。"鳴嗛(謙)"也者，柔而□□□□□"黃牛"，文而知勝矣。渙之緣(彖)辭，武而知安矣。川(坤)之至德，柔而反於方。鍵(乾)之至德，剛而能讓。此鍵(乾)川(坤)之品說也。子曰：易之用也，叚之无道，周之盛德也？恐以□□，敬以承事，知以辟(避)患，□□□□□□□文王之危，知史□之數書，孰能辯焉？易曰又名焉曰鍵(乾)。鍵(乾)也者，八卦之長也。九也者，六肴(爻)之大也。爲九之狀，浮首承下，蛇身僂曲，其爲龍類也夫？龍下居而上達者，□□□□□□□□□□六畫而成章。在下爲檜(潛)，在上爲炕(亢)。人之陰德不行者，其陽必失類。易曰"潛龍勿用"，其義潛清，勿使之謂也。子曰：廢則不可入於謀，勝則不可與戒。忌者不可與親，繳者□□□□□□□。[易]曰"潛龍[勿用]"，"炕龍有悔"，言其過也。物之上撕而下絕者，不久大立(位)，必多其咎。易曰"炕(亢)龍有悔"，大人之義，不實於心,則不見於德;不單於口,則不澤於面。能威能澤,胃(謂)之龍。易[曰"飛龍在天,利]見大人",子曰:君子之德也。君子齊明好道,日自見以侍(待)用也。見肋則僅(動),不見用則靜。易曰:"君子冬(終)日鍵(乾)鍵(乾),夕沂(惕)若厲,无咎。"•子曰:知息也,何咎之有?人不淵不鑼(躍),則不見□□□□□□反□□□□□。易曰:"或鑼(躍)在淵,无咎。"•子曰:恆鑼(躍)則凶,君子鑼(躍)以自見,道以自成。君子窮不忘達,安不忘亡,靜居而成章,首福又皇。易曰:"翠(飛)龍在天,利見大人。"子曰:天之助□□□□□□□□□□□□□□文而□,齊明而達矣。此以剸名,孰能及□?易曰"見羣龍无首",子曰:讓善之胃(謂)也。君子羣居,莫敢首善而治,何詠其和也?龍不侍(待)光而動,无階而登,□□□□□□□□□,此鍵(乾)之羊(詳)說也。子曰:易又名曰川(坤),雌道也。故曰"牝馬之貞"。童獸也,川(坤)之類也。是故良馬之類,廣前而罠(圜)後,遂臧,尚受而順,下安而靜,外又美刑(形),則中又□□□□□乎畀以來,羣文德也。是故文人之義,不侍(待)人以不善,見亞(惡)墨然弗反,是胃(謂)以前戒後,武夫昌慮,文人緣序。易曰"先迷後得主",學人胃(謂)也,何无主之又(有)?天氣作□□□□其寒不凍,其暑不竭。易曰"履霜堅冰至",子曰:孫(遜)從之胃(謂)也。歲之義,始於東北,成於西南,君子見始弗逆,順而保穀。易曰:"東北喪崩(朋),西南得崩(朋),吉。"子曰:非吉石也,其□□□與賢之胃(謂)也。武人又(有)梻,文人有輔梻不橈,輔不絕。何不吉之又(有)?易曰:"直方大不習,吉。"子曰:主文武也。雖强學,是弗能及之矣。易曰:"含章可貞,吉。"言美請(情)之胃(謂)也。文人僅(動)小事時說大順成,知毋過數而務柔和。易曰:"或從事,无成又(有)冬(終)。"子曰:言詩書之胃(謂)也。君子笱(苟)得其冬(終),可必可盡也。君子言於无罪之外,不言於又(有)罪之內,是胃(謂)重福。易曰:"利[永]貞。"此川(坤)之羊(詳)說也。子[曰]:易之要,可得而知矣。鍵(乾)川(坤)也者,易之門户也。鍵(乾),陽物也;川(坤),陰物也。陰陽合德,而剛柔有體(體),以體(體)天地之化,又口能敛之,无舌罪,言不當其時,則閉慎而觀。易曰:"䚡(括)囊无咎。"子曰:不言之胃(謂)也。□□何咎之又(有),墨(默)亦毋譽,君子美其慎而不自箸也,淵深而內其華。易曰:"黃常(裳),元吉。"子曰:尉文而不發之胃(謂)也。文人內其光,外其龍,不以其白陽人之黑,故其文兹章。易曰:□□既沒又爵,□其寒不凍,其□居其德不忘。"龍單(戰)于野,其血玄黃。"子曰:耶(聖)人信哉,隱文且靜,必見之胃(謂)也。龍才變而不能去其文,則文其信于而達,神明之德也。其辯名也,雜而不伐(越)於指。易□□□亡之僅(動)與?易□□□不□不用而□來者也。微顯贊絕,異而恆當,當名辯物正言,巽辟而備,本生仁義,所以義剛柔之制也。其稱名也少,其取類也多,其指閒(簡),其辤文,其言曲而中,其事隱而單,因齌人行,明得失之報。[易之]興也於中故(古)乎！作易者,其又(有)患憂與？上卦九者,贊以德而占以義者也。履也者,德之至也；嗛也者,德之柄也；復也者,德之本也；恆也者,德之固也；損也者,德之脩也；益[也者,德之]礜也；困也者,德之欲也；井者,德之地也；渙也者,德制也；是故占曰：履和而至；嗛(謙)奠(尊)而光；復少而辨於物；恆久而弗厭；損先難而後易；益長裕而興；宋〈困〉窮而達；井居其所而遷；[渙]□而救。是故履以果行也；嗛(謙)以制禮也；復以自知也；恆以一德也；損以遠害也；益以與禮也；困以辟咎也；井以辯義也；渙以行權也。子曰：渙而不救則比矣。易之爲書也難前,爲道就與□□,[變]僮(動)而不居,周流六虛,上下无常,岡(剛)柔相易也,不可为典要,唯變所次,出入又度,外內內皆瞿(懼)。又知患故,无又(有)師保,而親若父母。□衛(率)其辤,揆度其方,无又(有)典尚(常),后(苟)非其人,則道不虛行,无德而占,則易亦不當。易之義贊[始要]冬(終)以爲質,六肴(爻)相襐,唯侍(待)物也,是故[其初]難知,而上易知,本難知也,而末易知也。□則初如疑之,敬以成之,冬(終)而无咎。□□□□□□脩道鄉物,巽德大明,在上正其是□□也□不□□□□□水火相□□占危哉□□不當疑德,占之,則易可用矣。子曰：知者觀其緣(彖)辭,而說過半矣。易曰：二與四同[功][而異位,其善不同。多譽四多瞿,近也。易曰：柔之为道不利遠者,其要无咎。□□□□柔若□□□□□□從之,從之者,嗛(謙)之胃(謂)也。易曰：柔者□□□□□□□□□□□□[易]曰：三與五同功,□□□過□□□□三多凶,五多功,貴賤之等也,其柔危其剛勝耶□□□□□□□□□□□□□……□□□肴有□□□□

二、帛書《衷》篇研究論著目錄

圖版

1. 廖名春：《帛書〈易傳〉初探》附錄二,帛書《易傳》圖版,圖1、2、3、4、5,臺北：文史哲出版社,1998年。
2. 張政烺：帛書照片《易之義》一、二、三、四,《馬王堆帛書〈周易〉經傳校讀》頁23—26,北京：中華書局,2008年。
3. 湖南省博物館、復旦大學出土文獻與古文字研究中心編纂,裘錫圭主編：

《長沙馬王堆漢墓簡帛集成》,第一冊,頁 34、35、36、37,北京:中華書局,2014 年。

釋文

1. 陳松長、廖名春:《帛書〈易之義〉釋文》,《道家文化研究》,第三輯(馬王堆帛書專號),頁 424－435,上海:上海古籍出版社,1993 年。
2. 廖名春:《帛書〈易之義〉釋文》,《國際易學研究》,第一輯,頁 20－25,北京:華夏出版社,1995 年。
3. 廖名春:《馬王堆帛書〈衷〉》,《馬王堆帛書〈周易〉經傳釋文》,《續修四庫全書》經部易類,第一冊,頁 29－35,上海:上海古籍出版社,1995 年。
4. 廖名春:《馬王堆帛書〈衷〉》,《馬王堆帛書周易經傳釋文》,《易學集成》(三),頁 3036－3042,成都:四川大學出版社,1998 年。
5. 廖名春:《帛書〈衷〉釋文》,《帛書〈易傳〉初探》,頁 272－277,臺北:文史哲出版社,1998 年。
6. 丁四新:《衷》,《馬王堆漢墓帛書〈周易〉》,《儒藏(精華編)》281 冊,頁 263－283,北京:北京大學出版社,2007 年。
7. 張政烺:《〈易之義〉釋文》,《馬王堆帛書〈周易〉經傳校讀》,頁 137－144,北京:中華書局,2008 年。
8. 廖名春:《帛書〈衷〉釋文》,《帛書〈周易〉論集》,頁 381－386,上海:上海古籍出版社,2008 年。
9. 丁四新:《衷》,《楚竹簡與漢帛書〈周易〉校注》,頁 521－526,上海:上海古籍出版社,2011 年。

論著

1. 湖南省博物館、中國科學院考古研究所:《長沙馬王堆二、三號漢墓發掘報告》,《文物》1974 年第 7 期,頁 39－48 轉 63。
2. 曉函:《長沙馬王堆漢墓帛書概述》,《文物》1974 年第 9 期,頁 40－44;湖南省博物館編:《馬王堆漢墓研究》,頁 71－78,長沙:湖南人民出版社,1981 年。
3. 張政烺:《在長沙馬王堆漢墓帛書座談會上的發言》,《文物》1974 年第 9 期,頁 48－49;《張政烺文史論集》,頁 454－455,北京:中華書局,2004 年。
4. 周世榮:《略論馬王堆出土的帛書竹簡》,《文物》1974 年第 9 期,頁 49。長沙馬王堆醫書研究會編:《馬王堆醫書研究專刊》第 2 輯,1981 年。

5. 中國科學院考古研究所湖南省博物館寫作小組:《馬王堆二、三號漢墓發掘的主要收穫》,湖南省博物館編:《馬王堆漢墓研究》,頁59－70,長沙:湖南人民出版社,1981年。

6. 張政烺:《帛書〈六十四卦〉跋》,《文物》1984年第3期;《周易研究論文集》,第一輯,頁601－612,北京:北京師範大學出版社,1987年。

7. 于豪亮:《帛書〈周易〉》,《文物》1984年第3期,頁15－24;《周易研究論文集》,第一輯,頁613－628,北京:北京師範大學出版社,1987年。

8. 李學勤:《馬王堆帛書〈周易〉的卦序卦位》,《中國哲學》,第十四輯,北京:生活・讀書・新知三聯書店,1984年;《周易經傳溯源》,頁204－213,長春:長春出版社,1992年;《周易溯源》,頁302－315,成都:巴蜀書社,2006年。

9. 饒宗頤:《再談馬王堆帛書周易》,《明報月刊》,1984年;《饒宗頤史學論著選》,頁68－83,上海:上海古籍出版社,1993年。

10. 黃沛榮:《論馬王堆帛書〈易經〉之卦序》,《中國書目季刊》(臺灣)第18卷第4期,頁141－149,1985年3月;《屈萬里院士紀念論文集》,頁141－152,臺北:學生書局,1985年。

11. 劉大鈞:《帛〈易〉初探》,《文史哲》1985年第4期,頁53－60;《周易概論》,濟南:齊魯書社,1986年。

12. 嚴靈峰:《馬王堆帛書易經"六十四卦"的重卦和卦序問題(上)》,《東方雜誌》(臺灣),1985年十八卷八期。

13. 霍斐然:《帛書〈周易〉"火水相射"釋疑》,《文史》第二十九輯,頁357－363,北京:中華書局,1988年。

14. 韓仲民:《帛書〈繫辭〉淺說——兼論〈易傳〉的編纂》,《孔子研究》,1988年第4期,頁23－28;《周易研究》1990年第1期,頁14－20。

15. 李學勤:《帛書〈繫辭〉略論》,《齊魯學刊》1989年第4期,頁17－20;《周易經傳溯源》,頁231－237,長春:長春出版社,1992年。

16. 張立文:《周易帛書淺說》,《中國文化與中國哲學》,頁84－116,北京:生活・讀書・新知三聯書店,1990年;《周易帛書今注今譯》,頁1－42,臺北:學生書局,1991年;《帛書周易淺說》,《帛書周易注譯》,頁1－37,鄭州:中州古籍出版社,1992年;《《帛書周易》淺說》(修訂本),《帛書周易注譯》,頁1－29,鄭州:中州古籍出版社,2008年。

17. 傅舉有、陳松長編著:《馬王堆漢墓文物綜述》,頁9－11,長沙:湖南出版社,1992年。

18. 韓仲民:《卦序試析》,《帛易說略》,頁79－92,北京:北京師範大學出版社,1992年。

19. 王葆玹:《從馬王堆帛書本看〈繫辭〉與老子學派的關係》,《道家文化研究》第一輯,頁175－187,上海:上海古籍出版社,1992年。

20. 王葆玹:《帛書〈繫辭〉與戰國秦漢道家〈易〉學》,《道家文化研究》第三輯(馬王堆帛書專號),頁73－88,上海:上海古籍出版社,1993年。

21. 張立文:《帛書〈繫辭〉與通行本〈繫辭〉的比較》,《道家文化研究》第三輯(馬王堆帛書專號),頁120－132,上海:上海古籍出版社,1993年。

22. 王葆玹:《帛書〈周易〉所屬的文化地域及其與西漢經學一些流派的關係》,《道家文化研究》第三輯(馬王堆帛書專號),頁181－189,上海:上海古籍出版社,1993年。

23. 廖名春:《帛書〈易之義〉簡說》,《道家文化研究》第三輯(馬王堆帛書專號),頁196－201,上海:上海古籍出版社,1993年;《帛書〈易傳〉初探》,頁8－14,臺北:文史哲出版社,1998年。

24. 李學勤:《帛書〈易傳〉及〈繫辭〉的年代》,《中國哲學》第16輯,1993年;《周易溯源》,頁355－361,成都:巴蜀書社,2006年。

25. 廖名春:《帛書易傳引易考》,"首屆海峽兩岸《周易》學術討論會"論文,1993年8月3－7日,山東濟南;《大易集要》,頁16－24,濟南:齊魯書社,1994年;《漢學研究》(臺灣),第12卷第2期,頁333－344,1994年12月。

26. 李學勤:《帛書〈周易〉的幾點研究》,《文物》1994年第1期;《古文獻叢論》,上海:上海遠東出版社,1996年;《周易溯源》,頁315－326,成都:巴蜀書社,2006年。

27. 陳鼓應:《〈二三子問〉〈易之義〉〈要〉的撰作年代以及其中的黃老思想》,《易傳與道家思想》,頁247－271,臺北:商務印書館,1994年;《〈二三子問〉〈易之義〉〈要〉的撰作年代及其黃老思想》,《國際易學研究》,第一輯,頁89－106,北京:華夏出版社,1995年;《易傳與道家思想》,頁197－214,北京:生活·讀書·新知三聯書店,1996年。

28. 李學勤:《帛書〈易傳〉〈易之義〉研究》,"中國國際漢學研討會"論文,海南海口,1995年1月5－9日;《古文獻叢論》,頁49－55,上海:上海遠東出版社,1996年11月;《華夏文明與傳世藏書》,北京:中國社會科學出版社,1996年;《周易溯源》,頁361－368,成都:巴蜀書社,2006年。

29. 鄧球柏:《白話帛書易之義》,《白話帛書周易》,頁279－335,長沙:嶽麓書社,1995年。

30. 朱伯崑:《帛書易傳研究中的幾個問題》,《國際易學研究》第一輯,頁

55—61,北京:華夏出版社,1995年。
31. 李學勤:《帛書〈易傳〉與〈易經〉的作者》,《國際易學研究》第一輯,頁62—66,北京:華夏出版社,1995年。
32. 張立文:《帛書〈易傳〉的時代和人文精神》,《國際易學研究》第一輯,頁67—88,北京:華夏出版社,1995年。
33. 鄭萬耕:《帛書〈易傳〉散議》,《國際易學研究》第一輯,頁120—139,北京:華夏出版社,1995年。
34. 廖名春:《帛書〈易之義〉與先天卦位說》,張其成主編,《易醫文化與應用》,頁271—278,北京:華夏出版社,1995年。
35. [日]池田知久:《馬王堆漢墓帛書〈周易〉之〈要〉篇研究》,《周易研究》1995年第2期,頁27—34。
36. 朱伯崑:《帛書本〈易〉說讀後》,《道家文化研究》,第六輯,頁310—319,上海:上海古籍出版社,1995年。
37. 王葆玹:《帛書要與易之義的撰作時代及其與〈繫辭〉的關係》,《道家文化研究》第六輯,頁350—365,上海:上海古籍出版社,1995年。
38. 鄧球柏:《易之義》,《帛書周易校釋(增訂本)》,頁456—475,長沙:湖南出版社,1996年。
39. 邢文:《帛書周易研究》,頁17—64、132、139、150,北京:人民出版社,1997年。
40. 王寧:《帛書〈易傳〉的學派與寫作時代》,《棗莊社會科學》1997年第6期,頁46—48。
41. 尹振環:《由帛書〈易之義〉看〈易〉〈老〉之關係》,《道家文化研究》第12輯,頁120—129,北京:生活・讀書・新知三聯書店,1998年。
42. [美]貝克定:《帛書易傳之分段與結構分析》,《國際易學研究》第四輯,頁391—402,北京:華夏出版社,1998年。
43. 黃沛榮:《易學乾坤》,臺北:大安出版社,1998年8月。
44. 廖名春:《帛書〈易傳〉初探》,臺北:文史哲出版社,1998年。
45. [美]貝克定:《馬王堆〈易之義〉"數往/知來"段及其相關問題研究》,臺灣大學中國文學研究所碩士學位論文,黃沛榮指導,1999年。
46. 趙建偉:《〈易之義〉疏證》,《出土簡帛〈周易〉疏證》,頁233—264,臺北:萬卷樓圖書有限公司,2000年。
47. 廖伯娥:《馬王堆帛書〈易之義〉校釋與思想研究》,碩士學位論文,臺灣師範大學國文研究所,2001年。
48. 廖名春:《〈周易〉乾坤兩卦卦爻辭新解》,《〈周易〉經傳與易學史新論》,

頁 3—25,濟南:齊魯書社,2001 年。

49. 廖名春:《〈周易〉豐卦卦爻辭新考》,《〈周易〉經傳與易學史新論》,頁 63—78,濟南:齊魯書社,2001 年。

50. 劉大鈞:《帛書〈易傳〉中的象數易學思想》,《哲學研究》2001 年第 11 期,頁 47—53,2001 年。

51. 張麗華:《帛書〈易之義〉的解易思想》,"第三屆海峽兩岸青年易學論文發表會"論文集,2001 年 11 月 21—24 日;《大易集説》,頁 23—29,成都:巴蜀書社,2003 年。

52. 鄧立光:《從帛書〈易傳〉考察"文言"的實義》,《周易研究》2002 年第 4 期,頁 40—44。

53. 賴貴三:《〈帛書易傳·易之義〉"子曰"條理簡釋》,《孔孟月刊》(臺灣)第 40 卷第 12 期,頁 4—6,2002 年 8 月。

54. 廖名春:《試論帛書〈衷〉的篇名和字數》,《周易研究》2002 年第 5 期,頁 3—9。

55. 濮茅左:《周易》,《上海博物館藏戰國楚竹書》(三),頁 131—260,上海:上海古籍出版社,2003 年。

56. 廖名春:《帛書〈衷〉校釋劄記》,《出土簡帛叢考》,頁 230—258,武漢:湖北教育出版社,2004 年。

57. 梁韋弦:《坤卦卦辭"西南得朋""東北喪朋"的解釋及相關問題》,《古籍整理研究學刊》2004 年第 4 期,頁 49—51。

58. 廖名春:《〈周易〉經傳十五講》,北京:北京大學出版社,2004 年。

59. 金春峰:通行本《繫辭》之成書,《周易》經傳梳理與郭店楚簡思想新釋,頁 79—87,89—90,北京:中國言實出版社,2004 年。

60. 梁韋弦、王俊超:《帛書易傳五篇之間的聯繫及其成書年代問題》,《吉林師範大學學報》(人文社會科學版)2004 年第 6 期,頁 20—22;《易學考論》,頁 62—69,哈爾濱:黑龍江人民出版社,2005 年。

61. 梁韋弦:《由馬王堆帛書易傳看古書形成的複雜性》,《易學考論》,頁 69—77,哈爾濱:黑龍江人民出版社,2005 年;《古籍整理研究學刊》2005 年第 6 期,頁 5—8,2005 年。

62. 梁韋弦:《關於帛書〈易之義〉解説坤卦卦爻辭之文義的辨正》,《周易研究》2005 年第 3 期,頁 39—43。

63. 楊濟襄:《〈周易〉經傳方位觀念的文化意義與學術價值——兼論〈説卦〉、帛書〈易之義〉及漢代式盤的方位觀》,《易學與儒學國際學術研討會論文集(易學卷)》,主辦:山東大學易學與中國古代哲學研究中心,青島崂山風景區管理委員會,頁 57—71,2005 年。

64. 濮茅左:《馬王堆漢墓帛書〈易之義〉》,《楚竹書〈周易〉研究(下)》,頁 611—618,上海:上海古籍出版社,2006 年。

65. 丁四新:《〈易傳〉類帛書零劄九則》,"〈周易〉經傳解讀與研究學術研討會"論文,山東濟南,2006 年 11 月 30—12 月 2 日;《周易研究》2007 年第 2 期,頁 12—18;《〈易傳〉類帛書劄記十六則,玄圃畜艾——丁四新學術論文選集》,頁 201—233,北京:中華書局,2009 年。

66. 張克賓:《帛書〈易傳〉詮釋理路論要》,山東大學碩士學位論文,劉保貞副教授指導,2007 年 3 月。

67. 丁四新:《衷》,《馬王堆漢墓帛書〈周易〉》,《儒藏(精華編)》281 册,頁 263—283,北京:北京大學出版社,2007 年。

68. 劉震:《帛書〈易傳〉卦爻辭研究》,山東大學博士學位論文,蒙培元教授指導,2007 年 4 月。

69. 王瑩:《帛書〈易之義〉鍵川、陰陽、剛柔、文武思想合論》,《周易研究》2007 年第 3 期,頁 17—21。

70. 王化平:《〈易之義〉研究》,《帛書〈易傳〉研究》,頁 107—137,成都:巴蜀書社,2007 年。

71. 張政烺:《〈易之義〉校注》,《馬王堆帛書〈周易〉經傳校讀》,頁 145—158,北京:中華書局,2008 年。

72. 劉大鈞:《讀馬王堆帛書〈衷〉篇》,《周易研究》2008 年第 3 期,頁 3—9。

73. 劉大鈞:《續讀馬王堆帛書〈衷〉篇》,《周易研究》2008 年第 4 期,頁 3—15。

74. 鄧立光:《周易象數義理發微》,上海:上海辭書出版社,2008 年 8 月。

75. 丁四新:《馬王堆漢墓〈易傳〉類帛書劄記數則》,"2008 海峽兩岸易學文化研討會"論文甘肅天水,2008 年 9 月 20—24 日;《〈易傳〉類帛書劄記十六則,玄圃畜艾——丁四新學術論文選集》,頁 201—233,北京:中華書局,2009 年。

76. 吳國源:《帛書易傳〈衷〉篇校釋三則》,《國際易學研究》第十輯,頁 157—164,北京:中國戲劇出版社,2008 年。

77. 王化平:《讀馬王堆漢墓帛書〈衷〉篇劄記》,《周易研究》2010 年第 2 期,頁 57—61,2010 年。

78. 劉彬:《帛書〈衷〉篇新釋八則》,《周易研究》2010 年第 5 期,頁 49—53,2010 年。

79. 劉彬:《論帛書〈衷〉篇的象數思想》,《中國哲學史》2010 年第 4 期,頁

23—28。

80. 劉彬:《帛書〈衷〉篇校釋十一則》,丁四新、夏世華主編:楚地簡帛思想研究,第四輯,武漢:崇文書局,頁81—98。

81. 劉彬:《帛書〈衷〉篇校釋八則》,《孔子學刊》第二輯,上海:上海古籍出版社,頁135—146,2011年。

82. 劉彬:《帛書〈衷〉篇校釋劄記》,賈磊磊、楊朝明主編:《第三屆世界儒學大會論文集》,北京:文化藝術出版社,頁231—239,2011年。

83. 劉彬:《帛書〈衷〉篇"〈川〉之詳說"章新釋》,《周易研究》2011年第5期,頁5—10。

84. 劉彬:《帛書〈周易〉"川"卦名當釋"順"字詳考》,《周易研究》2013年第4期,頁18—25。

85. 劉彬:《帛書〈衷〉篇"〈鍵〉之詳說"章新釋》,《廊坊師範學院學報》(社會科學版)2013年第5期,頁85—90,2013年。

86. 于豪亮:《馬王堆帛書〈周易〉釋文校注》,上海:上海古籍出版社,2013年。

87. 劉彬:《論帛書〈衷〉篇的篇名及其象數思想》,(韓國)退溪學과儒教文化,2014年第54號,頁23—36,韓國大邱廣域市:慶北大學校退溪研究所,2014年2月。

88. 湖南省博物館、復旦大學出土文獻與古文字研究中心編纂,裘錫圭主編:《長沙馬王堆漢墓簡帛集成》,北京:中華書局,2014年。